期货交易技术分析

(修订版)

[美] 杰克·施威格(JACK D. SCHWAGER) 著
马龙龙 夏建甄 张常青 译
李向科 校

清华大学出版社
北京

内 容 简 介

本书作者 Jack D. Schwager 是美国期货界技术分析派重要的代表人物之一,他提出的理论与方法受到越来越多的业内人士推崇。本书共分五篇二十四章,全面阐述了期货交易中的图表分析方法与策略,以通俗易懂的语言描绘了期货技术分析中的重要原理和技巧,如止损点的选择、目标设置及退出原则、蜡烛图技术、振荡指标、交易绩效的测量等内容。

本书适合期货交易者及高等院校相关专业的师生阅读、参考。

Schwager on Futures:Technical Analysis/Jack D. Schwager.

Copyright © 1996 by Jack D. Schwager

Original English Language Edition Published by John Wiley & Sons,Inc.

本书中文简体字版由 John Wiley & Sons 公司授权清华大学出版社独家出版、发行。未经清华大学出版社的书面许可,不得以任何方式复制或抄袭本书的任何部分。

北京市版权局著作权合同登记号:01-98-2740 号

本书封面贴有 Wiley 公司防伪标签,无标签者不得销售。
版权所有,侵权必究。举报:010-62782989,beiqinquan@tup.tsinghua.edu.cn。

图书在版编目(CIP)数据

期货交易技术分析/(美)施威格(Schwager,J. D.)著;马龙龙等译. —修订本. —北京:清华大学出版社,2013(2025.5 重印)

　书名原文:Schwager on futures:technical analysis

　ISBN 978-7-302-32958-9

　Ⅰ.①期… Ⅱ.①施… ②马… Ⅲ.①期货交易-基本知识 Ⅳ.①F830.9

中国版本图书馆 CIP 数据核字(2013)第 146073 号

责任编辑:刘志彬
封面设计:汉风唐韵
责任校对:宋玉莲
责任印制:丛怀宇

出版发行:清华大学出版社
　　　　　网　　址:https://www.tup.com.cn,https://www.wqxuetang.com
　　　　　地　　址:北京清华大学学研大厦 A 座　　邮　编:100084
　　　　　社 总 机:010-83470000　　　　　　　　邮　购:010-62786544
　　　　　投稿与读者服务:010-62776969,c-service@tup.tsinghua.edu.cn
　　　　　质量反馈:010-62772015,zhiliang@tup.tsinghua.edu.cn
印 装 者:三河市君旺印务有限公司
经　　销:全国新华书店
开　　本:185mm×260mm　　印张:37.75　　字数:864 千字
版　　次:1999 年 12 月第 1 版　　2013 年 8 月第 2 版　　印次:2025 年 5 月第 16 次印刷
定　　价:105.00 元

产品编号:053365-02

前　言

　　交易的成功不能仅仅归因于某个简单的指标、公式或者是系统——尽管数不清的书籍、广告和手册这样宣称。这本书是以交易者的观点利用一些理想的图例写成的，而不是另一本分析技巧、指标或者方法的概要。

　　在解释各种各样的分析技巧和方法时，我始终最先说明一些关键问题，它们往往被技术分析丛书的作者们所忽视：这些被描述的方法在实际交易中如何应用？在实际中哪些是行之有效的，而哪些是不起作用的？某种方法的失败意味着什么？如何设计和检验交易方法使未来的操作较以前尽可能多地盈利？

　　这是一本实用的书。我曾经用这本书里描述过的多种方法构筑了一条获利颇丰的交易途径——当然，要用真正的钱。那么为什么我愿意与人分享这些知识呢？因为，用一个建筑方面的比喻来说明，我正在提供工具，而不是建筑设计——这项工作留给了每位读者。我确信，那些想运用技术分析成为更成功交易者的读者和懂得达到这一目标需要个人努力的读者将发现这里面许多东西是有用的。

杰克·D. 施威格(Jack D. Schwager)
1995年10月于纽约

致 谢

在我最初从事期货业的几年里,我是个纯粹的基本因素分析法的奉行者,对技术分析抱完全轻视的态度。——我愿补充一点,这一看法是根据假设而不是根据任何知识和经验。那时,我担任一家重要经纪公司的研究主管,我部门里的分析人员中有一个是技术派,我开始注意到一些奇怪的现象:他发出的市场指令通常总是正确的。我们成了好朋友,他教了我图表分析的入门知识。当我有了运用技术分析的经验时,我对技术的看法从原先怀疑的立场上转了180度。这位最初引导我接触到这一方法并且对我的事业产生了深远影响的技术分析人员就是史蒂夫·乔纳威兹(Steve Chronowitz)。

在过去的7年时间里,我一直和路易斯·卢凯克(Louis Lukac)紧密合作,他是我在商品交易咨询公司的合作伙伴。路易斯不仅是一位技术特别娴熟的程序设计人员,而且拥有设计和检测方法的专业知识。我在过去几年里研究出的大量方法都是路易斯编写的,并同我一道把这些方法与高度复杂的计算机化的交易系统结合起来。没有路易斯,我无法享受我的构想在实际中发挥作用的快感(还包括金钱回报)。

有些主题我想纳入此书,但感到缺乏令自己满意的专业知识,所以请了一些经严格选择的、能作出贡献的作者撰写这些章节,这些作出贡献的作者以及他们的题目包括:Tom Bierovic——振荡指标、Richard Mogey——周期分析,以及 Steve Nison——蜡烛图。

以上所述很重要,但我要致以我的妻子乔·安(Jo. Ann)最大的谢意。乔·安理解我写这个系列丛书中的这本书是一种冲动,甚至可能是难以抗拒的冲动,——这一需要和冲动迫使存在于我脑中的这本书展现在了稿纸上。我感谢她在这一过程中对我的支持,尽管她完全明白这种工作将会严重侵占我们相处的时间以及影响我们家庭的活动。顺便提道,我感谢我的孩子 Daniel, Zachary 和 Samantha,他们能够体谅我不得不减少陪伴他们的时间。

杰克·D. 施威格

译 者 序

摆在读者面前的这本《期货交易技术分析》是继《期货市场运作》(清华大学出版社与美国西蒙舒斯特出版公司合作出版)之后我和我的两位硕士生：夏建甄、张常青翻译的一本名作。

本书的原作者 Jack D. Schwager 是美国著名的期货技术分析专家，他在书中用大量的图表和文字说明，对期货交易的方法和手段进行了深入细致的描绘。他一反其他作者过多依赖基本因素分析的作法，从技术分析的角度，对期货市场的运作进行了研究。这是一种创新，一种颇为有益的探索。

在国际上，期货市场与期货交易已经走过了 100 多年的艰辛历程，人们在不断地认识它、发掘它、分析它、描述它。我 1992 年在日本作研究时就常常看到书店有那么多有关期货市场与期货交易的书籍。但回国以后，发现这方面的书籍甚少。仅有的一些也是从理论到理论的叙述，颇感空泛。实际上，期货市场上的问题大多是交易技术问题，或者说，在既定的市场框架内更多的是技术问题。我在期货理论研究中和教学中，深感我国学者在这方面的不足。但由于知识结构上的欠缺，又很难在这方面有大的作为。因此，我想先从翻译名著入手，在期货交易技术分析方面做一些必要的铺垫和准备是很有必要的。所以在翻译完《期货市场运作》一书后，我立即欣然接受清华大学出版社的邀请，翻译了这本《期货交易技术分析》，作为《期货市场运作》的姊妹篇献给读者。

在国内，期货市场正在经历着重大的调整，目前正处于低潮，大规模发展之后进行某种程度的结构调整是必要的。调整之后也一定会有一个较大发展。国外已经发展了 100 多年并为多数发达国家证实是一种发达、先进交易形式的期货交易，在我国也一定是可行的，这是毋庸置疑的。人们不应因为暂时处于低潮就去否定它。"发展才是硬道理"，我相信，随着我国社会主义市场经济的发展和经济体制改革的深入，期货市场和期货交易是会发达起来的。

本书的翻译历经了差不多两年时间，其中几易其稿，进行了大量的校正和修订。这里应该首先提到我的两位硕士生：夏建甄和张常青，他(她)们做了大量的卓有成效的工作。再有应该提到清华大学出版社的同志们，他们认真负责、一丝不苟的敬业精神实在令人钦佩。他们对译稿的要求很严，以致最后一次我不得不放弃手头的其他工作，用了一个暑假的时间对译文又进行了逐字逐句的校正与推敲。

本书对于期货交易者会大有益处，对期货交易感兴趣的人们也会从本书中获益。当然，本书在翻译过程中的缺点、错误也是难免的，诚恳地希望读者指正。

本书的成就归于原著者 Jack D. Schwager；我的两位硕士生：夏建甄、张常青以及清华大学出版社的同志们。本书的缺点、错误由我个人负责。

对于本书译稿，若有指正或需与译者商讨，请通过电子邮件：malong @ public. fhnet. cn. net 联系。

马龙龙

1999 年 11 月

于中国人民大学

目　　录

第一篇　图表分析……………………………………………………………………… 1

　第一章　图表：预测工具还是传说…………………………………………………… 3
　第二章　图表类型……………………………………………………………………… 10
　第三章　趋势…………………………………………………………………………… 18
　第四章　盘整区………………………………………………………………………… 45
　第五章　支撑和阻力…………………………………………………………………… 51
　第六章　技术图表形态………………………………………………………………… 66
　第七章　图表分析是否依然有效……………………………………………………… 105
　第八章　趋势中途进入和金字塔方式………………………………………………… 109
　第九章　选择止损点…………………………………………………………………… 115
　第十章　设置目标和其他退出原则…………………………………………………… 120
　第十一章　图表分析中最重要的准则………………………………………………… 135
　第十二章　为长期图表分析将合约连接起来：即期期货和连续期货……………… 165
　第十三章　日本蜡烛图（阴阳线）介绍……………………………………………… 198

第二篇　现实图表分析………………………………………………………………… 219

　第十四章　现实图表分析……………………………………………………………… 221

第三篇　振荡指标与循环周期………………………………………………………… 433

　第十五章　振荡指标…………………………………………………………………… 435
　第十六章　期货市场的循环周期分析………………………………………………… 455

第四篇　交易方法和绩效测量………………………………………………………… 479

　第十七章　技术交易系统：结构和设计……………………………………………… 481
　第十八章　初始交易系统样板………………………………………………………… 504
　第十九章　为计算机测试挑选最好的期货价格序列………………………………… 522
　第二十章　测试和优化交易系统……………………………………………………… 530
　第二十一章　交易绩效的测量………………………………………………………… 553

第五篇　实用交易方针……………………………………………… 571

第二十二章　经过计划的交易方法………………………………… 573
第二十三章　八十二个交易原则和市场结论……………………… 580
第二十四章　市场高手……………………………………………… 587

第一篇 图表分析

繹史 東篇

第一章 图表：预测工具还是传说

> 常识并不如此显而易见。
> ——伏尔泰(Voltaire)

有一个关于一位投机商的故事。这个投机商急于成为赢家,特别是在经过了接二连三的失败以后。他开始试着用基本因素分析法来进行交易决策。他建立起复杂的模型,它可以根据大量的供求统计数字提供价格预测。不幸的是,他的模型预测结果总被意外事件所干扰,如旱灾或是意外的出口销售。

最后,出于恼怒,他放弃了基本因素分析法而采用图表分析法,他仔细观察价格图表,寻找可以揭示交易成功秘诀的形态。他是第一个发现了诸如鲨鱼牙形底部和 Grand Teton 顶部等非普通形态的人。这些形态似乎总是很可靠,但是,唉,直到他开始依据它们进行交易。当他做空头时,顶部形态被证明不过是在牛市上升过程中停顿了一下。同样不幸的是,当他做多头之后,不可思议的是,平稳上升的走势突然很快趋向于反转阶段。

"问题在于,"他解释道,"图表分析太不准确。我需要的是一个如计算机般精确的交易方法。"所以他开始检验各种图表来确认哪种交易方法过去曾经盈利。经过仔细研究,他发现在有奇数天数月份的第一个星期二买入猪肚、可可和欧洲美元,在这个月的第三个星期四平仓,就会产生极大的利润,过去五年都是如此。同样无法解释的是,一旦他开始利用这种经过认真研究得出的模式交易就再次失败。这是坏运气的又一次打击。

这位投机商试用了许多种其他方法——艾略特波浪理论(Elliot Waves)、斐波那契数列(Fibonacci numbers)、江恩正方(Gann Squares)、月相,但是都同样不成功。正在这个节骨眼儿上,他听说在遥远的喜马拉雅山上住着一位著名的宗教老师,他能够回答所有来找他的朝圣者的问题。这个投机商坐飞机到了尼泊尔,雇了向导,开始了长达两个月的艰苦跋涉。最后,筋疲力尽的他终于找到了那位著名的宗教老师。

"噢,智者,"他说,"我是个屡遭挫折的人,许多年来我一直寻找着进行成功交易的关键,但是我尝试的每种办法都失败了,什么才是成功的秘诀呢?"

这位宗教老师只停顿了一下,然后目不转睛地盯着他,回答道:"Blash!"然后就什么也不再说了。

"Blash?"这位投机商弄不懂这个答案。在醒着的时候,他的脑子里始终萦绕着这个词,但怎么也不能揣测出它的意思。他向许多人讲述了这个故事,终于有一名听众解释了那位宗教老师的回答。

"很简单,"那人说,"低价买进高价卖出(Buy low and sell high)的每个字的头一个字母。"

这位宗教师的启示很容易令寻找深奥的交易诀窍的读者感到失望。Blash 并不符合我们关于洞察力的概念,因为它看上去只不过是一种常识。然而,要是按照 Voltaire 所提示的,"常识并不如此显而易见",那么它也并不显而易见。比如说考虑下面的问题:当市场达到新高时说明了什么?"常识性的"Blash 理论将明确地指出接下来就应该将交易活动限定在做空头一方。

非常可能,大部分的投机商乐于接受这种解释。可能 Blash 方法的吸引力源于大部分交易者对炫耀他们业绩的愿望。毕竟,愚蠢的人才会在长时间上升后买进,而这使天才们在某一时机纷纷沽售而造成下降的走势。无论如何,很少有别的交易反应会像低买高卖那样出于本能。

结果,许多投机商在市场上达到新高时对空方产生强烈的偏爱,这种办法只有一点错了:它不起作用。一种似乎合理的解释更为可靠。市场达到和保持新高的能力通常是显示存在推动价格进一步上升的强大潜在动力。是常识?当然。但必须指出,这种交易所显示的恰恰与"常识性的"Blash 方法相反。

所有这些中最关键的一点是,我们对于市场行为的许多常识性的本能反应是错误的。图表分析提供了一种在交易中获得常识的方法。——这个目标比它听起来难理解得多。比如,如果在开始交易之前,某人全面研究了历史上的价格图表并且得出市场将会达到新高的结论,那么他很容易避开新手常犯的普通错误。相似地,其他的市场真谛也会通过仔细研究历史上的价格形态来发现。

然而必须承认,图表作为期货价格走向指标的作用受到激烈的争议。我们注意到了在最近关于金融市场的通俗电视系列节目中的一段对白,它突出了这场争论中一些关键问题,以下是关于这个节目的记录:

主持人:你们好,我是"华尔街一周"节目的路易斯·普内塞尔(Louis Puneyser)。今晚我们不再采用通常的采访方式,而是为讨论商品价格图表的作用开一个讨论会。所有那些扭动的线条和图形真的能预测未来?或者莎士比亚对于生命的描写也适用于图表分析:"一个白痴所讲的故事,满是噪音和狂暴,难道毫无意义?"今晚的来宾有华尔街 Churnum & Burnum 公司著名的技术分析专家特伦德女士(Faith N. Trend),Ivory Tower 大学的科因教授(Phillip A. Coin)——《击败市场的唯一方法——做一个经纪人》一书的作者。科因先生,您是随机走动团(The Random Walkers)的成员,它是不是一个用在路线图上投飞镖的办法决定目的地的徒步旅行俱乐部?(他在镜头前,沾沾自喜地笑了。)

科因教授:不,普内塞尔先生,随机走动者是一些经济学家,他们认为市场价格走势具有随机性,即没人能设计一种方法来预测市场价格,正如不能设计一种方法来预测轮盘接下来会停在哪种颜色上一样,二者严格地说都是概率问题。价格不具有记忆功能,昨天所发生的事对明天要发生的事毫无影响。换言之,图表只能告诉你过去所发生的事,而对于预测未来毫无作用。

特伦德女士:教授,您忽略了一个非常重要的事实:每日的价格当然无法形成趋势,但全体市场参与者行为的集合就不同了。人类的行为可能不像行星的运动遵循物理定律那样可以预见,但二者都不是完全随机的。如果不是这样,那么您的专业——经济学——就会和炼丹术是同样的命运。(科因教授听了这个比喻在椅子上不安地动了动。)图表揭示了基本的行为模式。买卖双方相似的相互作用会产生相似的价格模式,历史资料的确能被用来作为未来的向导。

科因教授：如果过去的价格能够用来预测未来的价格，为什么会有大量的学术研究总结出，一旦把交易费用考虑进去，那些经过检验的技术上的法则还比不上一个简单的策略——买进并持有。

特伦德女士：被研究的法则总的来讲过分简单化了。研究证明那些特定的法则无效。他们并没有证明不能成功地综合利用价格信息，比如图表分析或是更复杂的技术方法，来进行交易决策。

科因教授：那么为什么没有研究确定地证明图表分析作为预测工具是有效的？

特伦德女士：你的争议只反映了图表理论数量化方面的困难而不是这种方法的缺陷。某个人认为的顶部形态，另一个人却看作整理区。试图用数学上最简单的图表模式来定义不可避免地具有主观性。当人们意识到在任何给定的时间内图表可能出现相互冲突的形态时，问题就会变得更加复杂。这样，从某种意义上说，实际上不可能客观地检验许多图表理论。

科因教授：那对你来说相当有利，是这样吗？如果说这些理论不能经过严格检验，那有什么用呢？你怎样知道靠图表交易将获得高于50%的成功率——在委托之前？

特伦德女士：如果你的意思是盲目听从每个图表信号只会使你的经纪人获利，我不是不同意。然而，我的观点是，图表分析是艺术而不是科学。通晓基本的图表理论只是起点。图表的实际作用依赖于各个交易者成功地将个人的经验和标准概念结合的能力。采用正确的方法，图表就能在预测市场主要走势时产生极大的价值。有很多成功的交易者主要是依据图表决策。你把他们的成功归功于什么呢？——一连串的幸运？

科因教授：是的，确实是靠一连串的运气，如果有足够多交易者，他们中的一些人会成为赢家，无论他们是通过研究图表还是通过在商品价格单上掷飞镖来做决定。不是方法，而是概率在起作用。即使在赌场里，也有一定比例的赢家。你不会说他们的成功归功于洞察力或是方法吧。

特伦德女士：那些都说明某些图表分析师的出色操作可能源于机遇，但这并不否定娴熟的图表分析师凭借某种东西具有了优势。

主持人：我觉得这出现了很多"阻力"，我认为我们需要更多的"支持"。你们中哪一个带来了有助于强化自己观点的证据？

科因教授：我有。（这时，科因教授从他的公文包里拿出一部很厚的手稿递到普内塞尔先生手里。主持人一边翻一边摇头，因为他发现里面有大量古怪的小希腊字母。）

主持人：我掌握的数学知识并不多，即便是教育节目也没有为此准备。

科因教授：好吧，我还带来这个。（他拿出来一张印着表格的纸，递给特伦德女士。）特伦德女士，您怎样解释这张图表？（他流露出一丝掩饰不住的假笑。）

特伦德女士：我要说这看上去像根据连续掷硬币的结果做出的图表。正如你所知，正面标朝上的格，反面标朝下的格。

科因教授：（假笑已经变成明显地皱眉）你怎么知道的？

特伦德女士：靠运气猜的。

科因教授：无论如何，那并不影响我的观点。请看这张图表，这是它的走势，这不就是你们称作头肩形的吗?

主持人： 谈到头肩形,你们有谁对宝洁公司(P&G)发表看法?

科因教授：(继续)你可以很快发现在你的价格图上的相同图形也能够在明显的随机系列中显示出来。

特伦德女士： 是的,但那条推理能得出一些奇怪的结论。例如：有抱负的经济学家容易得到高学历,你同意这样的事实不是一件偶发事件吧?

科因教授： 当然。

特伦德女士： 那么好的,一个人群的随机样本中也可能出现某些具有高学历的人。你能得出结论说经济学家有高学历是同一回事吗?

科因教授： 我还是不明白价格图和我随意做出来的图有什么不同?

特伦德女士： 你不明白？这看上去像随便做出来的图吗?(特伦德女士拿着1980年7月的银价图——见图1.1)

图1.1 1980年7月银

科因教授： 啊,是不怎么像,但是……

主持人： 你想说并不是每个银价图都有不太明确的趋势线。

特伦德女士：(进攻性地)还有这个(她拿着1994年12月咖啡价格图——见图1.2),我还可以继续提供。

主持人：(对科因教授说)看来特伦德女士讲得确实很具有说服力。还有什么理由可以驳倒她举的例子?

科因教授： 是的,我承认那些例子相当特殊,但是它们也并不能证明可以用过去的价格预测未来的价格。

主持人： 在时间还没到之前,这样说吧,我打算重新安排一下我们的程序。我想知道

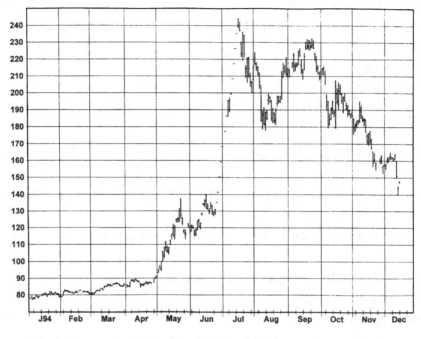

图 1.2 1994 年 12 月 咖啡

你们关于基本分析的看法。

科因教授：是的，基本分析比图表分析好，因为它至少可以解释价格的变动，但我担心用它去预测价格同样是没有用的，你知道，在任何特定时刻，市场会使众所周知的信息打折扣，所以它们无法预测价格，除非它们能够预测未来的发展变化，诸如干旱或是出口禁令。

特伦德女士：首先，我对认为图表分析人员忽视基本因素的看法表示遗憾。实际上，我们相信价格图表是对所有基本因素和心理因素净影响的明确而及时的概括。相反，精确的基本因素模型将是相当复杂的，如果可以建立起来的话。并且，预测期内的基本因素数据不得不进行估计，所以使得价格预测极易出错。

主持人：那么你们可能都同意认为基本分析法有漏洞的观点。

特伦德女士：是的。

科因教授：是的。

主持人：好的，我们愉快地取得了共识，今晚的节目到此结束。

从某种意义上说，随机走动者和图表派之间的争论永远不可能完全结束。必须明白证明偶然发生的是不可能的；能够证明的是特定模型并不存在。既然许多图表图形的准确的数学界定没有达成共识，这些图形就难以被证明是否能够作为价格指标。

比如，如果有人试图检验盘整区(trading ranges)出现突破意味着有效的交易信号这一论点，那么首先就需要对盘整区和突破做出简明的界定。假定采用以下定义：(1)盘整区是把过去六个星期里每天的价格变化包括在内而且价格波动不超过这期间中等价格的

5%的价格带。① (2)突破是出现一个位于六星期盘整区之上的收盘价。尽管突破作为交易信号的有效性能够用这些具体的定义检验,但这些定义本身会受到许多挑战,以下是其中部分的反对理由。

1. 价格带太窄。
2. 价格带太宽。
3. 六个星期太长。
4. 六个星期太短。
5. 不允许有超出所限定的区域之外的个别几天——而大多数图表分析人员认为这种情形并不会扰乱基本形态。
6. 不考虑盘整区之前的趋势方向——这是许多图表派在解释突破可靠性的一个关键因素。
7. 突破要求至少超过盘整区界线一个很小的数额(如价格水平的1%)时才被视为有效。
8. 应该有几个收盘价位于盘整区之上才能指示突破。
9. 应该用后面的时间来检验突破的有效性;比如,在产生突破的一个星期之后价格仍旧在盘整区之上吗?

上述列出的只是我们假定的盘整区和突破定义可能遭到的众多反对意见中的一部分,并且所有这些只是针对这一最基本的图表形态。试想定义一个像确认的头肩形形态的模糊性和复杂性吧。

因此,图表派也不能赢得这场争论。尽管图表分析基于通用原则,但它的应用又依赖于各自的解释。以图表为准的成功交易者可能对图表分析的有效性毫不怀疑,但是随机走动理论者只会把他的成功当作概率作用的结果,因为即使是一个完全随机的交易选择过程都会出现一定比例的赢家。简而言之,争论不会得出任何结论。

同样重要的是认识到即使可能进行有结论的检验,随机走动理论者和图表派之间的言论也不一定相互抵触。对这种状况的一种看法就是市场可能出现长期的随机波动,其间分布着更短期的非随机行为。这样,即使价格序列作为一个整体显现出随机性,但它完全可能有一些阶段的数据表现为特定的形态。图表分析的目标就是区分那些阶段(换句话说就是主要趋势)。

该承认我自己的偏好了。我个人的经历使我相信图表是很有价值的——如果不是基本的——交易工具。但是,这种感受证明不了什么。随机走动者会说,我们的结论是根据一些经过筛选的记忆——即有只记着图表分析而获得的成功而忘记了它带来的失败的倾向——或许只是纯粹因为运气。他们是对的,这种解释实际上可能是正确的。

重要的是每个交易者必须独自评价图表分析并得出他们自己的结论。然而,应该特别强调许多成功的交易者把图表看作极有价值的交易工具。所以,新手应该对只是出于直觉上的怀疑而简单拒绝这种方法的作法持谨慎态度。下面列出了一些使用图表的主要的潜在好处。即使某人完全反对用图表来预测价格,下面提到的这些作用依然是有效的:

---

① 对最高价格幅度的详细说明是为了从被界定的区域中比如盘整区排除价格大幅波动期。

1. 图表提供了简洁明了的价格历史数据——这对任何交易人员都是必不可少的信息。

2. 图表能够使交易者对市场变动有好的认识——这在估计风险时是关系重大的。

3. 图表对基本分析者来说是非常有用的工具。长期价格图表使基本分析人员能够很快区分开主要价格走势的阶段。通过确认对这些阶段有特殊意义的条件或事件,基本分析人员能够辨别影响价格的关键因素。用这些信息可以建立一个价格走势模型。

4. 即使是那些乐于在其他信息的基础上做出交易决策的交易者(如基本因素),也可以把图表用作时机选择的工具。

5. 由于有助于确定现实而恰当的止损点,图表能够被用作资金管理工具。

6. 图表反映了反复出现的市场行为模式。假如有充足的经验,一些交易者就会显露出成功地把图表用作预测价格走势方法的天生才能。

7. 对图表概念的一种理解可能是它是开发营利性的技术交易方法的基本先决条件。

8. 持嘲讽态度的人们请注意:在特定条件下,与标准图表信号相反的方法能带来获利颇丰的交易机会。第十一章将详细介绍这种方法。

简而言之,图表对每个人都有些许帮助,无论是对赞同者还是嘲讽者。本书各个章节回顾和评价了标准图表理论的关键概念,并介绍了关于图表怎样才能被用作有效的交易工具的所有重要问题。

第二章 图表类型

> 你不需要气象员就能够知道风吹向哪边。
> ——鲍勃·迪伦(Bob Dylan)

条 形 图

条形图是价格图表中最普遍的一种图形。在条形图中,每个交易日由一条连接当日最低价和最高价的竖线表示。当日收盘价由一条横线表示。图 2.1 是 1995 年 3 月大豆合约日条形图。

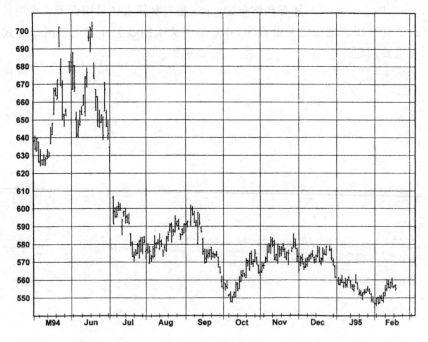

图 2.1　日条形图:1995 年 3 月　大豆

日条形图对交易结果最有用,但是更长期的条形图提供着极其重要的走势。这些长期的条形图(如周、月)与日条形图完全相似。每条竖线表示这一时期价格幅度和最终价格水平。图 2.2 是大豆期货的周条形图。方框内部分对应着图 2.1 描绘的时间期间。图 2.3 是大豆期货的月条形图。大小方框围住的期间分别对应图 2.2 和图 2.1。

综合使用月、周和日条形图会产生直观效果。月图和周图可用来提供明确的市场前景,并据此对潜在的长期趋势产生技术看法。日条形图会被用来确认交易时机。如果长

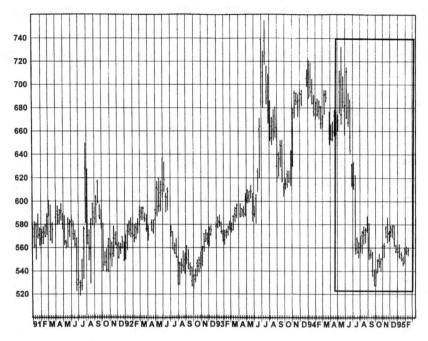

图 2.2　周条形图：大豆（即期期货方式）

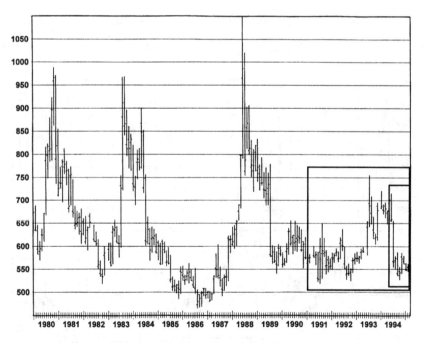

图 2.3　月条形图：大豆（即期期货方式）

期技术图表具有足够的决定意义，到交易者拿到日条形图时，他可能已经产生了强烈的市场偏好。例如，如果他认为月图和周图显示市场可能已经出现主要的长期走势的顶部，他将只监视日条形图寻找卖出信号。

日图和周图表现出的市场前景有显著区别。例如,1995年3月,银的日条形图(图2.4)中占支配地位的是一个空头的大型顶部形态,但在周图(图2.5)中则是完全不同的图形。尽管在这张图中,1993—1994年年末价格模式看上去也像是顶部,同时也揭示出价格接

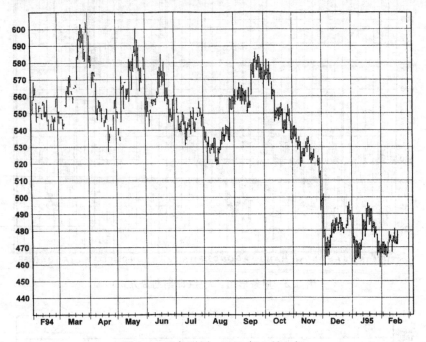

图2.4　日条形图:1995年3月　银

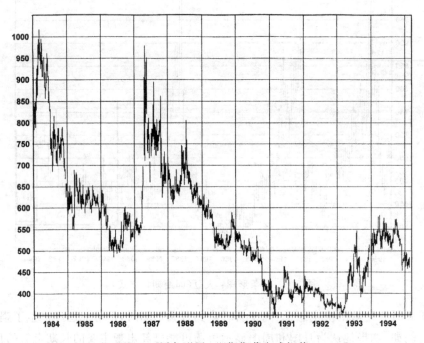

图2.5　周条形图:即期期货方式银价

近较宽的历史区域上的低端,并且主要价格底部在1991年到1993年年初这段时间已明显形成。这样,两图看上去都意味着一个短期下降的倾向,但周图充分显示把另一个价格下跌看作潜在的买入机会,而在日条形图中连这个结论的一个线索也没有。基本点在于长期的图表对价格形态的解释可能与日图表大不相同,所以两种图表都应该分析。

将合约系列连接起来:即期期货方式对连续期货方式

使典型的周或月条形图布满分析时段需要用一系列合约。一般地,这些合约用即期期货的办法相连接:标绘一个合约直至它到期,然后标绘出下一个合约直到它到期,以此类推。交易者应该明白一个即期期货方式图表的反映可能存在严重的扭曲,那是因为到期日和下一个合约之间存在价格缺口。

图2.6提供了一个典型的这种扭曲的例子。注意在这种巩固形态中均匀分布着每隔三个月就出现的突然上升。是不是欧洲马克在这期间每隔三个月发生了什么看涨事件?实际上,这种匀速、单周的"上升"并不是真正的价格上涨,而是由即期期货合约向下一个合约过渡所产生的虚假现象,在此期间它被描绘为一直交易直到相邻月份并伴以价格大幅上涨。

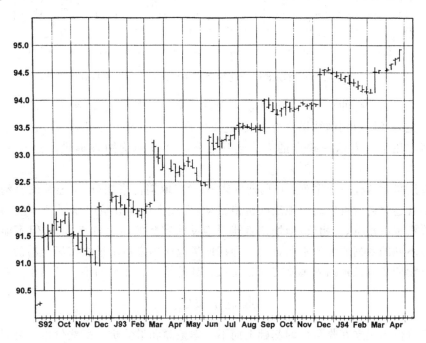

图2.6 在即期期货图中产生扭曲:欧洲马克周即期期货图

实际上,纵观图2.6所显示的整个时期,价格实际下降了,从这种意义上说,持续地持有多头仓位,在每次到期时调期至下个合约会损失资金!图2.7说明了这点,它是同一时期同一市场上的连续期货方式图(价格在连续期货方式图上摆动——这将在后面部分详细说明——这种摆动与持续持有多仓的资产值的变动情况完全一样)。图2.6中出现的固定间隔的迅速上扬并没有带给交易者收益,因为他已在一个月内平仓而在下个月以更高的价格恢复仓位。实际上是月份之间的价格差异在即期期货图上造成了这种每三个月出现的虚幻的价格走势。

图2.7　可准确反映波动规律的连续期货条形图：欧洲马克周连续期货图

即期期货图产生的重大扭曲易于使人受骗。从这种意义上说，图表所描绘的价格走势可能与交易者认识到的结果恰恰相反（这点欧洲马克的例子可以说明），这一事实使得有必要考虑用不具有这一缺点的方式连接合约。连续期货图表提供了这样一种替代办法。

连续期货是这样一个系列：在调期（rollover）点取消价格缺口，将连续的合约连结在一起。尽管连续期货可以简明地反映价格波动，但过去的连续价格水平却不能与历史上的实际价格水平相符。（相反，即期期货能明确反映实际的历史价格水平，但不能反映价格波动。）不同的系列服务于不同目的。即期期货应该用来指示过去市场交易的实际价格水平。连续期货应该被用来说明交易者所认识到的结果。详细的阐述见第十二章。

收盘价位图

收盘价位图建立在收盘价的基础上而不考虑最高和最低价。一些价格序列只能用收盘价位图（close—only chart）描绘，因为日内（intraday）数据不易利用。举两个例子：(1) 现金价格序列（图2.8）；(2) 分布图（图2.9）。（一张分布图描述出两张合约的价格差异）

一些图表派交易者即使在最高价、最低价和收盘价数据都是可利用的时候更愿意用收盘价位图，因为他们感到只用收盘价格可以得到一个更清晰的价格图。在他们看来，包含最高价和最低价数据只能使价格图表混乱。把收盘看成是基本价格信息的体现有很多理由。然而，许多重要形态依赖最高价和最低价的使用，在忽视这些信息之前应该三思而行。进一步说，作为一种实用的方法，条形图远远比收盘价位图更有用。

第二章　图表类型

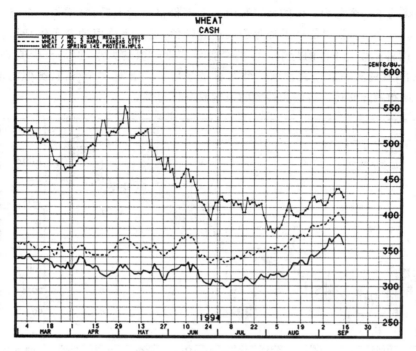

图 2.8　现货价格图：小麦

资料来源：Reprinted with permission，❶ 1995 Knight-Ridder Financial，30 South Wacker Drive，Sutie 1810，Chicago，Illinois 60606.

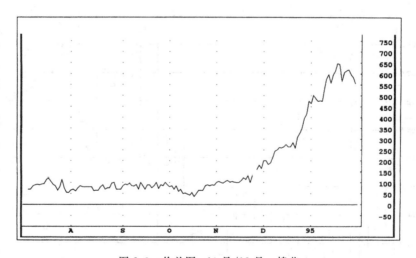

图 2.9　价差图：10 月/12 月　棉花

资料来源：FutureSource；copyright © 1986—1994；all rights reserved.

点　数　图

点数图的基本特征是它把所有的交易看作一个单一连续的流，所以忽视了时间。图 2.10 举例说明了点数图。正如所看到的，点数图由一系列的 X 和 O 的柱组成，每个 X

· 15 ·

代表价格移动了一个称为格值的特定数值。随着价格持续上升，每增长一个格值就在这一个柱上加一个 X。如果价格下降等于或超过转值（通常为格值的若干倍）时，就用一个新的标 O 的柱来表明下降的行情。O 的个数要依据转值的大小，但是至少要等于转值。顺便提一下，柱的头一个 O 总比前一个 X 柱的最后一个 X 低一个格值，类似的形容可用于价格下降和上升反转。格值和转值的设定具有任意性。

图 2.10　点数图：1995 年 3 月　T-债券
资料来源：CQG 公司；版权 CQG 公司所有，© 1994 年

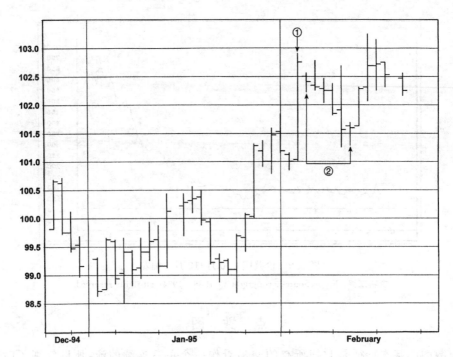

图 2.11　与图 2.10 的点数图相对应的条形图：1995 年 3 月　T-债券

图 2.10 是格值为 3 个点、转值为 3 个格值或 9 个点的点数图。换句话说，价格下降不超过 9 时，在同一柱上继续加 X。当价格下降超过 9 时，在新的 O 柱就开始了，第一个 O 低于最后一个 X 一格。

如前所述，点数图不反映时间，一个柱可能代表一天，也可能代表两个月。例如，图 2.11 是与图 2.10 相对应的条形图。条形图上用"1"标明的一天和接着用箭头括住的标着"2"的 6 天，对应着点数图上相同的市场阶段。注意单独的一天在点数图上却占据了 7 个柱，而 6 天只不过占据了 9 个柱加一个柱的一部分。

K 线 图

K 线图是在简单的条形图上增加了维数和颜色。条形图中代表开盘价和收盘价变动幅度的线条在 K 线图上由一个二维的实体代表，而超过这一幅度的最高价和最低价则表示为竖线（称为"影线"）。当开盘价和收盘价几乎处于当日行情的相反的两极时，其实体部分较大，相反，开盘价和收盘价变动不大时，其实体较短小。实体的颜色标志着收盘价高于开盘价（白色——图 2.12）还是低于开盘价（黑色——图 2.13）。K 线图将在第十三章详细探讨。

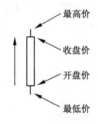

图 2.12　K 线图：白色实体

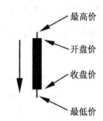

图 2.13　K 线图：黑色实体

第三章 趋 势

> 除非趋势在最后转变了方向,否则它始终是你的朋友。
> ——埃德·西科塔(Ed Seykota)

用最高价和最低价确认趋势

标准的上升趋势的定义是指一系列较高的高点和较高的低点。例如,图 3.1 中在 3 月到 9 月这段时期,每个相对高点都高于前面的高点而每个相对低点也都高于前面的低点。从这种意义上说,在未跌至前一个低点之前,这一上升趋势是完整的,违反这一条件的情形被看作是趋势可能结束的警告。如图 3.1 中,10 月跌破 9 月的相对低点,预示着可能会随之发生下降。应该特别强调,价格的回落或回涨只应被看作一种迹象,而不是长期价格趋势出现反转的指标。图 3.2 提供了另一个由一系列较高的高点和较高的低点构成上升趋势的例子。

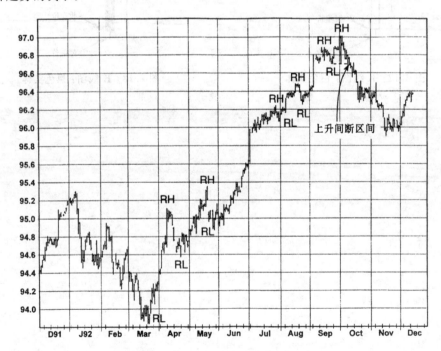

图 3.1 由连续的较高的高点和较高的低点形成的上升趋势:1992 年 12 月 欧洲美元
注:RH=相对高点;RL=相对低点

同理,下降趋势是指一系列较低的低点和较低的高点(见图 3.3)。下降趋势在前一

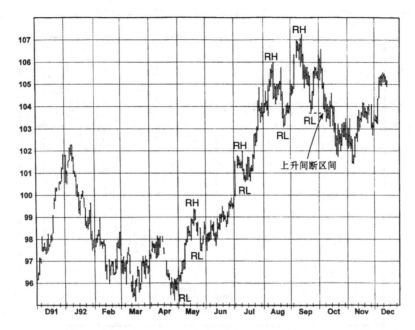

图 3.2　由连续的较高的高点和较高的低点形成的上升趋势：1992 年 12 月　T-债券
注：RH=相对高点；RL=相对低点

个高点被突破之前是完整的。

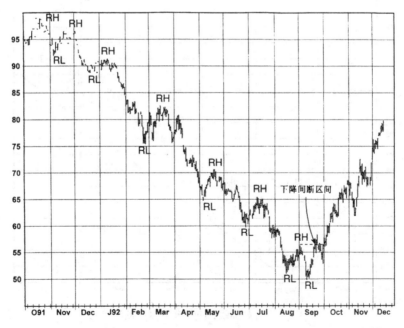

图 3.3　由连续的较低的高点和较低的低点形成的下降趋势：1992 年 12 月　咖啡
注：RH=相对高点；RL=相对低点

上升趋势和下降趋势也可以用趋势线来表示，一条上升的趋势线将一系列较高的低点相连接(见图3.4和图3.5),而下降趋势线所连接的是一系列较低的高点(见图3.6)。

图 3.4　上升趋势线：1993 年 7 月　银

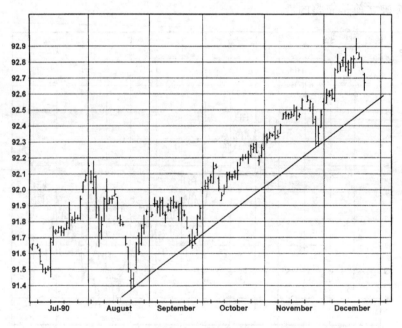

图 3.5　上升趋势线：1991 年 6 月　欧洲美元

趋势线有时可延伸许多年。如图3.7和图3.8说明了在即期期货和连续期货图中,可可期货长达10年的下降趋势。

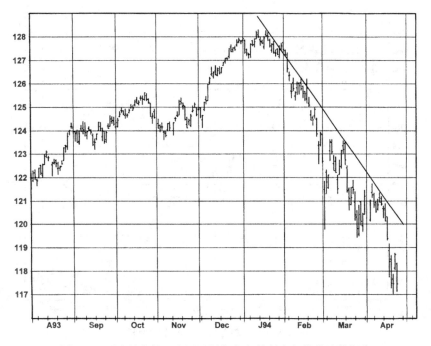

图 3.6　下降趋势线：法国国际期货交易所名义债券连续期货

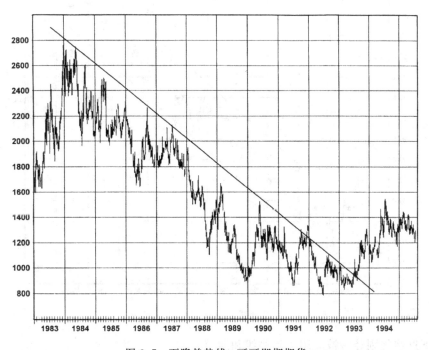

图 3.7　下降趋势线：可可即期期货

主趋势在接近趋势线的平行线处转向并不罕见。涵盖一种趋势的一对平行线被称为趋势通道。图 3.9 和图 3.10 分别是上升和下降通道。

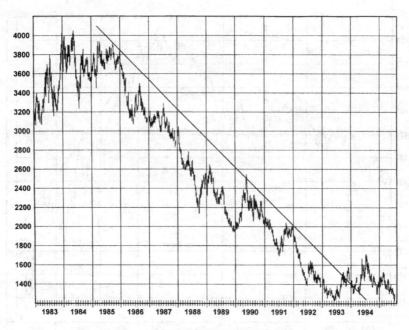

图3.8 下降趋势线：可可连续期货

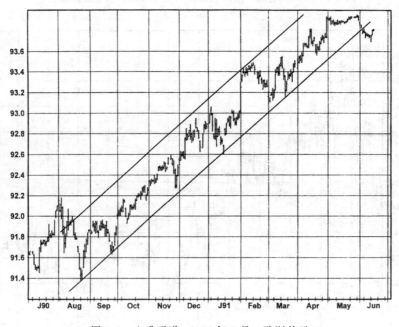

图3.9 上升通道：1991年6月 欧洲美元

以下这些规则经常被应用于趋势线和通道：

1. 回落至上升趋势线附近和回升至下降趋势线附近往往是依趋势方向建仓的好时机。

2. 上升趋势线(特别是在收盘价的基础上)的突破是卖出信号，下降趋势线的突破是

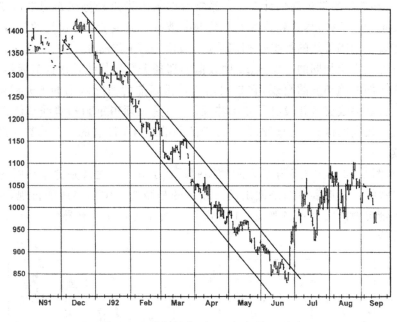

图 3.10　下降通道：1992 年 9 月　可可

买入信号。一般来说，确认一个突破在趋势线上方要有最小价格变动率或是最低的收盘价。

3. 下降通道的低端和上升通道的高端都代表了短线操作者潜在的获利空间。

图 3.11　重新确定的上升趋势线：1993 年 7 月　银

趋势线和通道确实很有用，但是它们的重要性经常被夸大。趋势线要根据事后经验来画,它的可靠性容易被过高估计。一种经常忽略的因素是趋势线作为牛市或熊市的延伸往往需要重画。这样,尽管趋势线上出现的突破有时提供了趋势反转的信号,然而这种发展只是需要重画趋势线的情况也相当普遍。如图3.11与图3.4相比,除了描绘的期间长了两个月外是完全相同的。图3.11中较低的那条上升趋势线是根据事后结果做出的,较高的是3.4图中趋势线的再现,它是根据6月份以前的情况做出的上升趋势线。6月份出现的上升趋势线突破并没有导致趋势反转,只是必须得重画趋势线。值得注意的是较高的高点和较高的低点这种形态在6月份的突破穿透了原有的上升趋势线后依然完整的得以延续。

类似的,图3.12和图3.5除了显示的期间延长了五个月之外是完全相同的。图3.12中较低的趋势线是根据事后结果做出的。较高的是图3.5中趋势线的再现,它是根据1月份以前的情况做出的上升趋势线。1月份趋势线穿透后并没有导致反转,只是必须重新做出趋势线。

图3.12 重新确定的上升趋势线:1991年6月 欧洲美元

图3.13是一个关于下降趋势的相似的例子。数据与图3.6相同,只是显示的期间延长了两个月。图3.13中较高的下降趋势线是根据事后结果做出的。较低的线是图3.6中趋势线的再现,它是根据5月份以前的情况做出的下降趋势线。5月份趋势线的突破并没有导致趋势的反转,只是需要重新做出趋势线。同样,图3.14与图3.6和图3.13相同,只是显示的期间又延长了四个月(与图3.13相比)。较低的两条趋势线是图3.6和图3.13的再现,分别根据5月份和7月份以前的情况做出的下降趋势线。这两条趋势线的突破没有导致反转,只是需要重画趋势线,这个例子说明趋势线有时不得不重画若干次。

前面的例子旨在阐明这样的观点。趋势线的突破在更大程度上是在遵循规律而不是违背它。一个简单的事实就是趋势线易于被突破,在向前发展中不断重复,这就相当于是

图 3.13 重新确定的下降趋势线：法国国际期货交易所名义债券连续期货

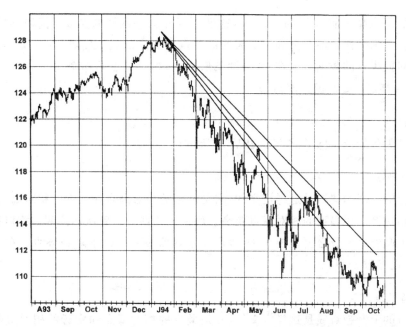

图 3.14 经两次重新确定的下降趋势线：法国国际期货交易所名义债券连续期货

在说趋势线经常在延伸中不断修正。这一发现意味着趋势线总是在事后表现出比在实际操作中更大的效用,并且趋势线的突破往往被证明是虚假的信号,这一理论将在第十一章再次阐述。

TD 线

在《新技术分析学》(*The New Science of Technical Analysis*)[①]这本书里,汤姆斯·德马克(Thomas DeMark)准确地指出,做趋势线是一个高度人为的过程。对于一幅同样的图表,不同的人会做出不同的趋势线。实际上,即使是同一个人在不同的时候画同一幅图,做出的趋势线也可能不同。

很容易弄清缺乏精确性的原因。趋势线的特征是把相对高点和相对低点相连接。如果只有两个这样的点,趋势线就能作得很精确。然而,如果趋势线是试图把三个或三个以上的点相连接得来的——正如通常的情况那样——一条精确的趋势线只有在所有的点之间存在线性关系的情况下才会出现,这种情况极为罕见。大多数情况下,做出的趋势线至多只能准确的通过一个或两个相对高点(或相对低点),而偏离其他点,趋势线所提供的最有效的配合实际上在观察者的眼睛里。

DeMark 认识到要想让趋势线做到准确无误,它必须建立在两个精确的点的基础上。DeMark 也指出,与习惯相反,趋势线应从右向左画,因为"价格近期变动比历史上的变动具有更大的意义。"这些观点进一步强调了他做趋势线的方法。DeMark 界定趋势线的方法体系由以下概念[②]说明:

相对高点:

某天的高点高于前 N 天和后 N 天,这里的 N 是必须确认的参数。例如,如果 $N=5$,相对高点就是那个比它前 5 天和后 5 天的最高点都要高的点。(相同的定义可以应用于以任何时间段表示的数据。如在 60 分钟条形图中,相对高点是那个比它前 60 分钟和后 60 分钟的最高点都要高的最高点。)

相对低点:

是指某天的最低点低于前 N 天和后 N 天的最低点。

TD 下降趋势线:

较盛行的下降趋势线是这样定义的:它是最近的相对高点和次近的相对高点的连线,且次近的相对高点比最近的相对高点要高。后一个条件对于确认连接两个相对高点的趋势线是向下倾斜的十分必要。图 3.15 表示了这种常见的 TD 下降趋势线。在确认相对高点时,假设参数 $N=3$。

TD 上升趋势线:

较盛行的上升趋势线是这样定义的:它是最近的相对低点和次近的相对最低高点的连线,且次近的相对低点比最近的相对最低高点要低。图 3.16 表示了这种常见的 TD 上

[①] John Wiley & Sons, Inc 纽约,1994 年版。

[②] 以下的概念和术语与 DeMark 所使用的不同,但是所介绍的辨别趋势线的方法完全一样。我只是发现它们比 DeMark 对同一概念的表达更加清晰简明。

图 3.15　TD下降趋势线（$N=3$）：1995 年 7 月　大豆

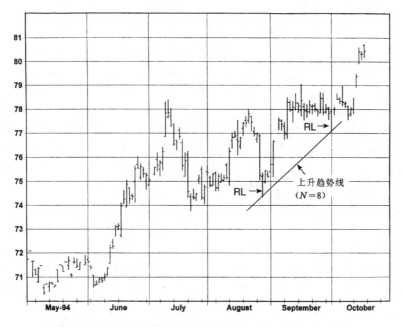

图 3.16　TD上升趋势线（$N=8$）：1994 年 12 月　瑞士法郎

升趋势线。在确认相对高点时，假设参数 $N=8$。

通过把趋势线的定义建立在最近的几个相对高点和几个相对低点的基础上，趋势线将由于新的相对高点和相对低点的出现而不断重新确认。例如，图 3.17 展示的一系列 TD 上升趋势线就意味着不断有新的相对低点出现（$N=10$），直到趋势反转信号出现。在这张图中，假设出现连续三次的收盘价低于当前的上升趋势线则被确认为出现趋势反转信号。同理,图3.18展示的一系列 TD 下降趋势线就意味着不断有新的相对高点出现($N=8$),直到趋势反转信号出现(根据三个连续低于趋势线的收盘价确认)。

图 3.17　连续的上升趋势线($N=10$):1992 年 10 月　糖
注:线①—⑤是连续的 TD 上升趋势线,用 $N=10$ 来确定相对低点(RL)

图 3.18　连续的下降趋势线($N=8$):1992 年 12 月　玉米
注:线①—③是连续的 TD 下降趋势线,用 $N=8$ 来确定相对高点(RH)

不同的 N 值会产生完全不同的趋势线。例如,图 3.19 至图 3.21 对比了由三个不同的 N 值确认的同一幅图表的 TD 下降趋势线。N 的值越小,下降趋势线的重新确认就越

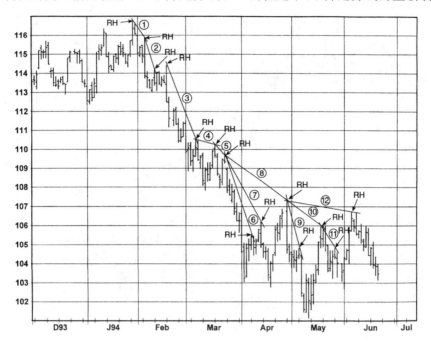

图 3.19　连续的下降趋势线($N=2$):1994 年 6 月　T-债券

注:线①—⑫是连续的 TD 下降趋势线,用 $N=2$ 来确定相对高点(RH)

图 3.20　连续的下降趋势线($N=5$):1994 年 6 月　T-债券

注:线①—⑥是连续的下降趋势线,用 $N=5$ 来确定相对高点(RH)

频繁,也就越容易被突破。例如,当 $N=2$ 时产生了 12 条趋势线,而当 $N=10$ 时,只有 3 条趋势线。

图 3.21　连续的 TD 下降趋势线($N=10$):1994 年 6 月　T-债券
注:线①—③是连续的下降趋势线,用 $N=10$ 来确定相对高点(RH)

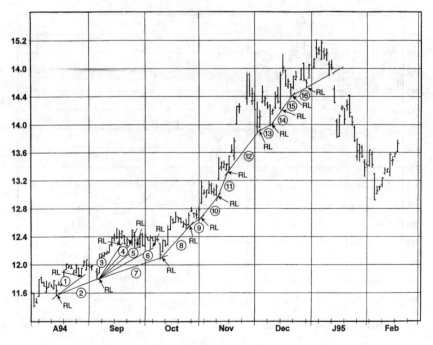

图 3.22　连续的 TD 上升趋势线($N=2$):1995 年 7 月　糖
注:线①—⑯是连续的 TD 上升趋势线,用 $N=2$ 来确定相对低点(RL)

类似的,图 3.22 至图 3.24 对比了由三个不同的 N 值确认的同一幅图表中的 TD 上升趋势线。在图 3.22 中可以看到,N 值越小(如 $N=2$),越要频繁地重新确认当前的上

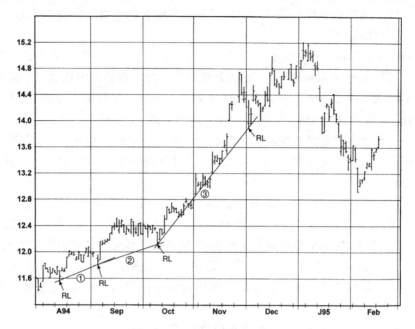

图 3.23　连续的 TD 上升趋势线($N=5$):1995 年 7 月　糖
注:线①—③是连续的 TD 上升趋势线,用 $N=5$ 来确定相对低点(RL)

图 3.24　单一的上升趋势线($N=10$):1995 年 7 月　糖
注:TD 上升趋势线,用 $N=10$ 来确定相对低点(RL)

升趋势线,其敏感度也就越高。事实上,在上升期(8—12月),产生了16条不同的趋势线。当 $N=5$ 时,上升趋势线的数目在同一时期减少到3条,而当 $N=10$ 时,只有一条上升趋势线。以上这些都清楚地说明,选择不同的 N 值会产生极不同的上升趋势线,从而为交易提供不同的信息。

　　DeMark关于趋势线的基本定义相当于前面提到的当 $N=1$ 时的概念。尽管他承认趋势线可以用更大的 N 值确认——"更大量值的TD线",在他的术语里——他的陈述偏重于用基本概念确认趋势线。而我个人的看法恰恰相反。尽管不言而喻,用 $N=1$ 确认趋势线会较早产生有效的趋势突破信号,而权衡的关键是,这种方法就会提供非常密集的趋势线以至于易于出现更多的虚假的突破信号。作为一般性的原则,我认为躲避糟糕的信号比利用有益的信号更重要,所以,我非常赞成使用较大的 N 值(如 $N=3$ 到 $N=12$)来确认趋势线。

　　然而,N 值的选择并没有什么"对"或"错";它纯粹是个人偏好问题。希望读者试着用不同的 N 值做出趋势线。每位交易者都会对某个 N 值感到运用自如而对其他的 N 值则不顺手,一般来说,短线交易者倾向于较小的 N 值而长线交易者倾向于较大的 N 值。

　　作为一个调整点,如果用 $N=1$ 来确认趋势线,更应该在实际高点和实际低点的基础上而不是在名义最高点和最低点的基础上确认相对高点和相对低点,这点尤为重要。这些概念这样定义:

　　实际高点:当日最高价或前日收盘价中较高的一个点。

　　实际低点:当日最低价或前日收盘价中较低的一个点。

　　对大多数交易日来说,实际高点与当日最高点一致,实际低点与当日最低点一致,区别将出现在下降缺口交易日(即整个盘整区低于前日收盘价的那些交易日)和上升缺口交

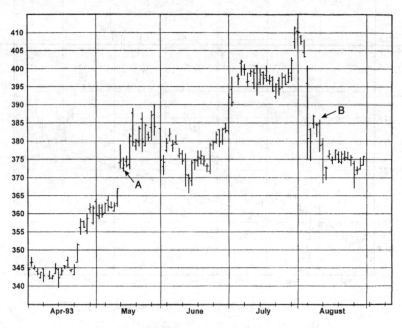

图3.25　名义高点、低点与实际高点、低点:1993年12月金

易日(即整个盘整区高于前日收盘价的那些交易日)。运用实际高点和实际低点得出的相对高点和相对低点更加符合我们直觉上感觉这些点应该代表的概念。

例如在图 3.25 中，$N=1$，A 点会被确认为建立在名义最低点基础上的相对低点。这个点只可能被确认为名义低点，因为在前一交易日存在明显的上升缺口，这很难符合直觉上对于相对低点的概念。相似地，B 点会被确认为建立在名义高点基础上的相对高点而不是实际高点基础上的。(因为在前一个交易日经历了一个下降缺口，产生了一个较高的实际高点)。这两种情况下，用实际高点和实际低点代替名义高点和低点，从直觉上讲，这样确认相对高点和相对低点更为明智。

内 部 趋 势 线

常规趋势线的画法特征是包含极高点和极低点(extreme highs and lows)。这样就会产生争议，极高点和极低点代表了市场上由于感情用事而出现的反常，这样，这些点就不一定代表着市场中占主导地位的趋势，内部趋势线不顾及这种非得在极端的价格偏离的基础上作趋势线的暗含要求。一个内部趋势线最大可能地接近主要相对高点或相对低点，不能考虑任何可能的极点。粗略地说，内部趋势线可以被看作是相对高点和相对低点的最佳配置线。图 3.26 至图 3.37 提供了大量的内部上升趋势线和下降趋势线的例子，包括单期合约图、日连续期货图和周即期期货图。为了对比，这些图表中也有常规的趋势线[①]，它们用虚线表示。

图 3.26 内部趋势线与常规趋势线：1991 年 3 月 棉花

---

① 为避免使图表显得混乱，在大多数情况下，只标出一两条在价格运动过程中包含的常规趋势线。

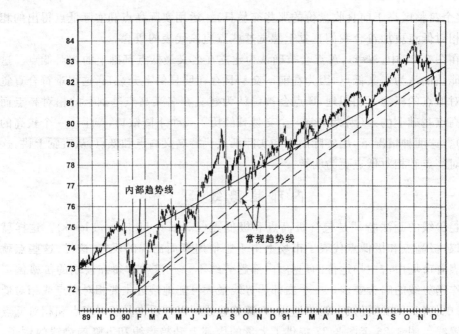

图 3.27 内部趋势线与常规趋势线：加元连续期货

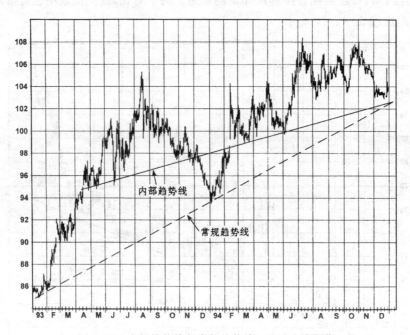

图 3.28 内部趋势线与常规趋势线：日元连续期货

图 3.29　内部趋势线与常规趋势线：T-债券即期期货

图 3.30　内部趋势线与常规趋势线：糖即期期货

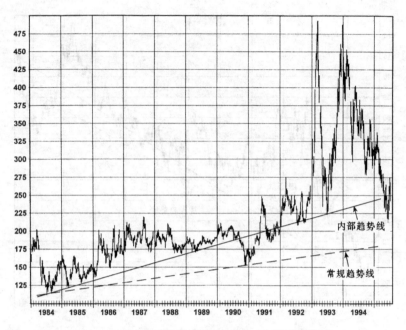

图 3.31 内部趋势线与常规趋势线：木材即期期货

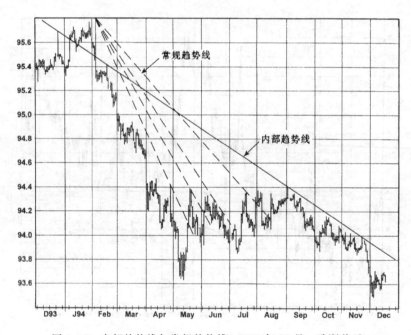

图 3.32 内部趋势线与常规趋势线：1994 年 12 月 欧洲美元

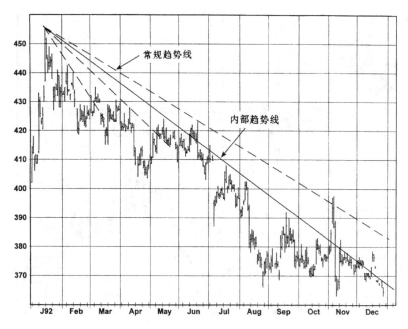

图 3.33 内部趋势线与常规趋势线：1992 年 12 月 银

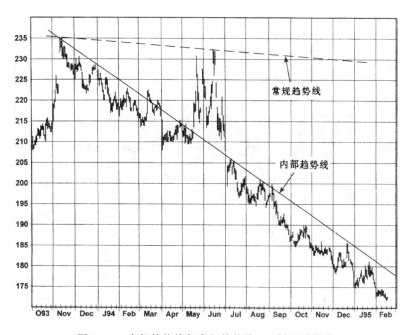

图 3.34 内部趋势线与常规趋势线：豆粉连续期货

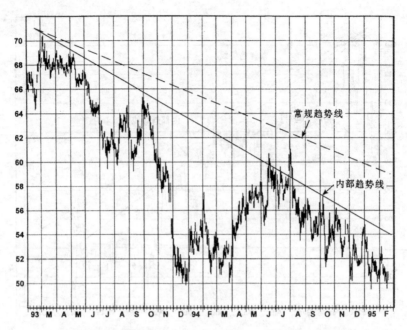

图 3.35 内部趋势线与常规趋势线：取暖油连续期货

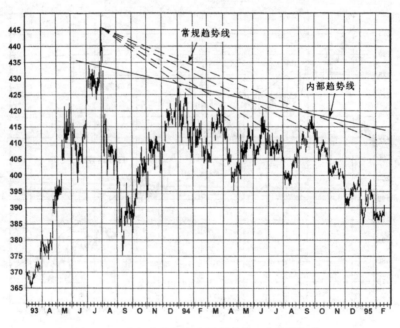

图 3.36 内部趋势线与常规趋势线：金连续期货

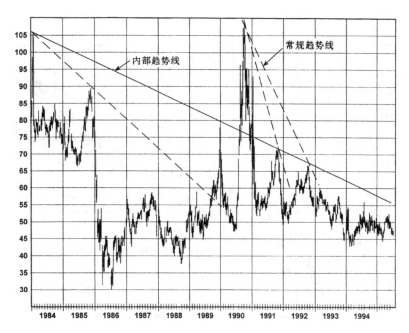

图 3.37　内部趋势线与常规趋势线：取暖油即期期货

内部趋势线的一个缺点是难以避免任意性，甚至可能比常规趋势线更为严重，常规趋势线至少可以用极高点和极低点确认。实际上，在一幅图中常常会做出多条似乎很可信的内部趋势线——这种情形在图 3.38、图 3.39 和图 3.40 中不难看到。然而，凭我个人的经验，内部趋势线在界定潜在的支撑和阻力区方面的作用远大于常规趋势线。通过检

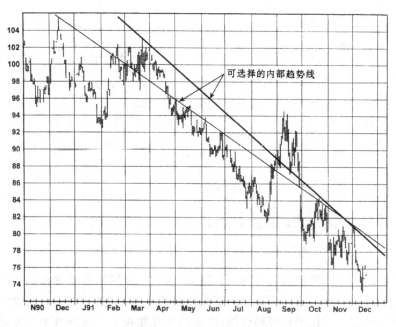

图 3.38　可选择的内部趋势线：1991 年 12 月　咖啡

图 3.39 可选择的内部趋势线：英镑连续期货

图 3.40 可选择的内部趋势线：铜连续期货

验图 3.26 至图 3.37 中的内部趋势线就会发现，这些图表所描绘的内部趋势线一般都能够比常规趋势线更好地指示出市场会在哪里止跌和止升。当然，这些用来说明的例子并不足以证明内部趋势线优于常规趋势线，既然总有可能找到一些图表来有力地证实任何争论，而且这样一种证明当然不是故意的或暗指的。并且，图中给出的比较只是试图给读者这样一种感觉,那就是内部趋势线可能会更好地显示出潜在的支撑区和阻力区。

我个人发现的内部趋势线比常规趋势线更有用的事实证明不了什么——个人奇谈怪论式的发现难以代替科学的证明。事实上,假定内部趋势线具有主观性,对其有效性进行科学检测是非常难的。然而我的观点是,内部趋势线作为一个概念当然应当严肃认真的被图表分析人员探讨。通过这样做,我相信许多读者会发现内部趋势线比常规趋势线更有效,或者至少值得补充到图表分析人员的工具箱中。

移动平均线

移动平均线提供了一种非常简单的使价格序列平滑并且使趋势更易于辨认的方法。简单的移动平均线是由到当前交易日为止的过去 N 天的平均收盘价确认。例如,40 日移动平均线相当于过去 40 天的收盘价的平均值(包括当前交易日)①。移动平均线这个词表明被平均的一套数字一直在期间内连续移动。图 3.41 显示了一个 40 日的移动平均线重叠在一个价格序列上。特别值得指出的是移动平均线清楚地反映了价格序列的趋势并且剔除了数据中没有意义的波动。在起伏不定的市场中,移动平均线容易在总体上摆动着向横向运动(如图 3.42 中 1993 年 10 月到 1994 年 5 月)。

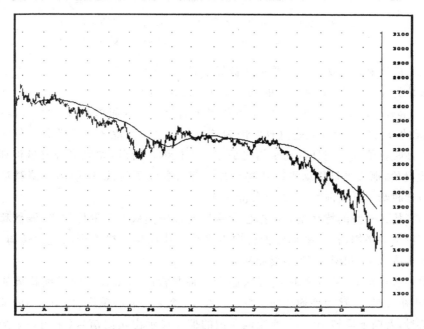

图 3.41　处于趋势市场中的移动平均线(40 日):1994 年 12 月　天然气
资料来源:FutureSource; copyright © 1986—1994; all rights reserved.

用移动平均线来确认趋势的一个非常简单的方法是:根据移动平均值相对前一交易

---

① 比较典型地,移动平均线的计算使用的是每日收盘价。然而,移动平均线也可以用开盘价、最高价、最低价或每日的开盘价、最高价、最低价和收盘价的平均价。并且,移动平均线也可以用一定时间段的数据计算而不是每天的数据,这种情况下,"收盘价"应该参考特定时间段的最后价格。

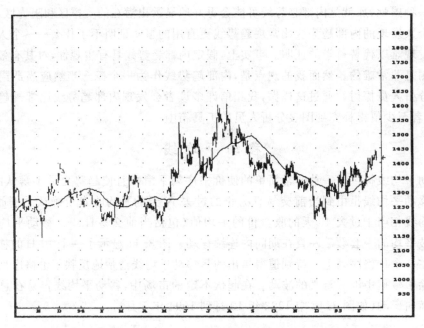

图 3.42　处于盘整市场中的移动平均线(40日)：1995年3月　可可
资料来源：FutureSource；copyright © 1986—1994；all rights reserved.

日的变动方向来确认。例如，(当趋势能被显示时)如果当日值高于前日值，一个移动平均线将会被认为正在上升，如果当日值低于前日值则为下降。

　　注意，上升移动平均线的基本定义就相当于满足这样的简单条件：当日收盘价高于前第 N 天的收盘价。为什么是这样？因为前日移动平均线除了包括前几天的收盘价而不包括当日收盘价外与当日移动平均线是完全一样的。所以，如果当日收盘价高于前第 N 天的收盘价，那么当日移动平均线将会高于前日移动平均线。同样，下降移动平均线即满足当日收盘价低于前第 N 天收盘价的条件。

　　移动平均线平滑的特性是以数据显示滞后的代价换取的。依照定义，既然移动平均线是过去价格的平均，移动平均线的转向点将总是比原始价格序列相应的转向点滞后。这一特征在图 3.41 和图 3.42 中显而易见。

　　在单趋势市场上，移动平均线可以提供一种非常简单而有效的辨别趋势的方法。图 3.43 同图 3.41，在移动平均线向上反转至少 10 个最小变动单位(10 ticks)的那点显示出买入信号，及向下反转 10 个最小变动单位的那点显示出卖出信号(采用一个最小界限的初始反转来界定移动平均线上的变向是为了避免趋势信号在移动平均线接近于零时来回重复的改变)。正如图 3.43 所示，极简便的技巧产生了极有用的交易信号。在所显示的 17 个月里，这种方法只产生了三个信号：第一个信号把握住了 8 月至 12 月下降的大部分过程；第二个信号只带来轻微的损失；第三个信号事实上抓住了 1994 年价格的大规模下滑的全部。你不可能要求得比这更多了。

　　问题在于虽然移动平均线在单趋势市场上很有效，但在波动横向运动的市场上，移动平均线易于产生许多虚假信号。例如，图 3.44 是图 3.42 的复制图，它在移动平均线向上

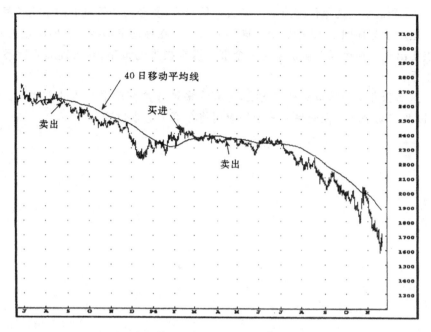

图 3.43 根据趋势市场信号所做的移动平均线：1994 年 12 月 天然气
注：买＝移动平均线最低点之上 10 个最小变动单位；卖＝移动平均线最高点之下 10 个最小变动单位。
资料来源：FutureSource；copyright © 1986—1994；all rights reserved.

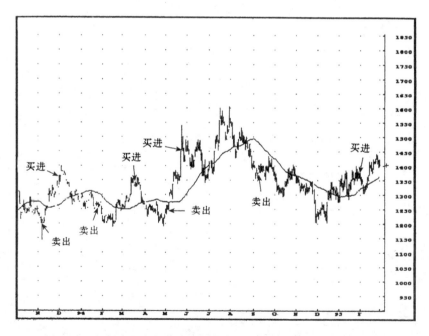

图 3.44 根据盘整市场信号所做的移动平均线：1995 年 3 月 可可
注：买＝移动平均线最低点之上 10 个最小变动单位；卖＝移动平均线最高点之下 10 个最小变动单位。
资料来源：FutureSource；copyright © 1986—1994；all rights reserved.

反转至少10个最小变动单位那点显示了买入信号,以及经历了等量的向下反转显示了卖出信号。运用了与在图3.43中完全相同的方法——在移动平均线向上转向点买入,在向下转向点卖出——在市场上被证明是一个带来惨重损失的策略,导致连续六次亏损和一次不盈不亏。

除了这部分介绍的简单移动平均线,还有许多种计算移动平均线的方法。其他的这些方法,以及移动平均线在交易方法中的应用将在第十七章讨论。

第四章 盘 整 区

> 有一种十足的傻瓜,他无时无刻不在犯错误,但有一种华尔街傻瓜,认为在任何时候他都必须进行交易。
>
> ——埃德温·洛弗热(Edwin Lefèvre)

盘整区:交易要考虑的因素

盘整区(Trading Range)是指包含了一个长时期价格波动的水平走廊。一般来说,市场大部分时间会处于盘整区里。但不幸的是,在盘整区内进行交易难以获利。事实上,大部分运用技术分析的交易者可能会发现:对于盘整区最好的交易策略就是进场次数最少化。——这一过程说起来容易做起来难。

尽管存在能够在盘整区内获利的方法——如振荡指标(oscillators),(见第十五章)——问题在于这些方法对于单趋势市场来说都是灾难,而且尽管盘整区极易从历史资料中辨认出来,但它几乎不可能被预测。应该特别提到,大部分图表形态(如缺口、旗形等)如果出现在盘整区内,相对来说意义不大(图表形态将在第六章讨论)。

盘整区经常会持续数年。如在写这本书的时候,期银市场处在盘整区中已有四年多了,并且还在继续(见图4.1)。图4.2描绘了一个大豆粉市场长达4年的盘整区。图4.3

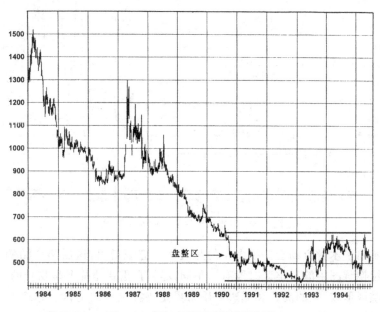

图4.1 多年盘整区:银连续期货

图 4.2　多年盘整区：大豆粉即期期货

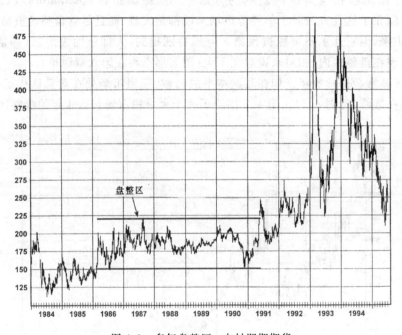

图 4.3　多年盘整区：木材即期期货

和图 4.4 显示出了木材市场上持续多年的盘整区。应该指出,这后两个图例中位于即期期货图和连续期货图中的盘整区时段有所不同,尽管在重要特征上是吻合的。

一旦盘整区形成,它的高边和低边可用来界定支撑区和阻力区。这个专题将在下一章更详细地讨论。盘整区的突破能够提供重要的交易信号——下面将讨论这一内容。

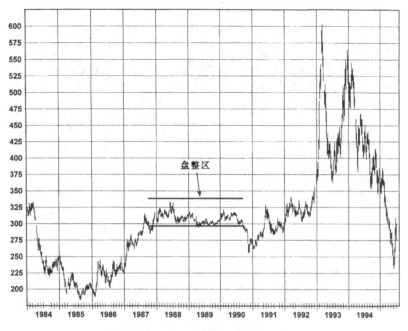

图 4.4 多年盘整区：木材连续期货

盘整区的突破

盘整区的突破(如图 4.5 和图 4.6)显示价格即将沿着突破方向运动。以下这些因素往往能够强化突破的重要性和可信性：

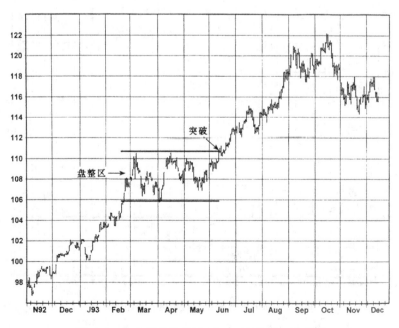

图 4.5 向上突破盘整区：1993 年 12 月 T-债券

图 4.6 向下突破盘整区：生牛连续期货

1. 盘整持续的时间

盘整持续的时间越长，最后突破潜在的意义越重大。这一观点可以用图 4.7 的周图和图 4.8 的日图来说明。

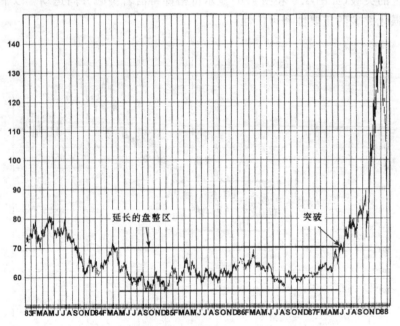

图 4.7 向上突破延长的盘整区：铜即期期货

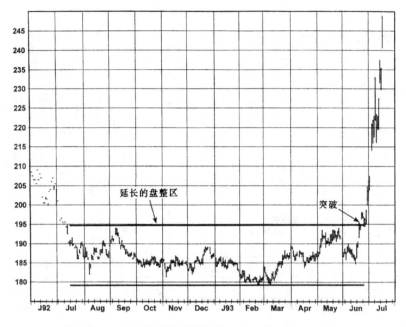

图 4.8　向上突破延长的盘整区：1993 年 7 月　玉米渣

2. 区域很窄

窄的盘整区的突破更能提供特别可信的交易信号（见图 4.9 和图 4.10）。进一步来说，由于可以设置使资金风险相对低的合理的止损点，这样的交易会特别具有吸引力。

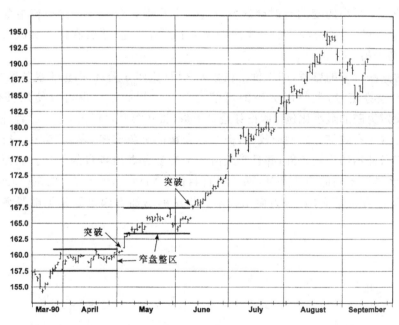

图 4.9　向上突破窄盘整区：1990 年 9 月　英镑

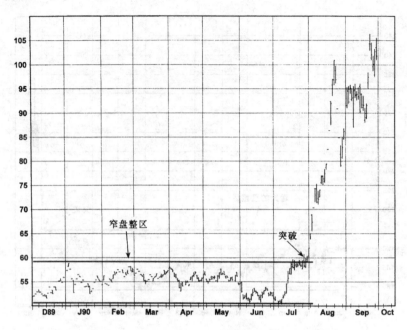

图 4.10　向上突破窄盘整区：1990 年 10 月　　无铅汽油

3. 突破的确认

对于价格只稍稍突破了盘整区或是突破持续了几天就又回到盘整区的情况是相当普遍的。对此的一个解释是盘整区的邻近区域经常是止损指令的密集区。结果是，盘整区的邻近处的一个微小的变动有时会触发一连串的止损指令。一旦这最初指令的恐慌完结，突破就会失败，除非有稳定的基本因素以及下面有买盘（或者在向下突破时上面有卖盘）来使趋势维持。

根据对这些行为的思考，如果价格在数天之后（比如 5 天）仍旧位于盘整区之外，作为即将来临的趋势信号，盘整区突破的可信度就大大提高了。也可以使用其他确认方式——如设定突破的最小比例、假设穿透日天数（将在第六章讨论）等。尽管等待突破后的确认会导致对有效信号的回应较差，但它也会帮助避免许多"虚假"信号。权衡两者利弊要依赖于所使用的确认条件，并且必须由每个交易者做出各自的估计。然而关键的一点是，交易者尝试不同的确认条件，而不是盲目的跟随所有的突破。现在（1995 年）这一忠告可能比 10 年前更有用，因为使用技术分析法的增加看起来导致了虚假突破频率的增加。

第五章 支撑和阻力

> 在一个狭窄的市场上,当价格只是在狭窄的区域内运动而无其他变化时,试图预测下一个大变动的方向——无论上升还是下降——都是没有意义的。
>
> ——埃德温·洛弗热

盘 整 区

一旦一个盘整区形成(至少有一到两个月的价格横向运动),价格将会在区域的高端遇到阻力,而在区域的低端遇到支撑。虽然图表分析作为一种工具最适合为根据未来趋势进行交易者提供信号,一些灵活的交易者采用了在盘整区反弹到适当位置卖出、下降至适当位置买进的策略。但一般来说,这样一种交易方式很难成功。再进一步说,应该强调的是,弱化盘整区中次要的趋势将会导致灾难,除非损失得到控制(例如如果价格突破区域边界达到了一个特定的极小量或者在区域外的市场交易持续了极少几天,或者二者都有时就平仓)。

当价格突破了盘整区之后,对支撑与阻力的解释就要上移或下移。特别是,一旦价格在盘整区上方形成持续突破,盘整区的高边就成为价格支撑区。图5.1和图5.2中的延

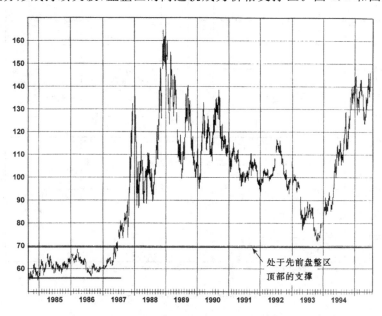

图 5.1　前一盘整区顶部附近的支撑:铜即期期货

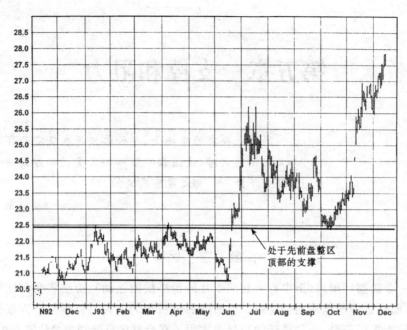

图 5.2 前一盘整区顶部附近的支撑：1993 年 12 月　豆油

长线显示了由前面的盘整区的高边确认的支撑价位。在一个盘整区的下方形成持续突破的情况中，区域的低边就成为阻力区。图 5.3 和图 5.4 中的延长线显示了由前面的盘整区的低边确认的阻力价位。

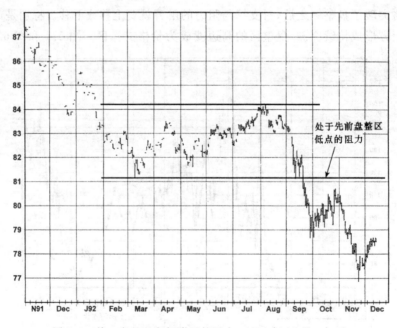

图 5.3 前一盘整区底部附近的阻力：1992 年 12 月　加元

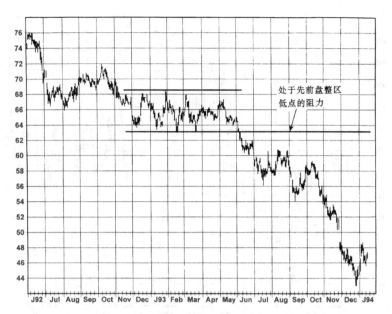

图 5.4　前一盘整区底部附近的阻力：无铅汽油连续期货

先前主要高点和低点

一般地，将会在先前主要高点附近遇到阻力，会在先前主要低点附近遇到支撑。图 5.5、图 5.6 和图 5.7 分别表明了二者的形态。在图 5.5 中可注意到，1988 年主要峰顶（major peak）形成于 1985 年的高点之下，而 1989 年的低点显示的支撑价位是同 1991 年和 1992 年的低点一起支撑的。在图 5.6 中，1990 年年末的低点支撑低于 1986 年的底

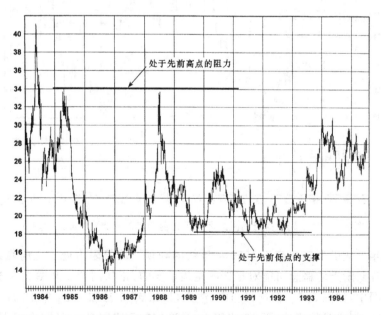

图 5.5　处于先前高点的阻力和处于先前低点的支撑：豆油即期期货

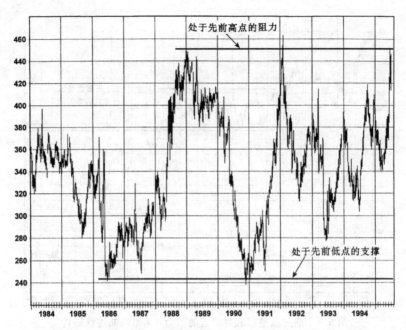

图5.6 处于先前高点的阻力和处于先前低点的支撑：小麦即期期货

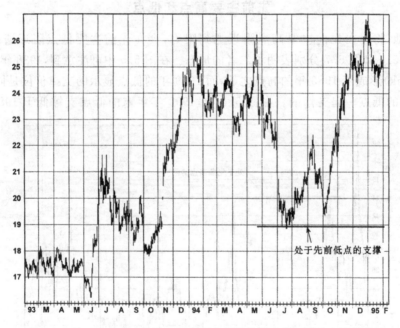

图5.7 处于先前高点的阻力和处于先前低点的支撑：豆油连续期货

部，而1992年形成的反转要高于1989年年初的峰顶。尽管阻力处于先前峰顶附近而支撑处于先前谷底附近的概念可能对星期图是最重要的，正如图5.5和图5.6，这一原则也可应用到日图中，如图5.7。在这张图中，注意，1994年5月和1994年12月发生的价格反转高于1994年1月的峰顶，而1994年10月形成的低点略高于1994年7月的低点。

应该强调的是,先前的高点并不意味着以后的回升会在等于或低于这点处停止,但阻力一般可以在这点附近预期,相似地,先前的低点并不意味着以后的下降会在等于或高于这点处停止,但支撑一般可以在这点附近预期。一些从事图表分析的人把先前的高点和低点当作被赋予神圣意义的点。如果先前的高点在1078,那么他们把1078当作主要阻力,如果市场回升到1085,他们认为阻力被突破了。这是胡说。支撑和阻力应该被看作是大致的范围,而不是精确的点。注意,尽管先前的高点和低点作为支撑和阻力在三幅图中——图5.5、图5.6和图5.7,都证明是非常重要的——但只有在图5.5中,以后的价格回升和突破实际上在碰到这些点或之前就反转了。由这些图表所代表的价格运动(price action)类型是相当典型的。

先前高点的突破可以被当作买入信号,先前低点的突破可以被当作卖出信号。与盘整区的突破情形相似,作为交易信号,对高点和低点的突破应该根据价位或持续时间或者两者同时来确认其重要性。这样一来,如先前关于图5.6和图5.7的讨论应该清楚了。一个时期(日图中的一天,周图中的一个周)的对先前高点或低点的稍微突破证明不了什么。在假设对先前高点或低点的稍微突破代表买或卖的信号之前,要有进一步的确认。一些可能的确认条件包括:位于先前高点或低点之外的收盘价的最小数目;价格突破的最小百分比;或二者具备。

图5.8和图5.9用来说明把先前高点的突破确认为买入信号的例子,假定确认条件是三个高于最高点的收盘价。同样,图5.10和图5.11提供了把突破先前低点作为卖出信号的例子,用的是类似的确认条件。顺便提一下,图5.8也提供了一个先前高点作为阻力(在它实际被突破之前)、先前低点作为支撑的极好的例子,而图5.11提供了一个先前最高点代表主要阻力的典型的例子。

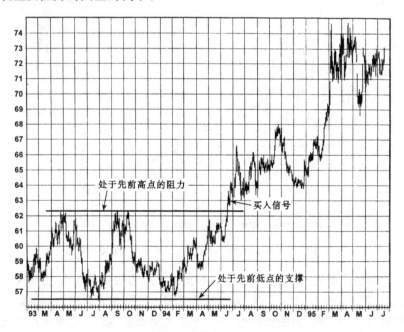

图5.8 将突破先前高点作为买进信号:德国马克连续期货

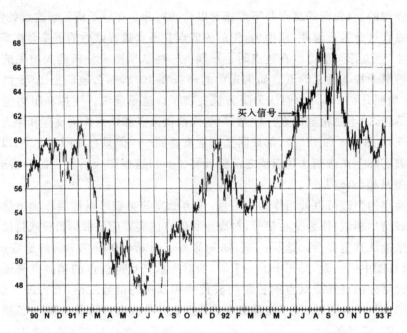

图 5.9 将突破先前高点作为买进信号：德国马克连续期货

图 5.10 将突破先前低点作为卖出信号：咖啡即期期货

随着价格持续突破先前的高点或低点，对支撑与阻力的解释就要上移或下移。换句话说，先前高点附近的价位成为支撑，而先前低点附近的价位成为阻力。例如，图 5.12 是图 5.9 的复制图，1991 年 2 月的价位在 1992 年 7 月被突破，在 1992 年 9 月的低点成功获得支撑，它成为了支撑。9 月份的低点接下来在 10 月份被突破，成为使 11 月底到 12 月

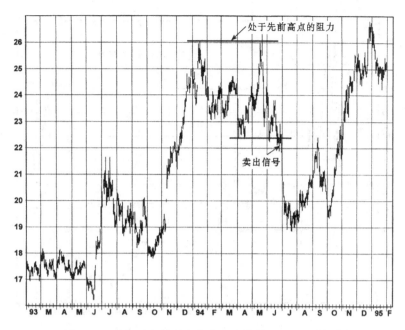

图 5.11 将突破先前低点作为卖出信号:豆油连续期货

初反弹停止的阻力。图 5.13 是图 5.10 的复制图,1987 年的低点在 1989 年被突破,证明它成为了有效的阻力区,它阻止了 1990 年和 1991 年的反复价格回调尝试(顺便提一下,注意,这张图也提供了一个关于阻力处于前一高点的极好的例子,图中 1994 年出现的主要回升止损点只稍低于 1986 年年初的峰顶)。最后,在图 5.14 中,它是图 5.11 的复制图,1994 年 4 月的低点在 6 月被突破,证明成为了一个主要的阻力区,导致了 9 月份的价格反转。

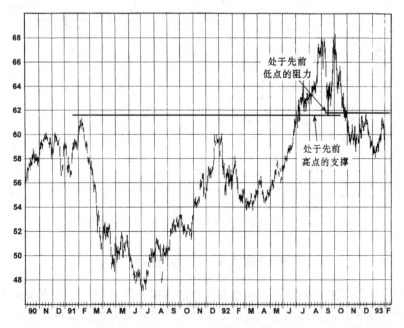

图 5.12 处于先前高点的阻力和处于先前低点的支撑:德国马克连续期货

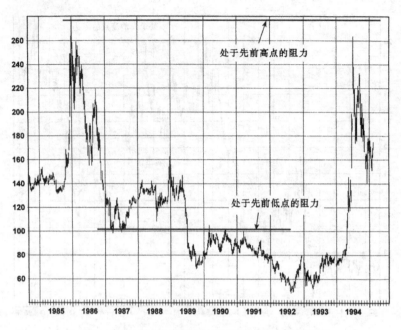

图 5.13 位于先前相对低点的阻力：咖啡即期期货

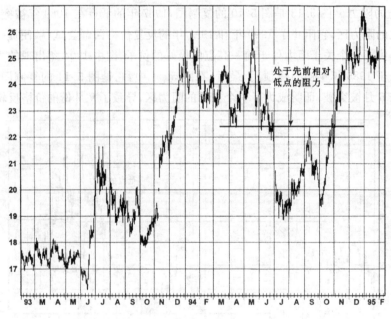

图 5.14 位于先前相对低点的阻力：豆油连续期货

相对高点和低点的集中区

前面部分讨论了处于先前主要高点和低点的支撑和阻力——单独的峰顶和谷底。这部分我们将根据相对高点和相对低点的集中区而不是根据真正顶部和底部来讨论价位区里的支撑和阻力。明确地讲，相对高点和相对低点有集中于相对狭窄的区域内的趋势。

如果当前价位比之高,这些区域就意味着是支撑区;如果当前价位比之低,这些区域就意味着是阻力区。这种办法对于在长期图表中预测支撑区和阻力区特别有用,图5.15至图5.19提供了在先前相对高点和相对低点集中区遇到支撑的星期图的例子(或者说只是

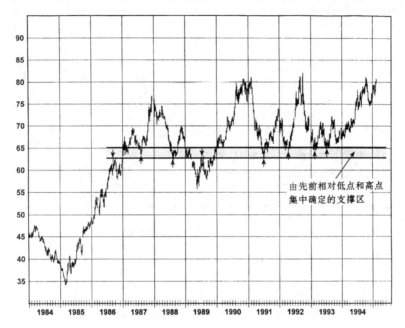

图5.15 由先前相对低点和高点的集中区所确定的支撑区:瑞士法郎即期期货
注:↑=相对低点;↓=相对高点

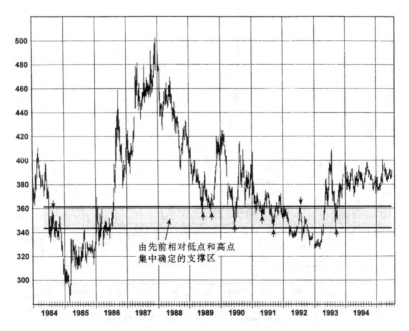

图5.16 由先前相对低点和高点的集中区所确定的支撑区:金即期期货
注:↑=相对低点;↓=相对高点

相对低点)。图 5.20 和图 5.21 提供了在先前相对高点和相对低点集中区遇到阻力的周图的例子(或者说只是相对高点)。

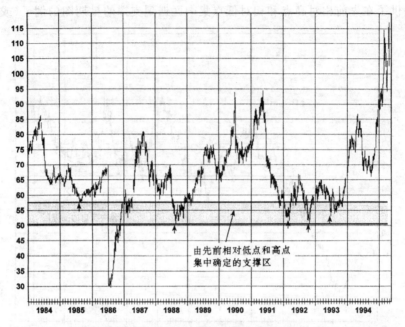

图 5.17 由先前相对低点和高点的集中区所确定的支撑区：棉花即期期货
注：↑＝相对低点；↓＝相对高点

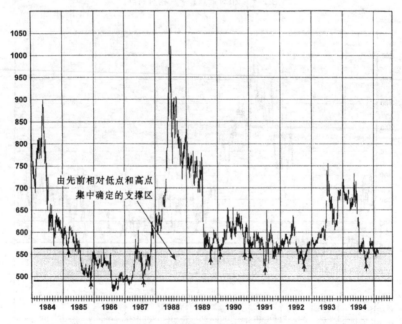

图 5.18 由先前相对低点集中区所确定的支撑区：大豆即期期货
注：↑＝相对低点；↓＝相对高点

第五章 支撑和阻力

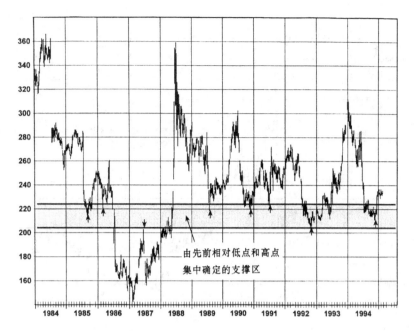

图 5.19　由先前相对低点和高点的集中区所确定的支撑区：玉米即期期货
注：↑＝相对低点；↓＝相对高点

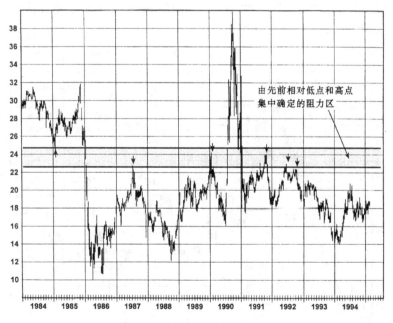

图 5.20　由先前相对低点和高点的集中区所确定的阻力区：原油即期期货
注：↑＝相对低点；↓＝相对高点

这种运用先前相对高点和低点的集中区来确认支撑和阻力的办法也可以用于具有足够持续时间的日连续期货图（如，两年）。（大部分单期合约图的生命周期对于有效地应用

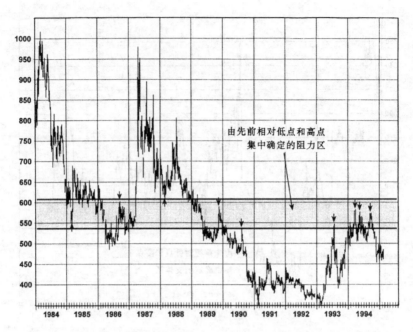

图 5.21 由先前相对低点和高点的集中区所确定的阻力区：银即期期货
注：↑＝相对低点；↓＝相对高点

这种方法来说太短了。)例如,图 5.22、图 5.23 和图 5.24 是显示了由先前相对高点和相对低点确认的阻力区的日连续期货图。

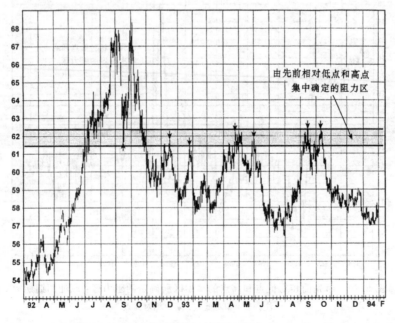

图 5.22 由先前相对低点和高点的集中区所确定的阻力区：德国马克连续期货
注：↑＝相对低点；↓＝相对高点

第五章 支撑和阻力

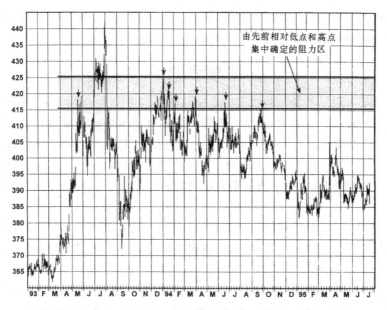

图 5.23　由先前相对高点集中区所确定的阻力区：金连续期货
注：↑＝相对低点；↓＝相对高点

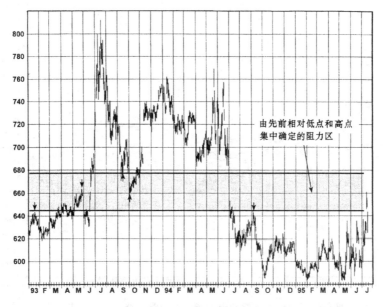

图 5.24　由先前相对低点和高点的集中区所确定的阻力区：大豆连续期货
注：↑＝相对低点；↓＝相对高点

趋势线、趋势通道和内部趋势线

趋势线、趋势通道和内部趋势线指示了潜在的支撑区和阻力区的观点已经在第三章详细讲述了。再次重申前面讨论过的，基于个人经验，我相信内部趋势线在这方面比常规趋势线更可信。然而，哪种趋势指示性更好的问题是相当主观的事情，有些读者可能会得出相反的结论。事实上,趋势线或内部趋势线没有数学般的精确定义,而且不同的人所做出的这些线会有很大不同。

价格包络带

价格包络带可以从移动平均线引申出来。价格包络带的上界由移动平均线加上特定比例的移动平均值确认。同理,价格包络带的下界由移动平均线减去特定比例的移动平均值确认。如果当前移动年均值是 600,比例被确认为 3%,那么上界的值是 618 而下界的值是 582。对给定的移动平均线选择合适的边界比例,可以确认一个包络带,从而使它包括了大部分价格走势,它的上界几乎与相对高点的连线一致,而下界几乎与相对低点的连线一致。

图 5.25 说明了运用 20 日移动平均线和 2.5% 的比例确认的一个 1994 年 3 月 T-债券合约的价格包络带。正如所看到的,价格包络带很好地指示了支撑和阻力价位。同一概念的另一种表达方式是价格包络带指示了超买和超卖的价位。价格包络带不光可以以日为时间间隔,也可以用于其他的时间间隔。例如,图 5.26 说明的是与图 5.25 所表示的同一个市场的 90 分钟条形图的 1.2% 的价格包络带(当然时期要短得多)。

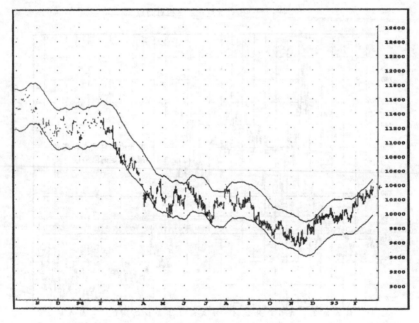

图 5.25　日条形图中作为支撑和阻力指示的价格包络带:1995 年 3 月　T-债券
资料来源:FutureSource; copyright © 1986—1995; all rights reserved.

但是应该特别注意,价格包络带并不像它可能表现出的那样有效。尽管它对于市场可能接近转向点给出一个合理的指示,在趋势延续中,价格会继续紧贴价格包络带的一端。例如,这种情形在图 5.25 中 1994 年 2 月底到 4 月间就可以看到。在这段期间内,当价格包络带反复显示价格已处于超卖,但价格继续稳步下滑。尽管价格在价格包络带外运动总是有限的和暂时的,但价格接近包络带的某个边界并不必然意味着价格转向点就

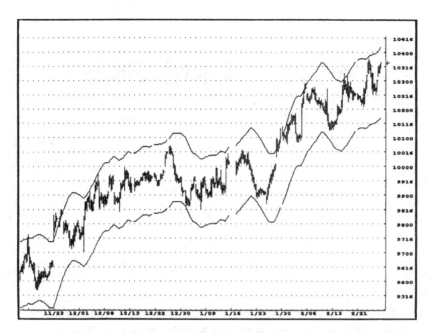

图 5.26 90 分钟条形图中作为支撑和阻力指示的价格包络带：1995 年 3 月 T-债券
资料来源：FutureSource；copyright © 1986—1995；all rights reserved.

在眼前了。总体来说，价格包络带提供了一个测算潜在支撑和阻力区的办法，但绝不是万无一失的。

第六章 技术图表形态

> 永远不要被牛市的光辉所迷惑。
> ——鲍尔·鲁宾(Paul Rubin)

一日形态

缺口

缺口日是指某一交易日的最低价高于前日的最高价,或其最高价低于前日的最低价。缺口有以下四种基本形式:

1. 普通缺口

这种缺口在盘整区内出现,没什么特别的重要性。如图6.1、图6.2和图6.3中显示出图中出现一些普通缺口。

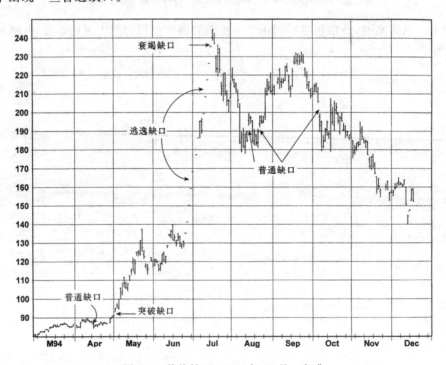

图6.1 价格缺口:1994年12月 咖啡

2. 突破缺口

这种缺口在价格急骤越过盘整区的边界时出现,留下一个交易活动的空当(见图6.1

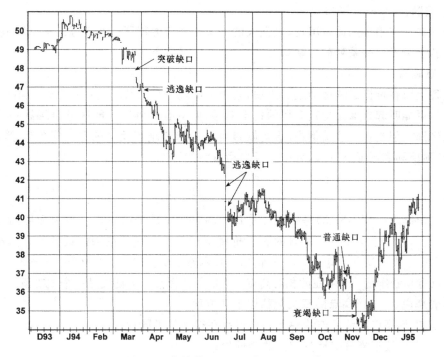

图 6.2 价格缺口：1995 年 2 月 生猪

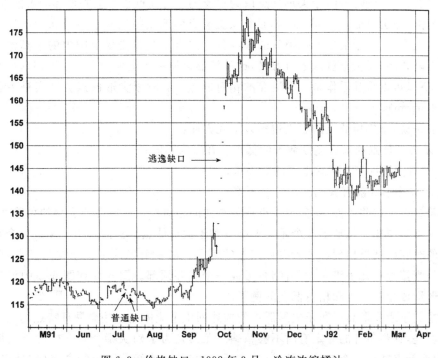

图 6.3 价格缺口：1992 年 3 月 冷冻浓缩橘汁

和图 6.2)。在几天之内未被回补的突破缺口是最重要和最可信的图表信号之一。

3. 逃逸(runaway)缺口

这种缺口在趋势加速时出现,是强大的牛市和熊市的特征。在极强的牛市和熊市上,会连续若干天发生一系列逃逸缺口。

4. 衰竭缺口

这种缺口在价格延续运动之后出现,紧跟着出现一个趋势反转(见图 6.1 和图 6.2)。衰竭缺口可能听起来像是特别有用的技术信号,但只有在事后才能区分衰竭缺口和逃逸缺口的区别。但是在一些实例中,衰竭缺口可以在趋势刚刚反转的点上得到识别——见题目为"顶部和底部形态"的部分中关于岛型反转的讨论。

矛尖形

矛尖形高点(spike high)是指某交易日的高点明显高于前面连续数天和后面几天的高点。通常,处于矛尖形高点那日的收盘价将接近于当日交易范围的最低价。只有在价格上扬之后矛尖形高点才有意义,这种情形常预示着至少会在买压下出现一个暂时的高点。所以可以将其看作是一个潜在的相对高点。有时矛尖形高点会证实是一个主要顶部。

一般来说,矛尖形高点的意义包括以下几方面:
1. 矛尖形高点和前后连续数天的高点存在很大的不同;
2. 收盘价接近当日交易范围内的最低价;
3. 矛尖形形成前有大幅度的价格上涨。

越符合以上这些条件,矛尖形高点成为重要的相对高点甚至主要顶部的可能性越大。

类似的,矛尖形低点(spike low)是指某交易日的低点明显低于前面和后面连续数天的低点。通常,处于矛尖形低点那日的收盘价将接近于当日交易范围内的最高价。只有在价格下降之后,矛尖形低点才有意义,这种情形常显示着至少会在卖压下出现一个暂时的低点,所以可以将其看作是一个潜在的相对低点。有时矛尖形低点会证实是主要底部(major bottom)。

一般来说,矛尖形低点的意义包括以下几方面:
1. 矛尖形低点和前后连续数天的低点存在很大不同;
2. 收盘价接近当日交易范围的最高价;
3. 矛尖形形成前有大幅度的价格下降。

越符合以上这些条件,矛尖形低点成为重要的相对低点甚或主要底部的可能性越大。

图 6.4 至图 6.6 包括了几个矛尖形高点和矛尖形低点的实例。图 6.4 是一个在大约两个月的时间跨度里出现三个矛尖形高点的例子。第一个确认了一个相对高点,后两个出现得相当接近且几乎等高,两者结合形成一个主要顶部。图 6.5 和图 6.6 中均包含了由矛尖形形成相对高点和相对低点的例子。

上述关于矛尖形高点和矛尖形低点的描述列出了能体现这些交易日特点的三个基本特征。但是,这些条件的界定有时不够精确。尤其是为了确认哪个是合格的矛尖形高点(或矛尖形低点)时,一个交易日的高点(或低点)与前后连续若干天的高点(或低点)之间必须有多大差距?当一交易日被认为是矛尖形高点(低点)时,收盘价应该距离最低价(最高价)多近?在一个被看作可能的矛尖形高点的前面价格应有多大的上扬?对于这些问题没有精确详尽的答案；在每种情况下，对于合格条件的选择是主观的。而图 6.4 至图 6.6 将会提供一种以交易日类型确认矛尖形的直观感受。

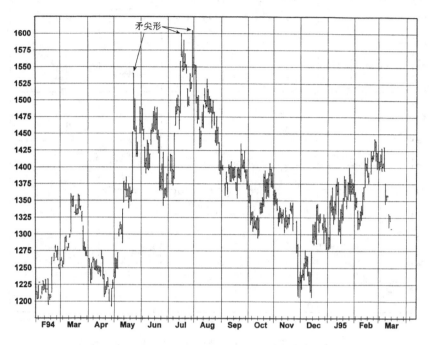

图 6.4　矛尖形高点：1995 年 3 月　可可

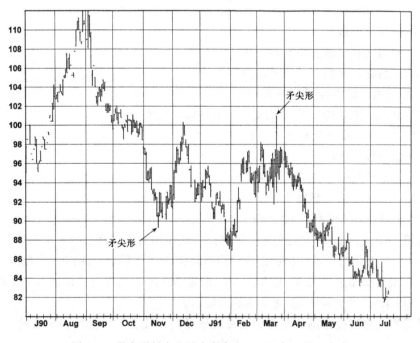

图 6.5　矛尖形低点和矛尖形高点：1991 年 7 月　咖啡

然而，给矛尖形日（spike days）下一个数学上的精确的定义是可能的。举例说明这样一

个矛尖形高点的定义,即其交易日必须全部满足以下条件(矛尖形低点日的定义与此类似):

图 6.6 矛尖形高点和矛尖形低点:1991 年 3 月 棉花

1. $H_t - \text{Max}(H_{t-1}, H_{t+1}) > k \cdot \text{ADTR}$

其中:H_t:假定日的最高价

H_{t-1} = 假定日之前交易日最高价

H_{t+1} = 假定日之后交易日最高价

k:必须确认的乘数(如 $k=0.75$)

ADTR:在过去 10 天中平均实际日价格幅度均值[①]

2. $H_t - C_t > 3(C_t - L_t)$

其中:C_t = 假定日的收盘价

L_t = 假定日的最低价

3. $H_t >$ 过去 N 天中最高价

其中:N = 必须确认的常数(如 $N=50$)

上述第一个条件使我们确信,矛尖形高点将比周围的高点高至少 3/4 个 Adtr(假定 k 值确认为 0.75)。第二个条件使我们确信当日最低价将会是更低的四分位数。第三个条件要求当日最高价超过过去 50 天的最高价(假定 $N=50$),确保当日价格由于价格上扬而领先。(一般来说,N 值越大,要求前面的涨幅越大)。

对矛尖形高点日提出的这三部分定义只是提供在数学上如何精确定义的一个例子。

[①] 实际区域相当于实际高点减去实际低点。实际低点是当日最高价和前日收盘价最高的,实际低点是当日最低价和前日收盘价中最低的。(在第三章中已对实际高点和实际低点定义)。

还可能有许多其他定义。

反转日

高点反转日(a reversal high day)的标准定义是指某交易日在上升运动中经历了一个新高,而接下来反转,其收盘价低于前日收盘价。类似地,低点反转日(a reversal low day)是指某个交易日在下降运动中经历了一个新低,而接下来反转,其收盘价高于前日收盘价。下面集中讨论高点反转日,但反映的内容可应用于低点反转日。

与矛尖形高点相似,高点反转日一般理解为暗示着一个买入高潮的到来,所以是一个相对高点。但标准定义高点反转日所需的条件约束相对较弱,这意味着高点反转日相当普遍。因此,虽然许多市场高点是反转日,但问题是大多数高点反转日并不是最高价。图6.7说明了这点,这是相当典型的。特别注意,高点反转日差不多发生在大牛市的峰顶并将提供一个极好的卖出信号。但还应指出,虽然这个反转日之前的六个其他反转日已经提供了买出信号,但它们都在不同程度上不够成熟。图6.8描绘了另一个不成熟的反转日信号普通性的例子。在这个例子中,反转日实际上恰恰发生在大规模上涨的峰顶上。但这个不可思议的卖出信号之前也早有其他五个反转日出现了。任何一见反转信号就进场的人可能在有效的信号最终出现之前就败下阵来。

在刚才提到的例子里,一个反转信号应在实际高点或其附近出现。但常常是一个上升趋势会经历数个被证明是虚假信号的反转日,因此难以在实际顶部附近确认一个反转

图6.7 反转日——"熊市"信号:1994年7月 棉花

注:R=反转日

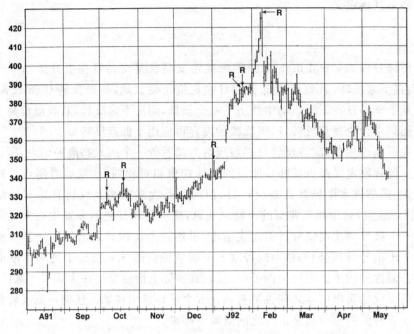

图 6.8 反转日——"熊市"信号：1992 年 7 月 小麦
注：R=反转日

日。可以说每出现 100 个反转日只有 10 个是成功的高点反转日。换句话说，反转日偶尔会提供出色的信号，但绝大部分却是虚假信号。

就我看来，反转日的标准定义易于产生虚假信号，所以不具有交易指标的意义。标准定义的问题在于只要求收盘价低于前日收盘价，这是一个非常弱的约束条件。我建议将最高反转日定义改作在上升中创下新高，然后反转，其收盘价低于前日最低价。（如果愿意的话可以把条件规定得更严格，要求收盘价低于前两日中的最低价。）这个更加严格的定义将大大减少虚假反转信号的数量，但它也会排除一些有效信号。例如在图 6.7 中，这个经过修改的定义会排除全部的六个虚假的信号。不幸的是，它也会排除一个有效信号。但在图 6.8 中，这个反转日的更严格的定义会避开全部的五个不成熟的反转日信号，而保留唯一的有效信号。

反转日可能听起来有些像矛尖形日，但这两种图形并不等同。矛尖形日不一定是反转日，反转日也不一定是矛尖形日。如，矛尖形高点日可能不会出现一个低于前日最低价的收盘价（甚至不低于前日收盘价——像标准定义规定的），即使收盘价就是当日最低价。作为一个反转的例子，最高反转日可能不会明显的超过前日高点，就如矛尖形高点定义的，或者根本不会超过下一日高点，因为下一日的价格走势不是反转日定义中的一部分。反转日的收盘价也可能不会接近于最低价——而这是矛尖形日的标准特征——即使其低于前日收盘价。

偶然地，某一交易日将既是反转日又是矛尖形日。这类交易日的意义远大于那些只是反转日的交易日。有另一种方法可替代严格的反转日定义，即采用反转日的标准定义但要求这一日同时满足矛尖形日的条件。（尽管满足严格的反向日和矛尖形日条件的交易日最有意义,但这样的交易日相当罕见。)图 6.9 提供了一个在主要牛市中的两个满足矛尖形高点和高点反转日条件的交易日的例子。它们中的第一个是一个相对高点但是个极不成熟的信号。但第二个交易日标明了大幅上涨的确切的峰顶位置。

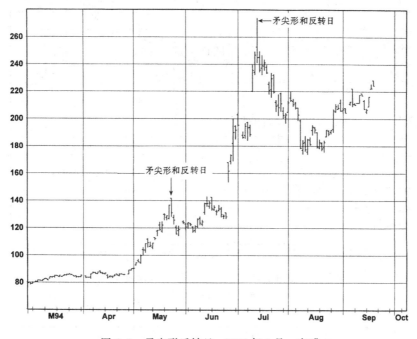

图 6.9　矛尖形反转日:1994 年 9 月　咖啡

穿透日

上穿日是指某一交易日的收盘价高于前日最高价。下穿日是指某一交易日的收盘价低于前日最低价。到目前为止,收盘价是交易日中最重要的价格。穿透日的重要性与收盘价的概念紧密相关。单个的穿透日并不具有特别的意义,因为穿透日是相当普通的。但一系列的上穿日(并不一定是连续的)会明显的反映出市场的强势。类似地,一系列下穿日会明显地反映出市场的弱势。

在牛市中,上穿日在数量上大大超过下穿日。如图 6.10 中 3 月到 7 月间所示。相反,在熊市中,下穿日在数量上大大超过上穿日,如图 6.11 中 2 月到 3 月间所示。在横向波动市场上,上穿日和下穿日趋向于大致的平衡。如图 6.11 中 4 月到 6 月所示。

单边日

单边日是一个强趋势交易日。从本质上讲,单边日比穿透日更有力(尽管单边日可能并不符合穿透日的条件)。单边日的定义如下:

上升单边日:是指某一交易日满足以下两个条件:

1. 单边日的实际最高价大于过去 N 天的实际最高价中的最大值。(例如:$N=5$)[①]

[①]　在第三章中已对实际高价定义,它是指当日最高价和前日收盘价中的最大值。

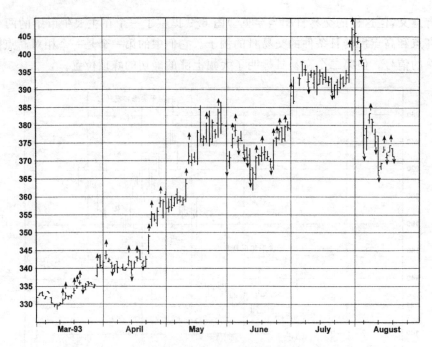

图 6.10 牛市中的上穿日和下穿日:1993 年 8 月　金
注:↑＝上穿日;↓＝下穿日

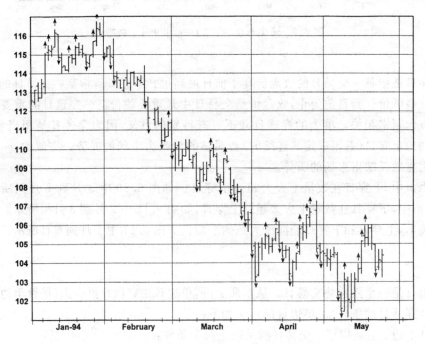

图 6.11 熊市中的上穿日和下穿日:1994 年 6 月　T-债券
注:↑＝上穿日;↓＝下穿日

2. 单边日的实际最低价小于未来 N 天的实际最低价中的最小值。①

下降单边日：是指某一交易日满足以下两个条件：

1. 单边日的实际最低价小于过去 N 天的实际最低价中的最小值。
2. 单边日的实际最高价大于未来 N 天的实际最高价中的最大值。

正如在这些定义中可以看到的，单边日只有在它发生 N 天之后才能被确认。尽管大部分的单边日也是穿透日，但也可能某个满足单边日条件的交易日不是穿透日。如完全有可能某日的最低价低于过去 5 天的最低价，它的最高价高于未来 5 天的最高价，同时它的收盘价高于前日最低价。

图 6.12 和图 6.13 提供了单边日的例子（在 $N=5$ 的基础上）。如图中所见，单边日易于在市场处于单边趋势时出现——名字由此而来。上升单边日的存在，特别是一连串的上升单边日的存在，是市场处于牛市阶段的证据（见图 6.12）。类似地，下降单边日占统治地位是市场处于熊市状态的证据（见图 6.13）。在第十八章里，我们将利用单边日的概念构造交易方法。

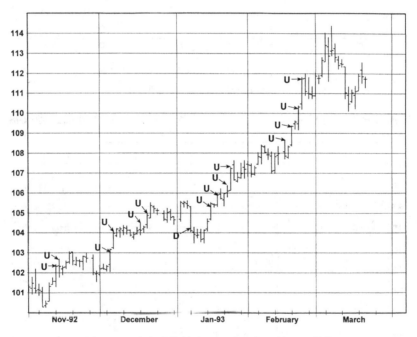

图 6.12 牛市中的单边日：1993 年 3 月 T-债券

注：U＝上升单边日；D＝下降单边日

宽幅振荡日

宽幅振荡日是指某一交易日的价格变动明显超过近期交易日的平均价格变动。宽幅振荡日的定义如下：

宽幅振荡日：某日的价格变动比率（VR）大于 k（如 $k=2.0$）。VR 等于当日实际价格幅度除以过去 N 天的实际价格幅度（如 $N=15$）。

---

① 在第三章中已对实际低价定义，它是指当日最低价和前日收盘价中的最小值。

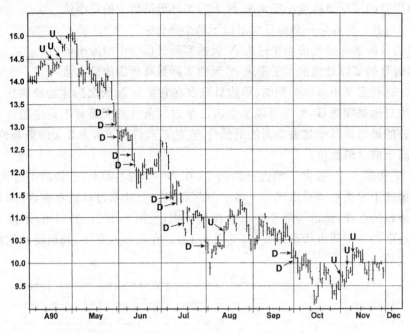

图 6.13　熊市中的单边日：1991 年 3 月　糖

注：U=上升单边日；D=下降单边日

宽幅振荡日具有特殊的意义。例如，在持续的下降趋势之后出现强势收盘的宽幅振

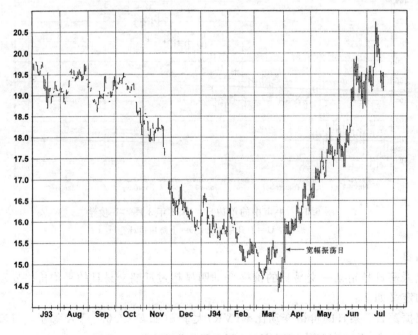

图 6.14　宽幅振荡上升日：1994 年 8 月　原油

荡日常常是向上趋势反转的信号。图 6.14 至图 6.16 是一些出现在持续下降趋势之后的

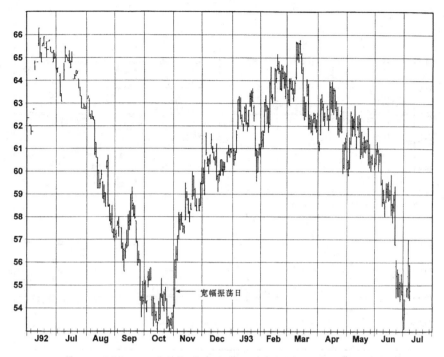

图 6.15 宽幅振荡上升日：1993 年 7 月 棉花

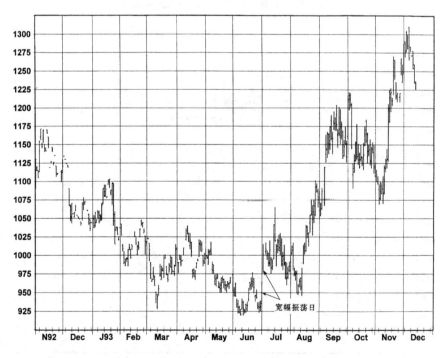

图 6.16 宽幅振荡上升日：1993 年 12 月 可可

宽幅振荡日的例子，预示上升的主趋势。图 6.16 中，在前面熊市低点的上面出现两个连续的宽幅振荡日。

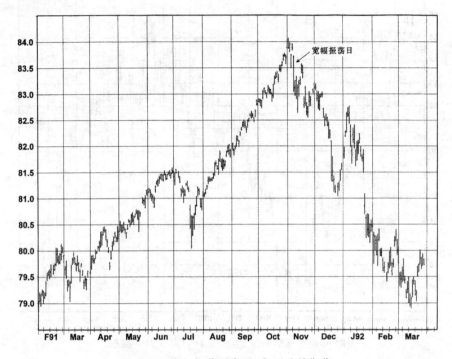

图 6.17　宽幅振荡下降日：加元连续期货

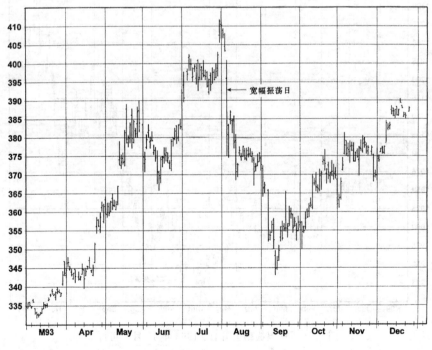

图 6.18　宽幅振荡下降日：1993 年 12 月　金

类似地，在上升主趋势之后出现弱势收盘的宽幅振荡日常常是向下趋势反转的信号。图6.17和图6.18中显示了出现在前面上升主趋势的峰顶附近的大的宽幅振荡下降日，它们都各自抵消了几周的价格上升运动。这类巨大的宽幅振荡日应被作为严重警告信号，预示前面的主趋势已经反转。图6.19中表示了不可思议的四个连续宽幅振荡日，价格回落到4个月前上升时的水平。其中第一天的出现十分接近7年牛市的有效顶部。在第十八章里，宽幅振荡日的概念是构建样本交易方法的基本要素。

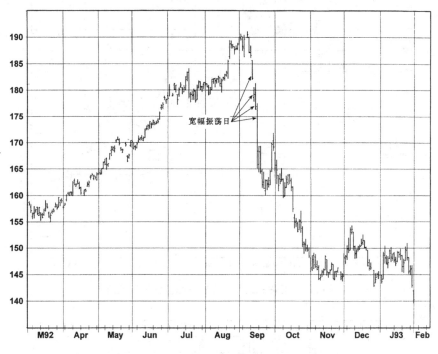

图6.19　宽幅振荡下降日：英镑连续期货

持续形态

持续形态是在长期走势中形成的不同类型的整理区。顾名思义，可以预期持续形态将被和它形成之前的价格走势保持一致的价格运动所破坏。

三角形

三角形有三种基本类型：对称三角形（见图6.20和图6.21），上升三角形（见图6.22和图6.23），和下降三角形（见图6.24和图6.25）。对称三角形之后的价格走势经常是它形成之前的趋势的继续，如图6.20和图6.21所示。传统的图表知识认为趋势会沿非对称三角形的斜边方向发展，如同图6.22至图6.25中的情形。然而，三角形的突破方向比三角形的类型更重要。例如，在图6.26中，尽管1994年4—8月的整理形态是一个上升三角形，但突破出现在下边，随后是一个明显的下降。

旗形与尖旗形

旗形与尖旗形是趋势中窄幅的、持续时间短的(如1—3个星期)整理阶段。当用两条平行线围住它时就称为旗形,当两条线相交时称为尖旗形。图6.27和图6.28显示了这两种图形。尖旗形与旗形显得很相似,不同处在于持续的时间:旗形的持续时间较长。

图6.20 对称三角形:冷冻浓缩橘汁连续期货

图6.21 对称三角形:瑞士法郎连续期货

第六章 技术图表形态

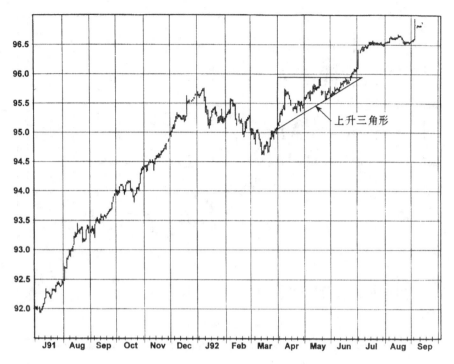

图 6.22 上升三角形：1992 年 9 月　欧洲美元

图 6.23 上升三角形：1992 年 10 月　糖

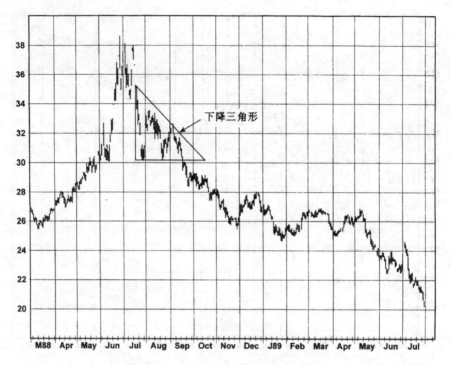

图 6.24 下降三角形：豆油连续期货

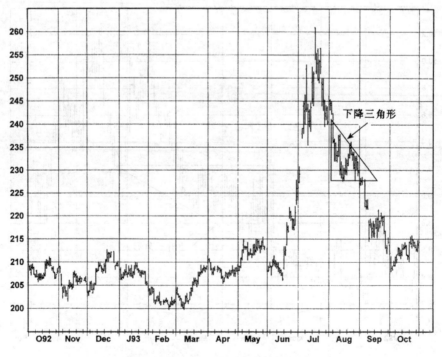

图 6.25 下降三角形：豆粉连续期货

图 6.26　上升三角形出现向下突破：1995 年 3 月　欧洲美元

旗形和尖旗形是主要趋势出现暂时停顿的特征，换句话说，这些形态之后的价格摆动方向将与形态之前的价格摆动方向保持一致。

旗形和尖旗形的突破可以被看作是趋势继续保持的确认，以及出现在趋势方向上的

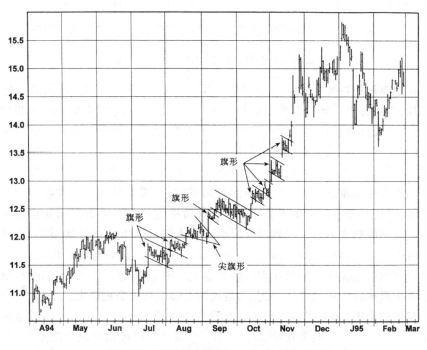

图 6.27　旗形和尖旗形：1995 年 3 月　糖

交易信号。虽然突破一般是在主要趋势的方向上,但我更愿意预测突破的可能方向并在旗形或尖旗形形成时建仓。既然旗形和尖旗形突破后紧接着反转的情况和出现与预期方向相反的突破一样是很常见的,在交易正确的比例没有明显减少时,这种方法可以使建仓的位置更为有利。在旗形和尖旗形突破之后,形态的另一极可以近似地被定为止损点。

旗形和尖旗形出现与预期相反的方向上的明显突破——即与主趋势相反的突破——可以看作是潜在趋势反转的信号,如图 6.28 中,在一长串旗形和尖旗形被主趋势方向上的突破破坏之后,4 月份形成的旗形出现了相反方向的突破,这导致了一个明显的回升。

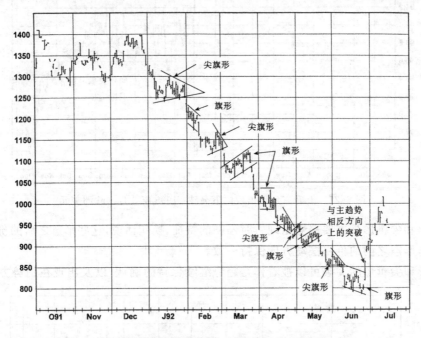

图 6.28　旗形和尖旗形:1992 年 7 月　可可

旗形和尖旗形的特征是指向与主趋势相反。图 6.27 和图 6.28 是相当有代表性的图,它们中的大部分旗形和尖旗形都显示了这一特征。然而,旗形和尖旗形的指向并不是考虑的重点。以我的经验,我还没有发现当旗形和尖旗形的指向与主趋势方向一致时同更为常见的与其方向相反时有任何可靠的重大区别。

旗形或尖旗形在盘整区的顶部附近或略高于盘整区处形成可以看成是特别强大的多头信号。在旗形或尖旗形在盘整区顶部附近形成时,尽管达到了一个主要阻力区——即区域的顶部,它还是显示了市场不会回落。这种价格走势具有多头意味并且表明市场在为最终的向上突破积聚力量。在旗形或尖旗形在盘整区以上形成的情形下,它显示价格正保持在突破点之上,因而是对突破的有力确认。一般来说,盘整区越长,形成于其顶部附近或之上的旗形或尖旗形的潜在重要性就越大。图 6.29 至图 6.32 是四个在盘整区顶部附近或之上形成旗形或尖旗形的例子,被证明是爆发式上升的先兆。

由于相似的原因,旗形或尖旗形在底部附近或略低于盘整区处形成是典型的空头形态。图 6.33 至图 6.36 是四个在盘整区底部附近或之下形成旗形或尖旗形的例子,被证明是价格急剧下降的先兆。

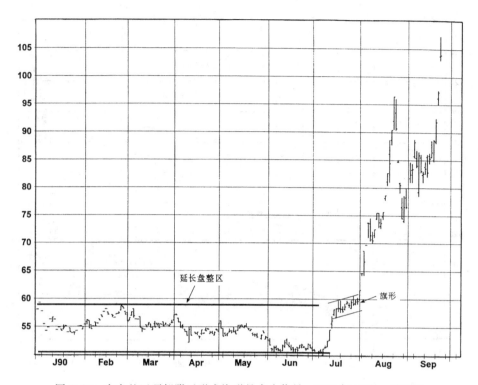

图 6.29　在盘整区顶部附近形成旗形是多头信号：1990 年 10 月　取暖油

图 6.30　在盘整区顶部附近形成旗形是多头信号：1994 年 12 月　铜

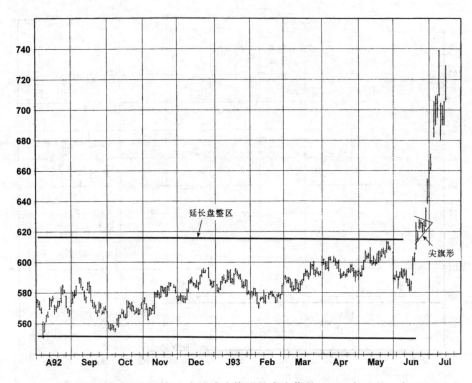

图 6.31　在盘整区顶部上方形成尖旗形是多头信号：1993 年 7 月　大豆

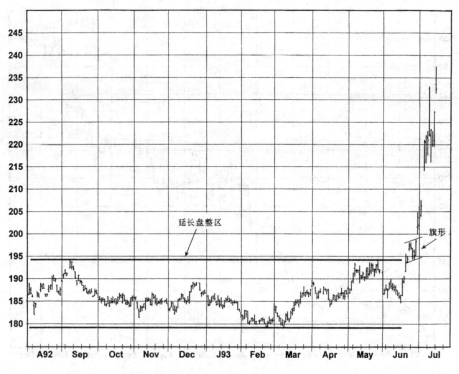

图 6.32　在盘整区顶部上方形成旗形是多头信号：1993 年 7 月　豆粉

第六章 技术图表形态

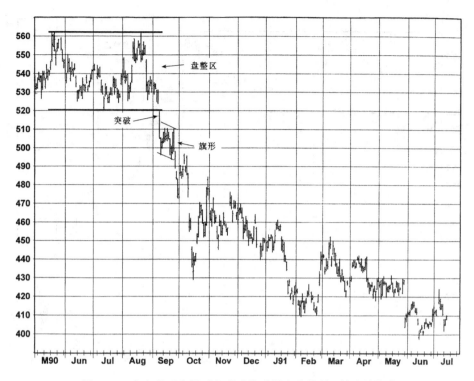

图 6.33 在盘整区底部下方形成旗形是空头信号：铂连续期货

图 6.34 在盘整区底部下方形成旗形是空头信号：原油连续期货

图 6.35 在盘整区底部附近形成旗形是空头信号:1994 年 6 月 欧洲美元

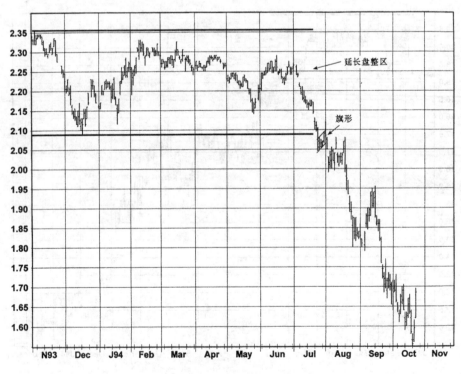

图 6.36 在盘整区底部下方形成旗形是空头信号:1994 年 11 月 天然气

顶部和底部形态

V形顶和V形底

V形是一个顶部（见图6.37）或底部（见图6.38）迅速反转的类型。V形顶或V形底常遇到的一个问题是难以将其与急剧的回调区分开，除非还有其他技术指示信号（如明显的矛尖形，重要的反转日，宽缺口，宽幅振荡日）。图6.38中的V形底包含这样一条线索—— 一个极长的矛尖——然而图6.37中的V形顶没有伴随任何其他的趋势反转的证据。

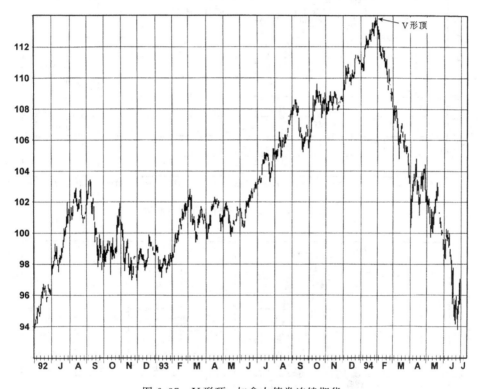

图6.37 V形顶：加拿大债券连续期货

双顶和双底

双顶和双底正像它们的名字所指的那样。当然，组成这一形态的两个顶（或底）不必完全一样，只需处于一个近似的价格水平即可。在大的价格运动后出现双顶或双底应该被看作是主要趋势反转强信号。图6.39显示了在德国马克市场上的一个主要双顶。（用来说明双顶和双底的所有图形中都使用了连续期货方式图表，因为对于大多数单个的合约来说，合约期限往往不够长，难以展现这些形态和它之前、之后趋势的全部时间跨度。）

当价格在双个顶（或底）之间的对应低（高）点之下（之上）运动时，可认为双顶（底）形成了。当中间的对应非常深时，如图6.39所示，再等待这样一个"正式"的确认是不现实的，交易者可能不得不根据其他迹象来估计这一形态已经形成。例如在图6.39中，直到市场下滑到接近于整个4—8月上升的一半时，双顶才得以确认。然而，第二个顶形成的

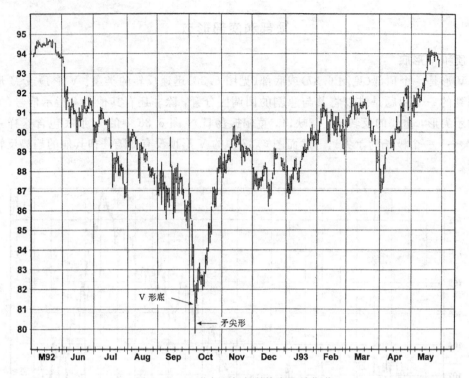

图 6.38　V形底：意大利债券连续期货

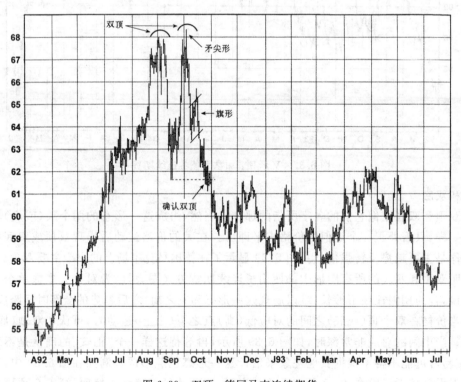

图 6.39　双顶：德国马克连续期货

矛尖形高点以及从高点最初的下降之后形成的旗形意味着接下来的价格还会下滑。根据这些线索,交易者可能已经明智地断定双顶已形成,尽管根据标准定义这一形态尚未完成。

图 6.40 显示了 20 世纪 90 年代初令人难忘的澳大利亚 10 年债券的牛市中出现的双顶。注意,采用星期图是为了展现双顶形成之前出现长期价格上涨的全过程。这幅图提供了双顶(或双底)作为主趋势的反转形态的一个极好的例子。在这个例子里,两顶之间的回调很浅,因此与图 6.39 形成鲜明对比,双顶在与实际峰顶非常接近处被确认。

图 6.40　双顶:澳大利亚 10 年期债券周连续期货

图 6.41 和图 6.42 显示的是双底形态。图 6.43 是既包含双顶又包含双底的一幅图。形成更多的顶或底的情形不常发生(如三重顶或三重底),但可以用同种方式解释。图 6.44 展示了一个罕见的典型的三重底,具有三个几乎完全一致的低点。图 6.45 是一个三重顶的例子。

头肩形

头肩形是最著名的图表形态之一。头肩顶是由三部分组成,中间的高点高于两边的高点(见图 6.46)。与此类似,头肩底也由三部分组成,中间的低点低于两边的低点(见图 6.47)。图表分析新手最常犯的一个错误可能就是不成熟地预测头肩形的形成。只有等到颈线被突破(见图 6.46 和图 6.47)时才能认为头肩形已形成。进一步讲,一个有效的头肩形只会在主要价格运动发生之后才会形成。具有头肩形的形状但不符合这一要求的形态,会引起误导。

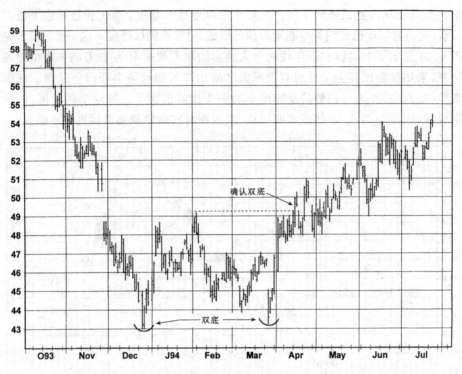

图 6.41 双底：无铅汽油连续期货

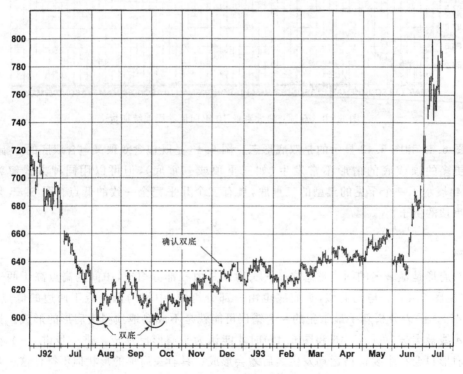

图 6.42 双底：大豆连续期货

第六章 技术图表形态

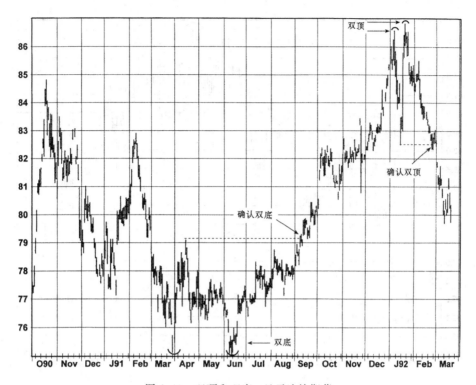

图 6.43 双顶和双底：日元连续期货

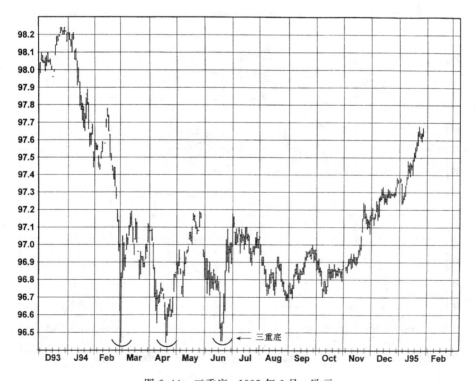

图 6.44 三重底：1995 年 6 月 欧元

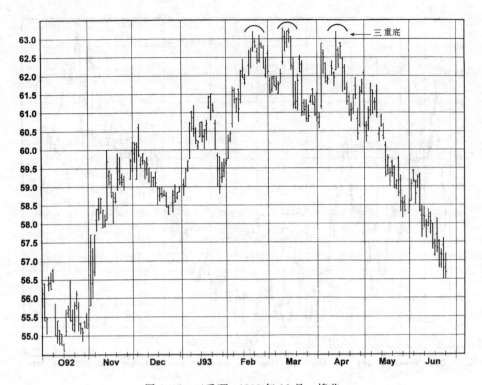

图 6.45 三重顶：1993 年 12 月 棉花

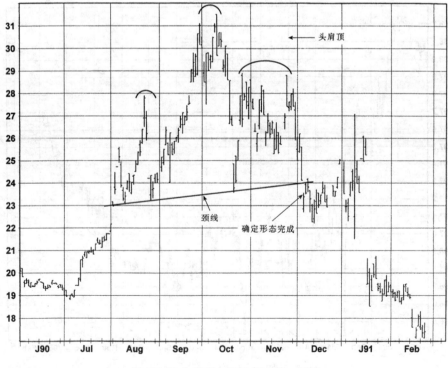

图 6.46 头肩顶：1991 年 6 月 原油

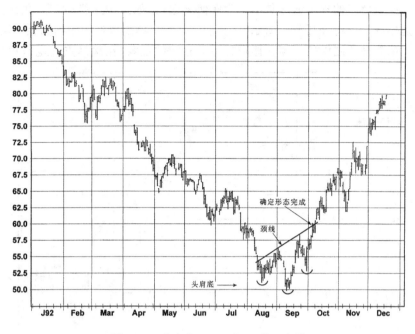

图 6.47　头肩底：1992 年 12 月　咖啡

圆顶和圆底

圆顶和圆底（也称作碟形）不经常出现，但属于最可信赖的顶和底的形态之一。图 6.48 是一个连续期货图，其中的圆顶显示了主要上升趋势和更令人难忘的下降趋势之

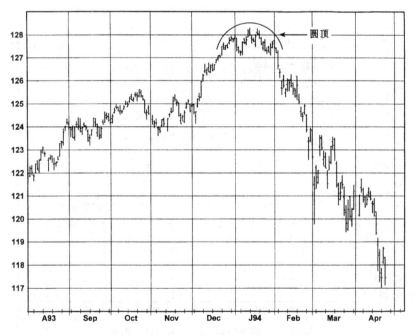

图 6.48　圆顶：法国国际期货交易所名义债券连续期货

间的过渡。这一形态的理想情况是不包含任何突起,正如图中这样;但是,我认为主要的标准应该是外围是否符合圆形。图6.49显示的是一个单期合约图中的圆顶。图6.50展示了另一个单期合约图中的圆顶并伴随着一个有趣的现象:在次高点处也呈现出圆顶形

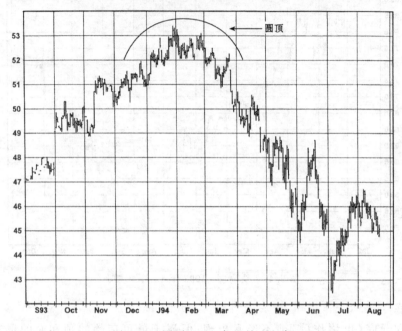

图6.49 圆顶:1994年8月 生猪

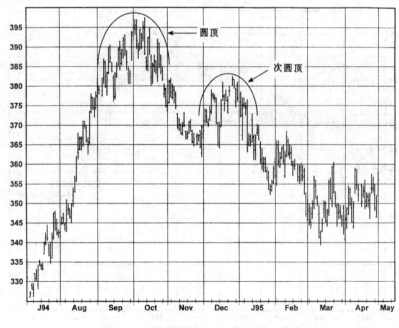

图6.50 两个圆顶:1995年5月 小麦

态。在图6.51中,圆顶本身是双顶形态的一部分。这一形态是急剧的趋势反转的标志。

(顺便提道,图 6.51 还包括了一些对称三角形作为巩固形态的极好例子,这曾在本章开始时讨论过。)最后,图 6.52 和图 6.53 提供了一些圆底的例子。

图 6.51　成为双顶一部分的圆顶:意大利债券连续期货

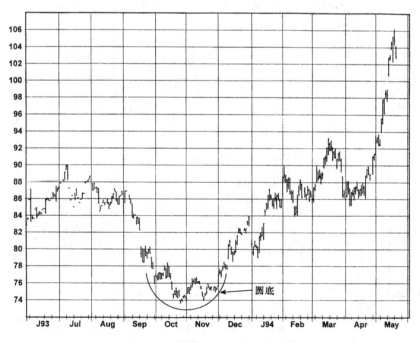

图 6.52　圆底:1994 年 5 月　铜

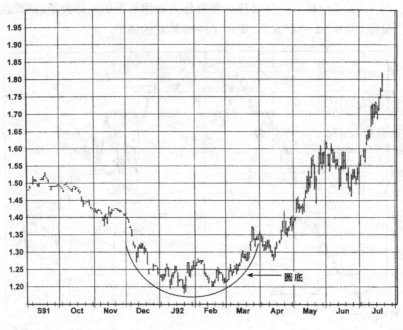

图 6.53 圆底：1992 年 8 月 天然气

三角形

三角形属于最常见的巩固形态，也可以形成顶部和底部。图 6.54 和图 6.55 是三角形作顶部的例子。在巩固形态的情况下，关键要考虑三角形突破的方向。

图 6.54 三角形顶部：1991 年 9 月 银

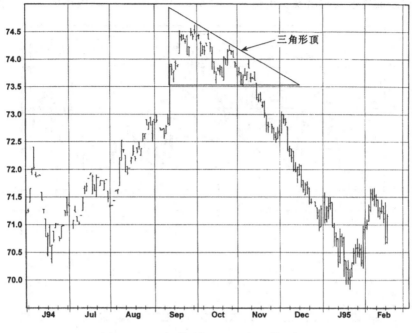

图 6.55 三角形顶部：1995 年 3 月 加元

楔形

在上升楔形中,价格边缘在由两条逐渐汇合的直线形成的形态中平稳上升(见图6.56

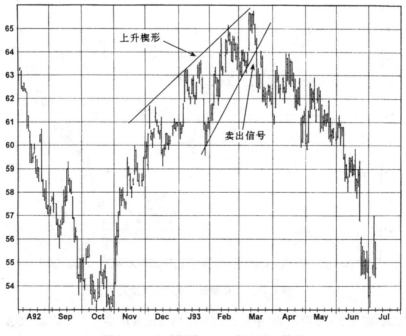

图 6.56 上升楔形：1993 年 7 月 棉花

和图6.57)。尽管攀升到新高,但价格难以在上升时加速表明存在规模扩大的、强大的卖

压。当价格跌破楔形线时出现卖出信号。图 6.58 中是一个下降楔形的例子。楔形有时

图 6.57　上升楔形：无铅汽油连续期货

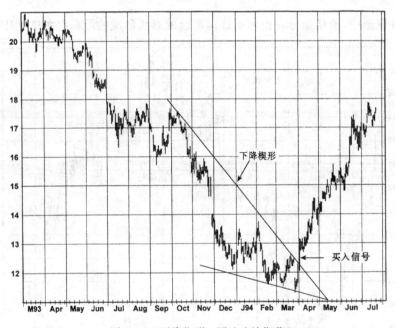

图 6.58　下降楔形：原油连续期货

多年才能完成,图 6.59 和图 6.60 中是在期金市场上出现的多年下降楔形,即期期货图和连续期货图都有反映。尽管即期期货图和连续期货图所反映的有很大差别,但都呈现出下降楔形的形态。

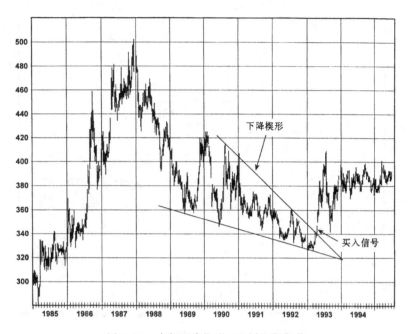

图 6.59　多年下降楔形：金周即期期货

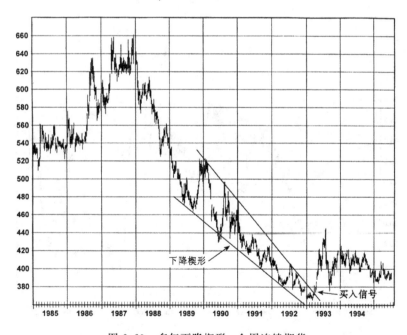

图 6.60　多年下降楔形：金周连续期货

岛形反转

在价格持续上升之后，价格在更高处形成缺口，经过一天或几天之后，缺口依然存在，然后又在更低处形成另一个缺口，这就形成了一个岛形顶部。图 6.61 和图 6.62 显示了岛形顶部的例子，其中"岛"的部分由一天组成，而图 6.63 显示的岛形顶部中，市场在高于

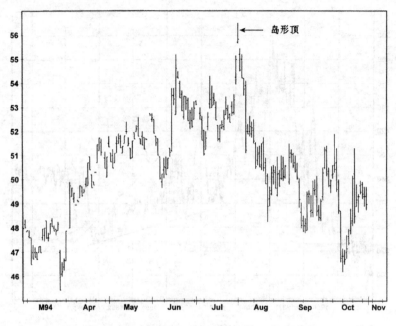

图 6.61　岛形顶：1994 年 11 月　取暖油

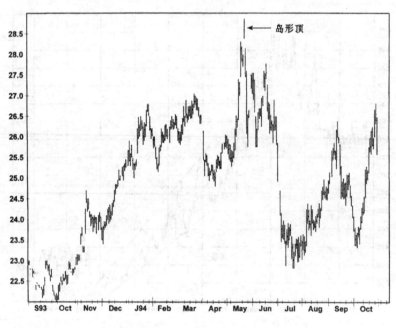

图 6.62　岛形顶：1994 年 12 月　豆油

头一个缺口处交易了数天之后才在更低处出现缺口。图 6.64 显示了一个岛形底部。有时市场会在相反方向的第二个价格缺口出现之前交易数周（见图 6.65 中岛形顶部的例子）。

没有后续的上升（下降）缺口和随后的下降（上升）缺口是一种有力的结合。岛形反转

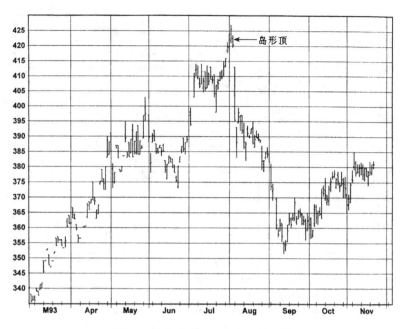

图 6.63　岛形顶：1994 年 1 月　铂

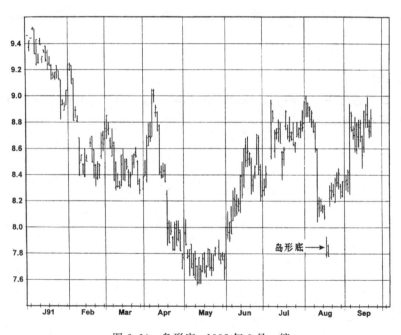

图 6.64　岛形底：1992 年 3 月　糖

经常能够显示主趋势反转并且应该给以重视，除非缺口最终被回补。

只要形态中较近的缺口没有被填补，岛形反转信号就会保持作用。应该注意，虚假的岛形反转信号很常见——即岛形反转常在它们最初形成的几天之内就被填补。因此，一个好的办法是在岛形反转刚刚形成后，至少等待 3—5 天，再断定它是一个有效的反转信

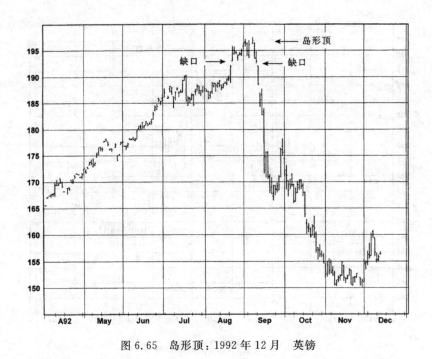

图 6.65 岛形顶：1992 年 12 月 英镑

号。但是，如果岛形反转信号是有效的，这种等待确认的折中办法常常导致在较差的价位上进场。

矛尖形和反转日

　　这些一日形态已在本章的前面部分讨论过，它们经常显示相对高点和相对低点，有时是主要的峰顶和谷底。

第七章　图表分析是否依然有效

> 我一直嘲笑那些说"我从没有遇到过一个有钱的技术分析者"的人们，我热爱技术分析！前面那种反应是这样的自大而无理。我使用了九年基本分析法，却在做技术分析者时致富。
>
> ——马蒂·史沃兹（Marty Schwartz）

那些从来没有使用过图表分析（即使一些曾经使用过）的大多数交易者对这种方法十分怀疑。其中较常见的一些反对意见包括："这样的简单的分析方法如何起作用？""既然关键的图表上的点几乎是个谜，那么随大势者不会推动市场，使其足够触发图表中的止损点吗？""即使图表分析在此类书详述之前是起作用的，由于宣传太广这种方法是不是依然有效呢？"

尽管这些问题基本上是有根据的，但以下这些因素可以解释为什么图表分析仍旧是一种有效的办法：

1. 交易成功并不取决于在大部分时间里都是正确的，即使只在一半时间里是正确的就可以了，只要严格控制损失，并使获利的交易得以进行到底。例如，一个交易者在1991年3月假定1992年9月欧洲美元进入另一个盘整区（见图7.1），并决定根据随后的任何突破的方向建仓。图7.2显示了初始交易信号和平仓点，它们将被视作这种策略的结果。其中暗含的假设是止损点处于盘整区的中点。（选择止损点要考虑的相关因素将在第九章讨论。）正如在图7.2中所看到的，头两笔交易立即导致损失，但是在图7.3中，第三个信号被证明是符合实际的，指示及时建了多仓并从一个主要的价格上扬中获利，这远远超出前两个价格反向摆动损失的总和。（注意，相关的盘整区被重新界定了——即在每次假突破后要加宽。）

值得注意的是，尽管三次中的两次交易受到损失，经过核算，交易者会认识到他还是获得了巨大的净收益。关键的一点是严格坚持资金管理原则是成功应用图表分析进行交易的一个基本组成部分。

2. 不盲目地跟随所有的技术信号，而要求进场所需的确认条件，这样图表分析会有效得多。在确认规则的选择上存在一个自然的规律：限制条件越松，虚假信号就越多，限制条件越严格，由于迟进入而放弃的收益就越多。能够用来设置确认条件的一些关键方法包括以下内容：时间的延误，突破的最小比例，明确的图表形态（例如，两个处于信号方向上的穿透日能确认可以进场）。

不存在一组最好的确认条件。在任何检验备选方案一览表里，所指示的最佳策略依据不同的市场和不同的时间是不同的。这样，对确认规则的最终选择就依赖于交易者的分析和经验。实际上，选择确认条件是已经个性化了的图表分析中的关键之一。

图 7.1　盘整区市场：1992 年 9 月　欧洲美元

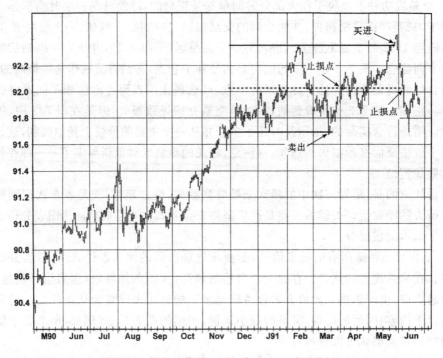

图 7.2　假突破信号：1992 年 9 月　欧洲美元

使用确认条件应考虑以下这一系列规则：

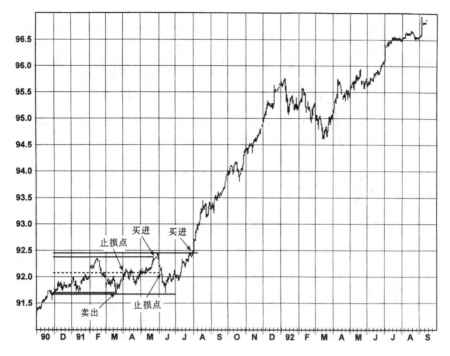

图 7.3 两次假突破信号的真正突破：1992 年 9 月 欧洲美元

a. 收到信号后等待三天。

b. 对于买入信号,接收到信号后如果收盘价高于最高价或者接下来的头一天满足这个条件就进入交易。相类似的条件可以应用到卖出信号。正如在图 7.2 中所看到的,这些规则可以把 3 月和 5 月里带来损失的信号排除出去,而对于随后的获利丰厚的买入信号来说只是稍稍拖延了进入点。当然,人们也可以举出一些使用确认条件使交易结果不利的例子。但是,关键问题是运用确认规则是将常规图表观念转变为强有力的交易方法的主要途径之一。

3. 图表分析不仅仅只是识别和解释单个形态。成功的图表交易者的标志之一是一种对整个图形的各种组成进行综合的能力。例如,只是把 1992 年 9 月欧洲美元市场(见图 7.1)看作盘整区的交易者会把向上和向下的突破同等对待。但是,越有经验的图表分析者也就越能够全面地审视图形。例如,通过研究 1991 年初的长期星期连续期货图(见图 7.4),分析人员就会指出市场在长达 5 年的盘整区的顶部附近形成旗形。这个强劲的长期多头图形会强烈警示反对接受日图中任何明显的卖出信号。所以这种全面的图表分析能够帮助分析人员避开在 3 月出现的虚假的卖出信号(见图 7.2),并站在多方一边采用更为进取的交易姿态而不是保守的,如果这情形只被看作另一个盘整区的话。

当然,前面的例子得益于事后的分析。然而,关键并不是要证明对 1991 年年初的欧洲美元市场应用图表分析就会确认地指出长期牛市可能会继续,而是说明经验丰富的图表分析交易者所作的多方位分析过程。必须明确的是,这种方法所包含的技巧和主观思维将图表分析置于艺术的领域,不可能仅靠一些书本上的知识就能够模仿。这点对于理解图表分析方法尽管经过广泛宣传之后仍行之有效是十分关键的。

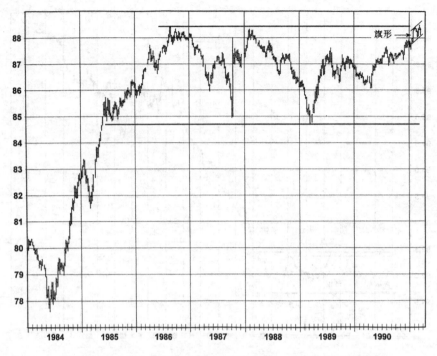

图7.4 作为综合分析组成部分的长期图表：欧洲美元连续期货

4. 假设基本因素预测中的一些技巧有效（其准确率高于50%），图表分析可以和基本因素预测相结合，从而提供一种更加有效的方法。特别是，如果长期的基本因素预测表明了价格可能升高（或降低），那么只有多头（或空头）的图表信号才会被接受。如果基本因素预测没有明确倾向，买进和卖出信号都是会被认可的。这样，那些也能够做基本因素分析的图表分析人员所做出的决策就会优于那些仅根据图表分析做决策的大多数交易者所做出的决策。

5. 在市场上跟随关键的图表信号方向会失败的原因是重要的信息经常被图表分析新手忽略。在这些方面取得认识并有所行动会大大提高图表分析的有效性。这个问题将在第十一章详细讨论——"图表分析中最重要的法则"。

总而言之，持怀疑态度的人声称对图表信号出现巴甫洛夫式的反应不会使交易成功，这可能是正确的。但是却无法反驳这样一种争论，正如所引证的因素所显示的那样，即较纯熟地利用图表，就能够真正提供一个有效交易计划的核心。无论如何，图表分析仍然是高度个性化的方法，成功或是失败的关键依赖于交易者个人的技能和经验。正如具备一定的天分再加上勤学苦练才能拉好小提琴一样，图表分析也不例外——尽管这种提示对新手来说很不中听。

第八章 趋势中途进入和金字塔方式

> 没有人能够把握住所有的涨落。
> ——埃德温·洛弗热

出于很多原因,一个交易者可能会发现他正在考虑当市场已经经历了实质的价格变动之后是否要在新的价位上建仓。诸如:(1)他先前没有跟随市场;(2)为取得一个好的价位而无谓地等待不会出现的价格调整;(3)他先前怀疑趋势的延续性,现在又改变了他的看法。面对这样一种情形,许多交易者都会极不愿意进场。这种做法往往被解释为心理因素。当一种趋势已经在良性发展之后,选择一个新的价位进入的行为在某种意义上代表了对于失误的自省。即使这笔交易是有利可图的,投机者也知道如果他早些行动,收益会大得多。这样,即使当他能判断清市场的运动方向,交易者也可能会想:"我已经错过了这么大幅度的价格变动,为什么还要进入呢?"

举个例子,试想一名以图表为依据的交易者研究了1994年5月中旬上涨后的咖啡市场(见图8.1),而他没有在出现明显的价格上涨之前进入。他将注意到市价突破了持续

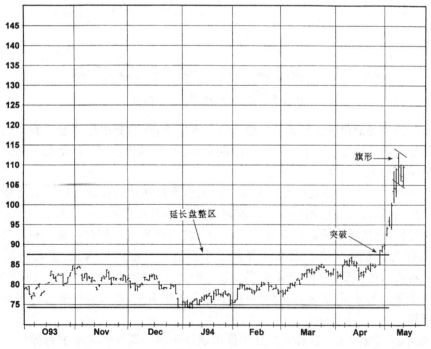

图8.1 错失价格移动了吗?(1994年7月 咖啡)

一年的盘整区的上部,价格在新的高点维持了两周——一个非常典型的多头图形结构。另外,他还将注意到,在价格上升之后形成了一个旗形——预示着另一个即将到来的价格上升。但是在发现价格已经从不到一个月之前的 4 月的低点起上升了 35% 以上后,他可能不愿再新建一个已延误的多仓,理由是市场过度延续了。

图 8.2 明确地说明了这个结论是多么愚蠢。令人不可思议地,1994 年 5 月中旬的咖啡价格只是其最终上升价格的 1/5。并且,其余的 4/5 的价格上升仅仅在两个月里就完成了。这个教训引自洛弗热所著《证券操作者回忆录》(Reminiscences of a Stock Operator):"(价格)从来不会太高而不能买进或是太低而不能卖出。"

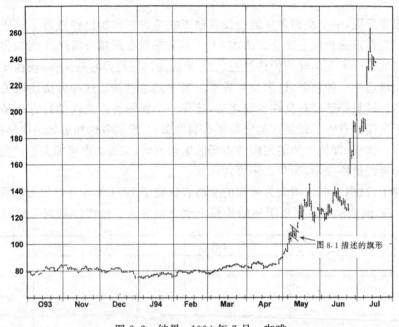

图 8.2　结果:1994 年 7 月　咖啡

关键的问题是如何在主趋势的中途入市。事实上,在趋势中途建仓所要达到的目标与在开始建仓的目标是一样的:选择有利的进入时机和风险控制。以下是一些为达到这些目标所采用的关键策略:

1. 回撤率。这种方法是试图根据市场在先前价格移动后有部分回撤的自然趋势来投资。一般来说,可以在市场从前一个相对低点或相对高点回撤一个给定比例时建仓。对于这个比例,比较合理的选择应是 35%—65% 之间的数字。相对低点或相对高点附近的价格被作为仓位止损点。图 8.3 显示了采用这种方法的进入点,假定回撤标准是 50%。这种方法的主要优点在于能够提供较好的进入点(如选择的例子中的情况)。但它也存在一个重大的弊端:通常,必要的回撤条件会无法满足,要么会回撤得更多或者甚至可能就反转了。

2. 较小回调反转法。这种方法是等待出现较小的回调并在显示主趋势将继续的第一个信号处进入。当然,精确的方法依赖于如何界定回调和趋势继续。实际上选择是不受限制的。为了说明,我们将提供一套可能的定义。

第八章　趋势中途进入和金字塔方式

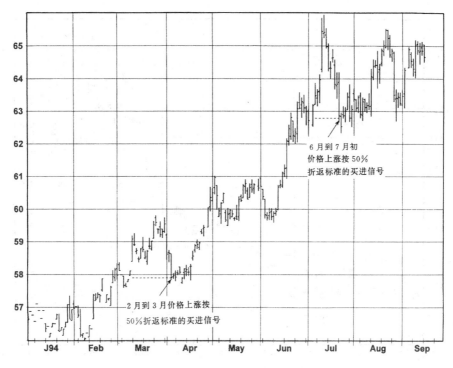

图 8.3　回撤标准为 50% 时的买进信号(1994 年 9 月　德国马克)

当回调记数达到 4 时,"回调"就可确认。这个回调记数开始设置为 0。在一个上升的市场里,设定一天的最大价格变动,当任何一天的高点和低点等于或低于那天的相应点时,这个数字就升为 1。当某天的高点和低点等于或低于最近的数字增加那天的高点和低点时,这个数字就增加 1。市场达到新高时这个数字就被再定为 0。类似的条件也可以应用到下降的市场。

当穿透记数达到 3 时将会指示出主趋势会继续。穿透记数开始会被设置为 0,当回调被界定之后就开始监测。在上升市场回调的情况下,出现一个上穿日,上穿记数就增加 1,当回调低点被突破时,穿透记数就被重新设置为 0。一旦接收到一个(趋势上升)信号,回调低点就可作为一个止损参考点。例如,当市场在低于回调最低点时收盘时平仓。再次提一下,一组类似的条件可以应用于下降市场。

图 8.4 显示了使用前面详述的明确定义的较小回调反转法。确认回调成功的点用符号 RD 标出,这些点前面的数字是回调记数值。当穿透记数达到 3 时,那点就指示出买入信号,这些点前面的字母是穿透记数值。对于任何特定的进入点来说,当收盘价低于最近期的"止损价位"时——在例子中在 1995 年 1 月出现——就显示要平仓止损。应该注意到,最后一个 RD 点之后并没有伴随买入信号,因为在穿透记数之前,市场的收盘价低于最近的"止损价位"。

3. 巩固形态和盘整区的突破。应用巩固形态和盘整区作为进入信号已经在第六章里讨论过。既然图表形态从某种程度上讲只存在于当事人的眼中,这种方法将反映出一

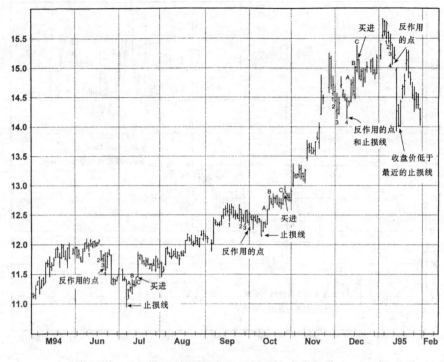

图 8.4 较小回调的反转:(1995 年 3 月 糖)

定程度的主观性。图 8.5 提供了对巩固形态的一种解释(暗含着的假定:巩固形态的形成要求至少有五个交易日),并且相应的买入点是依据收于这些巩固形态上方的收盘价。但应该注意,一旦确认趋势已经形成,就并不一定绝对要等待巩固形态的突破,将其作为进场信号的确认。根据定义,可以预测这些形态将被与它们形成之前出现的价格运动保持同一方向的价格运动破坏。这样,比如在上升趋势中,根据预期最终的向上突破,可以在巩固形态中建一个多仓。图 8.5 中形态的最低价可作为设置保护性止损指令的参考点。

4. 回调至长期移动平均线。价格回撤至价格序列的移动平均线可被视为主趋势的回调接近尾声的信号。特别是,如果一名交易者相信会出现一个上升趋势,一旦价格下降到一条特定的移动平均线下,就可以建多仓。同样的,如果确信将会出现下降趋势,在回升至移动平均线之上时就可以建空仓。图 8.6 中,在 1994 年 9 月的德国马克合约图上附加了一条 40 日移动平均线,对这种方法提供了说明。假定一名交易者确信德国马克已经进入上升趋势,当价格回撤到 40 日移动平均线之下时,可以被看作是多仓的建仓信号。图 8.6 中的箭头指示了依据这种方法确认的潜在买进价位。

在第十七章,我们将会看到移动平均线的交叉如何被用作趋势反转信号。在已叙述的应用方法中,我们曾经用移动平均线的交叉点来显示与原趋势相反的进场信号。这两者并不矛盾。当移动平均线——特别是使用两条移动平均线——交叉时被认为是出现趋势反转的信号,这样两条修匀的数据序列将减少虚假趋势反转信号的产生。而在上述的方法中,我们特意根据一个价格序列本身和一条移动平均线的交叉来定义交叉点,因为价格序列本身没有对数据进行修匀,比移动平均线更敏感。换句话说,我们在相反趋势的

第八章 趋势中途进入和金字塔方式

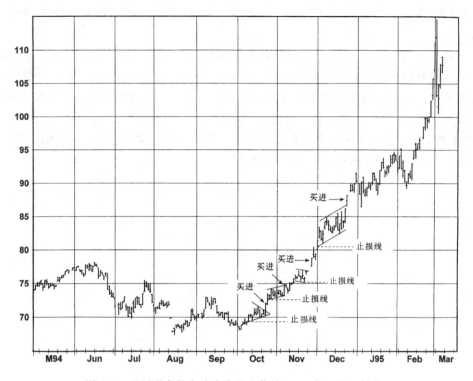

图 8.5 巩固形态的突破成为进入信号(1995 年 3 月 棉花)

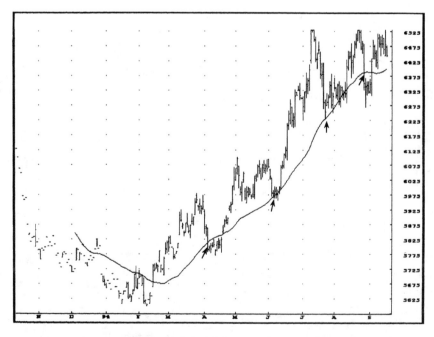

图 8.6 回调至长期移动平均线(1994 年 9 月 德国马克)

资料来源：FutureSource；copyright © 1986—1995；all rights reserved.

(信号识别)应用方面对移动平均线交叉的定义应该比在趋势识别方面使用的定义更灵敏。

应该注意,在趋势中途进入的问题和金字塔方式①的问题是一样的,两种交易都涉及市场已经在特定方向上有实质运动后建仓的操作问题。所以,这一章中为在趋势中途进入所讨论的策略也可以应用到金字塔式建仓的时机选择上。金字塔方式还需要其他一些指导方针。其一,除非后增的仓位可以获利,否则不应该在任何已有的仓位上追加。其二,如果设定的止损点对于整个仓位来说是净损失就不应在现有的仓位上追加。其三,追加的仓位不应该大于基本(初始)仓位的规模。

---

① 连续投机是对现存的态势进行追加的操作。

第九章 选择止损点

> 情况都是一样的,刚开始时人们不想承受已经有了的小损失,就希望有一个转机"使他们在不损失时脱身"。但价格一跌再跌,损失大到看上去只有继续持有才行,可能会需要一年,因为价格迟早会回升。但是突破"使他们出局",并且价格会继续走低,因为很多人不得不抛售,无论他们是否情愿。
>
> ——埃德温·洛弗热

根据图表进行交易取得成功,关键依赖于对损失的有效控制。在建仓前,精确的止损点应该被确认下来。最严格的办法应该是在交易执行的同时设定一个撤销前有效(GTC)止损指令。然而,如果交易者认为他能够信赖他自己,他可以预先决定止损点,然后当价格在允许的日限价范围内时在当天的任何时候设定指令。

应该如何确认止损点?一个基本的原则就是应该在技术图上价格运动引起转变的点上或之前平仓。例如,假定某一交易者决定在2月末出现的向下突破持续了5天之后卖出12月T-债券合约(见图9.1)。

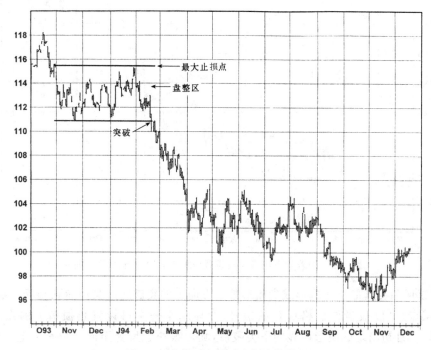

图9.1 盘整区突破后止损点的设置

在这种情况下,保护性的买入止损指令应设置在不高于11—2月盘整区的上界,因为这一价格的实现将完全改变图形。一般用来设置保护性止损指令的一些技术参考点包括:

1. 趋势线。卖出止损指令要设置在上升趋势线之下,买入止损指令要设置在下降趋势线之上。这种方法的好处之一是,趋势线的突破往往是趋势反转的首批技术信号之一。这样,这类止损点将会有力地限制重大损失或者让出未平仓的利润(open profits)。然而,这种特性会受急剧变动的价格的影响:趋势线的突破容易出现虚假信号。正如在第三章中曾经讨论过的,在牛市或熊市的进程中重新界定趋势线是很普通的。

2. 盘整区。正如在前面的12月份 T-bond 的例子中所阐明的,盘整区的反向一边可以当作止损点。一般来说,停止指令可以设置得更近一些(特别是在盘整区比较宽的情况下),因为如果突破是个有效的信号,价格不会在区域内回撤得太多。这样,止损指令可以置于盘整区的中间点和更远的边界之间。但是,盘整区底边附近不是有意义的止损点。事实上,回撤到这一区域的情况是如此普遍以至于许多交易者宁愿在建仓之前等待这一回调。(在突破之后采取延迟进入的策略是否明智基于个人选择:在很多例子中,可以有更好建仓价位,但是它也会使交易者错过某些主要的(价格)运动。)

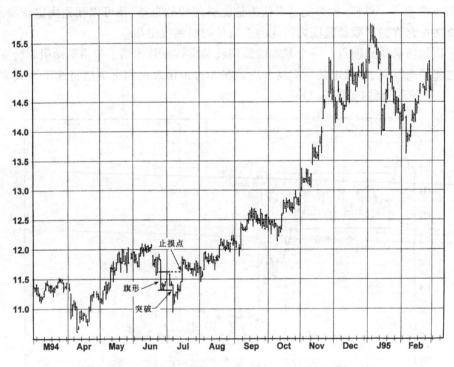

图9.2 随着旗形出现突破设置止损点:1995年3月 糖

3. 旗形和尖旗形。在旗形或尖旗形某一方向上的突破之后又回撤到相反一端(或者以外的某点)可以被当作价格反转的信号,并显示了一个可设置止损指令的点。例如图9.2中,7月初出现的旗形明显向下突破后,随之很快就反弹至同一形态之上。这一价格行动被证明是一个主要价格上升趋势的先兆。

4. 宽幅振荡日。同旗形和尖旗形近似,在某一方向突破之后,回撤到相反一端可以被视为价格反转信号,因此是一个可以设置止损指令的点。例如,图9.3中显示了价格回撤到比9月中形成的宽幅振荡日的实际低点还低时的情形如何导致了一个主要价格的暴跌。

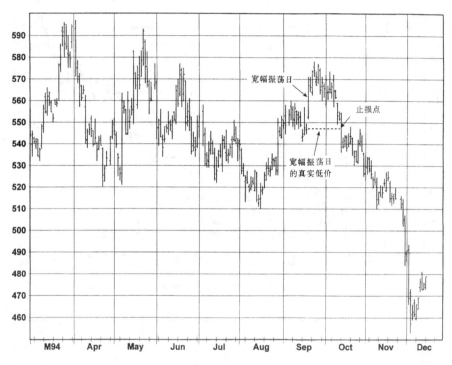

图9.3 随着宽幅振荡日出现突破设置止损点:1994年12月 银

5. 相对高点和相对低点。如果蕴涵的风险不是太大,最近期的相对高点或相对低点可以用作止损点。① 例如作为对11月初双底形成(见图9.4)确认的回应,假设某一交易者在3月期棉上建一个多仓。在这种情况下,卖出止损指令可以设置在8月低点或10月低点之下。

有些时候,即使是意义重大的技术点所蕴涵的风险也可能过大。在这种情况下,交易者可能会采用　个资金止损点——那是一个保护性的止损点,不具有技术上的重大意义,由希望的资金风险水平所决定。例如,试想某一交易者在1993年4月初的处境,他确信在1993年3月急速上升的价格突破之后木材市场已形成了一个主要顶部(见图9.5)。最近的有意义的止损点——合约的高点(最近的相对高点)——将意味着每个合约要冒将近15 000美元的风险(假设在4月盘整区的中点进入)!尽管如果交易者在入市之前等待回调有时可以降低风险,但这样的一种回调可能不会出现直至市场实质性的下降到更低。这样,在最近的有意义的止损点蕴涵着巨大的风险的情况下,一个伴有资金止损指令

---

① 相对低点和相对高点的准确定义具有一些随意性。(以下的描述是根据相对低点,但同样可以用来解释相对高点。)相对低点的一般定义是:某一天的低点低于其前一天的低点和随后 N 天的低点,这一天的低点即为相对低点。相对低点的准确性还要依赖于 N 的选择。N 比较合理的选择区域是5—15。

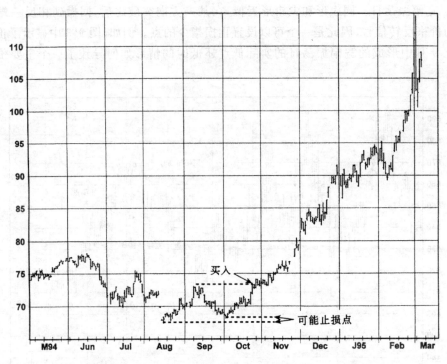

图 9.4 在相对低点上设置止损点：1995 年 3 月 棉花

图 9.5 适合下达资金止损指令的市场例子：1993 年 7 月 木材

的市场指令可能是最可行的交易方法。

止损点不仅只被用于限制损失,也用于保护利润。在一个多仓例子中,当市场上升时止损指令应该断断续续地被升高。同样的,在下降的市场中,随市场下降止损指令应该被降低。这种类型的止损指令被称为跟踪止损指令。

图 9.6 说明了跟踪止损指令的用法。假定某一交易者在位于 12—3 月的盘整区下的 3 月末的下降缺口处建了一个大仓,同时根据相对高点设置止损平仓计划。特别地,交易者计划在收盘价位于最近的相对最高价之上时立即平仓,同时在市场每次处于新低时修正参考点。(当然,停止条件往往会更加严格。例如,交易者会要求高于前相对最高价的收盘价的具体数字或是前一高点的最小穿透量来激活止损指令。)这样,最初的止损点会是高于 1 月最高价的收盘价(止损点 1)。随着在 6 月末降到新低,止损参考点会降低至 5 月最高点(止损点 2)。以此类推,止损参考点将连续降低至止损点 3 和止损点 4 所指示的价位。12 月的反弹高于止损点 4,止损退出。

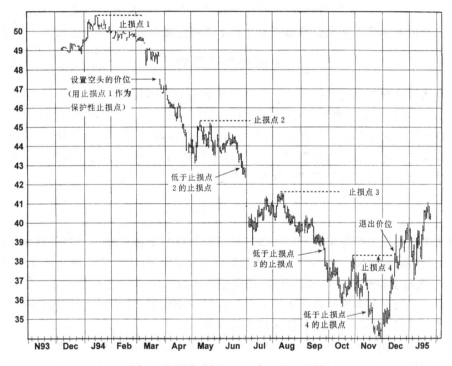

图 9.6 跟踪止损:1995 年 2 月 生猪

一般来说,止损点应该只在为了减少风险时才改变。有些交易者不能坚持这样一种观念,即处于价格运动的底部止损退出(如果是空头则为顶部),他们可能孜孜不倦地把 GTC 止损指令设置在建仓点之上,但之后当市场在区域内运动时则撤销指令。这类指令着实可笑,尽管恰当地参考了 CIC(如果是收盘价则取消)指令。修改止损指令使得风险性更大,这完全违背了止损的目的。

第十章 设置目标和其他退出原则

> 我从来没有想过为自己挣很多钱。这始终是我的立足点。什么？我的要求太低了！在市场上根本没有什么诀窍。
>
> ——埃德温·洛弗热

一笔交易就像一支军队——进去容易出来难。如果交易者一直坚持资金管理原则，一笔亏损的交易则会毫不含糊地显现出来；那就是，平仓将由预先决定的止损点指明。但是，可盈利的交易也存在问题（尽管这是更希望的交易）。交易者如何决定什么时间获利退出？这种困难的选择有无数种解决方法。下面部分将研究一些主要方法。

依图表确认目标

据认为许多图表形态可提供关于潜在价格运动幅度的线索。例如，传统的图表知识显示：一旦价格穿透了头肩形的颈线，可确保的价格运动至少会与从头的顶部（底部）到颈线的距离相等。还比如另一个例子中，许多点数图分析者强调："构成交易区的柱的数目可指示出随后趋势中潜在的格数。"（见第二章中为解释点数图所作的讨论）。一般来说，图表形态作为价格目标指标可能不如其作为交易信号那么可靠。

量度移动

这种方法本质上很简单。根本的假定是市场将以与价格摆动近乎相等的幅度运动。这样，如果市场回升30点，接着回调，这就意味着从回调的最低价开始又将会回升大约30点。尽管量度移动（measured move）的概念是如此简单以至它不是十分可信，但这种方法提供合理指示的频率超过了人们的预期。当两个或更多的这种目标接近一致时，就会增强价格区域作为一个重要目标区域的可靠性。

图10.1提供了一个来说明这种量度移动技术应用的很好的例子，这张图上出现了一连串令人信服的准确的价格目标。一个量度移动目标是在这样的假定基础上确认的，即从1994年1月最高点开始的价格下降会等于从1993年10月的峰顶到1993年11月的相对低点之间的下降幅度，这指示出107—26（MM1）点是下降目标。这个价格目标与3月实际的相对低点106—16很接近。这一量度移动目标是在这样的假定基础上确认的，即从1994年3月的相对高点开始的价格下降会等于从1994年1月的高点到1994年3月的相对低点之间的下降幅度，这指示出99—27（MM2）是下降目标。相对于实际的5月低点99—24来说，这个价格目标是真正的正中靶心。最后，一个量度目标是在这样的假定基础上确认的，即从1994年6月的高点开始的价格下降会等于从1994年3月的相对高点到1994年5月的低点之间的下降幅度，这指示出96—08（MM3）是下降目标。再一

次,这个价格目标差不多准确地指出了实际的市场低点,它被定在 11 月的 96—01。

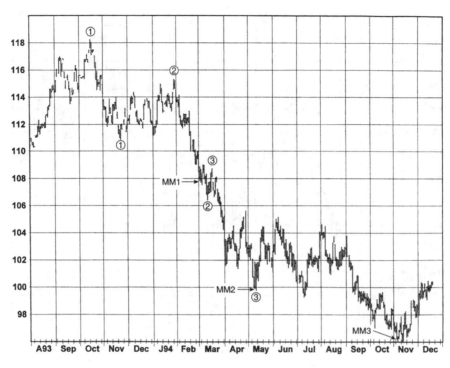

图 10.1 量度移动:1994 年 12 月 T-债券

因为价格摆动往往跨越若干份合约,所以在连接了若干份合约的长期价格图中应用量度移动技术是很有用的。一般来说,连续期货方式图比即期期货方式图更适合进行量度移动分析,因为正如在第二章中提到的并要在第十二章中进一步详细阐述的,连续期货方式图准确的反映了价格变动,但即期期货方式图却不能。

在图 10.2 中,1993 年 9 月的低点至 1994 年 1 月的峰顶的价格上升暗示了量度移动目标。指示出的量度移动目标(MM1)是根据这样的假定:即从 1994 年 7 月的低点开始的价格上升会等于前次的价格摆动。正如我们所看到的,这个目标精确地投映出了 1994 年的实际市场顶部。

图 10.3 表示的是量度移动在小麦连续期货图表中的应用。这幅图显示了众多的令人惊讶的准确的量度移动目标。由 1994 年 1 月的市场顶部开始的下降指示出的量度移动目标(MM1)几乎与实际出现的 1994 年 3 月的相对低点完全一致。尽管从 2 月到 3 月初的下降指示出的量度移动目标(MM2)与实际的 5 月的低点有一定距离,但由 1994 年 1 月的顶部到 3 月的相对低点的整个下降所指示出的量度移动目标(MM3)则在反映五月实际的低点时接近于完美。另一个惊人的事实就是由从 1994 年 1 月的顶部开始到 1994 年 5 月的低点的全程下降指示出的非常主要的量度移动目标(MM4)几乎完全反映出了 1994 年 11 月的底部。并且,从 9 月到 10 月初的下降提供了一个相似的强化的量度移动目标(MM5)。这两个量度移动目标一起为市场将会在 1994 年 11 月末接近潜在的主要底部提供有力的证据。

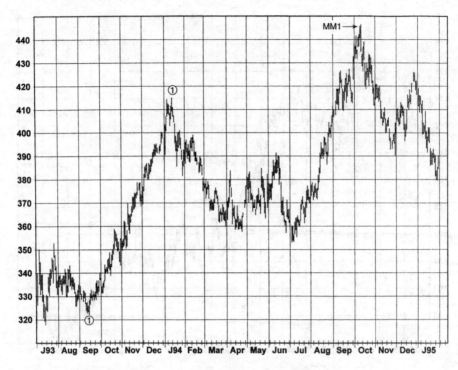

图 10.2 量度移动：小麦连续期货

图 10.3 量度移动：玉米连续期货

第十章 设置目标和其他退出原则

图 10.4 量度移动目标的集中：1994 年 10 月 原油

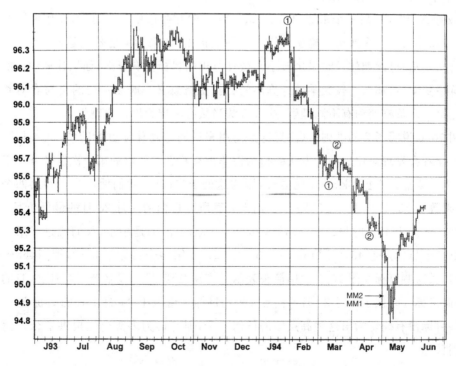

图 10.5 量度移动目标的集中：1994 年 6 月 欧洲美元

正如在前面的小麦图的例子中所看到的,同一高点或低点往往能反映不止一个量度移动目标。当有一个以上的相关价格摆动来指示出量度移动目标时就会出现以上这种情形。当两个或更多的这种目标接近一致时,就会增强价格区域作为一个重要目标区域的可靠性。

图10.4提供了数个量度移动价格目标接近一致的非常好的例子。如图所示,3月末到5月末的上升所指示出的量度移动目标(MM1),6月份的上升所指示出的量度移动目标(MM2),以及6月底到7月中的向上运动所指示出的量度移动目标(MM3)都几乎一致,只稍低于8月份形成的实际市场顶部。图10.5是另一个例子。1月末到3月初的下降所指示出的量度移动目标(MM1),以及3月中到4月中的下降所指示出的量度移动目标(MM2)几乎一致,只略高于5月的实际低点。

7 的 准 则

这是一种有趣并且易于使用的方法,在 Arthur Sklarew 所著《专业图表分析》中有详细论述。7 的准则是指用一系列普通的乘数来确认目标,它们是分别用 5,4,3 和 2 除 7 而得到的。这样得出的数分别是:$7÷5=1.4, 7÷4=1.75, 7÷3=2.33$,以及 $7÷2=3.5$。在牛市中,每个乘数与头一个价格摆动的值的乘积加上最低价就得到了一系列价格目标。(在熊市中,要从最高价中减去这些乘积。)

Sklarew 建议用后三个乘数(1.75,2.33 和 3.5)在牛市中确认目标,而用前三个乘数(1.4,1.75 和 2.33)在熊市中确认目标。另外他指出,如果参考的价格运动(要与乘数相乘的价格变动)持续期较长时采用较小乘数计算出的目标更有意义;如果计算中用的是短期的价格变动值,那么用较大乘数计算出的目标更有意义。既然不同的交易者对趋势中什么是第一次价格变动有不同理解,这种方法当然有一定程度的主观性。

图10.6说明了7的准则。(注意这是与用来说明量度移动目标的图10.4相同的一幅图。读者会发现对比这两种方法的指示性非常有意义。)牛市的第一次摆动开始于4月末,等于162点。根据 Sklarew 的方针,因为这处于牛市中,我们使用第二到第四个目标(通过乘数 1.75,2.33 和 3.55 求得)。用来计算所有目标的 3 月 28 日的最低价是 1465。第二个目标是 1749,即[1465+(1.75×162)]。(记住,因为是牛市,我们跳过了第一个目标。)第三个目标是 1843,即[1465+(2.33×162)]。第四个目标是 2032,即[1465+(3.5×162)]。这些目标在图10.6中用箭头表示。应注意到,目标2略低于5月23日的高点1787;而目标3略低于6月21日的高点1904;目标3略低于11月1日的高价2052。尽管这些目标没有确切指出这些高点中的任何一个,但它们为多头仓位提供了合理而准确的获利目标。

图10.7说明的是在熊市中如何运用7的准则。熊市中的首次摆动(是用连续期货合约显示的)等于7—23点。根据 Sklarew 的方针,因为这处于熊市中,我们用第一个到第

图10.6 7的准则：1994年10月 原油

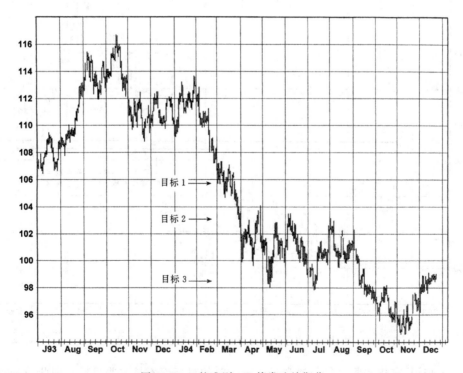

图10.7 7的准则：T-债券连续期货

三个目标(通过乘数 1.4,1.75 和 2.33 求得)。这三个数与最初的价格摆动相乘,从移动中的最高价中减去这个结果,得到下降目标。这些目标在图 10.7 中用箭头表示。应注意到,第一个目标比 1994 年 5 月的相对低点高一些,而第三个目标只比 1994 年 5 月的相对低点稍高。(目标 2 并不对应任何明显的相对低点)。

应该指出,为了说明 7 的准则选择图,是在事后挑选出图 10.6 和图 10.7 的。在大多数情况下,实际的高点和低点与设计的不会像这两个例子中那样接近。然而,7 的准则为确认目标提供了一种合理的方法,并且,交易者可能会从这种很值得考虑的方法中取得一些经验。

支撑价位和阻力价位

接近支撑线的点为设置空头仓位的初始目标提供了比较合理的选择。例如,图 10.8 中标出的目标区域是根据预期前两个相对高点会产生支撑来确认的。相似地,接近阻力线的点可以用来设置多头仓位的初始目标。例如,图 10.9 中标出的目标区域是根据前面的延伸的交易区的较低部分所显示的阻力确认的。

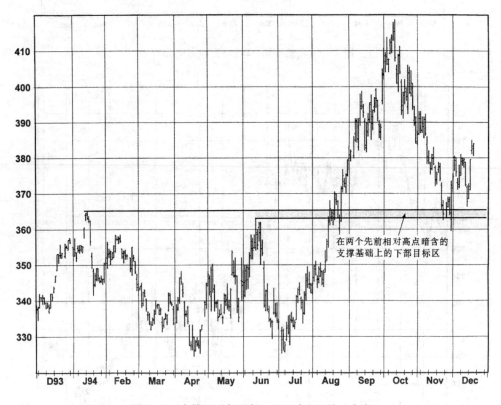

图 10.8　支撑区下部目标:1994 年 12 月　小麦

一般来说,支撑和阻力价位通常只代表暂时的目标而不是主要目标。因此,在使用这种方法中,如果出现回调,可以寻求在更好的价位上重新建仓。

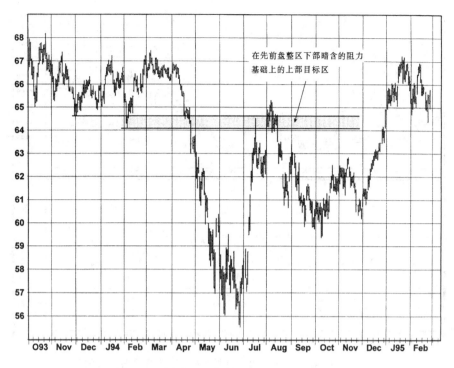

图 10.9　阻力区上部的目标：生牛连续期货

超买/超卖指标

　　超买/超卖指标是指各种技术性的测量方法，当价格发生过于明显的上升或下降时它们可对其做出反映，所以对回调很敏感。图 10.10 说明的是相对强弱指数（RSI），它是一个超买/超卖指标①。RSI 的值域是 0 到 100。根据标准解释，当超过 70 时显示超买状态，低于 30 时显示超卖状态。

　　选择特定的超买/超卖边界具有主观性，如：有人用 75 和 25，或者 80 和 20 代替 70 和 30。所选择的边界越趋于极端，超买/超卖信号将越接近市场转向点，但也会有更多这类点被错过。

　　在图 10.10 中，买入箭头所指的点是 RSI 穿透到 30 以下的那点。也就是说，达到了超卖状态，其可以被看作平掉空头仓位的信号。图 10.10 中买出箭头所指的点是 RSI 上穿 70 的那点，——也就是说，出现了超买状态，其可以被看作是平掉多头仓位的信号。

　　归根到底，图 10.10 中的超买/超卖信号为合理平仓提供了好信号。头一个超买信号和头一个超卖信号有些提前，但仍旧出现在它们各自的价格摆动上下四分线之内。下一对超卖/超买信号非常及时，特别是超卖信号，恰恰位于低点。但最后的信号比较糟糕：1994 年 11 月 8 日的超卖信号提前了 7 个星期和 250 点。这个例子暗示了将超买/超卖指标用作平仓信号的特性和缺点。当市场处于盘整区时，这种方法将很有效，但在强势阶

---

　　① RSI 最早由 J. Welles Wilder 在《技术交易方法中的新概念》中介绍的。Winston-Salem，北加利福尼亚：Hunter 出版公司，1978。

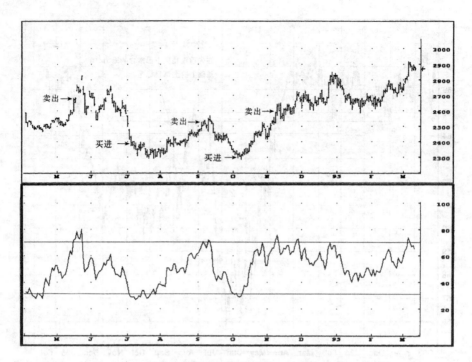

图 10.10 盘整市场的相对强弱指数：1995 年 3 月 豆油

资料来源：FutureSource；copyright © 1986—1995；all rights reserved.

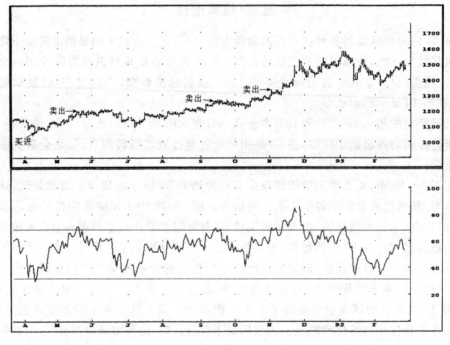

图 10.11 处于趋势市场中的相对强弱指数：1995 年 3 月 糖

资料来源：FutureSource；copyright © 1986—1995；all rights reserved.

段会非常失败。

总之,在图 10.10 中,超买/超卖信号的效果好坏参半,因为市场总的来讲处于盘整形态。图 10.11 说明了 RSI 这一超买/超卖信号在市场处于趋势阶段时的应用。图 10.11 中最初的超卖信号非常棒,准确把握住了最低点。头一个超买信号也很及时,非常接近之后的相对高点,尽管接下来肯定有中等的回撤。但后面的两个,都是超买信号,根据时间和价格变动来看出现得太早了。

超买/超卖指标的起源、解释以及应用将在第十五章详细讨论。

德 马 克 连 续

通常的超买/超卖指标(例如 RSI,MACD,随机指数)之间相关性很高。德马克连续(DeMark Sequential)图显示出市场已充分延伸并易于出现主要趋势反转的点,它是一个完全不同的和原始的超买/超卖指标。这一连续法属于形态识别范围。在德马克的书中,以 48 长页的一章全面描述了连续法[①]。下面关于这些技术的概述试图使读者对这种方法有个大致的了解。读者会对连续法的全面阐述感兴趣,其中还包括了一些附加的限定条件和多种可供选择的交易的进入和退出规则的讨论,这些都是参考了德马克的原文。

满足连续法的买入条件涉及以下三个基本阶段:

1. 设置。设置要求有九个或九个以上连续的收盘价,它们低于对应的以前四个交易日的收盘价。

2. 交叉。这个条件要求,在设置期的第八个交易日或以上的任何一个交易日的最高价要超过三天或前更多天交易日的最低价。从本质上说,这是确保在设置买入时价格不会处于"瀑布式"的滑落的最低限定条件。

3. 倒计数。

一旦前面的两个条件得到满足,倒计数阶段就开始了。从 0 开始,当一个交易日的收盘价低于前两个交易日的最低价时就增加 1。当数到 13 时就产生了一个连续法的买入信号。应该强调,与设置阶段相反,用来计数的交易日不必是连续的。如果出现以下任何一种情况,就取消计数:

a. 有一个收盘价超过设置阶段各日最高价中的最高价。

b. 一个"卖出"设置出现(即九个连续的收盘价,它们高于相应的前四个交易日的收盘价)。

c. 在买进计数完成之前出现了另一个买进设置。在这种情形下,新的买入建立优先,一旦交叉条件满足,就从 0 开始重新计数。

连续卖出条件的实施包括以下三个阶段:

1. 设置。设置这一步要求达到九个或九个以上连续的收盘价,它们都要高于对应的前四个交易日的收盘价。

2. 交叉。这个条件要求,建立在第八个交易日上或之后的任何一个交易日的最低价要低于三天或前更多天交易日的最高价。从本质上说,这是确保在设置卖出时价格不会

---

① 《新技术分析学》。纽约:John Wiley & Sons,1994。

处于"逃逸式"上升的最低限定条件。

3. 倒计数。一旦前面的两个条件得到满足,就开始在这点上计数。从 0 开始,每有一个交易日的收盘价高于前两个交易日的最高价就增加 1。当数到 13 时就产生了一个连续法卖出信号。应该强调,与设置阶段相反,用来计数的交易日不必是连续的。如果出现以下任何一种情况就取消计数。

　　a. 有一个收盘价低于设置阶段各日最低价中的最低价。

　　b. 一个"买进"设置的出现(即九个连续的收盘价低于相应的前四个交易日的收盘价)。

　　c. 在卖出计数完成之前出现了一个新的卖出设置。在这种情形下,新的卖出设置优先,一旦交叉条件满足,就从 0 开始重新计数。

图 10.12 至图 10.16 提供了完成连续法全过程的市场实例。在每个例子里,设置,交叉,以及计数各阶段在图上分别标出。如果同时对照这张图表,对前面的叙述将更加明白。

图 10.12 是对 1994 年 12 月 T-bond 市场上的连续法买入的说明。注意在这个例子中,设置阶段的第九个交易日同样满足计数条件(收盘价低于前两个交易日的最低价),也代表了计数阶段中的一天。(交叉条件在设置的第八个交易日上满足)。在四个交易日内的最低收盘价或接近这个收盘价,连续法买入条件全部得到满足。

图 10.13 是 1995 年 3 月的可可合约,提供了另一个连续法买入的例子。但在这个例子中,开始计数的第一个交易日直到设置完成后两天才出现。还应注意,在计数第一天和

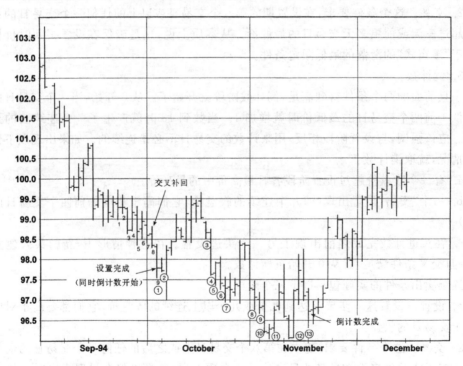

图 10.12　德马克连续:1994 年 12 月　T-债券

注:1—9＝设置;①—⑬＝倒计数　资料来源:Signals generated by CQG.

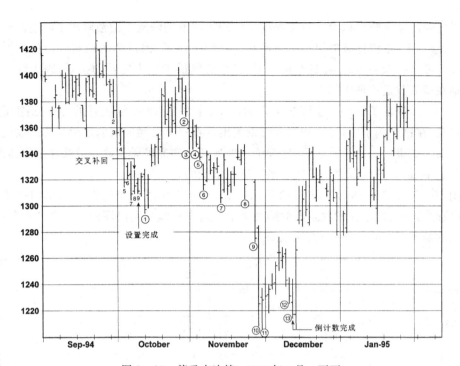

图10.13 德马克连续：1995年3月 可可

注：1—9＝设置；①—⑬＝倒计数　　资料来源：Signals generated by CQG.

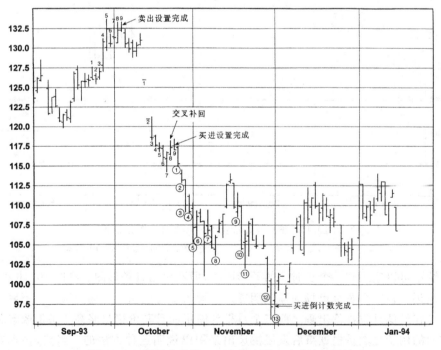

图10.14 德马克连续：1994年1月 冷冻浓缩橘汁

注：1—9＝设置；①—⑬＝倒计数　　资料来源：Signals generated by CQG.

第二天之间的宽大缺口以及在重新继续下降趋势前市场恢复了记数阶段下降前的价位的事实。(事实上,取消计数的第一个条件几乎已经出现了,但反弹的最高收盘价恰恰比设置阶段的最高价低一点)。在这个例子里,连续法提供了一个完美的信号,因为计数阶段精确地在最低收盘价那天结束。

图 10.14 提供了另一个连续法买入的例子,来源于 1994 年 1 月的冷冻浓缩橘汁合约。注意,在这个例子中,连续法买入的设置出现在一个已经完成的连续法卖出设置——其计数尚未结束——之后。这里,连续法的序列又一次准确无误地是最低收盘价那天,在这个例子中,那天的最低价还是所有最低价中最低的。

图 10.15 反映了 1995 年 3 月的美元指数合约,提供了一个连续法卖出的例子。注意,计数的第一天发生在设置阶段的第九天上。这个连续法卖出序列是在最高收盘价(以及最高的最高价)那天的后一天完成的。

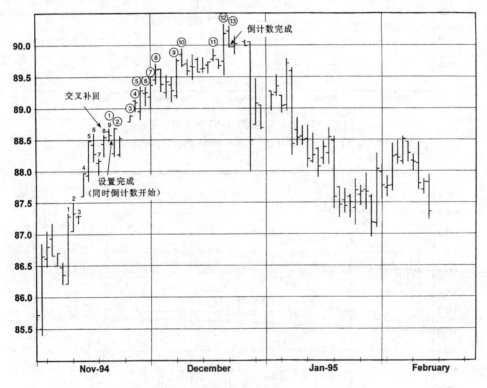

图 10.15　德马克连续:1995 年 3 月　美元指数

注:1—9=设置;①—⑬=倒计数　资料来源:Signals generated by CQG.

连续法可以应用到一个长时段的条形图上,但不包括日条形图。在图 10.16 中,显示了连续法买入在一个黄金市场的即期期货月条形图中的应用。市场连续五年下降。连续法的条件在最低月收盘价出现之前三个月得到满足而且其价格只略高于最低收盘价。

前面的例子显然是根据事后发展挑选出来用以说明这种方法的。当然,在现实的交易中,德马克连续法不会出现像前面举的这些例子所提供的接近完美的信号。如果真能这样,任何人只要在全部的连续法信号处交易,就可以成为大富翁。但是这些例子说明了

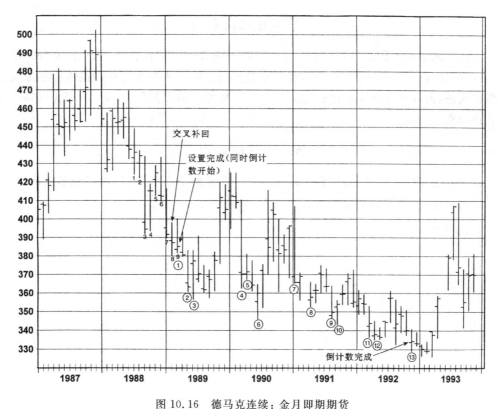

图 10.16 德马克连续：金月即期期货

注：1—9＝设置；①—⑬＝倒计数   资料来源：Signals generated by CQG.

连续法可能是一种非常有用的工具，具有提供时机信号的非凡能力。连续法与跟随趋势的方法——它们在技术分析工具中占统治地位——反向相关，这也是它的优势之一。综合以上原因，很多交易者会发现，德马克连续法对他们所有的交易方法来说是个十分有益的补充。

相 反 理 论

相反理论指出，每当绝大多数的投机商是多头的时候，那些想建多头仓位的人已经这样做了。结果，潜在的新购买者就会很少，市场就容易出现下降回调。与此类似的解释可以用于大多数交易者处于熊市时的情况。相反理论要么是依据对市场态势隐含的信息的调查，要么是依据对交易者的调查进行的，并且它暗含着这样一种假定，那就是这些意见能够代表整个市场态度。相反理论指数中的超买和超卖是随来源不同而变化的。

尽管相反理论毫无疑问是个合理的理论概念，但这种方法的阿克琉斯之踵（Achilles'heel）是难以准确测量市场态度。由现有的服务提供的相反理论测量通常能指示出主要的转向点。另一方面，当市场继续攀升时，相反理论指数很难保持在高位，或者是当市场继续下滑时，相反理论指数很难保持在低位。权衡利弊，只要不是使用这一唯一的方法来指导交易，它可以提供有用的信息。

跟踪止损指令

在使用跟踪止损指令逆向思维时可能会觉得它几乎没有什么吸引力,但它却是确认离场点(trade exit point)最敏锐的方法。尽管使用这种方法没人能在最高价卖出或是在最低价买进,但这种方法是最接近使盈利交易顺利完成的理想状态的。跟踪止损指令在第九章详细介绍过。

市场看法的改变

这种方法没什么新鲜,但包含了许多常识。在这种情形下,交易者事先不确认目标,而是维持仓位,直到他的市场看法发生改变,至少是转向中立。

第十一章　图表分析中最重要的准则

> 市场就像流感病毒——一旦你认为已经能约束它了,它就变异了。
>
> ——韦纳·瓦格纳(Wayne H. Wagner)

失 败 信 号

失败信号是所有图表信号中最值得信赖的信号之一。当市场不随图表信号的方向变动时,它会强烈地暗示出可能在相反方向上大幅运动。例如,在图 11.1 中就显示出了市场如何在突破了 4 月初的高点并在 4 月末 5 月初巩固之后突然反转的过程。如果这个向上突破信号是有效的,市场就不该回撤到巩固阶段的较低部位,并一定不该低于它的低边。突破之后立即出现回撤的事实强烈地显示一个"多头陷阱"。这种价格运动同足以触发设置在盘整区上部止损指令的市场上升运动是一致的,但是暴露出在突破之后没有额外的买盘支撑——技术图形显示出后市很弱。事实上,明显的买入信号立即失效可以看作是市场处于应卖状态的强指标。

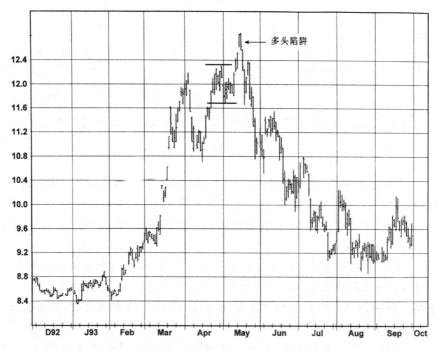

图 11.1　多头陷阱:1993 年 10 月　糖

现在我们对失败信号的重要性取得了共识,下面就各类失败信号进行详细地阐述,主要包括它们的概念和交易暗示。

多头陷阱和空头陷阱

多头陷阱和空头陷阱是一些在主要的突破之后随即出现突然的、剧烈的价格反转,它与突破后预期的巩固形态形成了鲜明对比。凭我个人的经验,这类与预期背道而驰的价格运动是最值得信赖的主要顶部和底部指标。前面部分提到了一个多头陷阱的例子(图11.1)。再举另一个关于多头陷阱的典型的例子,那就是在 T-债券市场上,长达6年的牛市在1993年10月出现的峰(见图11.2)。注意10月中旬的向上突破在前7个星期的盘整区上达到了创纪录的新高,接着出现了急速的价格下降。

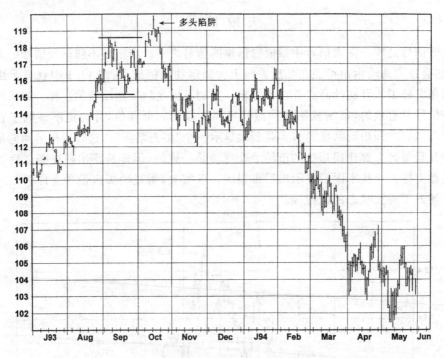

图 11.2　多头陷阱:1994 年 6 月　T-债券

与多头陷阱类似,在空头陷阱的例子中,市场下降到足以触发盘整区低边之下的休眠止损指令(resting stops),但在突破之后没有显示任何额外的卖压——显示后市的实质是强势。实际上,卖出信号即刻失败的情形可以被看作是市场处于应该买进状态的信号。

图11.3描绘了期银市场上连续六年的下降达到极点,是一个空头陷阱的典型例子,1993年2月,市场在前面狭窄的三个月盘整区和较宽的六个月盘整区的下面经历了两天的急剧下降。保持在半空中的价格不是继续下降,而是开始横向运动,最后反弹回盘整区。这一价格行为是猛烈回升的先兆。

图11.4是另一个空头陷阱的例子。经过四个月的极其剧烈的价格下滑,价格在1992年10月底跌落到一个新低,突破了上个月形成的盘整区,但价格并没有继续下降,

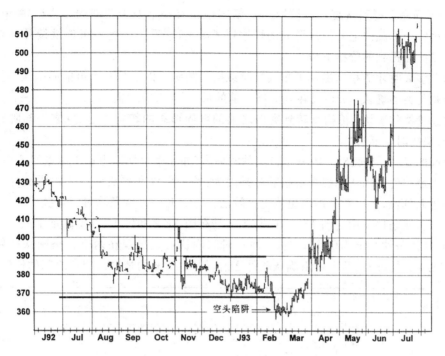

图 11.3 多头陷阱：1993 年 7 月 银

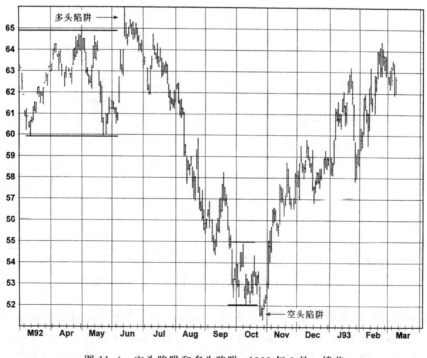

图 11.4 空头陷阱和多头陷阱：1993 年 3 月 棉花

并在一周之内止跌回升到前面盘整区的上半部。市场继续上升,最后几乎使整个 7 月至

10月的下降完全得到恢复(有趣的是,这幅图中还有一个处于顶部的多头陷阱,在1992年6月由一个宽阔的上升缺口形成的峰达到了新高,它看上去绝不可能继续并且随后立即出现了前面提到的价格下滑)。

回调多大时才能指示出现了多头陷阱或空头陷阱?以下是几个可能的确认条件:

最初价格的确认:价格反转到突破之前的巩固形态的中部。

强劲价格的确认:价格反转到突破之前的巩固形态的较远的边界(多头陷阱时是低边,空头陷阱时是高边)。

时间的确认:在突破后的一个特定的时期内(如4个星期),市场不能返回价格极点。

考虑最初价格确认和强劲价格确认是因为:前者可以在多头和空头陷阱交易中提供较好的进入价位,而后者可提供更值得信赖的信号。时间确认条件可以单独使用,或与这两个价格确认条件联用。图11.5和图11.6是在图11.2和图11.3上附加了三个确认条件(时间确认条件假定为四个星期)。注意时间确认可能出现在两个价格确认条件之后(如图11.5的情况)或两个价格确认条件之前(如图11.6的情况),或者之间的任何点。

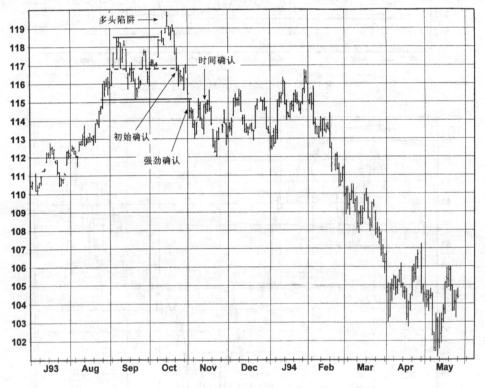

图11.5 多头陷阱的确认条件:1994年6月 T-债券

如果市场返回到突破高点,多头陷阱信号就会失效。同样地,如果市场返回突破低点,空头陷阱信号就会失效。当市场在信号方向上移动很充分或者已经过了特定的时间段时,就可以运用更灵敏的条件指示多头陷阱或空头陷阱信号失效。这一条件应用的实例是,当接收到强价格确认信号时,价格会返回巩固形态的相反边界上(例如,在多头陷阱的情况下,价格在突破巩固形态的低边之后,又返回巩固形态的顶部)。在一个更敏感的

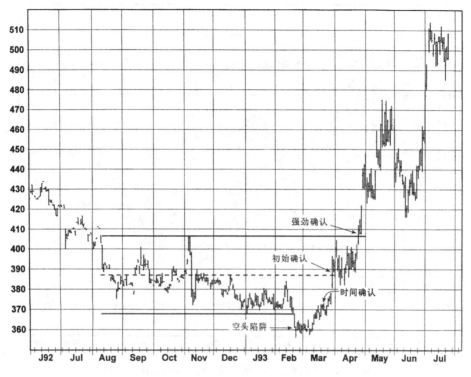

图 11.6 空头陷阱的确认条件：1993 年 7 月　银

价格/时间结合的例子中,失效信号是：在收到强劲价格信号四个星期或更多时间之后,价格返回到一个巩固形态的中部(例如,多头和空头陷阱信号的最初价格确认点)。所选择的失效条件越敏感,因多头或空头陷阱而发出错误指令造成的损失就越小,但过早地放弃一笔正确的交易的可能性就越大。

如果失效情况没有出现,根据多头或空头陷阱建的仓位应继续持有,一直到价格目标或其他的平仓条件满足时或者直到有证据显示出现趋势反转时平仓。

假趋势线突破

正如在第三章中讨论过的,趋势线极易出现虚假突破。这类虚假突破可用作在突破的反方向上进行交易的信号。事实上,依我看来,假趋势突破信号比常规的趋势突破信号更值得信赖。在下降趋势的例子中,如果市场向上突破之后,在趋势线下达到一特定次数的收盘数（如 2 或 3）,那么假趋势突破会得到确认。类似地,在上升趋势的例子中,如果市场向下突破之后,在趋势线上的达到一特定次数的收盘数,那么假趋势突破会得到确认。

图 11.7 中举了一个下降趋势线的假突破的例子。应该指出,6 月里,由前面的三个相对高点确认的下降趋势线上出现了向上突破,之后紧跟着在这条线之下发生了突破。所指出的失败信号是根据假定在线下有两次收盘价才能确认的条件。

在趋势线被反复重新界定的过程中,极有可能在一张图上产生若干连续的假趋势突破信号。在图 11.8 中,对下降趋势线最初的向上突破发生在 12 月中旬。价格又很快退

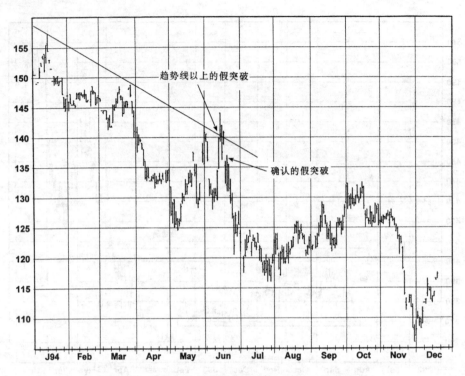

图 11.7 下降趋势线的假突破：1994 年 12 月 燕麦

图 11.8 下降趋势线的多次假突破：1992 年 7 月 冷冻浓缩橘汁
注：FBC＝假突破得到确认（如：两次收盘于趋势线下方）

回到这条线之下,所指示出的失败信号是由线下的第二个收盘价确认的。另一个假突破发生在 7 个星期之后,它是根据 12 月的相对高点重新界定的趋势线(趋势线Ⅱ)。价格又很快退回到下降趋势线以下,产生了另一个假趋势突破信号。1 月份相对高点的连线形成重画的趋势线(趋势线Ⅲ)在 3 月份出现向上突破,导致第三个假趋势突破。

图 11.9 说明了在上升趋势线上出现的假突破。这里也同样假定了失败信号的确认条件,即在与原趋势线方向相同的趋势线之外出现两次收盘价。图中表示了两个这样的假趋势突破买入信号。

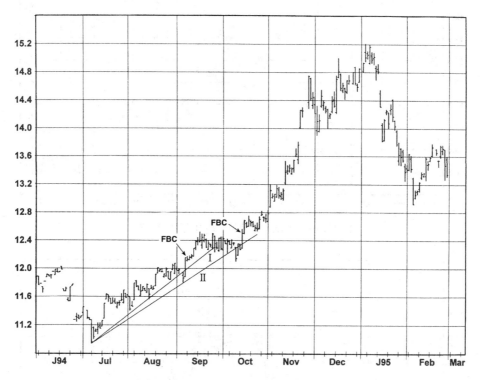

图 11.9 上升趋势线的多次假突破:1995 年 7 月 糖
注:FBC=假突破得到确认(如:两次收盘于趋势线上方)

缺 口 的 回 补

正如在第六章中阐述的那样,缺口往往作为一种预示着趋势将在缺口方向上继续的形态。当一个缺口回补时,这样的发展就使原来的缺口成为了虚假的信号。如果满足以下这些附加的特征,缺口回补将具有更重要的意义:
- 回补的缺口特别宽;
- 回补的缺口是突破缺口;
- 两个或更多的连续缺口被回补。

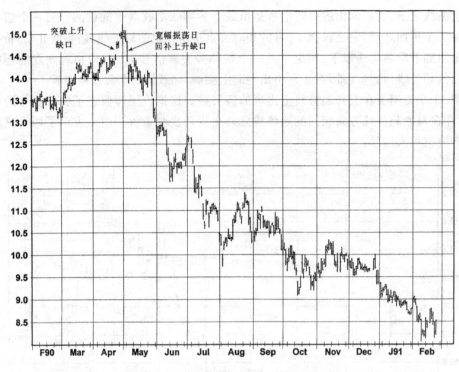

图 11.10　回补上升缺口：1991 年 3 月　糖

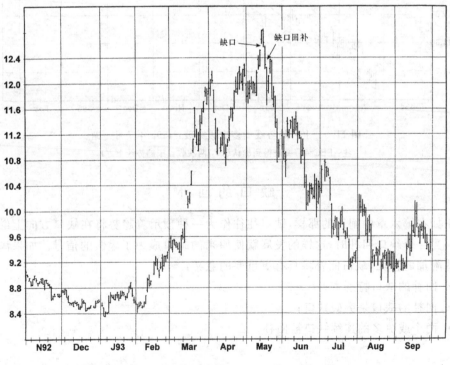

图 11.11　回补上升缺口：1993 年 10 月　糖

尽管当日内价格达到缺口前的那天最高价时一般就可以认为是缺口回补了（在下降缺口的情况下是最低价），我更愿意采取一种更加严格的定义，即要求收盘价低于（在下降缺口的情况下是高于）缺口日的前一天的收盘价。这种更严格的定义在无法最终断定前面的缺口是否是失败信号时将减少得出"是"的结论的次数，代价是当结论正确时，指示稍微滞后了一些。

在图 11.10 中，一个突破上升缺口大约在一星期之后回补。有趣的是，这个缺口是在一个宽幅振荡日回补的，而其本身就是一个向下反转可能出现的信号。这些形态预示着期糖会出现持续的价格下滑。在图 11.11 中，在出现牛市最高价的前一日形成的上升缺口在两天后回补，较早地为后来证明的主要趋势反转提供了信号。图 11.12 中，在几乎垂直回升形成最高点的那日形成了突破缺口。这一缺口在两天后回补（用我们更严格的定义），较早地为突然的趋势反转提供了警告信号，在许多常规的趋势判别方法识别之前，市场可能已经回调了原先上扬的相当部分了。

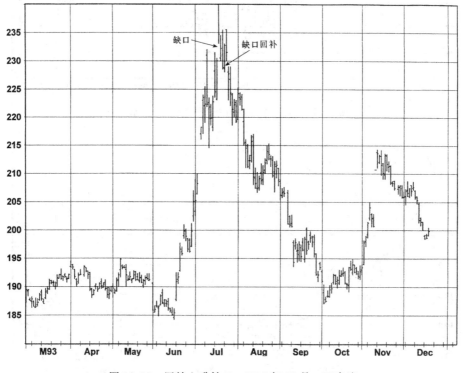

图 11.12　回补上升缺口：1993 年 12 月　玉米渣

图 11.13 至图 11.15 提供了一些下降缺口回补的例子。在图 11.13 中，处于一个新低的宽度较大的下降缺口在两天后就回补了（最低点出现之后一天），较早地为最终证明是非常主要的趋势反转提供了信号（另一个下降缺口回补发生在三个月之后）。在图 11.14 中，回补缺口的那个交易日本身就是一个宽幅振荡日，这在单独的一段交易时间里有效地提供了强烈的双重信号。正如所看到的，这个结合信号之后随之出现急剧的回升。

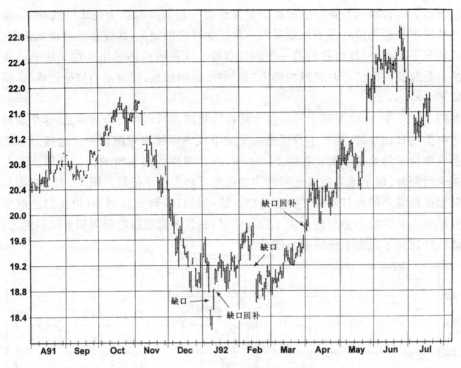

图 11.13 回补下降缺口：1992 年 8 月 原油

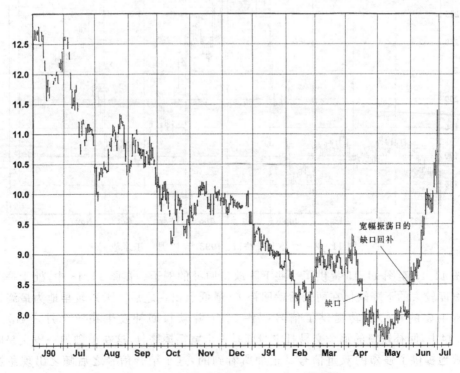

图 11.14 回补下降缺口：1991 年 7 月 糖

第十一章 图表分析中最重要的准则

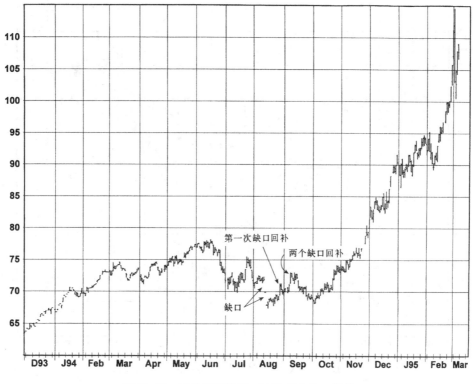

图 11.15 回补下降缺口：1995 年 3 月　棉花

图 11.5 中是两个连续的下降缺口回补的例子。尽管价格运动准确地表现出一个主要底部已形成，但要注意价格持续上升前的第一次回调。其中暗含着这样的教训：那就是即使某一失败信号的指示有效，在预期的价格运动出现之前也可能首先经历一个价格修正。在下降缺口的例子中，只要市场不在缺口以下收盘，失败信号可以被认为仍是有效的，如果有不止一个缺口，则是指不在最低的缺口以下收盘。（相类似地，在上升缺口的情况下，假如市场不在缺口以上收盘，已失败的信号可以被认为仍是有效的，如果有不止一个缺口，则是指不在最高的缺口以上收盘。）

返回至矛尖形的尖

正如在第六章中详细阐述的，矛尖形通常出现在重要的价格反转处。因此，市场返回前矛尖形的尖可以被看作是原来的矛尖形已变成一个失败信号。矛尖形的尖越长（那就是说，矛尖形的高点超过其前后交易日的高点的幅度越大，或者矛尖形的低点低于其前后交易日的低点的幅度越大），其穿透的意义也就越重大。如果在原来的矛尖形之后经过了至少几个星期，最好是几个月，那么这类已失败的信号的意义也会增强。

在图 11.16 中，在四个月之后返回 7 月份矛尖形高点导致上升的延续。在图 11.17，七个月之后突破 7 月份的矛尖形高点导致了一个更大幅度的上涨。图 11.18 中提供了一个突破下降缺口的例子，市场在此之后迅速下滑。图 11.19 中包括了突破主要矛尖形高点和矛尖形低点的例子。在每种情况下，市场都接着经历了一个大幅度的延伸。

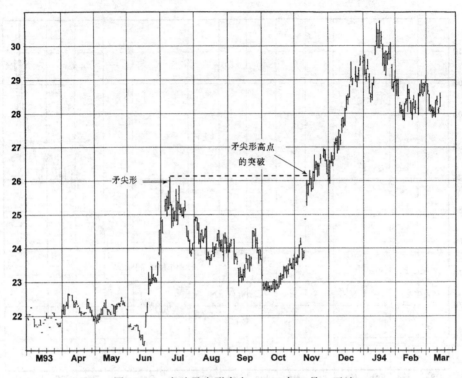

图 11.16　突破矛尖形高点：1994 年 3 月　豆油

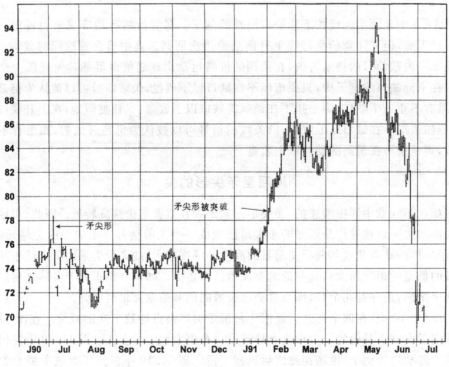

图 11.17　突破矛尖形高点：1991 年 7 月　棉花

第十一章 图表分析中最重要的准则

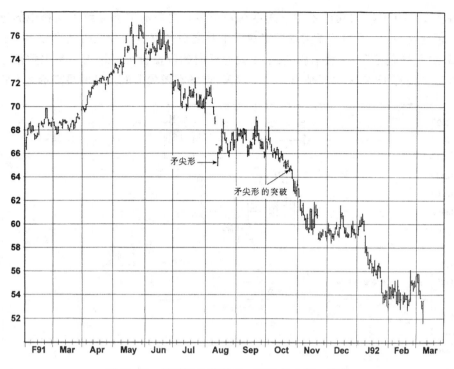

图 11.18 突破矛尖形低点：1992 年 3 月 棉花

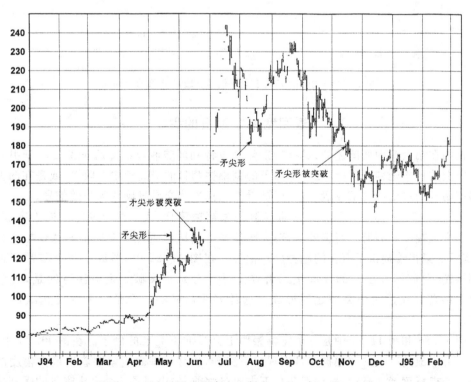

图 11.19 突破矛尖形高点和低点：1995 年 3 月 咖啡

在图 11.20 中,7 月份的矛尖形高点在一个多月之后的突破导致了预料中的进一步上涨。但是注意,10 月份的矛尖形低点在几个月之后的突破后来证明是误导——所以说是失败的"失败信号"。一般来说,收于矛尖的反向的收盘价可以被看作是失败信号的失效。在这种情形下,在矛尖形被突破之后四天,市场在矛尖形低点日的最高价之上收盘。

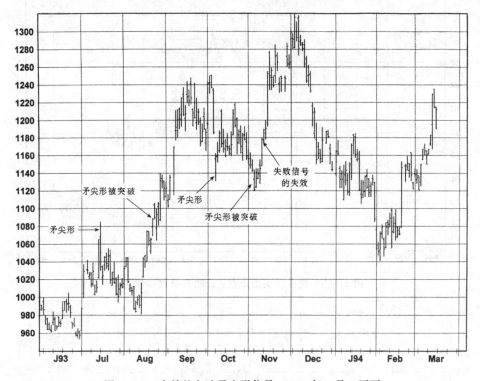

图 11.20　失效的突破矛尖形信号:1994 年 3 月　可可

返回宽幅振荡日的尖

正如在第六章中所阐述的,具有特别强势或特别弱势收盘的宽幅振荡日易于引起相同方向上的价格延伸。因此,在一个向下的宽幅振荡日的最高价之上收盘,或是在向上的宽幅振荡日的最低价之下收盘,都可以被看作是把这些交易日确认为失败信号。

在图 11.21 中,5 月末形成了非常显著的宽幅振荡日,大约两星期之后向上突破,引起了一个大幅度的回升。有趣的是,对失败信号的确认出现在一个向上的宽幅振荡日之后,实际上紧接着提供了潜在的趋势反转信号。在图 11.22 中,形成了两个非常接近的宽幅振荡下降日,在随后的期间里二者在上升中分别被突破。更应注意的是,一个上升宽幅振荡日在这两个突破之间形成。这种多头信号的汇合是一个主要止跌回升的先兆。

图 11.23 和图 11.24 中是一个宽幅振荡上升日向下突破的例子。在图 11.23 中,顶部前一天形成的巨大的宽幅振荡日出现向下突破,顶部出现之后紧跟着出现大幅度的市场下滑。提醒读者注意,在宽幅振荡日下方收盘之前,先出现了一个多头陷阱的强烈确认信号。在图 11.24 中,收盘向下突破 1 月初形成的宽幅振荡日的那天本身就是一个宽幅

第十一章 图表分析中最重要的准则

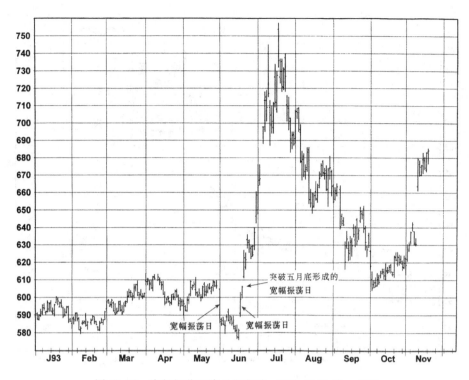

图 11.21　宽幅振荡下降日的突破：1993 年 11 月　大豆

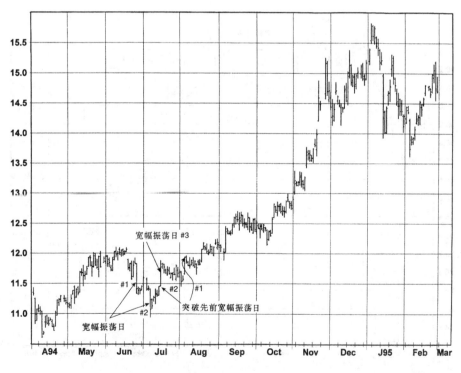

图 11.22　宽幅振荡下降日的突破：1995 年 3 月　糖

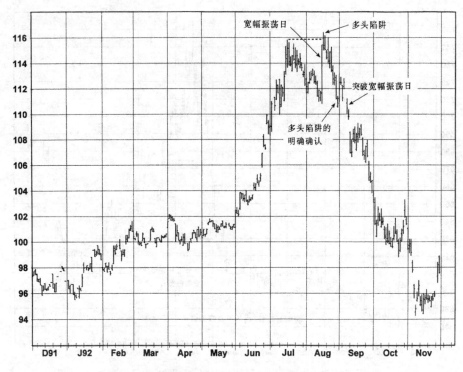

图 11.23 宽幅振荡上升日的突破：1992 年 12 月 铜

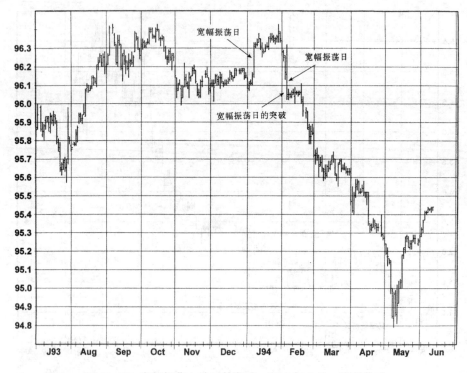

图 11.24 宽幅振荡上升日的突破：1994 年 6 月 欧洲美元

振荡日,它被证明是即将到来的大幅度下降的一个早期信号。

旗形或尖旗形的与预期相反的突破

正如在第六章详细阐述的,旗形或尖旗形巩固之后的市场摆动,其方向与巩固形成之前的市场摆动一致。所以,如果旗形或尖旗形的形成引起与前面的市场摆动方向相反的突破,则其就成为一个失败信号。

在图 11.25 中,正如第六章中所讲述的图表解释原则所指明的,在明确的下降趋势发展中形成的旗形和尖旗形一般都引起向下摆动。但一种情况是例外,那就是 3 月里的移动形成的下降突破达到新低之后形成的旗形。在这个例子中,旗形之后紧跟着是一个上升突破。这个与预期相反的价格运动显示着一次重大反弹。注意图 11.26 中,4 月和 10 月的低点都是价格摆动使旗形出现与预期相反的方向上突破后形成的。

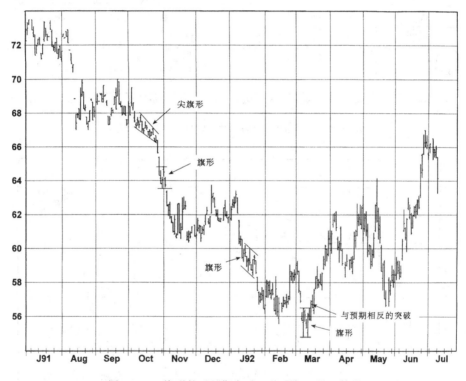

图 11.25　旗形的反预期突破:1992 年 7 月　棉花

图 11.27 中描绘了一个主要底部,它是由一个旗形以及随后出现的与预期相反的突破形成的。但在这个例子中,在突破之后紧跟着是一个回调,它位于确定的急剧上涨之前。这个启示是,与预期相反的突破后不需要立即出现价格运动的延伸来确认失败信号的有效性。在回撤达到什么程度时就可以认为失败信号应该被放弃? 一个合理的方法是:只要收盘价不低于(或高于)旗形或尖旗形的起点,就可确认一个失败信号有效。上例中的回撤在距离这点很近处停止了。

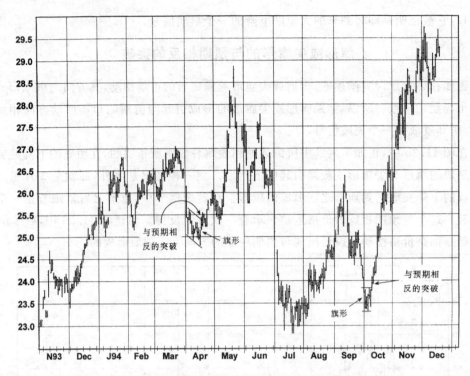

图 11.26　旗形的反预期突破：1994 年 12 月　豆油

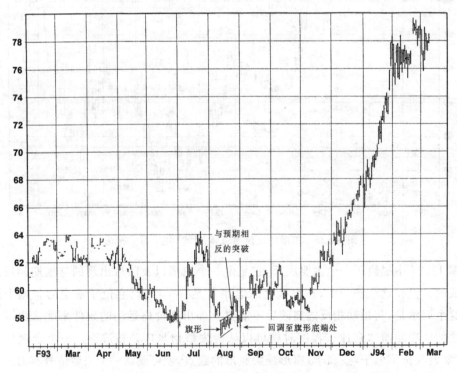

图 11.27　旗形的反预期突破接着出现回调：1994 年 3 月　棉花

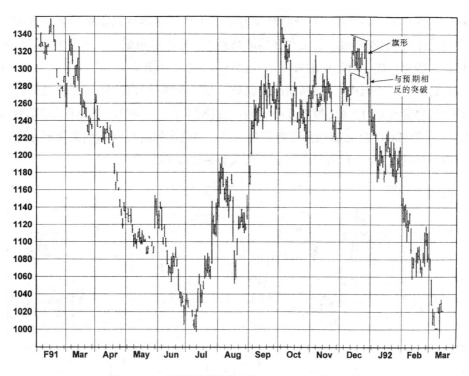

图 11.28 旗形的反预期突破：1992 年 3 月　可可

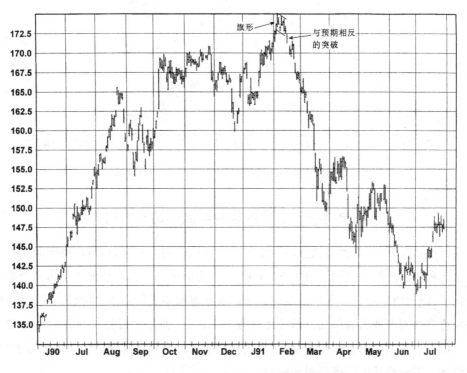

图 11.29 旗形的反预期突破：英镑连续期货

图 11.28 至图 11.30 是一些在价格上升之后形成的旗形或尖旗形向下突破的例子。在每个例子中,旗形或尖旗形总是在合约的高点处或它附近形成——一般来说,是多头态势。但是这些旗形或尖旗形中的每一个并没有引起新的上升而是产生了一个急剧的向下突破。在这三个例子当中,与预期相反的突破显示的失败信号提供了主趋势反转的特别时机指示。尽管在图 11.28 和图 11.29 中,价格出现了立即的、持续的下降,注意在图 11.30 中,价格在下降之前先是反弹到尖旗形。但这次回升没有达到尖旗形之上,所以根据前面提供的准则,失败信号的指示仍被认为是有效的。

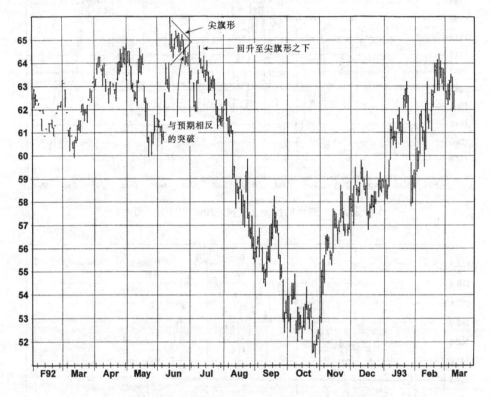

图 11.30 尖旗形的反预期突破:1993 年 3 月 棉花

一个正常突破之后的旗形或尖旗形的反方向突破

在有些情况下,旗形和尖旗形之后跟随着在预期方向上的突破,但价格随后反转并收盘于旗形或尖旗形的相反的一端之下(或上)。这个结合的价格运动提供了另一个失败信号的例子,因为旗形或尖旗形的预期突破之后紧跟着价格反转而不是继续。注意,失败信号要用价格在旗形或尖旗形相反的边之外收盘来确认,而不仅仅靠交易日内的突破。尽管在失败信号被证明有效的例子里,这个较严格的条件将稍稍延误确认失败信号的时机,但它将减少不准确的失败信号引起的建仓。

在图 11.31 中,在四个月的上涨的顶部附近形成旗形后紧随着一个向上突破,正如可能预期到的那样。但价格在上涨了两天后并没有持续上升,而是在两个星期内回撤到旗形巩固的低边以下。这一价格行动使较早的旗形上方的向上突破成为了失败信号。

图11.31可能看上去眼熟。它与本章早些时候显示的图11.11是同一张图,它说明的是另一个发生在同一时间附近的失败信号(一个回补缺口)。这样,期糖的1993年5月的峰实际被两个失败信号标示出来。

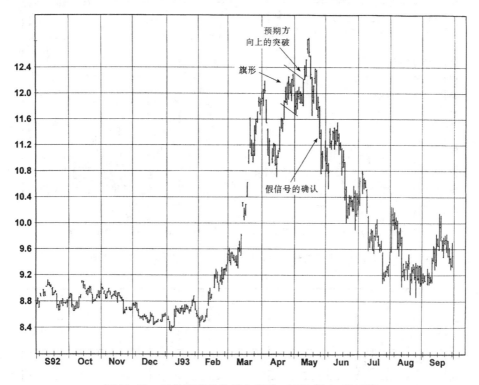

图11.31 正常突破后的反向突破:1993年10月 糖

图11.32中举例说明了另一个失败的旗形的向上突破。在这张图中,旗形是在三个月的大规模回升之后形成的,紧跟着出现了向上突破,之后回撤到旗形的低边以下。在这个例子中,请注意干旗形下的最初突破之后出现了另一个反弹。这个旗形低边之下的最初突破并不能看作失败信号的确认,因为市场没有在旗形之下收盘——所以并没有继续发展,直到大约一周之后。

图11.33中,在大幅度的下降之后出现了一个失败的尖旗形向下突破。这个向下突破只引起了小幅度的进一步下降,价格很快就反弹到了尖旗形顶部以上,这个失败信号得以确认并预示着一个大幅度上涨。图11.34包含两个例子,都是下降之后形成旗形,然后在预期方向上出现最初的突破并立即反弹到形态顶部以上。头一个标示出主要底部,第二个标示出一个重要的相对低点。图11.35提供了另一例子,在最初的向下突破后反弹至旗形顶部之上,这确认了一个相对低点并将导致大幅度上涨。注意,该图中也包含着一个失败信号的例子,一个与预期相反的旗形突破——这发生在市场顶部。

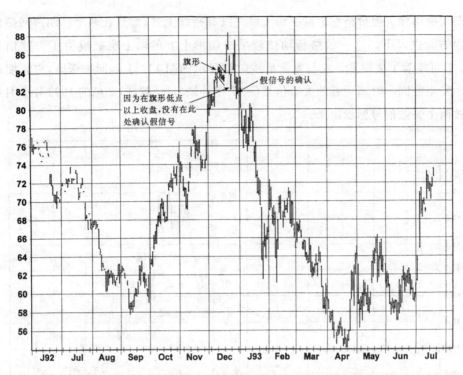

图 11.32　正常突破后旗形的反向突破：1993 年 7 月　咖啡

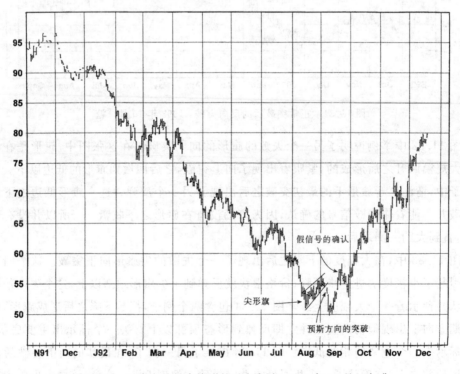

图 11.33　正常突破后尖旗形的反向突破：1992 年 12 月　咖啡

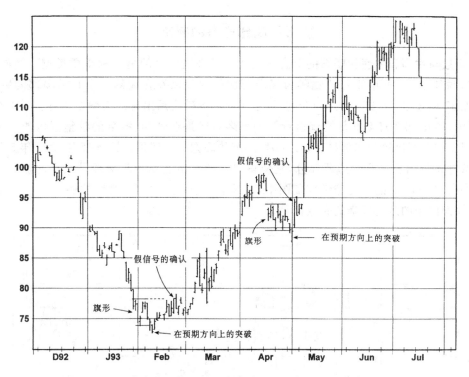

图 11.34　正常突破后旗形的反向突破：1993 年 7 月　冷冻浓缩橘汁

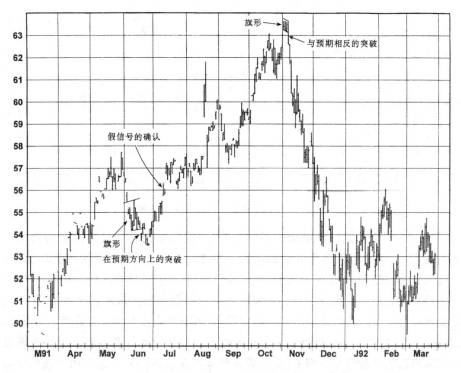

图 11.35　正常突破后旗形的反向突破：1992 年 4 月　取暖油

顶部和底部形态的突破

一般与主顶和主底相联系的形态突破代表了失败信号的另一种重要类型。例如，图 11.36 说明了 1994 年 5 月的咖啡市场上形成的双顶以及在大约七个月后顶部的突破。图 11.37 描述了 1994 年 7 月的合约，展示了向上突破之后出现的大幅度回升。尽管在这幅图中，1993 年 7 月至 9 月的双顶看上去最多只像是在延伸、狭窄的盘整区内的一个波形，图 11.36 则比较明确地显现，在那时，形态的确像一个双顶。接下来在 1994 年 5 月至 7 月发生的回升只是高耸的那部分，它使得早期的价格运动看起来像是狭窄的盘整区的一部分。图 11.38 的加元连续期货图中，列举了一个双底的向下突破的例子——一个引起了立即出现的急剧下降的失败信号。

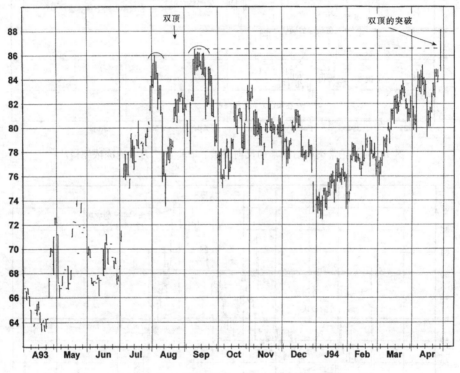

图 11.36　双顶的突破：1994 年 5 月　咖啡

双顶和双底形态的突破能够提供很好的信号，但相对比较罕见。涉及头肩形的失败信号更为普遍，并常常提供出色的交易指示。尽管选择什么条件来确认一个失败的头肩形具有一些随意性，我愿意用市场回撤到高于（或低于）最近的肩部的准则。如在图 11.39 中，反弹到 7 月份的肩部之上代表了对一个失败的头肩顶形态的确认。在这种情形下，确认条件之后会紧跟着一个急剧的价格上涨。但常常是，市场可能首先在突破肩部之后下降，尽管确信大幅度上涨最终会出现（例如图 11.40 和图 11.41 中所示）。图 11.42 是一个涉及一个复合头肩顶形态的失败信号的例子（复合头肩形是指在头的任何一边有两个或两个以上的肩部的形态）。

第十一章 图表分析中最重要的准则

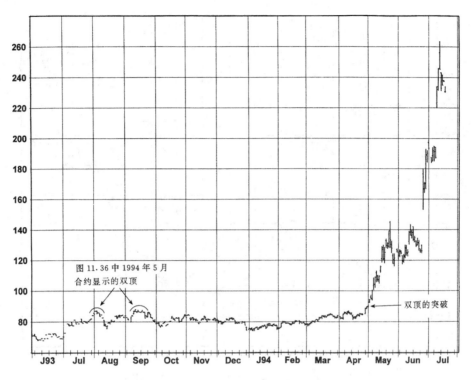

图 11.37 双顶的突破：1994 年 7 月 咖啡

图 11.38 双底的突破：加元连续期货

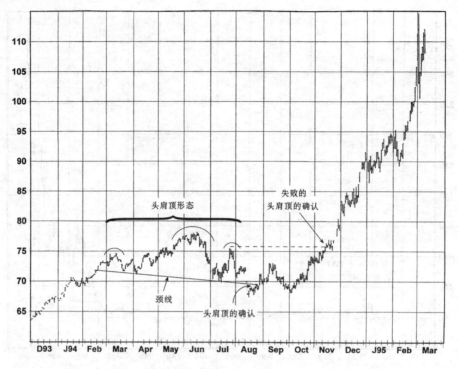

图 11.39　失败的头肩顶形：1995 年 3 月　棉花

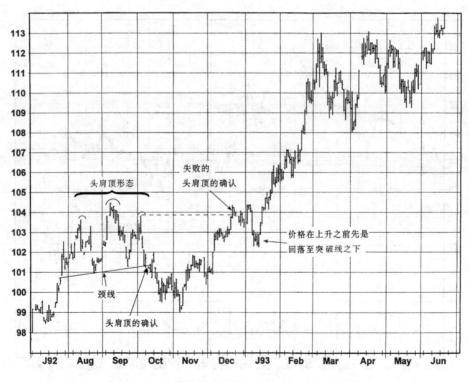

图 11.40　失败的头肩顶形：1993 年 6 月　T-债券

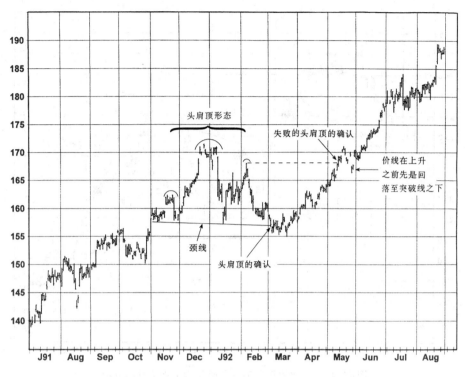

图 11.41　失败的头肩顶形：英镑连续期货

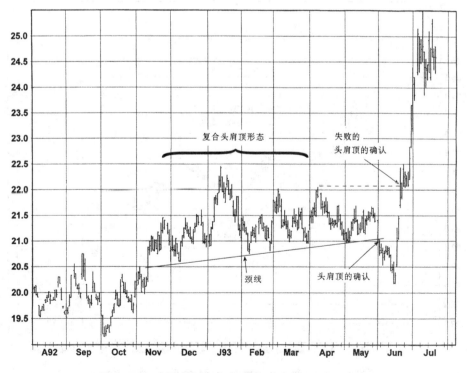

图 11.42　失败的复合头肩顶形：1993 年 7 月　豆油

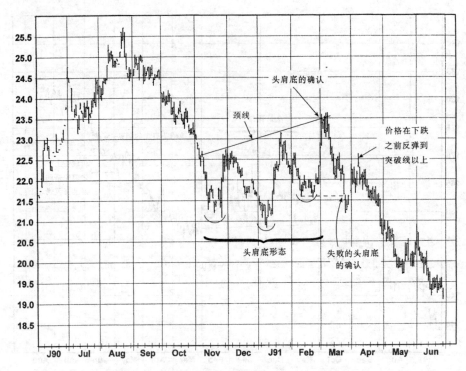

图 11.43　失败的复合头肩底形：1991 年 7 月　豆油

图 11.44　失败的头肩底形：1995 年 6 月　欧洲美元

图 11.43 至图 11.45 显示的是失败的头肩底形态的例子。与头肩顶的例子相类似，较近的肩部的向下突破被作为是失败信号的确认条件。应注意到，在这三个例子中，在确认信号出现后先是有个反弹然后再最终急剧下降。正如前面的例子所表明的，在根据一个失败的头肩形的确认建仓之前，等待回撤通常会使交易者受益。缺点是在没有回撤或回撤较小的情况下，这种策略会导致失去非常有利的交易机会（如图 11.39 和图 11.42 的例子）。

图 11.45　失败的头肩底形：加元连续期货

曲率的破坏

正如在第六章中讨论过的，圆形经常会提供非常可信的交易信号。从这种意义上说，弯曲的价格形态的破坏可被看作形态转化为失败信号。例如图 11.46 中，明显的圆顶形的曲率的破坏代表了一个多头信号。

失败信号未来的可信性

指标的普及性和它的效率之间存在着一种反向相关。例如，20 世纪 80 年代之前，当很少的市场从业人员运用技术分析的时候，图表上的突破（价格运动高于或低于前面的盘整区）相对比较有效，提供了许多出色的信号而且没有大量的虚假信号。根据我的观察，随着技术分析变得越来越普及，突破越来越成为一种普通的使用工具，这一形态似乎不那么有效了。事实上，现在看起来突破后价格反转情况更像是准则了。

正如前面所阐述的，我发现失败信号看来比常规图表形态更可信。尽管失败信号的

图 11.46 曲率的破坏：加元连续期货

概念肯定不是新的——事实上，我自己在 1984 年写的《期货市场的完备指南》(*A Complete Guide to the Futures Markets*) 中包含了关于这个问题的部分——我不清楚它的好处是否在其他的地方被强调。但如果失败信号的用途更广泛传播，它们长期的可信度会受到反面影响。

最后，应该强调，本章中有关失败信号的概念曾经在常规图表分析的文中出现过。将来——特别是更远的未来——所通用的普遍的图表观念可能会发生很大转变。但失败信号的概念可以通过把它与常规的智慧相联系而产生动力。换句话说，如果新的图表形态成为未来普遍的技术信号(如同突破点在今天被广泛使用)，则形态的失败比形态本身更有意义。更通俗地说，失败信号的概念可以证明是永恒的。

结　论

新手不会理睬一个失败信号，在希望最好的结果时却使他的仓位遭受重大损失。较有经验的交易者，了解资金管理的重要性，一旦做了一笔明显的糟糕交易就立即退出。但真正地有技术的交易者能掉转 180 度，如果市场行为指示了这样的行动过程，他就在受损失时反转持仓方向。换句话说，根据失败信号进行投资要遵守严格的纪律，但要有效地把图表分析和交易结合起来，这种灵活性是最重要的。

第十二章 为长期图表分析将合约连接起来：即期期货和连续期货

连接图表的必要性

在第三章至第六章详细阐述的许多图表分析的形态和技术都需要长期图表——往往是持续多年的图表。这对于辨别顶部和底部形态及确定支撑和阻力价位特别重要。

期货市场上的图表分析者面临的一个主要问题是：大部分期货合约时间跨度相当有限，这些合约交易活跃的时间甚至更短。对于许多期货合约（例如货币，股票指数），交易活动几乎全部集中在最近的一或两个合约月中。例如图 12.1 中，只有大约五个月的运动数据来描绘瑞士法郎期货合约，它是在那个时候市场上占支配地位的合约（1994 年 12 月末）。事实上，在一些市场上，几乎所有的交易都集中在最近的头寸上（例如大部分外国债券期货），结果是有意义的价格数据只存在一到三个月，正如图 12.2 和图 12.3 所说明的，图中描绘了 1995 年 3 月的金边债券（Gilt）（英国政府债券）和 1994 年年末的意大利政府债券合约。尽管那个时候这两个合约已是最活跃的，但图中的数据只有几个月。

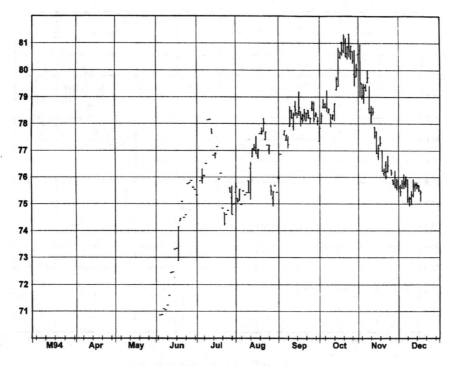

图 12.1　1995 年 3 月　瑞士法郎

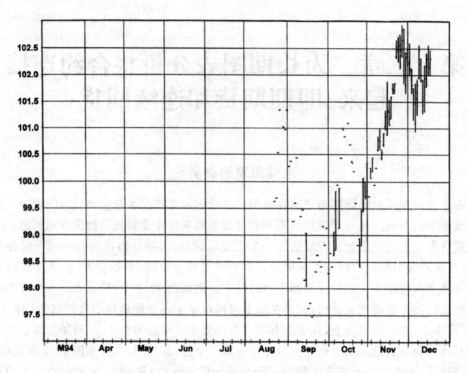

图 12.2　1995 年 3 月　金边债券

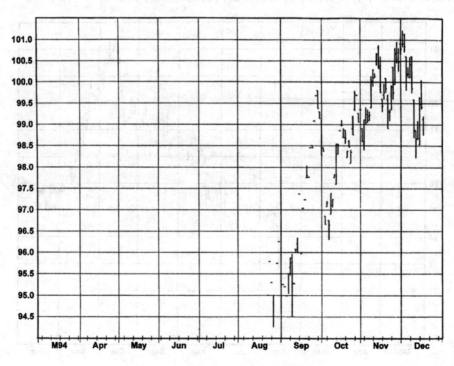

图 12.3　1995 年 3 月　意大利债券

许多期货合约可得到的有限的价格数据——甚至是那些在各自市场上最活跃的交易合约——使得在单个合约图上几乎不可能应用大部分的图表分析技术。甚至在那些单个的合约有一年或一年以上的运动数据的市场上，一次详尽的部分图表研究仍要包含对多年的周图和月图的分析。这样，图表分析的应用必然要求在一张图表中连接着若干时间相接的期货合约。在只有有限的单期合约数据的市场上，为了进行任何有价值的图表分析，这些连接的图表是必须有的。在其他的市场上，为了分析多年图表形态仍然需要连接图表。

创造相连合约图表的方法

即期期货方式

创造相连合约图表最普通的方法是"即期期货方式"。这种价格序列是这样建立的：采用一个单期合约的（价格）序列直至其期满，然后继续用下一个合约的（价格）序列直至期满，以此类推。

尽管从表面上看，这种方法似乎是一种建立相连合约图表的合理方法，问题是在即期期货图中，在期满的（合约）和新的合约之间存在价格缺口——这种情况非常频繁，这些缺口非常大。例如，假定10月份牛合约期满时价格在60分，下一份即期期货合约（12月）在同一天收盘63分。进一步假定，在12月的下一个交易日，牛期货价格从63分有限地下降到61分。一个即期期货价格序列将显示这连续两天的收盘价位：60分，61分。换句话说，即期期货合约显示（多头）有1分的盈利的那天，多头实际上经历了有限的价格下降，损失了2分。这个例子决不是虚构的。这个扭曲——实际上有更极端的例子——在即期期货图表的合约调期中是相当普遍的。

连续（价差调整）价格序列

我们称作"连续期货"的价差调整的价格序列是通过将新旧合约间累积的差异在调期点处加到新合约序列上来建立的。举个例子应该能帮助阐明这种方法。假定我们用6月和12月的纽约商品交易所的金合约来建立一个价差调整的连续价格序列①。如果价格序列在日历年之初开始，这个序列中最初的值将会与那年期满的6月份合约的价格一致，假定在调期日（不是必须是最后的交易日），6月金在400美元收盘，12月金在412美元收盘。在这种情况下，所有后面根据12月合约的价格被下调12美元——即12月和6月的合约在调期日上的（价格）差距。

假定在下一个调期日，12月金在450美元的价位上交易，之后的6月合约在464美元的价位上交易。12月份里450美元的价位意味着价差调整连续价格是438美元。这样，在第二个调期日上，6月的合约是在比调整系列高26美元的价位交易。结果，根据第二个6月份合约的全部后来的价格应下调26美元。这个过程应继续，对每个合约的调整

---

① 联合合约的选择具有任意性。人们可在界定的市场上用任何交易月份的联合。例如，在纽约商品交易所的金市场上，从6月份的全部活跃交易合约建立的系列中选择范围——2月、4月、6月、8月、10月和12月——直到只用一份合约建立的系列——例如12月。

依赖于目前的和前面的过渡点价格差距的累积总数。由于合约之间存在的差异在调期点上传播,最终的价格序列会摆脱这个扭曲。

一个连续期货序列可以被想作在数学上等同于采用一个即期期货图表,切开图表中的每个单个合约序列并将头尾粘在一起。(假定一个连续序列采用了全部合约,并且使用与即期期货图表相同的调期日)。典型地,作为最后一个步骤,很容易利用累积调整因素来改变整个序列的规模。在这一步中,在不改变序列形状的情况下,把系列的现价设置得与当前合约的价格相等。连续期货图的创建将在第十九章详细讨论:"为计算机测试挑选最好的期货价格序列"。

序列的比较

一个相连的期货价格序列,只能准确地反映或是价格水平,正像即期期货所做的;或是价格运动,正像连续期货所做的;但不能二者都做到——正如一枚硬币可以正面朝上也可以背面朝上,但不能同时,明白这点很重要。用来创建连续序列的调整过程意味着一个连续序列中的过去价格与那时占优势的实际历史价格不匹配。但是,一个连续序列会准确地反映市场的实际价格变动,将会准确地与一直做多头的交易者所体验的平衡波动等同(在创建连续序列的同一调期日调换仓位),而一个即期期货价格序列在这些方面会有极大的误导。

图表分析中的即期期货对连续期货

假定在即期期货和连续期货价格序列之间存在相当大的差异,在读者心目中最疑惑的问题可能是:哪个序列——即期期货还是连续期货——会对图表分析更适宜?在某种程度上,这像是在问,顾客在买新车之前会考虑哪个因素:价格还是质量?显然答案是都要——每个因素对某一特性提供了重要信息,是其他因素无法取代的。根据价格序列,考虑即期期货对连续期货,每个序列提供的信息都是其他的序列所无法做到的。特别是,即期期货价格序列是对过去的价格水平而不是对价格波动提供准确的信息,而准确的相反陈述适用于连续期货序列。

考虑图 12.4 中这样一个例子。在即期期货图所描绘的 1986 年棉花期货中,什么灾难性事件引起了 40 分的急速下降?答案是:绝对不存在。这样一种"幽灵"似的价格运动只是反映出了农产品 6 月份的老合约到 10 月份新合约的转变(那年两份合约之间出现的宽大缺口是由于政府农业计划的改变)。事实上,价格在这次特殊的合约转换中实际上处于上升趋势!图 11.25 是同一市场上的连续期货合约(根据定义,消除了合约调期处的价格缺口),显示了这期间内棉花市场的总的上升趋势——实际开始于前一年的主要低点的一个上升趋势。更明白地讲,即期期货图易于被位于调期点的宽大缺口所扭曲,这就使得利用即期期货根据价格波动进行图表分析十分困难。

另一方面,连续期货图在牺牲了反映价格水平准确性的同时可以准确地反映价格波动。为了准确地展现过去价格波动的量,历史的连续期货价格能够远离实际的历史价格

第十二章 为长期图表分析将合约连接起来:即期期货和连续期货◉

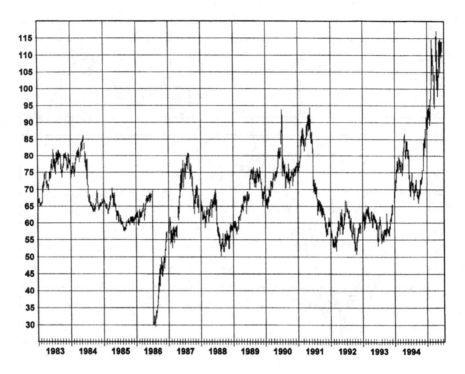

图 12.4 棉花即期期货

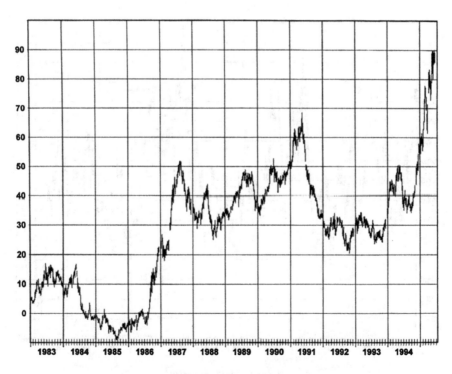

图 12.5 棉花连续期货

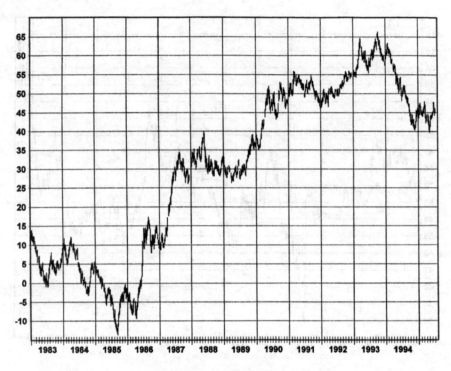

图 12.6　生猪连续期货

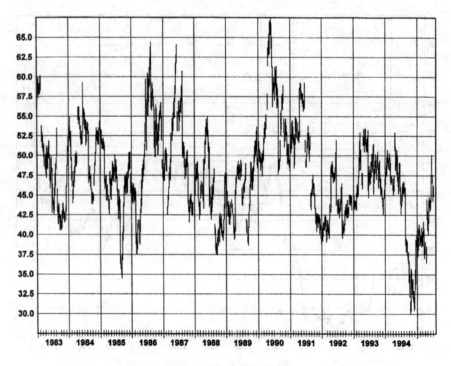

图 12.7　生猪即期期货

水平。事实上,对历史的连续期货价格的否定并不罕见(见图 12.6)。显而易见,这种"不可能"的历史价格与作为指示支撑价位方面没有相关性。

每种价格图——即期的和连续的——都具有固有的劣势,在更完善的分析中,可考虑把二者结合进行。这两类图常常会提供完全不同的价格形态。例如,考虑一下图 12.7 中的猪肉即期期货图。看这张图不由得总结出,猪肉期货在 12 年的期间内基本上在一个宽大的盘整区中波动。现在回头重新审视图 12.6,这是同一市场的连续期货版本。在这张图中,显然猪肉市场经历了多次主要趋势——价格波动被即期期货图隐藏了(并应该已经在实际操作中认识到了)。毫不夸张地说,如果没有图标的指示,则不可能认出图 12.6 和图 12.7 描绘的是同一市场。

结 论

概括地说,技术分析者至少应该试验把连续期货图作为补充运用到常规的即期期货图中,看看这种补充是否会提高分析的可靠性。下面所提供的图表对重要的期货市场进行了长期即期期货和连续期货之间的对比(除了前面已经讲过的棉花和猪肉)。提醒读者注意,未来产生的连续期货图将以与下面所显示的不同的价格规模来显示(尽管价格变动保持不变),因为假定要把规模调整到与当前通用的合约相匹配。

T-债券即期期货

T-债券连续期货

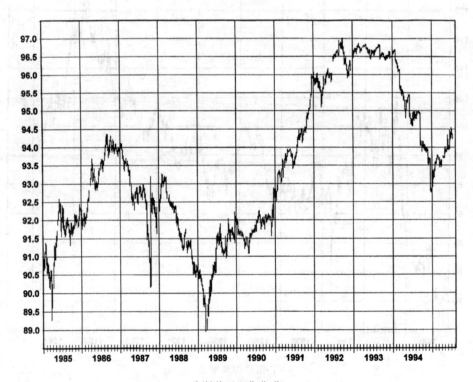

欧洲美元即期期货

第十二章 为长期图表分析将合约连接起来：即期期货和连续期货

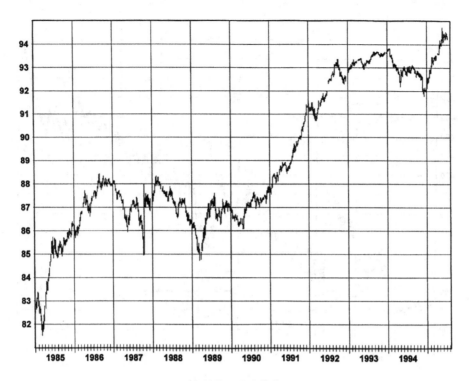

欧洲美元连续期货

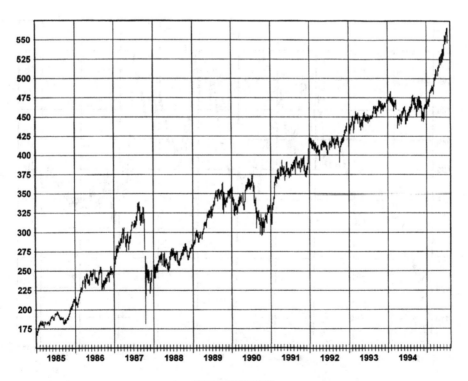

SP500 即期期货

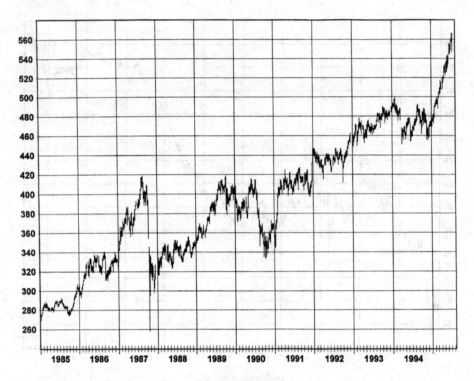

SP500 连续期货

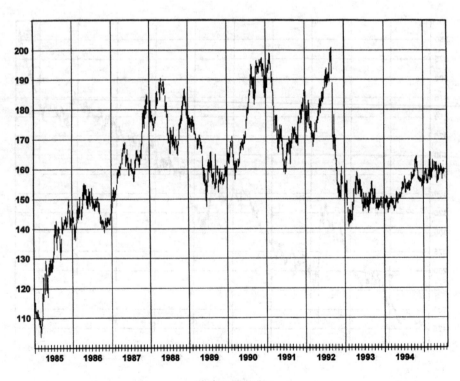

英镑即期期货

第十二章 为长期图表分析将合约连接起来：即期期货和连续期货

英镑连续期货

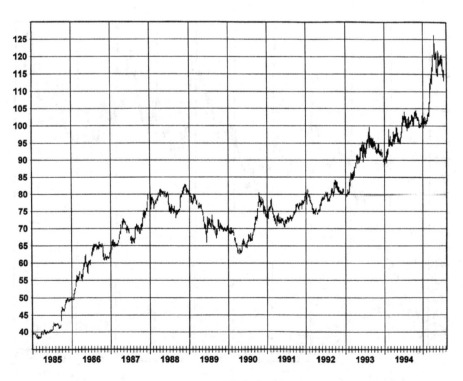

日元即期期货

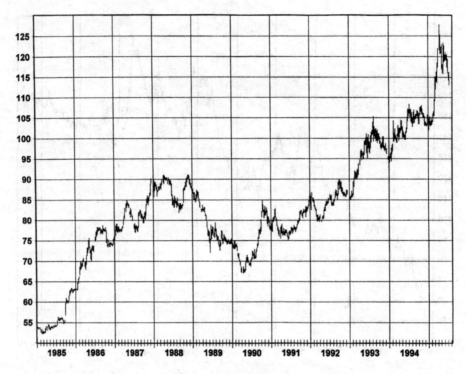

日元连续期货

德国马克即期期货

第十二章 为长期图表分析将合约连接起来：即期期货和连续期货◉

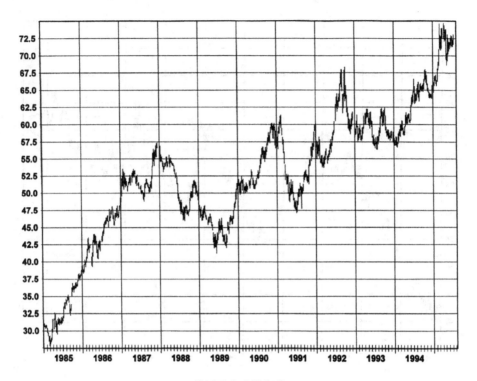

德国马克连续期货

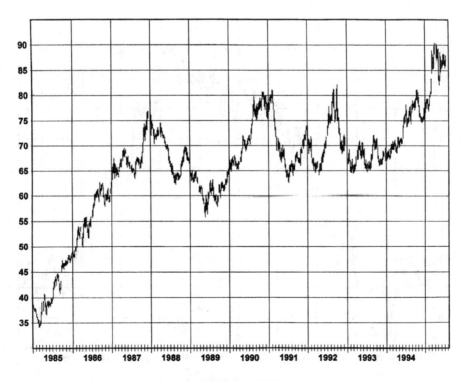

瑞士法郎即期期货

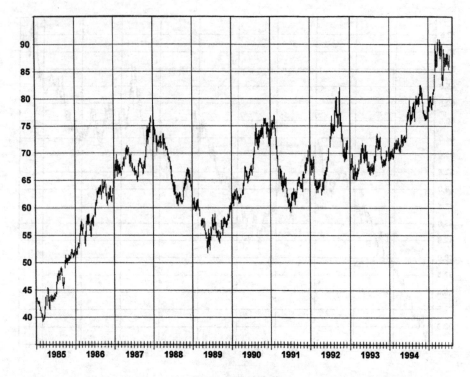

瑞士法郎连续期货

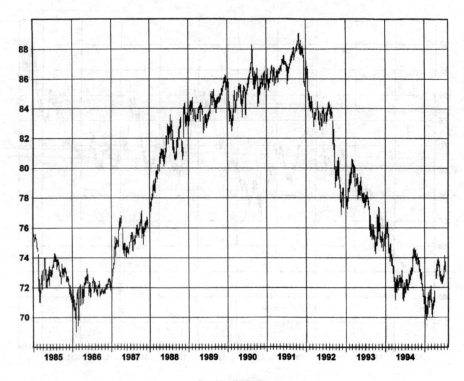

加元即期期货

第十二章 为长期图表分析将合约连接起来：即期期货和连续期货

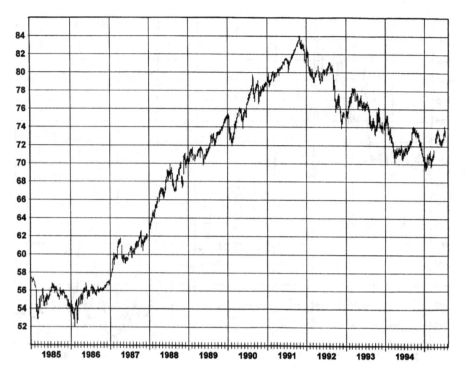

加元连续期货

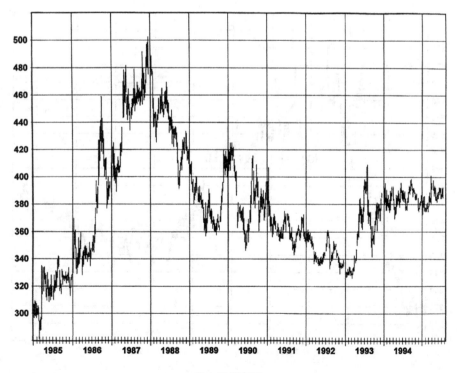

黄金即期期货

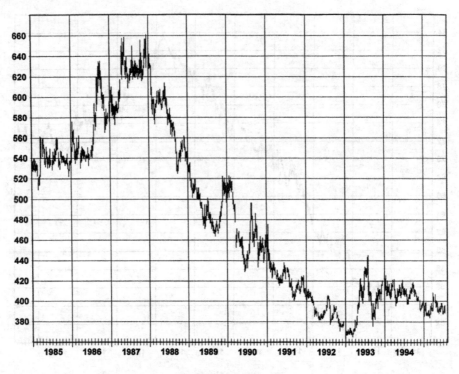

黄金连续期货

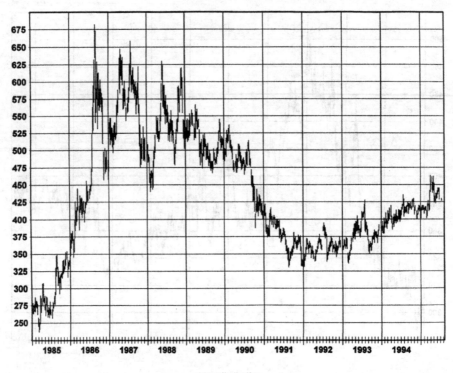

铂即期期货

第十二章 为长期图表分析将合约连接起来：即期期货和连续期货

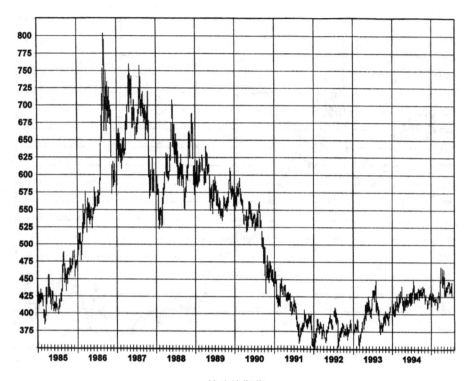

铂连续期货

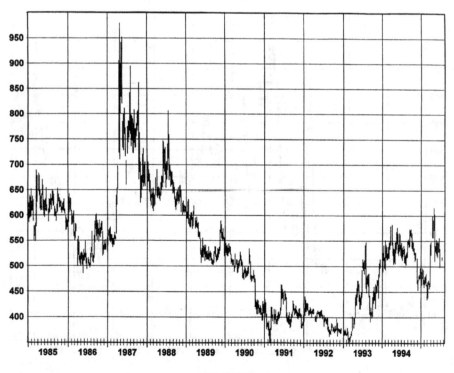

银即期期货

· 181 ·

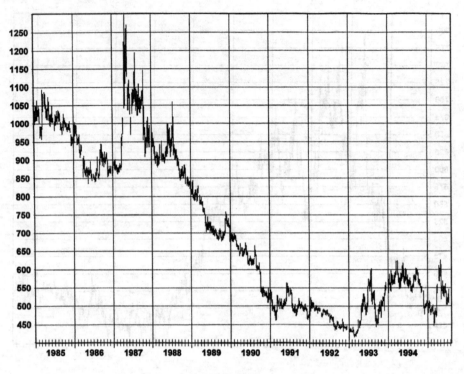

银连续期货

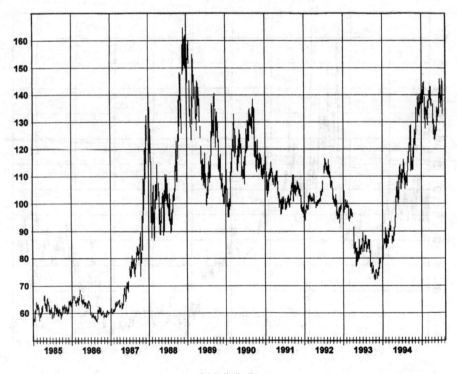

铜即期期货

第十二章 为长期图表分析将合约连接起来：即期期货和连续期货●

铜连续期货

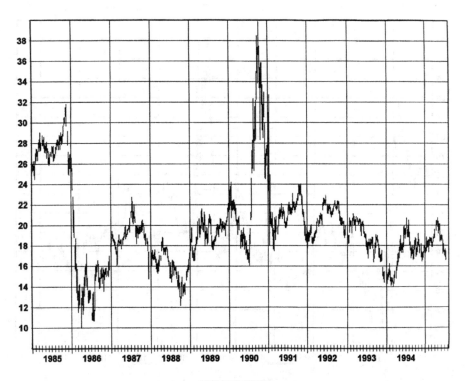

原油即期期货

原油连续期货

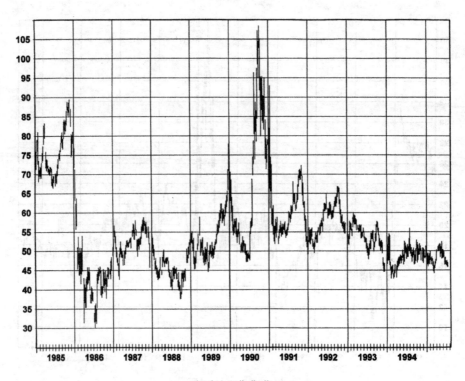
取暖油即期期货

第十二章 为长期图表分析将合约连接起来：即期期货和连续期货

取暖油连续期货

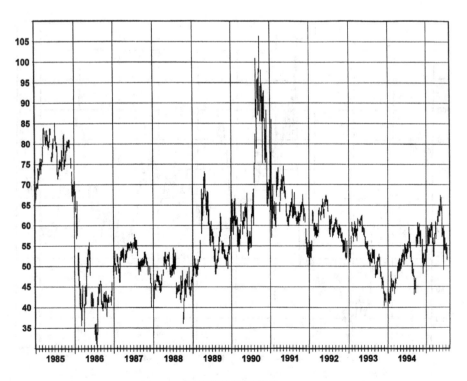

无铅汽油即期期货

无铅汽油连续期货

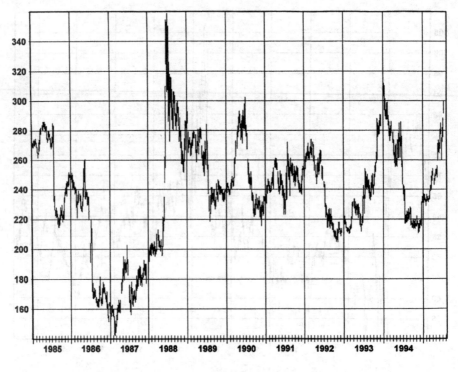

玉米即期期货

第十二章 为长期图表分析将合约连接起来：即期期货和连续期货

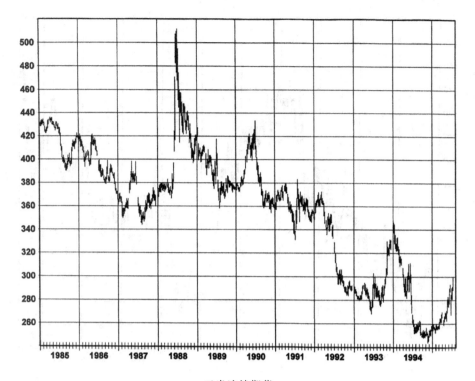

玉米连续期货

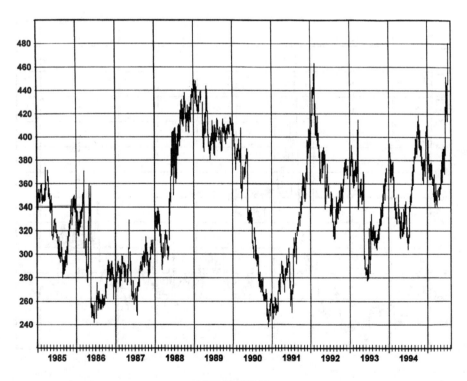

小麦即期期货

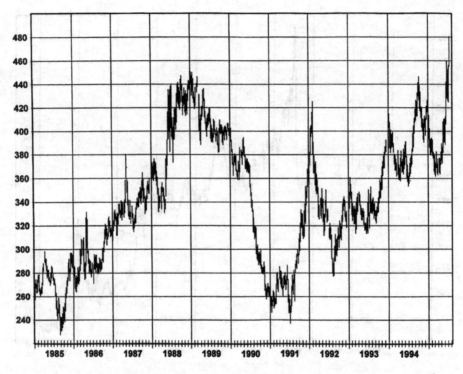

小麦连续期货

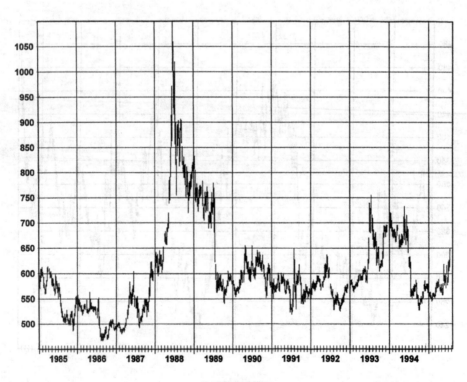

大豆即期期货

第十二章 为长期图表分析将合约连接起来：即期期货和连续期货

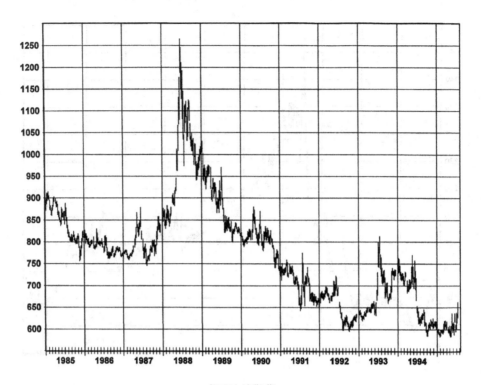

大豆连续期货

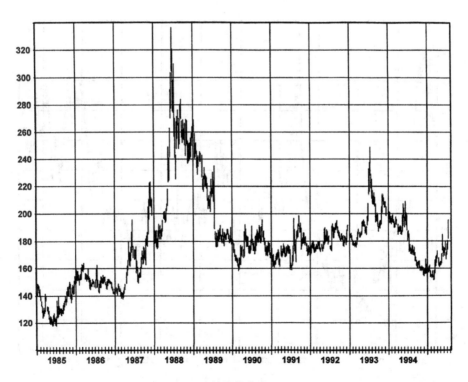

豆粉即期期货

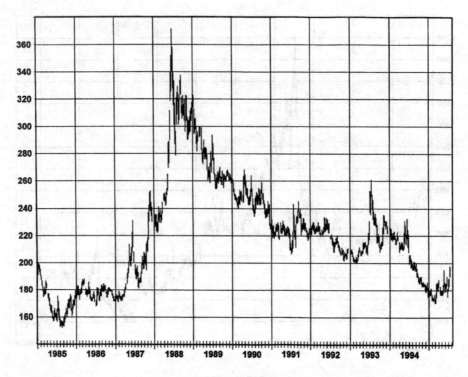

豆粉连续期货

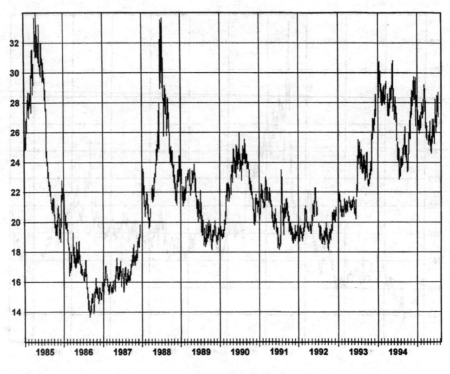

豆油即期期货

第十二章 为长期图表分析将合约连接起来：即期期货和连续期货

豆油连续期货

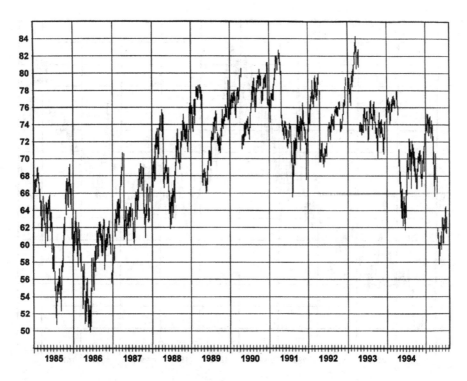

生牛即期期货

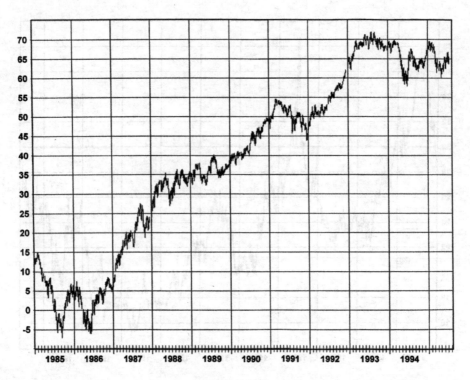

生牛连续期货

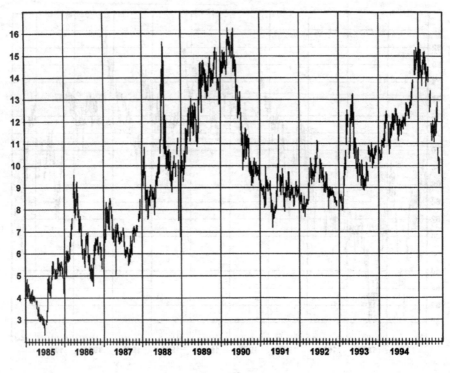

糖即期期货

第十二章 为长期图表分析将合约连接起来：即期期货和连续期货

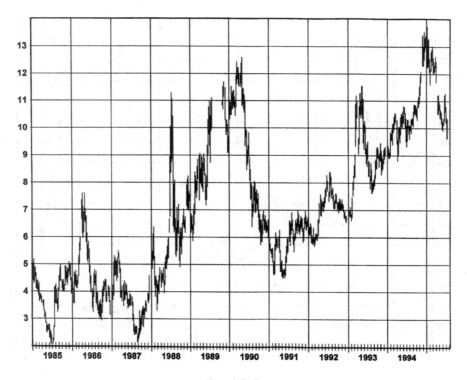

糖连续期货

咖啡即期期货

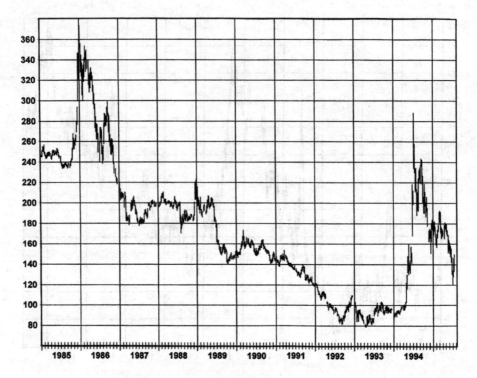

咖啡连续期货

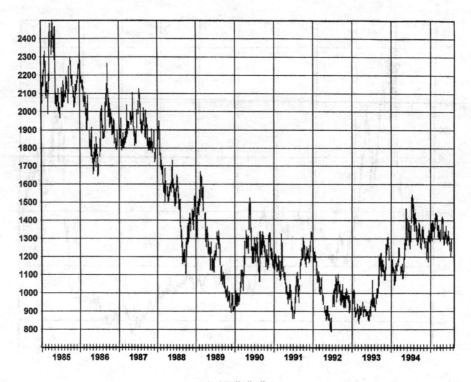

可可即期期货

第十二章 为长期图表分析将合约连接起来：即期期货和连续期货

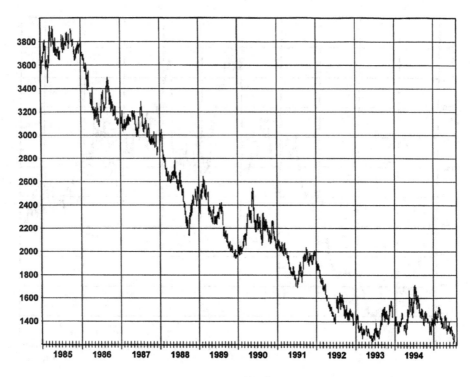

可可连续期货

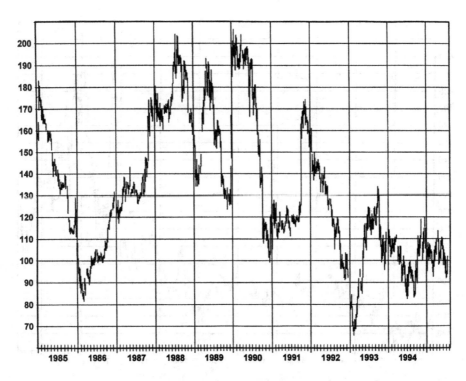

冷冻浓缩橘汁即期期货

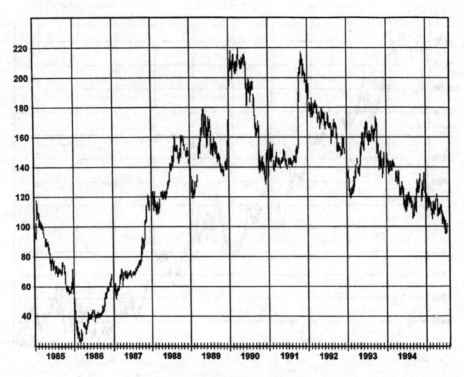

冷冻浓缩橘汁连续期货

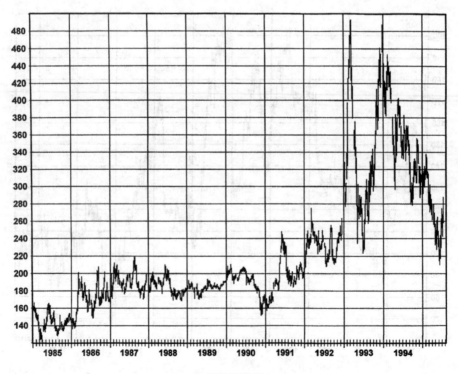

木材即期期货

第十二章 为长期图表分析将合约连接起来:即期期货和连续期货

木材连续期货

第十三章　日本蜡烛图(阴阳线)介绍

史蒂夫·尼森①(Steve Nison)原著
杰克·施威格(Jack Schwager)编辑

> 山,风,松,火。
> 日本将军 Shingen 将 17 世纪日本军队信奉的原则总结成:要在战斗中获胜就要知道何时:
> 静如山;
> 疾如风;
> 忍如松;
> 攻如火。

蜡烛图是日本最古老也是最通用的技术分析形式。蜡烛图在点数图和条形图之前出现。日本人在很早以前就认识到技术分析的重要性。他们最早进行期货交易。17 世纪中期就开始进行"无米"合约(即并没有米在那——换句话说就是米期货)的交易。主要的米期货交易是在日本的 Osaka。商业在这个城市如此重要,以至于传统的问候就是"mokariamakka",意思是"你赚了吗?"——这种方式一直沿用到今天。

在我寻求揭开"东方之谜"的六年中,我把一打的日文书籍译成英文。下面是从这些书中摘录下来的一段迷人的文字:

当所有的人都看跌时,这就引起了上涨;而所有人都看涨时,就会引起下跌。

这难道听起来不像是被众多交易者使用的相反理论吗?这部名为《金子的源泉》的书写于 1755 年,甚至在美国建国之前,日本人就已经在用相反理论进行交易了!这部书也包含以下的忠告:

要了解市场就要去调查市场——只有这样你才能成为令人讨厌的市场魔鬼。

这是一个多么精彩的表述!谁不想成为令人讨厌的市场魔鬼呢。

---

① 尼森先生是美国 Daiwa 证券公司资深副总裁。他写有《日本蜡烛图技术》这部受到高度评价的著作。他的最新著作是《蜡烛图之外——最新日本式交易技术》。尼森先生是一位具有世界声誉的发言人,并在一个有华盛顿世界银行特别代表出席的研讨会上受到高度赞扬。关于他的成就的传奇故事出现在《the Wall Street Journal》,《Institutional Investor》,《the L. A. Times》,《Barron's》和《Japan Economic Journal》。他常作为客座评论员出现在 CNBC 上。尼森先生有金融和投资领域的 M.B.A 学位,对金融市场进行分析的时间长达近 20 年。他是一位图表技术派并是 Market Technicians Association 的成员。

令人惊讶的是,在遥远的东方已经世代沿用的蜡烛图技术在西方无人知晓直至在我的第一本书《日本蜡烛图技术》中才首次得以揭示,这本书出版于1991年。在此之前,在美国和欧洲没有人提供蜡烛图,现在几乎所有的实时技术服务和技术分析软件包都为它们的客户提供蜡烛图。所提供的蜡烛图服务的广泛性证明了其通用性和有用性。几乎在长达100年的时间里,西方的两种主要图表工具就是条形图和点数图。但在《日本蜡烛图技术》出版后的两年中,蜡烛图与条形图和点数图一起,共同成为了基本图表工具。

在早先的进行美国皮毛交易的日子里,有一个公司由于其冒险精神和精心准备而出名。进行交易的远行中存在很多刺激,但假如远行人员忘记了什么,第一夜他会在距离公司总部只有几英里远的地方野营。换句话说,精心准备可以省去旅行者可能面临的困难。

相类似地,交易的成功也要求精心的准备。对于那些刚接触蜡烛图分析的人,这一章是对基本蜡烛图理论和形态的入门介绍。但是甚至是基本的蜡烛信号也足以显示蜡烛图怎样开辟了其他分析法无法做到的分析途径。在了解了蜡烛图后,一些交易者再不会去用条形图了。

为什么蜡烛图变得如此普遍

为什么对蜡烛图的兴趣一天比一天浓厚?原因包括:

1. 蜡烛图兼容性强,可以与任何西方的技术工具一同使用。正如后面所要看到的,蜡烛图可根据与常规条形图一样的数据画出:最高价,最低价,开盘价和收盘价。这一事实的意义在于:运用条形图的任何技术分析方法(诸如移动平均线,趋势线,反转)也可在蜡烛图上进行。进一步讲——这是关键的一点——蜡烛图可以提供条形图所无法提供的信号。

2. 蜡烛图已经广泛应用。蜡烛图技术可以用于投机、投资和套期保值;它可用于期货、股票、期权。换句话说,蜡烛图可以应用于技术分析的各个角落。

3. 蜡烛图使交易者领先那些运用条形图的交易者一步。条形图的反转可能需要几周时间来显示;蜡烛图的反转信号经常已在许多盘中呈现出来了。

4. 蜡烛图技术尽管对于西方人来说是全新的,但在日本,已经经过世代运用而逐渐完善。

5. 对日本人如何运用他们的技术分析来进行交易存在浓厚的兴趣。在大部分的世界市场上,日本人都是主角,并且日本人在所有的市场上都运用蜡烛图进行交易。以下这段摘自《欧洲周刊》(*Euroweek*)文字引用了一位在日本银行工作的英国交易者的话,说明了蜡烛图对于日本人的重要性:

"这里所有的日本交易者——还有那些在国外交易所、期货和股票市场的——都使用蜡烛图。很难计算出每天在伦敦有几十亿美元的交易是基于对这些图表的解释进行的,但这个数字应该相当可观。"

想想这个。尽管每天有几十亿的交易是在蜡烛图信号的基础上进行的,直到最近我们还没有一条关于日本人如何用他们的技术分析市场的线索。这是令人难以置信的。蜡烛图在日本就像条形图在美国一样普遍。了解日本人如何运用他们最普通的技术工具会帮助我们回答这样的问题:"日本人下面要做什么?"

6. 毫无疑问,用于描述形态的生动的专有名词进一步增强了蜡烛图的快速增长的吸引力。如锤子、黄昏之星和穿头破脚等形态。日本人的术语使蜡烛图具有了相当的韵味。许多交易者发现,一旦他们尝试过蜡烛图就离不开它了。

日本人精通西方人的技术分析方法。尽管我翻译的这些书主要讲解蜡烛图技术,但每本中都包含了大量关于美国技术工具的讨论。以下的文字引自这些书中的其中一本,代表了日本人对比东西方技术所得出的观点:

懂得股票还不足以懂得日本式图表方法——必须要吸收西方技术的精华部分。

正如这段话所阐明的,日本人把蜡烛图技术和西方技术工具结合起来使用。我们为什么不这样做呢?通过把东西方的精华部分相结合,我们可以取得技术上强大的协同优势。日本人非常了解西方的技术工具。现在轮到我们从他们那里学习了。

蜡烛图的建立

图 13.1 和图 13.2 是一些基本的蜡烛图。蜡烛图中宽的部分称为"实体"。实体代表着开盘价和收盘价之间的幅度。如果像图 13.1,收盘价在开盘价下面,则实体部分是黑色(在其中填满)。如果收盘价在开盘价上面(见图 13.2),实体部分是白色(也就是空白)。

图 13.1　黑色实体　　　　　　图 13.2　白色实体

实体上部和下部的细线称为"影线",反映了最高和最低价格。实体上面的影线称为上影线,实体下面的影线称为下影线,这样,上影线顶端是最高价,下影线底端是最低价。

在前面定义的基础上,图 13.1 是高开低收。相反,图 13.2 是低开高收。我们明白了为什么称为蜡烛图:每条线看上去就像带有烛芯的蜡烛。

蜡烛图所具有的敏锐洞察力表现为蜡烛图的颜色和形状显示出是多头还是空头占了上风。白色实体部分很长说明多头占优势,而黑色实体部分很长说明空头占优势。短小的实体(白或黑)说明在这个时期的多头和空头双方力量均衡。

注意,蜡烛图可以以不同的时间段为单位做出,可以从一天之内的到月图,这点很重要。例如,60 分钟蜡烛图用的是 60 分钟内的开盘价,最高价,最低价和收盘价。日图也用的是这四种数据。在每周的蜡烛图中,应该是星期一的开盘价,本周的最高价和最低价,以及周五的收盘价。

十字星

图 13.3 中是一些十字图形（发音为 dō-gee）的例子。十字星是在开盘价与收盘价相同时出现。这样就不存在实体了。即使蜡烛图的开盘价和收盘价不完全相同，但极其接近，也常常看作是十字图形。十字星的出现表明市场处于牛市和熊市的均衡状态。

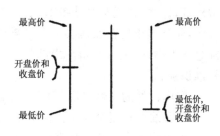

图 13.3　十字星

在横向发展的交易市场中，十字星是中立的，因为它进一步加强了市场的中立状态。但在上升趋势中，十字星的出现可能是市场反转的先兆，因为十字星表明，多头已不在市场中占支配地位，尽管它并没有反映出已被空头占据。十字星代表着买进者的犹豫不决。买方的犹豫不决、不确定、和踌躇不前无法保持上升趋势。这就考验买方维持上升的能力。如果市场已经出现大规模的回升，接着出现了"十字星"，它应该意味着失去了买进者的支撑。结果导致风险增加而市场将下降。处于新高之后的十字星尤其重要。日本人称这种十字星为"在高价位的令人不安的征兆"。

在图 13.4 中，十字星在一个长阳之后出现，12 月中旬开始的回升在它之后停止了。十字星的出现表明市场处于均衡状态——这就与前两盘中两个长阳线所表明市场处于活跃的多头状况发生严重背离。正如日本人所描述的十字星的出现表明"市场与其趋势分离"。

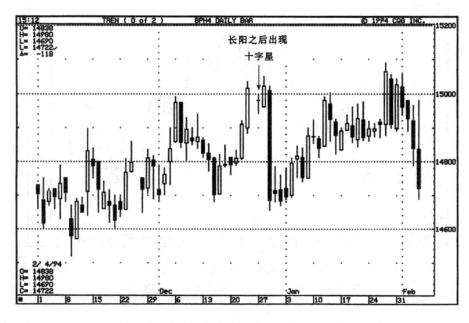

图 13.4　长阳后的十字星：1994 年 3 月　英镑
资料来源：CQG Inc.；copyright © 1994 by CQG Inc.

锤头

具有很长的下影线和短小实体的蜡烛图形(不论是阴线还是阳线),位于交易区域的顶端附近,称之为"锤头"(见图13.5)。这个名称不仅是根据其形状得来的,而且指市场正在砸实一个基础的意思。如果这类蜡烛图在下降趋势中出现,则可以指示出趋势的反转。锤头可以依据以下三条标准识别:

1. 实体在烛的顶部出现(阴线或是阳线并不重要)。
2. 下影线的长度至少是实体部分的两倍。
3. 上影线非常短或者是完全没有。

下影线越长,上影线越短,实体部分越短小,看涨锤头的意义越重大。

图13.5 锤头

锤头形象化地表示出了市场在最高价附近开盘,在当日盘中走低,之后又急剧回升到当日最高价附近。对于解释蜡烛图如何用单个烛线来揭示大量的市场信息的问题,锤头是一个非常好的例子。

通常情况下,如果在急剧下降之后紧跟着出现锤头,市场会回撤来重新检验锤头的支撑区,并通过这样做来扩展基础。图13.6是这种情况的一个例子。点①处的锤头被其后很快出现的位于点②处的锤头检验。在第二个具有长下影线的锤头之后三天出现了位于点③的长阳线,揭示了当市场运动到锤头支撑区时的买进强势。

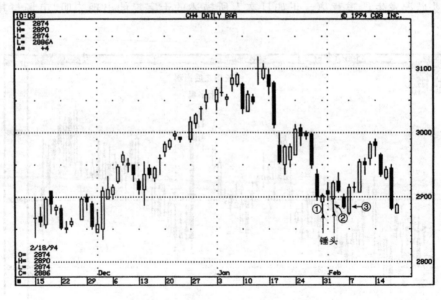

图13.6 锤头:1994年3月 玉米
资源来源:CQG Inc.;copyright © 1994 by CQG Inc.

吊颈

吊颈(图13.7)具有与锤头同样的形状:一条长的下影线和一个短小的实体,位于烛的顶部。二者之间的区别在于:锤头在走低后出现,吊颈在上涨后出现。换句话说,尽管锤头和吊颈具有同样的形状,但由于烛线前面市场的趋势不同而具有不同的名称。当这种形态在上升趋势之后出现(即吊颈),表明市场上升接近于结束。由于这一形态看上去像一个摇晃着两条腿上吊的人,所以称其为"吊颈"。

图 13.7　吊颈

资料来源:CQG Inc.;copyright © 1994 by CQG Inc.

同样的蜡烛图既表明看涨也表明看跌的情况并不常见。但这在西方的图表中出现。例如,条形图中出现的岛形是意味着上涨还是下降要看此前的趋势。上升趋势之后的岛形看跌,下降趋势之后的岛形看涨(见第六章)。

与锤头类似,下影线越长,上影线越短,实体部分越短小,吊颈的意义越重大。在吊颈出现时等待下降确认十分重要。因为其较长下影线表明市场中仍存在上升力量。这种确认的一个例子是:在下个时间段内收盘于吊颈实体以下——这种发展表明那些在吊颈当日的开盘价或收盘价买进的人现在都赔钱了。在这种情况下,这些多头可能会决定平仓,从而引起价格的进一步走弱。

图 13.8 中点①处形成吊颈。注意,由于随后价格运动到点①处的吊颈之上,所以缺乏确认。在吊颈之上收盘的事实排除了吊颈任何潜在的看跌。但点②处有另一个吊颈,在这种情况下,下面的盘提供了点③对形态的确认,因为价格在吊颈实体以下收盘。

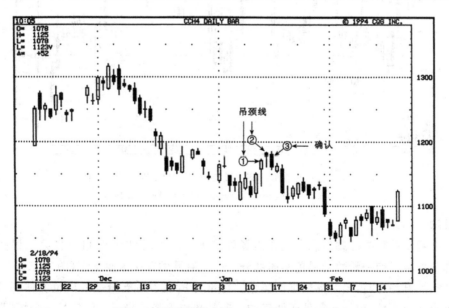

图 13.8　吊颈及其确认:1994 年 3 月　可可

资源来源:CQG Inc.;copyright © 1994 by CQG Inc.

流星（也有译作"射击之星"）

正如在下降趋势中出现具有一条长下影线的蜡烛图（锤头）意味着潜在的上涨一样，在上升趋势中出现具有一条长上影线的蜡烛图则意味着下降的到来。如果在上升趋势中，在当日盘区的底部出现一个具有一条非常长的上影线和短小实体的蜡烛图，则被称为"流星"（图 13.9）。正规的流星的实体部分与上一支蜡烛的实体部分之间有缺口。实体部分的颜色并不重要。

图 13.9 流星

日本人把重点放在实体部分——他们认为实体（开盘价和收盘价之间关系的体现）是价格运动的本质。但影线在评估市场运动时同样具有重要作用。例如，流星长长的上影线生动地表明了空头强盛，足以拖动价格在最低点附近收盘。

如图 13.10 所示，在 1 月份价格峰顶出现一个流星，它由前天接近 118 点处的最高价所产生的阻力区所确认。流星形象地告诉我们市场在接近当日低点处开盘，然后强劲回升，然后又回落收盘于当日低点附近。

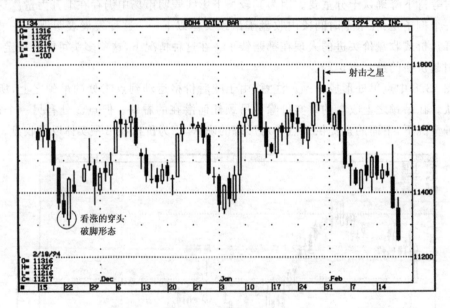

图 13.10 流星和看涨的穿头破脚形态：1994 年 3 月 T-债券
资料来源：CQG Inc.；copyright © 1994 by CQG Inc.

穿头破脚

一个看涨的穿头破脚形态出现在市场处于下降趋势时（图 13.11），且第二根的白色实体部分覆盖了前一蜡烛的黑色实体部分。一个看跌的穿头破脚形态（图 13.12）出现在市场处于上升趋势时，第二支蜡烛的黑色实体部分覆盖了前支蜡烛的白色实体部分。穿头破脚形态要生效，市场必须处于明确的上升趋势或下降趋势——即使是一个短期趋势。因为穿头破脚形态只要求第二支蜡烛的实体部分覆盖前一支蜡烛的实体部分（不包括影线），这种形态将给出在条形图上见不到的信号。第二支蜡烛比第一支蜡烛越大，形态的意义越重大。

穿头破脚形态说明了蜡烛图怎样帮助提高对市场行为的洞察力。一幅蜡烛图表,和条形图一样,表明了市场的趋势,但与条形图不同的是,蜡烛图也表明了运动背后的力量。如果市场处于下降,就意味着空头占支配地位。如果在下降趋势之后一支长阳线覆盖了一支长阴线(即形成看涨的穿头破脚形态),证实了多头代替了空头占支配地位。

图 13.11　看涨穿头破脚形态　　　　图 13.12　看跌穿头破脚形态

再看图 13.10,我们发现了 10 月中旬的看涨穿头破脚形态。短阴线之后跟随的长阳线表明了多头代替空头占据支配地位的力量,并显示了一个正规的看涨穿头破脚形态。应注意这个看涨的穿头破脚形态是如何成为贯穿整个 12 月和 1 月的支撑的。

图 13.13 是一个看跌穿头破脚形态的例子。在 2 月初,市场向上突破了前两个月形成的盘整区显示的阻力(大约 16 美元)。但这之后不久,看跌穿头破脚形态的出现意味着市场有了麻烦。这是一个正规的看跌穿头破脚形态,因为第二支阴线的实体远大于第一支阳线的实体。

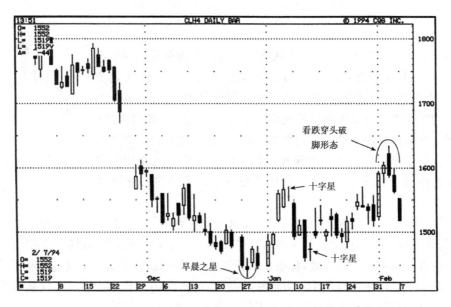

图 13.13　看跌穿头破脚和晨星 1994 年 3 月　原油
资源来源:CQG Inc.;copyright © 1994 by CQG Inc.

图 13.14 表示的是一个在日内图中的看跌穿头破脚形态。注意,在这个例子中第二天的看跌穿头破脚形态并没有达到新高。这样,条形图将不会出现反转信号,它要求有新高并在前收盘价以下收盘。然而一个看跌穿头破脚形态所需要的只是第二支阴线的实体

覆盖第一支阳线的实体。所以在这个例子中,蜡烛图提供了一个反转信号——通过看跌穿头破脚形态——而这点在条形图上没能显示出来。这仅是蜡烛图能够提供条形图无法提供的早期反转信号的例子之一。

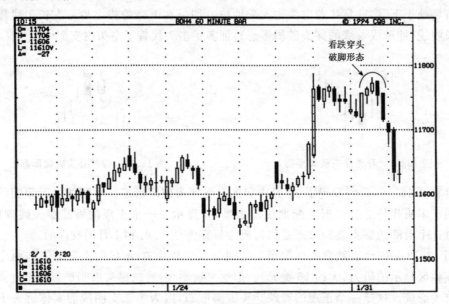

图 13.14 看跌穿头破脚形态:1994 年 3 月 T-债券 60 分钟图
资源来源:CQG Inc.;copyright © 1994 by CQG Inc.

乌云盖顶

乌云盖顶(图 13.15)是一种看跌转向信号。它由两支蜡烛组合而成,第一支属于强劲的阳线。第二支开盘于上日的最高价之上(即高于上影线),但收盘时,收盘价在当日最低价附近,而且处于第一支阳线实体内。乌云盖顶形象地说明了市场丧失了上涨的能力。

第二支蜡烛越深入第一支阳线的实体,信号就越有效。有些日本技术人员要求阴线实体至少深入阳线实体的 50%。如果阴线没有在阳线中间点以下收盘,最好等待乌云盖顶之后的进一步看跌确认。

图 13.15 乌云盖顶

图 13.16 是一个乌云盖顶的例子。在这个形态的第一日,多头仍占支配地位。第二日,市场在新高开盘。仍明显处于多头。但在第二日末,价格下落,在第一支阳线实体中点以下收盘。随着新高的失败,价格在前日收盘价以下收盘,多头已对其仓位有了其他想法并决定平仓。由于看到多头无力保持新高,等待卖空的交易者会跟进。仅从这两支烛形组成的乌云盖顶形态就获得了这么多的信息。

早晨之星

早晨之星(图 13.17)是一种底部反转形态。它的名字来自早晨的星辰,正因为它预示着太阳的升起,所以早晨之星则预示着价格的上升。早晨之星是由三个交易日的蜡烛

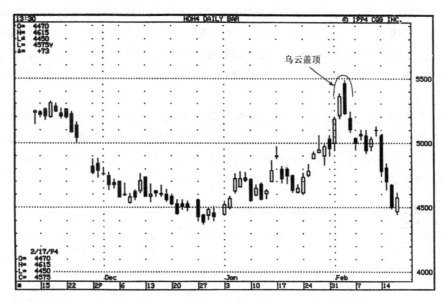

图 13.16　乌云盖顶：1994 年 3 月　取暖油
资源来源：CQG Inc.；copyright © 1994 by CQG Inc.

图组成,一支实体修长的阴线,紧接着是短小的实体(阴或阳)位于其下,中间有缺口,最后出现一支阳线,回升至第一支阴线的实体范围内,这个形态意味着多头开始控制市场。

当早晨之星开始时,正如那支修长的阴线所表明的情况。市场正处于下降,此时市场呈空头,接着短小实体的出现表明卖出者失去带动市场进一步下滑的能力。最后,在第三天,大的阳线实体证明多头接替了空头。一个理想的早晨之星应该在中间实体的前后存在缺口(例如,星)。但第二个缺口比较罕见而且不会对早晨之星的重要性产生大的影响。

再回到图 13.13,我们可以在 12 月末的底部看到一个早晨之星的例子。许多的蜡烛形态,比如这里讨论的早晨之星,成为了重要的支撑和阻力区。例如,注意在 1 月份出现的十字星,紧跟在一个大阴线实体之后——表明出现一个向上反转——恰好在由早晨之星暗含的支撑区之上形成。(有趣的是,在 1 月初出现的修长阳线之后,在头一个十字星出现之前四天,出现了另一个十字星,预示着价格的下降)。

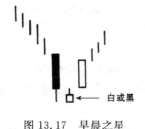

图 13.17　早晨之星　　　　　　　　　图 13.18　黄昏之星

黄昏之星

黄昏之星(图 13.18)是与早晨之星相似的看跌形态。在黄昏之星中,首先是一支实体较长的阳线,之后出现一支实体短小的蜡烛(阴线或阳线),最后出现阴线,下降至第一支阳线实体之内。第三支蜡烛进一步巩固了顶部,完成了组成黄昏之星的三支烛形。

蜡烛图最吸引人的一点就是其专门名词。例如,前面讨论过的早晨之星是根据水星命名的,它在太阳升起之前出现——意味着看涨。黄昏之星是根据金星命名的,它在黑夜来临之前出现,意味着明确的看跌趋势。这样,从这些蜡烛图的名字可以体会出市场的走势。

早晨之星会成为支撑区,黄昏之星会成为阻力价位。如图13.19所示,在意大利债券周图中的黄昏之星给后来的上升设置了上限。黄昏之星的明显失败要求收盘价高于上影线的最高点。在这个例子中,应要求一个周收盘价高于黄昏之星的最高点来确认黄昏之星阻力区的突破。

图13.19 黄昏之星:意大利债券周图
资料来源:CQG Inc.;copyright © 1994 by CQG Inc.

窗口

蜡烛图中的"窗口"就相当于条形图中的缺口。当今日下影线的最低点高于昨日上影线的最高点(图13.20)时,就形成了一个上升窗口。当今日上影线的顶端低于昨日下影线的底端时,下降窗口出现(图13.21)。因为窗口可以显示出市场走势和态度是单边的,所以它们提供了很好的可视线索。

由于市场一般会继续窗口出现之前的趋势方向,所以它属于连续形态。这样,在一个上升窗口之后,原来的上升趋势应该继续。在一个下降窗口之后,原来的下降趋势应该继续。

一个日本人评价窗口说:"回调会继续直到窗口出现。"换句话说,窗口应该是回调的界限。这样,对于一个上升窗口来说,下降应在窗口内停止。对于一个下降窗口来说,回升应在窗口内停止。图13.22是一个在前面的下降窗口处回升失败的例子。另外,注意这个反转又是如何由一个流星确认的。

第十三章 日本蜡烛图(阴阳线)介绍

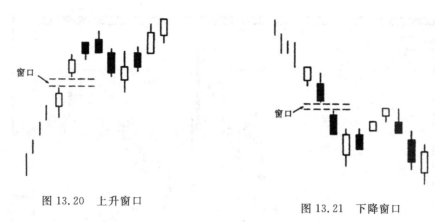

图 13.20　上升窗口　　　　　　　图 13.21　下降窗口

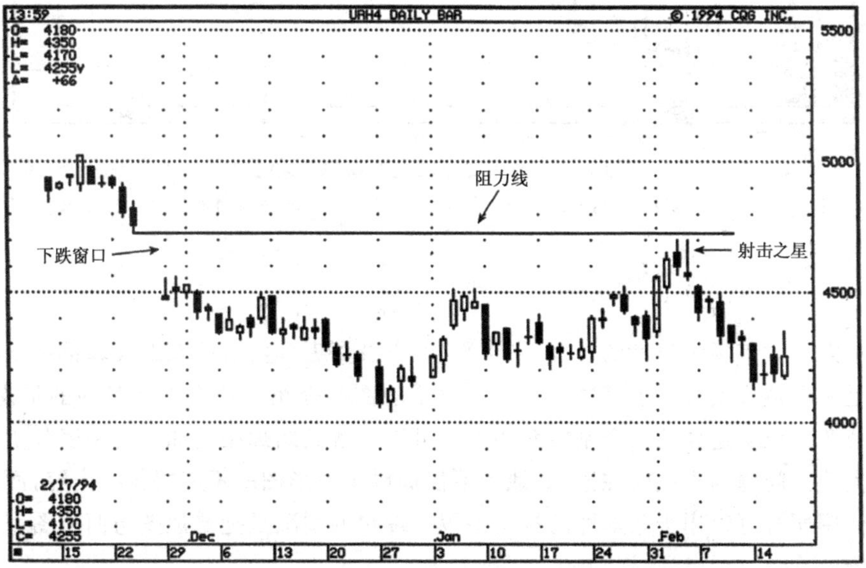

图 13.22　下降窗口成为阻力：1994 年 3 月　无铅汽油
资源来源：CQG Inc.；copyright © 1994 by CQG Inc.

当把窗口作为支撑和阻力指示时,应该注意,在回到窗口方向之前价格可能暂时跌到上升窗口底部以下,或者升到下降窗口顶部以上。例如图 13.23,尽管 9 月份的最低点保持在前面的上升窗口附近,但还是突破了那个窗口的最低点。

作为一般规律,如果市场在窗口以下收盘,窗口往往被认为失效(就其作为支撑和阻力的重要性来说),但如果市场只是在一日内(或者是星期图中一周内)突破窗口时也不一定。例如,在 83 美元和 85 美元的价位之间存在一个上升窗口,市场在窗口底部以下收盘(即低于 83 美元),上升趋势可以被认为是结束了。相反,如果在 62 美元和 60 美元的价位之间存在一个下降窗口,一旦多头在窗口顶部以上收盘(高于 62 美元),下降趋势可以被认为是结束了。

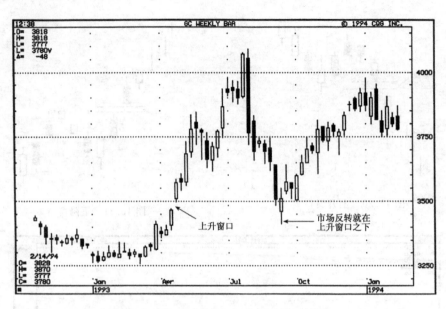

图 13.23 成为支撑的上升窗口：金周图
资料来源：CQG 公司、版权© 1994 年由 CQG 公司拥有

结　论

日本人说："市场参与者的心理，供求平衡，以及买者和卖者的相对强弱都反映在一个烛形或是一个烛形组合中了。"这一章只是对蜡烛图的介绍。还有许多其他的形态、概念和交易技巧。但从这样的一个基本介绍中就可以了解到蜡烛图是如何为图表分析开了一扇新的大门。问题的本质就在于，蜡烛图不仅提供了条形图所不能提供的内容，而且允许交易者使用所有可以用于条形图的技术手段。理想的情况是把蜡烛图与西方图表分析技术相结合。

后　记

大部分正统的图表形态都不采用客观而精确的数学方法来定义它们。尽管这些形态可以用数学方法定义，但不同的人会提出不同的定义。例如，如果要求 10 个有能力的计算机程序员写出识别头肩形的程序，由于他们为了识别形态出现而在一个价格序列中采用的数据段不同，很有可能会出现 10 个稍有不同的程序。

蜡烛图则不同，其很简单——大部分只要求一组、两组或三组价格条——但往往能精确而客观（或至少接近于客观）的定义。例如，尽管不同的人可能会对下影线需要多长才能认为是锤头提出不同的定义，但各个定义之间差别不大。并且，一些蜡烛图形态本身具有准确的定义。如看跌的穿头破脚形态——阴线实体包含了前面阳线的实体——能够用准确的数学定义描述。蜡烛图形态的本质意味着有可能运用计算机来检验这些形态预测的准确性。显而易见的问题就是：人们能不能用根据蜡烛图形态的出现自动进行交易的方式来赚钱？

为了回答这个问题,我求助于 Bruce Babcock——《商品交易者消费者报告》的编辑和出版商,他开发了检验蜡烛图形态的软件[①]。我要求 Bruce 通过下列简单的运行来检测:出现各种基本蜡烛形态之后采取买进并持有(或卖出并持有)的策略在 5—10 天之后能获利吗?

在 10 个样本市场中检测了 6 种形态——每种都处于多空平衡的市场,使用了 5 年的数据(1990—1994 年)。根据 Bruce 的建议,这些形态也用 5 日运动进行了筛选测试以确保交易同短期趋势方向保持一致。在每次交易时扣除 100 美元作为交易费和佣金。结果记录在表 13.1 中,并不令人鼓舞。只有很少的形态/市场组合在 5 年的检测期内表现出可获利性。甚至是最好的获利组合也并不值得进行交易,因为同获利相比花费要大得多。但值得注意的是,筛选后要好一些,将趋势考虑进去至少是向正确的方向迈进了一步。

表 13.1 蜡烛图测试[a]

(a) 锤头和吊颈线(无过滤,持有 5 日)

	交易数	盈利比例	最小下降	平均交易	净利润
T-债券	38	47	12 425	−261	−9 925
欧洲美元	17	53	1 775	−49	−825
德国马克	18	61	5 688	97	1 737
日元	21	48	7 213	50	1 050
金	26	38	5 830	−119	−3 090
银	25	36	6 835	−246	−6 160
大豆	13	46	2 513	9	113
玉米	19	26	3 288	−149	−2 838
原油	17	47	3 180	−14	−230
糖	39	31	12 202	−281	−10 945

(b) 锤头和吊颈线(动量过滤,持有 5 日)

	交易数	盈利比例	最小下降	平均交易	净利润
T-债券	42	50	9 056	−19	−794
欧洲美元	18	56	2 800	−60	−1 075
德国马克	19	26	8 063	−375	−7 125
日元	21	43	7 937	−193	4 050
金	28	46	3 120	39	1 100
银	25	52	2 285	70	1 760
大豆	13	38	3 400	−259	−3 363
玉米	18	33	1 538	−76	−1 375
原油	17	29	5 960	−262	−4 450
糖	39	54	2 082	106	4 130

(c) 锤头和吊颈线(无过滤,持有 10 日)

	交易数	盈利比例	最小下降	平均交易	净利润
T-债券	32	50	6 588	−38	−1 200
欧洲美元	16	44	2 550	−158	−2 525

---

① 所用的软件是蜡烛图专业方法测试者,由商品交易者消费者报告公司生产,1731 Howe Street,Sacramento CA95825.

续表

(c) 锤头和吊颈线(无过滤,持有10日)

	交易数	盈利比例	最小下降	平均交易	净利润
德国马克	18	56	5 425	349	6 287
日元	19	63	8 325	313	5 950
金	24	33	4 330	−125	−2 990
银	25	44	6 790	−180	−4 510
大豆	12	67	1 438	101	1 213
玉米	19	26	5 038	−235	−4 463
原油	17	59	3 060	106	1 800
糖	36	39	13 190	−295	−10 634

(d) 锤头和吊颈线(动量过滤,持有10日)

	交易数	盈利比例	最小下降	平均交易	净利润
T-债券	40	45	13 119	−313	−12 500
欧洲美元	18	44	4 450	−182	−3 275
德国马克	19	37	8 675	−292	−5 550
日元	21	43	12 100	−275	−5 775
金	26	46	4 830	−118	−3 080
银	25	52	3 860	89	2 230
大豆	12	33	3 475	−271	−3 250
玉米	18	44	1 250	−52	−938
原油	17	35	6 780	−287	−4 880
糖	37	57	2 166	131	4 857

(e) 穿头破脚形态(无过滤,持有5日)

	交易数	盈利比例	最小下降	平均交易	净利润
T-债券	102	37	30 069	−235	−23 950
欧洲美元	49	45	6 600	−111	−5 450
德国马克	71	44	26 563	−323	−22 925
日元	54	39	16 112	−298	−16 112
金	84	37	12 860	−70	−5 920
银	93	32	7 705	−83	−7 695
大豆	101	35	11 813	−83	−8 400
玉米	65	31	7 563	−116	−7 563
原油	97	40	14 760	−132	−12 780
糖	74	35	7 784	−105	−7 747

(f) 穿头破脚形态(动量过滤,持有5日)

	交易数	盈利比例	最小下降	平均交易	净利润
T-债券	40	45	12 169	−253	−10 125
欧洲美元	15	33	3 050	−170	−2 550
德国马克	27	41	16 225	−601	−16 225
日元	19	26	12 813	−674	−12 813
金	29	45	4 570	−12	−350
银	32	31	6 270	−95	−3 050

续表

	(f) 穿头破脚形态(动量过滤,持有5日)				
	交易数	盈利比例	最小下降	平均交易	净利润
大豆	32	53	3 288	93	2 975
玉米	23	43	2 413	−18	−413
原油	37	38	8 030	−75	−2 760
糖	26	35	2 870	−106	−2 757

	(g) 穿头破脚形态(无过滤,持有10日)				
	交易数	盈利比例	最小下降	平均交易	净利润
T-债券	91	36	35 663	−263	−23 913
欧洲美元	45	38	7 625	−129	−5 825
德国马克	65	48	27 625	−335	−21 788
日元	51	35	31 513	−618	−31 513
金	74	42	15 370	−115	−8 480
银	78	33	13 795	−177	−13 770
大豆	83	43	10 763	−78	−6 463
玉米	56	30	7 663	−123	−6 888
原油	89	42	9 920	51	4 510
糖	62	34	10 235	−160	−9 896

	(h) 穿头破脚形态(动量过滤,持有10日)				
	交易数	盈利比例	最小下降	平均交易	净利润
T-债券	38	47	14 581	−306	−11 613
欧洲美元	15	40	3 750	−165	−2 475
德国马克	25	32	26 788	−1 055	−26 363
日元	19	26	17 325	−912	−17 325
金	29	52	3 190	116	3 370
银	30	43	7 140	−112	−3 360
大豆	31	45	5 038	−23	−725
玉米	22	55	1 875	19	425
原油	36	50	3 790	212	7 650
糖	24	38	3 690	−111	−2 669

	(i) 流星(无过滤,持有5日)				
	交易数	盈利比例	最小下降	平均交易	净利润
T-债券	36	36	14 069	−237	−8 538
欧洲美元	15	33	4 050	−172	−2 575
德国马克	28	36	8 575	−109	−3 062
日元	28	50	9 612	−146	−4 087
金	41	39	6 770	−129	−5 300
银	12	25	2 045	−91	−1 095
大豆	27	48	3 063	−95	−2 563
玉米	30	37	6 450	−127	−3 813
原油	24	42	4 980	−85	−2 030
糖	36	28	4 518	−126	−4 518

续表

(j) 流星(动量过滤,持有 5 日)					
	交易数	盈利比例	最小下降	平均交易	净利润
T-债券	25	44	6 556	−75	−1 875
欧洲美元	13	38	2 700	−73	−950
德国马克	18	44	4 475	171	3 075
日元	17	47	11 150	−377	−6 412
金	26	42	3 980	−135	−3 500
银	4	25	850	−138	−550
大豆	18	50	1 738	153	2 763
玉米	22	36	3 888	−81	−1 775
原油	18	33	4 990	−149	−2 680
糖	24	42	2 187	−60	−1 448

(k) 流星(无过滤,持有 10 日)					
	交易数	盈利比例	最小下降	平均交易	净利润
T-债券	30	37	17 013	−402	−12 063
欧洲美元	15	40	4 600	−205	−3 075
德国马克	24	38	14 975	−420	−10 075
日元	26	38	18 137	−440	−11 450
金	36	33	5 910	−86	−3 080
银	11	64	1 360	152	1 670
大豆	26	46	3 925	−11	−275
玉米	26	46	4 788	−37	−950
原油	21	57	1 350	162	3 410
糖	30	33	3 026	−69	−2 070

(l) 流星(动量过滤,持有 10 日)					
	交易数	盈利比例	最小下降	平均交易	净利润
T-债券	21	52	10 163	159	3 338
欧洲美元	13	38	4 175	−188	−2 450
德国马克	17	35	9 150	−272	−4 625
日元	17	41	14 675	−373	−6 337
金	23	39	3 340	−106	−2 430
银	4	50	665	−51	−205
大豆	17	47	1 700	259	4 400
玉米	21	48	4 200	−42	−875
原油	17	47	2 010	1	10
糖	21	48	1 875	119	2 503

(m) 十字星(无过滤,持有 5 日)					
	交易数	盈利比例	最小下降	平均交易	净利润
T-债券	23	43	13 581	−590	−13 581
欧洲美元	93	38	7 100	−59	−5 525
德国马克	22	50	6 012	−98	−2 162
日元	12	25	4 838	−327	−3 925

续表

(m) 十字星（无过滤，持有5日）				
	交易数	盈利比例	最小下降	平均交易	净利润
金	25	44	3 530	−128	−3 190
银	18	28	3 665	79	1 425
大豆	23	39	6 188	−269	−6 188
玉米	60	38	2 463	−39	−2 325
原油	23	30	8 850	−160	−3 690
糖	33	21	7 166	−201	−6 638

(n) 十字星（动量过滤，持有5日）				
	交易数	盈利比例	最小下降	平均交易	净利润
T-债券	8	38	3 819	−416	−3 331
欧洲美元	35	31	4 900	−123	−4 300
德国马克	9	44	1 362	−35	−312
日元	5	0	1 450	−290	−1 450
金	8	38	930	−116	−930
银	9	56	815	618	5 560
大豆	8	38	1 488	−48	−388
玉米	18	39	688	−9	−163
原油	7	43	1 170	−144	−1 010
糖	13	8	2 622	−202	−2 622

(o) 十字星（无过滤，持有10日）				
	交易数	盈利比例	最小下降	平均交易	净利润
T-债券	20	25	16 938	−847	−16 938
欧洲美元	79	42	5 000	−26	−2 050
德国马克	21	52	6 975	−26	−538
日元	12	50	2 662	306	3 675
金	24	46	3 300	68	1 630
银	18	33	7 605	−103	−1 850
大豆	23	30	9 138	−397	−9 138
玉米	56	52	1 825	45	2 513
原油	23	35	8 550	−313	−7 210
糖	29	45	4 689	−70	−2 038

(p) 十字星（动量过滤，持有10日）				
	交易数	盈利比例	最小下降	平均交易	净利润
T-债券	8	25	5 950	−674	−5 394
欧洲美元	32	47	5 150	−127	−4 075
德国马克	9	56	2 350	532	4 787
日元	5	40	3 350	−365	−1 825
金	8	25	1 350	−169	−1 350
银	9	56	2 420	533	4 975
大豆	8	38	1 638	−77	−613
玉米	18	56	738	55	988
原油	7	29	2 210	−316	−2 210
糖	11	45	2 795	−55	−607

续表

(q) 刺穿线和乌云盖顶(无过滤,持有 5 日)[b]

	交易数	盈利比例	最小下降	平均交易	净利润
T-债券	15	20	13 938	−929	−13 938
欧洲美元	5	40	1 150	−175	−875
德国马克	8	63	6 725	−542	−4 338
日元	11	27	6 400	−582	−6 400
金	14	43	2 230	−99	−1 380
银	14	29	1 820	−56	−790
大豆	19	32	5 938	−294	−5 588
玉米	25	32	2 888	−116	−2 888
原油	25	32	4 490	−144	−3 610
糖	13	38	1 463	−60	−785

(r) 刺穿线和乌云盖顶(动量过滤,持有 5 日)[b]

	交易数	盈利比例	最小下降	平均交易	净利润
T-债券	5	40	3 181	−538	−2 688
欧洲美元	3	33	825	−233	−700
德国马克	3	67	1 088	71	212
日元	8	25	4 275	−534	−4 275
金	4	75	410	155	620
银	6	50	610	278	1 665
大豆	8	13	4 525	−566	−4 525
玉米	12	33	1 163	−94	−1 125
原油	12	17	3 580	−250	−3 000
糖	10	40	1 028	−8	−82

(s) 刺穿线和乌云盖顶(无过滤,持有 10 日)[b]

	交易数	盈利比例	最小下降	平均交易	净利润
T-债券	15	33	9 344	−623	−9 344
欧洲美元	5	40	1 825	−260	−1 300
德国马克	8	25	11 250	−813	−6 500
日元	11	36	9 662	−878	−9 662
金	14	21	4 380	−269	−3 760
银	14	21	5 335	−381	−5 335
大豆	19	32	6 375	−336	−6 375
玉米	24	42	4 813	−182	−4 363
原油	24	21	7 350	−290	−6 970
糖	13	46	1 991	8	100

(t) 刺穿线和乌云盖顶(动量过滤,持有 10 日)[b]

	交易数	盈利比例	最小下降	平均交易	净利润
T-债券	5	60	1 475	556	2 781
欧洲美元	3	33	1 200	−375	−1 125
德国马克	3	0	3 963	−1 321	−3 963
日元	8	38	6 200	−775	−6 200

续表

(t) 刺穿线和乌云盖顶（动量过滤，持有10日）[b]					
	交易数	盈利比例	最小下降	平均交易	净利润
金	4	50	630	−2	−10
银	6	33	2 350	−152	−915
大豆	8	25	1 725	−216	−1 725
玉米	12	42	2 350	−170	−2 038
原油	12	17	4 380	−365	−4 380
糖	10	50	625	155	1 554
(u) 早晨和黄昏之星（无过滤，持有5日）					
	交易数	盈利比例	最小下降	平均交易	净利润
T-债券	22	59	6 188	−89	−1 950
欧洲美元	9	56	1 700	−136	−1 225
德国马克	18	44	4 200	−181	−3 262
日元	14	36	11 925	−733	−10 263
金	11	27	2 350	−174	−1 910
银	21	43	1 660	70	1 465
大豆	21	38	7 413	−325	−6 825
玉米	12	33	1 950	−96	−1 150
原油	17	41	4 050	11	180
糖	12	17	3 307	−247	−2 958
(v) 早晨和黄昏之星（动量过滤，持有5日）					
	交易数	盈利比例	最小下降	平均交易	净利润
T-债券	12	67	3 781	−35	−419
欧洲美元	3	33	825	−142	−425
德国马克	12	42	3 662	−187	−2 250
日元	5	20	2 725	15	75
金	5	20	1 760	−352	−1 760
银	15	53	1 410	184	2 760
大豆	8	50	3 263	−330	−2 638
玉米	5	20	1 650	−208	−1 038
原油	8	25	2 510	−135	−1 080
糖	8	25	2 157	−226	−1 808
(w) 早晨和黄昏之星（无过滤，持有10日）					
	交易数	盈利比例	最小下降	平均交易	净利润
T-债券	21	24	17 725	−722	−15 163
欧洲美元	9	44	1 850	−178	−1 600
德国马克	18	56	4 063	351	6 325
日元	13	31	7 738	−319	−4 150
金	10	60	1 360	−76	−760
银	19	58	3 735	249	4 725
大豆	21	38	8 938	−364	−7 638
玉米	12	50	1 338	−64	−763
原油	16	38	9 900	−366	−5 860
糖	12	42	4 034	−336	−4 034

续表

(x) 早晨和黄昏之星（动量过滤，持有10日）					
	交易数	盈利比例	最小下降	平均交易	净利润
T-债券	12	17	8 513	−686	−8 231
欧洲美元	3	33	1 125	−367	−1 100
德国马克	12	50	3 063	373	4 475
日元	5	20	2 475	−288	−1 438
金	4	50	1 080	−170	−680
银	13	77	2 575	439	5 710
大豆	8	50	3 025	−189	−1 513
玉米	5	40	2 500	−395	−1 975
原油	7	29	7 890	−950	−6 650
糖	8	50	3 489	−401	−3 208

a 全部结果都减去100美元交易费用。
b 刺穿线没有在前面的章节提到，它是与乌云盖顶十分相似的看涨形态。

以上关于检测的阐述并不证明蜡烛图没有价值，只是表明对于蜡烛图形态有简单理解是不能获利的。这个教训暗示我们，盲目跟从蜡烛形态并不是有效的方法。使用一种更复杂的蜡烛图分析方法，即考虑特定形态（即其他流行形态，包括烛形和其他正规图形）的前后情况，并与资金管理策略相结合，这就完全可能产生有用的结果。（这些方面在Nison的新书《蜡烛图之外》（*Beyond Candlesticks*）中进行了讨论）。并且，蜡烛图能够比条形图显示出更多的信息，以及对于价格数据的另一种形象化的描述。有些交易者会发现这些图表比正规的条形图更自然和有用。每个交易者可以根据自己的经验和试验确认蜡烛图是否是一种有用的工具。在这个方面，蜡烛图分析与正规图分析相似——更像是一门技艺而不是科学。

第二篇 现实图表分析

第十四章 现实图表分析

> 投机者的主要敌人永远是来自自身的困扰。这与人类具有希望和畏惧的天性有关。在投机生意中,当市场与你作对时,你希望每一天都是出现这种情况的最后一天——如果你不放弃希望,你会比应该损失的还要多——虽然希望曾有效地将成功带给大小帝国的建造者和先锋们。当市场顺从你时,你又开始害怕明天会失去你挣到的钱,于是过早地抽身而去。畏惧使你没有挣到你本应该挣到的那么多钱。成功的交易者不得不与这两种深植体内的本能斗争,扭转内心的冲动。在原先充满希望时他必须畏惧,在原先畏惧时他必须充满希望。他必须担心损失会变得越来越大,而希望利润会越来越多。
>
> ——埃德温·洛弗热

事后对图表进行分析往往比较容易。实时对图表进行分析而且实际交易决策就依赖于分析结果则是另一回事了。由于签约写这本书,为了实际说明运用图表来做出交易决策的过程,我开始保留我在作为 Prudential 证券期货研究主管时每日发出的全部交易建议。对于每笔交易,我都注明了进入和退出的原因,以及当迷雾散尽之后,由这些交易所带来的教训。

这本书里有关于所有交易的众多建议。因为许多笔交易的原因相近,所以去除掉这期间发出建议的相当部分以避免过分冗长。但同时也尽量包括大量带来损失的交易,以使整个指导尽可能现实。(尽管在这章所包含的例子中,带来损失的交易的比例相对于所列举的全部交易来说比较小,——因为带来损失的交易大部分早早夭折了,带来很小的损失,其他的这类交易情况基本相同——这一因素被这样的事实抵消,即交易累积的净利润远远少于在观测期发出建议时意识到的总利润。)

如何使用本章的内容

1. 不要打乱顺序先读本章。必须在阅读本章之前首先阅读第一篇。
2. 为了取得最好的效果,应该在具有一定的经验后来阅读本章。建议读者首先复印本章中奇数页上的图表。
3. 每笔交易都包括建仓的理由。考虑你是否用同样的方式理解本章的内容。即使是使用同一形态的技术分析师也可能对其他形态有不同解释。对于一个人来说的双顶是另一个人的盘整区巩固,等等。简而言之,应尽量鼓励推测。记住,其中的许多笔交易都赔本。

4. 在下面的图表说明中大量使用了我最依赖的分析工具和图表形态。这并不意味着这些方法是最重要的或是准确的,只不过它们是我用起来最顺手的。图表分析是一种很主观的行为。

这本书中介绍的许多技巧在下面的举例说明中并没有应用。有些读者可能会发现其他的分析工具可以作为有益的补充和替代方法。我感觉最得心应手的方法可能与每位读者认为最适合的方法大大不同。从根本上说,每位从事交易分析的人员必须选择一套技术工具,并形成个人的分析风格。

5. 用你最喜欢的方法分析奇数页上的图,详细阐明你自己的策略。如果你复印了,你可以在复印件上做标记以提高心理满足感。然后转到偶数页看看你的(和我的)分析在实践中的结果。这页上记载了退出交易的原因以及和交易有关的意见。

遵循以上程序而不是被动地阅读本章,你会取得最好的学习成果。

第十四章 现实图表分析

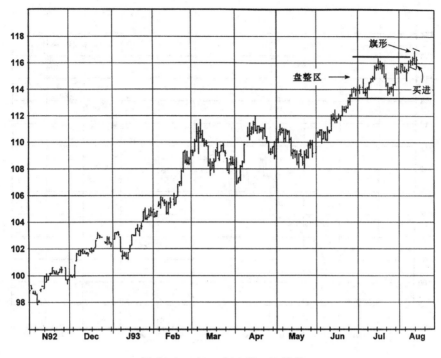

图 14.1a 1993年9月 T-债券

进场理由

在盘整区的顶部附近形成的旗形通常是多头形态。市场能够横向移动到主要阻力附近（例如盘整区的顶部）而不是回落，反映了潜在的强势。

对这个分析你是否同意？翻页前请对此情形进行评估。

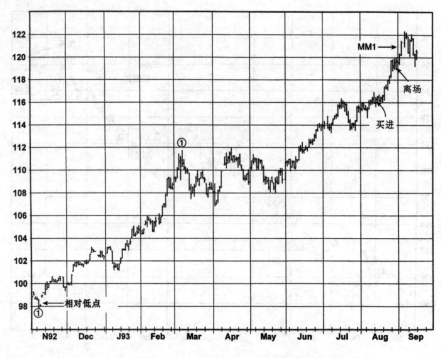

图 14.1b　1993 年 9 月　T-债券

离场

　　上升保护性止损指令导致平仓。止损点设置得很近,因为它接近一个主要量度移动目标(MM1)。

点评

　　市场从不可能高到不能买进的程度,这笔交易就是个很好的说明。还应该注意,尽管进场接近于创纪录的高价位,但可以通过确定一个相当近的止损指令而使风险保持在低水平上:最初的止损指令设置在图 14.1a 中旗形的底边以下。

第十四章 现实图表分析

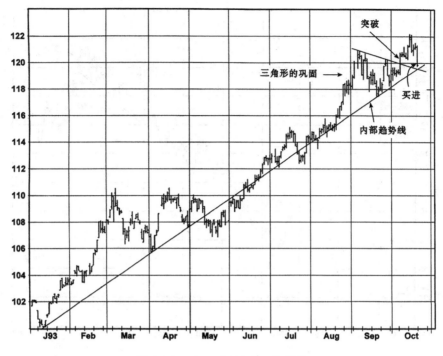

图 14.2a 1993年12月 T-债券

进场理由

1. 三角形以上的突破意味着上涨趋势的继续。
2. 回撤使价格接近于由延长的内部趋势线和三角形顶部共同指示的主要支撑价位。

对这个分析你是否同意？翻页前请对此情形进行评估。

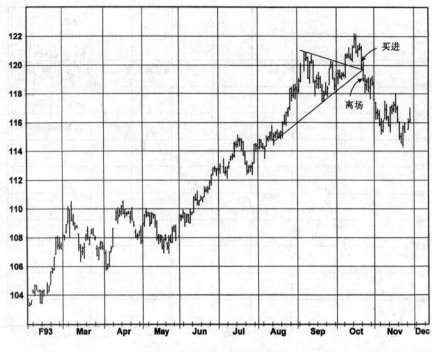

图 14.2b 1993年12月 T-债券

离场

三角形低边出现明显的向下突破,使原来的交易信号失效。

点评

一旦违背了交易的主要假设,总是应该平仓。在这个例子中,价位应该保持在三角形的顶部附近或之上。一旦价格有效跌破了三角形的低边,前面突破的有效性看来就很值得怀疑了。在发现市场违背原来的交易假设第一个信号处抽身,使这笔交易的损失相对减少。正如在图14.2b中看到的。稍微的拖延就会带来高昂的代价。

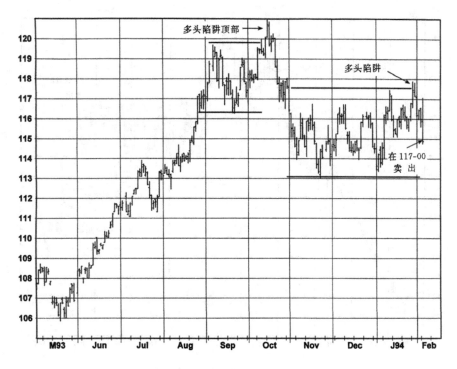

图 14.3a　1993 年 3 月　T-债券

进场理由

1. 在大幅度的上涨之后,在创纪录的高点边上形成了 10 月份多头陷阱顶部,意味着一个主要峰顶已形成。在显示的这段时间里,价格只回撤了原先上扬的一小部分,回到这张图开始前的位置(见图 14.1b),意味着进一步大幅下降的潜力。

2. 1 月底出现的对 11—1 月的盘整区的上部突破,以及接下来出现较深的回落到区域内,代表了另一个多头陷阱。

注意,(我的)交易建议是在反弹回落至 117-00 处时发出卖出指令,是与在市场中做短线截然相反的。

对这个分析你是否同意?翻页前请对此情形进行评估。

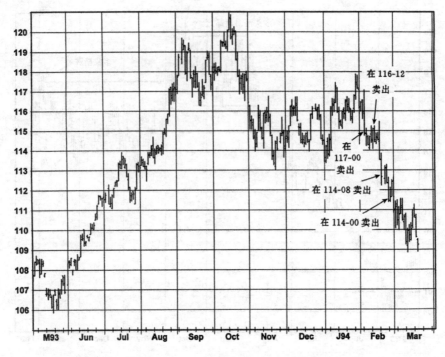

图 14.3b　1993 年 3 月　T-债券

点评

正如在图中能够看到的,市场难以再反弹回所推荐的卖出点 117-00 处。如图所示,卖出点随后三次调低。但每次市场都难以达到推荐的卖出水平。结果,尽管原来的交易主张很出色,但随着市场在预期方向上大幅度的快速移动,交易机会全部错过了。

在每笔交易中都存在得到一个较好的进入价格和确保这个指令执行之间的平衡问题。这笔交易着重显示了等待一个更好的进入价格而不建仓的潜在风险。正如在这个例子中,这样一种较谨慎的方法却导致失去了主要的盈利机会。这一意见并不意味着在市场上人们应该始终立即建仓,但它有助于强调市场指令的特性:它们要确保交易机会不会被错过。特别地,在确信能够提供潜在高利润的长期交易中市场指令应该受到特别关注——就像这个例子中的情况。即使是这样,这笔交易中出现的错误并不是最初使用了限价指令,它已经根据盘整区进行调整了,而是在市场表明反弹是不可能时改变市场进入途径(例如在最初的建议后形成了旗形)。

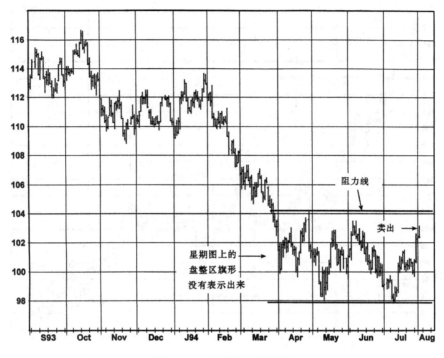

图 14.4a　T-债券连续期货

进场理由

1. 在一幅长期(星期)图中,4—7 月的盘整区中出现了旗形——意味着即将在前面的价格摆动方向上出现价格运动。
2. 市场接近于盘整区上边所显示的阻力价位。

对这个分析你是否同意？翻页前请对此情形进行评估。

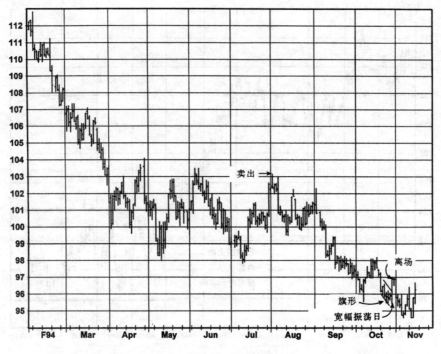

图 14.4b T-债券连续期货

离场

　　因为短期价格行为表明了一个可能的反转,所以这笔交易应该平仓。特别地,退出日出现了一个与预期相反的旗形突破,同时是一个宽幅振荡上升日。

点评

　　尽管在举例用于说明交易进入的日条形图上(图 14.4a),可以假定它是未结束的下降中的一个停顿,似乎也可以假定当前的盘整区代表一个底部的形成,长期周图(未表示出来)对后一种解释给予了有力支持。在对短期图进行分析之前首先审视长期图,从而获得一个广阔的前景,这种做法通常很明智。(正如在这里所运用的,长期和短期是主观上的。对于有些交易者,长期意味着每星期或每月而短期则意味每天;对于另一些交易者,长期可能意味着每日而短期则是一天之内)。

　　关于平仓,尽管退出日最终证明没有成为反转,但平仓的原因仍然站得住脚,特别考虑到大幅度的有利的价格变动已在这笔交易中实现,其增加了至少是一次瞬间反弹的机会。事实上,价格在反弹到退出点以上之前只是稍微下滑了一些。

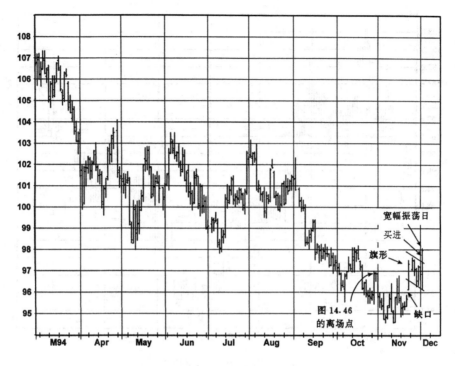

图 14.5a T-债券连续期货

进场理由

1. 上升价格缺口。
2. 旗形巩固的向上突破。
3. 宽幅振荡上升日。

对这个分析你是否同意？翻页前请对此情形进行评估。

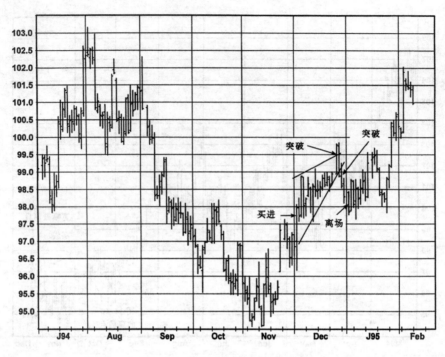

图 14.5b T-债券连续期货

离场

在一个三角形向上突破失败之后跟随着的持续下降向下突破了这个三角形,因此应该平仓。

点评

事后证明平仓的决定是错的。但我不会把它看作是交易失误,因为那时明显出现了市场的反转。

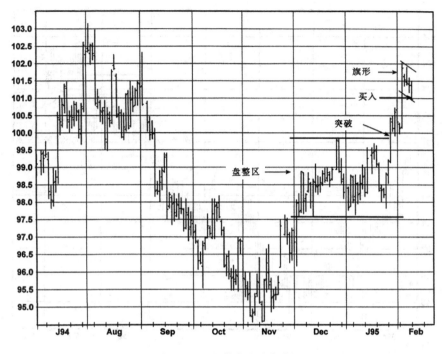

图 14.6a T-债券连续期货

进场理由

1. 前面盘整区之上的持续向上突破。
2. 前面盘整区之上形成旗形巩固。

对这个分析你是否同意？翻页前请对此情形进行评估。

图 14.6b　T-债券连续期货

离场

　　上升的保护止损指令导致平仓。因为矛尖形高点保持不变近两个星期意味着那里可能形成了顶部,所以止损指令设置得相对较近。

点评

　　这次的退出被证明是极不成熟的,因为市场接下来大大上升了。尽管矛尖形高点的存在证明一个近的止损点是正确的,但值得注意的是,止损点被提升到超过了最近的有意义的点,那可能是前盘整区的中点。教训是:将止损点设置得比有意义的价位更近常会导致从一笔很好的交易中过早地退出。

图 14.7a　1994 年 12 月　欧洲美元

进场理由

　　延长的盘整区之上形成的旗形常常能够提供很好的买入信号,而市场在主要的突破之后保持的能力有助于对突破的确认。

对这个分析你是否同意？翻页前请对此情形进行评估。

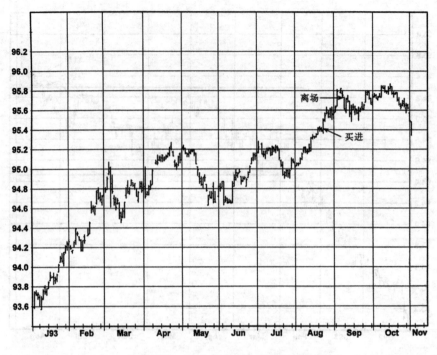

图 14.7b　1994 年 12 月　欧洲美元

离场

在上升的资金管理止损点上平仓。因为前面出现了大规模上涨,止损点设置得很近。

点评

对于市场从不可能高到不能买进的程度(或是低到不能卖出的程度)的原则,这笔交易也是个有力的说明。也应该注意到,即使在最高价位上建了多头仓位,风险也会保持在低水平上,因为有可能确定一个相对靠近的有意义的止损指令。在图 14.7a 中,开始的止损指令被设置在旗形以下的一些点处。

图 14.8a 1994 年 12 月 英镑

进场理由

1. 三角形巩固之上出现持续的向上突破。
2. 随上升形成尖旗形巩固。

对这个分析你是否同意？翻页前请对此情形进行评估。

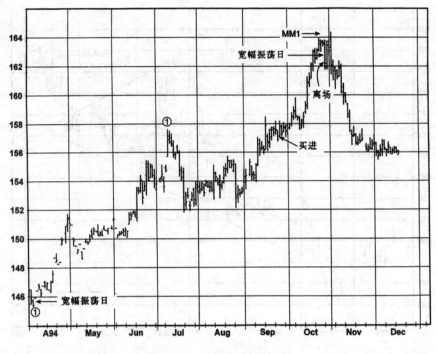

图 14.8b　1994 年 12 月　英镑

离场

在近似达到一个主要量度移动目标（MM1）之后，出现了下降宽幅振荡日，平仓。

点评

在指示的买入点处几星期之前曾推荐了这笔交易，由于预期三角形最后的向上突破，在三角形巩固内使用了限价指令（见图 14.8a）。这个买进点从未达到过，最终在本市场又建议建一个多头仓位。这样做有助于获得一些交易中剩余的潜在利润。总的教训是，如果市场难以达到限定的进入价位，并开始向预期方向运动，在稍后的略微不利的价位上进入也是行得通的，所以和类似于错过这笔交易的主意正相反，决不能放弃它。

这笔交易也说明了，运用量度移动目标的方法作为退出指标，在第一个失败迹象出现时退出能够帮助限制损失已有的利润。

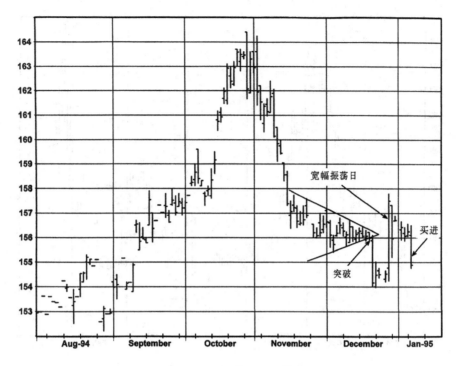

图 14.9a　1995 年 3 月　英镑

进场理由

宽幅振荡上升日大大抵消了前面的三角形巩固的向下突破，表明出现了趋势反转。由于预期 12 月份的低点会保持住，建议在接着的下探中买进。

对这个分析你是否同意？翻页前请对此情形进行评估。

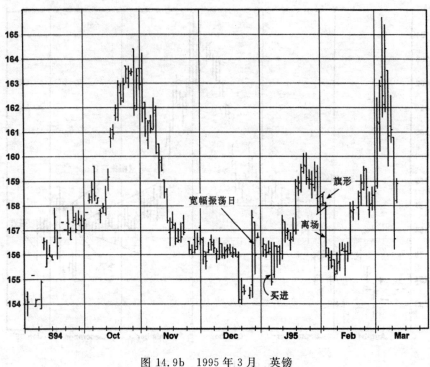

图 14.9b　1995 年 3 月　英镑

离场

因为发生旗形形态的向下突破,平仓。

点评

宽幅振荡日戏剧性的在与前趋势相反处收盘,常常是趋势反转的早期警示信号。

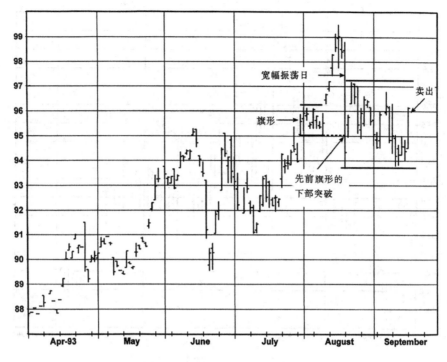

图 14.10a　1993 年 12 月　日元

进场理由

1. 一个月之后价格无法恢复到宽幅振荡日的大幅变动日的顶部，增加了顶部形成的可能性。
2. 前一旗形巩固的低边被突破表明了价格（上升）失败。
3. 下降之后市场呈横向巩固形态——是往往导致另一个下摆的价格行为。

对这个分析你是否同意？翻页前请对此情形进行评估。

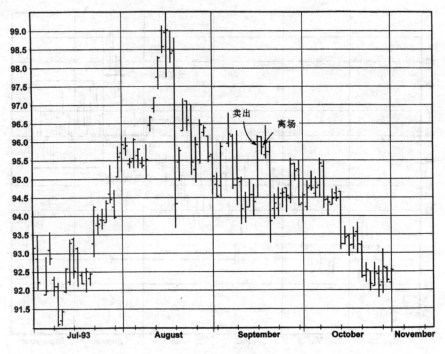

图 14.10b 1993 年 12 月 日元

离场

　　为了严格控制可能出现的损失,进入交易之后仅一天,收盘止损指令设置在比平衡点低 10 点的位置,在进入后只一天——止损指令被完全触发了。

点评

　　你只有愿意承担某些风险,市场才能让你赚到钱。由于把止损点设置在平衡点附近,而不是把止损点置于技术的重要点(大约在前一巩固顶部上方 75 点),在进入后只一天我在接近反弹最高点处止损退出并错过了一次具有很大获利空间的交易。教训是:不要把止损指令设置得比最近的技术重要点的位置还近,特别是在刚刚进入之后,除非市场能做点什么以致改变技术图形。

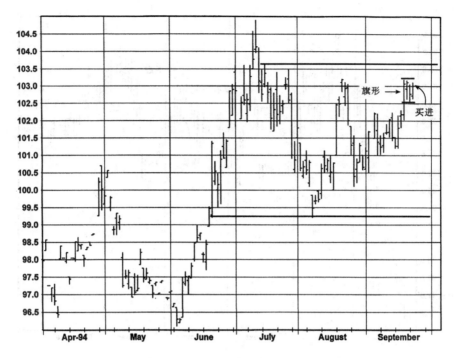

图 14.11a　1994 年 12 月　日元

进场理由

　　在盘整区的顶部附近形成旗形巩固,表明有潜在的向上突破。

　　对这个分析你是否同意？翻页前请对此情形进行评估。

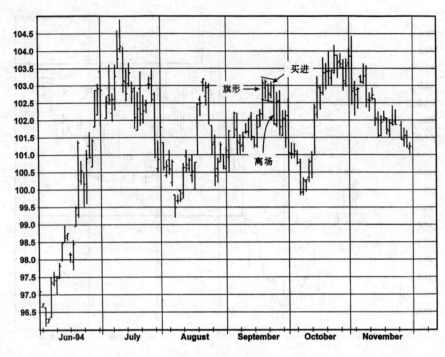

图 14.11b　1994 年 12 月　日元

离场

旗形的向下突破违背了交易的初衷。

点评

如果一笔交易最初的前提不存在了,一般来说就应该平仓。坚持这个原则使交易损失较小,即使是在市场峰顶建了一个多头仓位也是如此。

第十四章 现实图表分析

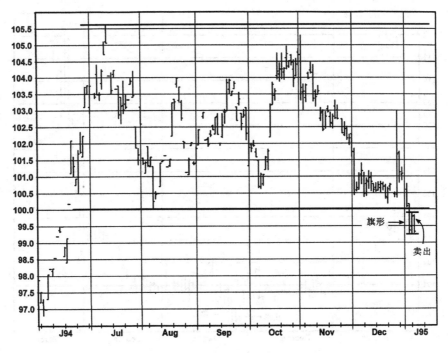

图14.12a 1995年3月 日元

进场理由

在延伸的、宽盘整区之下形成旗形表明有可能出现即将的价格下滑。

对这个分析你是否同意？翻页前请对此情形进行评估。

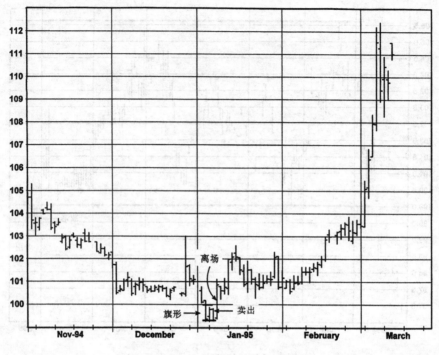

图 14.12b 1995 年 3 月 日元

离场

接下来出现了与预期相反的旗形的向上突破。这与交易的初衷相矛盾。

点评

即使是值得信赖的图形也不是在任何时候都有效。尽管在一个延长的盘整区以下形成旗形往往是一个极好的卖出信号,可在这种情况下,交易却失败了。但如果将来再遇到类似的情况。我仍会做出同样的决定,因为总的看来这类交易应该会有利可图。记住,图表分析是没有绝对比率的游戏。

当违背了原来的交易前提时就在第一个征兆处退出,这可以保持非常小的损失——尽管在这个例子里是在主要底部附近建空头仓位。

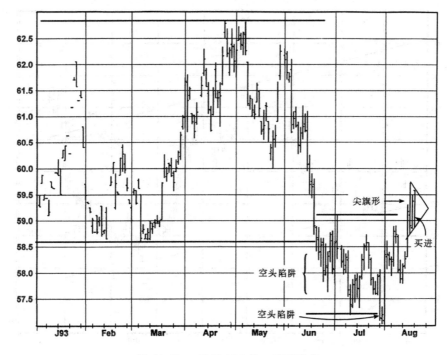

图 14.13a　1993 年 9 月　德国马克

进场理由

1. 根据 11—6 月的宽大盘整区（图中是 1 月份以后的情形）和 6 月中至 7 月的较小区域得出空头陷阱的结论。
2. 在空头陷阱确认后形成尖旗形。

对这个分析你是否同意？翻页前请对此情形进行评估。

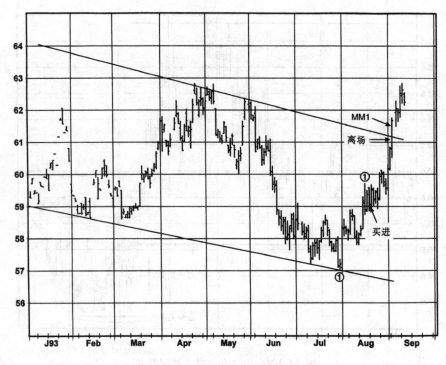

图 14.13b　1993 年 9 月　德国马克

离场

　　根据量度移动目标和下降趋势通道的顶部可预期已接近阻力,在未突破上升趋势时平仓获利。

点评

　　在这个例子中,在没有一点反转的迹象时退出,后来证明交易决定是正确的(后来证明图中表示出的 9 月份峰顶是一个相对高点)。但是,这很难得出任何结论,因为在有利的趋势发展中途获利退出往往导致过早退出一笔好交易。

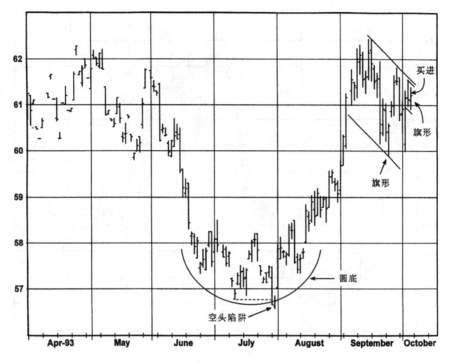

图 14.14a 1993 年 12 月 德国马克

进场理由
1. 圆形的价格基础和空头陷阱低点都表明形成了一个主要底部。
2. 宽大的和狭小的旗形都表明了可能出现上升突破。

对这个分析你是否同意？翻页前请对此情形进行评估。

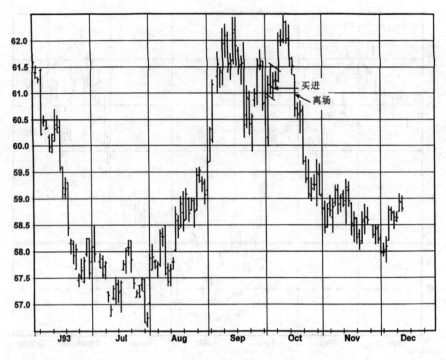

图 14.14b　1993 年 12 月　德国马克

离场

　　尽管市场开始时向上发生了突破,但并没有后续,且接着回撤到前面旗形的中点以下,表明了价格失败。

点评

　　在技术失败的第一个征兆处退出使损失很小。

第十四章 现实图表分析

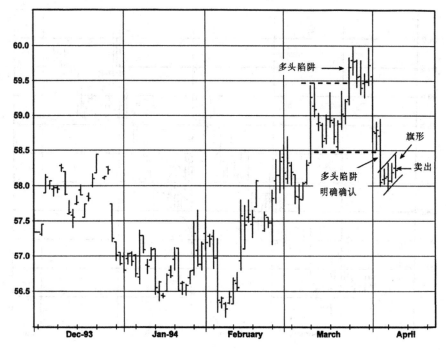

图 14.15a 1994年6月 德国马克

进场理由

1. 对多头陷阱的明确确认。
2. 下降之后形成的旗形表明此后的价格摆动也是向下。

对这个分析你是否同意？翻页前请对此情形进行评估。

图 14.15b　1994 年 6 月　德国马克

离场

旗形巩固出现了与预期相反的突破,表明出现向上的反转。

点评

尽管及时退出可以使损失保持很小,但与预期相反的突破也可以被看作是趋势反转信号,不应仅仅平掉空头仓位。

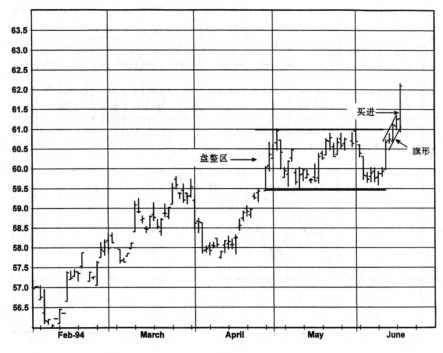

图 14.16a 1994 年 9 月 德国马克

进场理由

1. 在盘整区顶部附近形成旗形是典型的多头形态。
2. 旗形的向上突破。

对这个分析你是否同意?翻页前请对此情形进行评估。

图 14.16b　1994 年 12 月　德国马克

离场

达到了利润目标就平仓。利润目标点选择在两个量度移动目标之间（MM1 和 MM2）。

点评

尽管市场最终又回到退出点之上（未在图中表示出来），但如果主要目标达到了，获利退出仍旧有重要优点。特别是达到了一个重要目标，尤其是在很快就达到这一重要目标时，平仓可以防止短暂的反转带来损失的危险——就像图中 7 月份出现的情况——即使价格最终又升上去了。

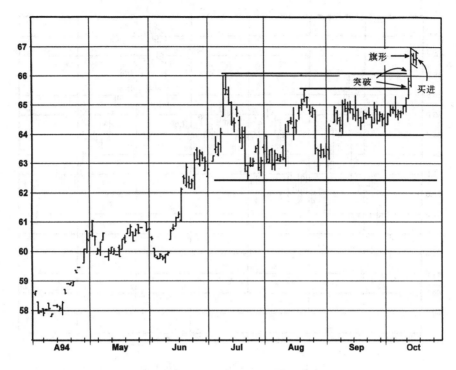

图 14.17a　1994 年 12 月　德国马克

进场理由
1. 狭小的和宽大的盘整区以上出现持续的突破。
2. 突破盘整区后在盘整区之上形成旗形。

对这个分析你是否同意？翻页前请对此情形进行评估。

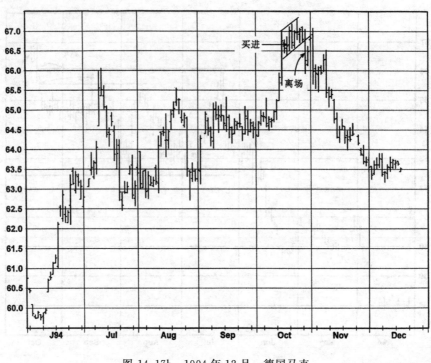

图 14.17b　1994 年 12 月　德国马克

离场

因为出现了与预期相反的旗形的突破,表明发生了向下反转,所以平仓。

点评

特别注意如何利用一个短期旗形作为设置止损指令的参考点,以保持很小的损失,即使是在市场顶部附近建了多头仓位。

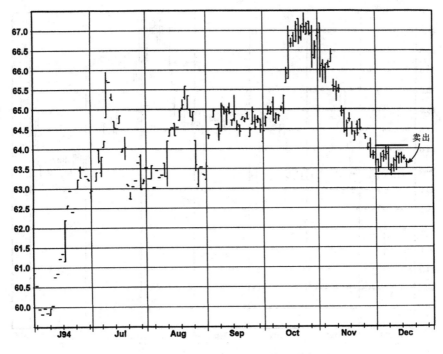

图 14.18a 1995 年 3 月 德国马克

进场理由

价格急剧下滑之后形成狭窄巩固表明价格可能会继续下降。

对这个分析你是否同意？翻页前请对此情形进行评估。

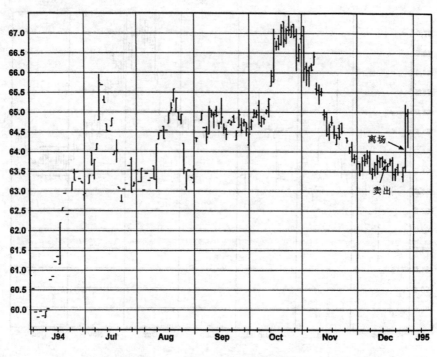

图 14.18b　1995 年 3 月　德国马克

离场

巩固出现与预期相反的突破违背了交易的基本假设。

点评

在违背交易假设的第一个征兆处退出,使损失较小。

第十四章 现实图表分析

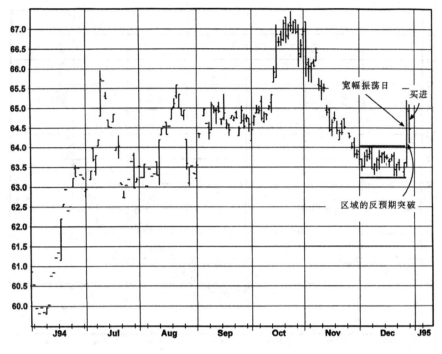

图 14.19a 1994 年 3 月 德国马克

进场理由

1. 狭窄巩固出现与预期相反的突破表明出现向上反转。（与前一笔平仓的原因相同——见图 14.18b）
2. 在相对低点附近形成宽幅振荡日往往是趋势反转的早期征兆。

对这个分析你是否同意？翻页前请对此情形进行评估。

图 14.19b　1995 年 3 月　德国马克

离场

因为接近了量度移动目标,在一个快速提高的止损点上平仓。

点评

如果市场条件发生了变化,就迅速改变交易看法,这笔交易在这方面提供了一个很好的例子。仅在建多头仓位的两天之前,我还是看空的并做空头(见图 14.18b)。然而,同样的因素表明空头平仓也使看多的观念得到支持。不幸的是,我往往做不到像事后这样明智。

在这个例子当中,由于接近了一个重要的目标就获利退出,失去了利用进一步上涨的机会。有时在目标附近退出是正确的决定(如图 14.8b 和 14.16b 的例子);有时继续持仓是正确的决定,就像这里的情况。

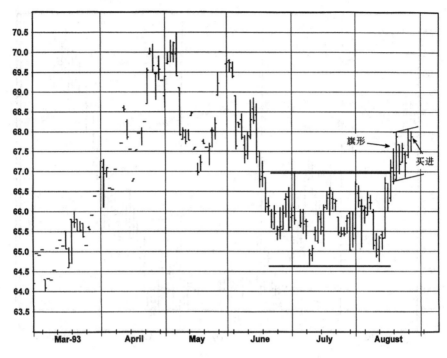

图 14.20a 1993 年 9 月 瑞士法郎

进场理由

在盘整区上方形成旗形,表明可能继续上涨。

对这个分析你是否同意?翻页前请对此情形进行评估。

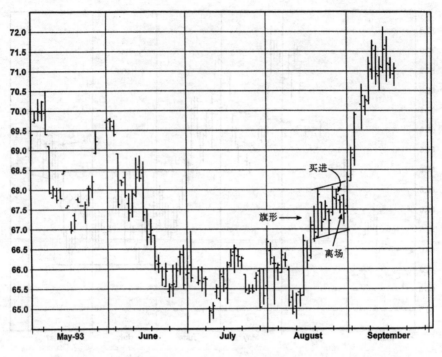

图 14.20b　1993 年 9 月　瑞士法郎

离场

　　由于提高的止损点与进入点很近，在交易执行之后不久就退出了，这使可能的损失较小。

点评

　　最初设置的止损点在执行交易时始终没能达到。把止损点提高得太近，太快，导致一个颇有获利潜力的交易在有损失的时候就平掉了。这样的评估是基于以下事实：止损点被提到最近的重要止损点之上——至少本应略低于图 14.20a 和图 14.20b 中指明的旗形——而不是根据交易结果的事后判断。

　　教训是：止损指令不应被提升得这样近，以至于其行动背离了原来保持交易完整的假设。例如，所列举的交易主要是根据在盘整区之上形成的旗形巩固形态。既然这个提升的止损指令（但不是最初的止损指令）处于这个巩固形态之内，它不具有任何技术上的重要性。

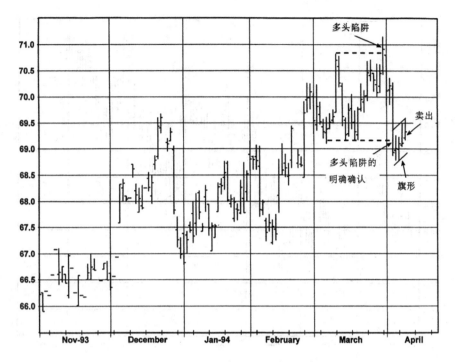

图 14.21a 1994 年 6 月 瑞士法郎

进场理由

1. 多头陷阱的明确确认。
2. 从高点下滑后形成旗形。

对这个分析你是否同意？翻页前请对此情形进行评估。

图 14.21b　1994 年 6 月　瑞士法郎

离场

因为出现了与预期相反的旗形突破,所以平仓。

点评

尽管这笔交易以失败告终,但就我看来,无论是进入还是退出都不存在交易失误。即使事后看来原来的交易假设仍然有效,而在显示交易错误的第一个征兆处退出使整个过程中的损失很小。人们不应该把亏损的交易和交易失误混为一谈。亏损的交易是相当正常的——事实上也是不可避免的——只要你依照一个有效的交易计划行事。亏损的交易是使用一种不会干扰最终的交易成功的方法的结果,但交易失误却会(即使是在盈利的交易上)。

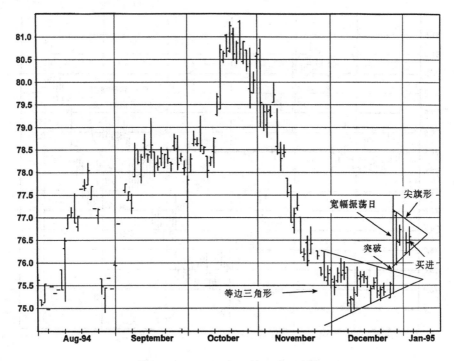

图 14.22a 1995年3月 瑞士法郎

进场理由

1. 对称三角形向上突破。
2. 在大的下降趋势后的低点附近形成宽幅振荡上升日。
3. 上升之后形成尖旗形巩固。

对这个分析你是否同意？翻页前请对此情形进行评估。

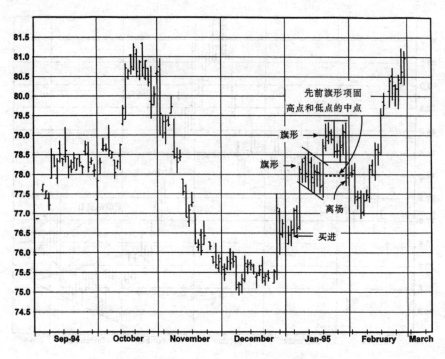

图 14.22b　1995 年 3 月　瑞士法郎

离场

旗形向下突破并回撤到前一个旗形的中点以下,代表着短期的价格失败。

点评

在延续的下降趋势之后出现戏剧性的宽幅振荡上升日,其在当日最高点附近收盘,这往往是主趋势反转的早期信号。

第十四章 现实图表分析

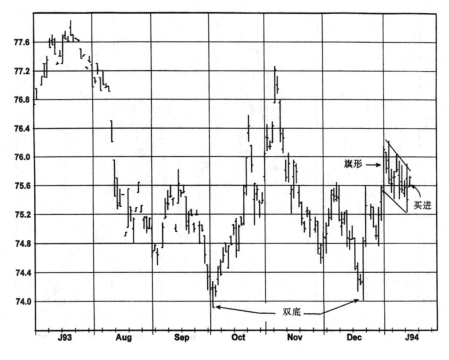

图 14.23a 1994年3月 加元

进场理由

1. 双底。
2. 上扬后形成旗形巩固。

对这个分析你是否同意？翻页前请对此情形进行评估。

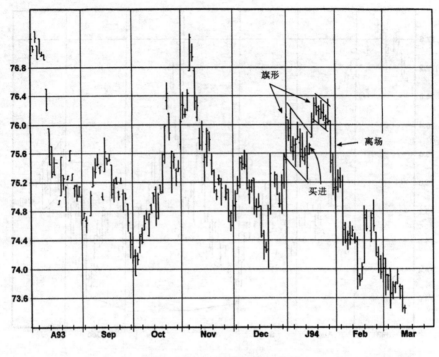

图 14.23b 1994 年 3 月 加元

离场

旗形的向下突破意味着价格失败。

点评

如果继续持仓的话,这个交易就会是一场灾难。尽管如此,根据短期形态(例如旗形)选择进入和退出的时机使交易结果接近保持不亏不赚——推荐买入 3 天后市场达到了主要高点,这个思考并不差。

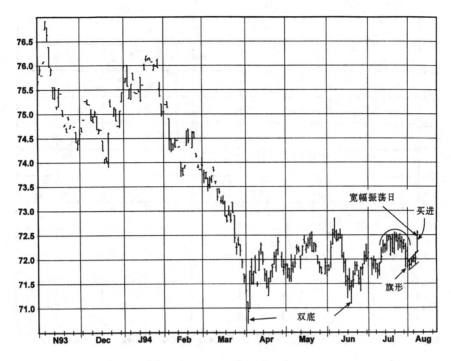

图 14.24a　1994年9月　加元

进场理由

1. 双底。
2. 曲线形态在上升时被突破。
3. 旗形的与预期相反的突破。
4. 宽幅振荡上升日。

对这个分析你是否同意？翻页前请对此情形进行评估。

图 14.24b 1994年9月 加元

离场

1. 一旦达到了量度移动目标,止损指令就设置得很近。
2. 旗形的向下突破提供了一个短期价格失败信号。

点评

达到量度移动目标后,在失败的第一个征兆处平仓,使得可以在价格运动的顶部附近退出并防止失去这次交易的大部分利润。

第十四章 现实图表分析

图 14.25a　1993 年 10 月　黄金

进场理由

1. 得到确认的多头陷阱顶部。
2. 持续下降缺口。
3. 宽幅振荡下降日。
4. 下降后形成旗形巩固。

对这个分析你是否同意？翻页前请对此情形进行评估。

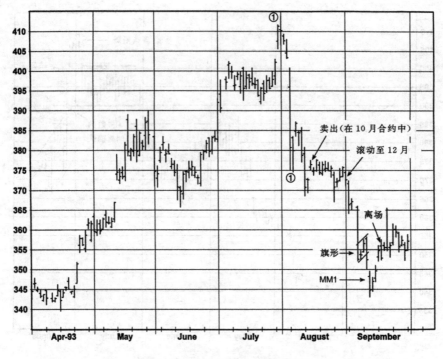

图 14.25b　1993 年 10 月　黄金

离场

1. 一旦达到了量度移动目标(MM1)就将止损指令设置得很近。
2. 反弹至前一旗形的上半部是可能出现趋势反转的第一个征兆。

点评

得到确认的多头陷阱是显示主要顶部的最值得信赖的图表信号之一。同时应注意，达到量度移动目标可以被看作设置较近的止损指令的信号——它可以把大部分利润锁住，然而又给获得额外利润留有机会，如果价格继续不受干扰的运动的话（这当然不是指这个例子的情况）。

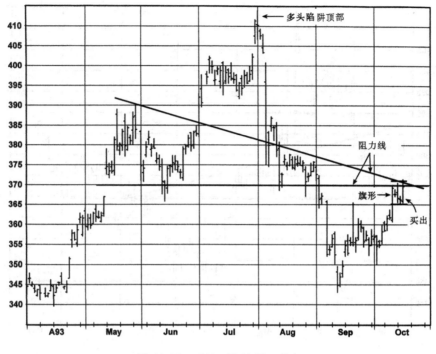

图 14.26a 1993年12月 黄金

进场理由

1. 正规的多头陷阱顶部表明形成了主要顶部,随后的熊市极有可能会持续两个月以上。

2. 内部趋势线和前面相对低点集中的近似的最佳配置线指示出阻力区,价格已反弹至此。

对这个分析你是否同意?翻页前请对此情形进行评估。

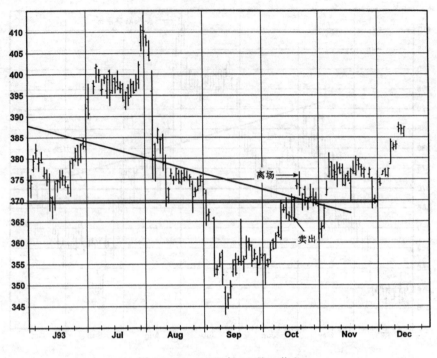

图 14.26b 1993 年 12 月 黄金

离场

在前面提到的两条阻力线上出现向上的明显突破,随之平仓。

点评

尽管存在大量有说服力的进场理由,但也存在一个有力的反对理由:旗形巩固表明下一步价格将会向上运动(见图 14.26a)。我忽略了这种考虑并假定前面列举的空头因素将占支配地位——一种被证明是错误的假定。这次的教训可能是:如果无法解释重要的疑惑时,最好放过交易不做。换句话说,等待交易校正所运用的方法中存在的明显的自相矛盾的信号。

也应该注意,止损指令设置在前面(图 14.25b)的建仓处。因为这是那次交易中防止损失大部分利润的量度移动目标点。

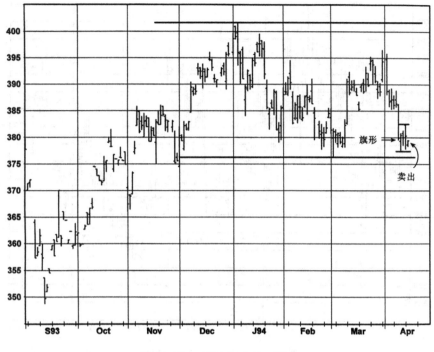

图 14.27a　1994 年 6 月　黄金

进场理由

在宽大盘整区的下边附近形成旗形,意味着潜在的向下突破。

对这个分析你是否同意?翻页前请对此情形进行评估。

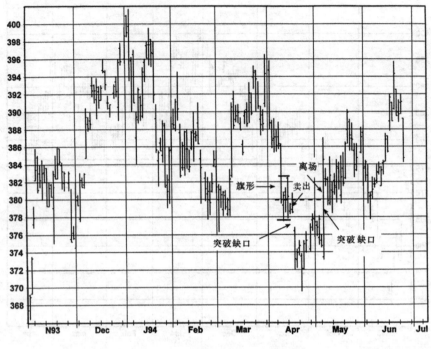

图 14.27b 1994年6月 黄金

离场

在出现向下突破缺口之后反弹到旗形巩固的中点（虚线），表明可能出现向上反转。

点评

注意，尽管交易依据的图表形态后来证明是误导了市场最终的长期方向，但它还是准确地指出紧接着的价格移动方向。这个原因使得它有可能利用一个在技术上有意义的止损点（旗形中点之上的价格可用作建仓信号）使交易的损失很小。这笔交易，以及本章中列举的许多其他交易，都说明了利用旗形做进入和退出信号的一个主要特征：即使最终证明这些形态是错误的，但他们通常可能把损失控制在很小的范围内。

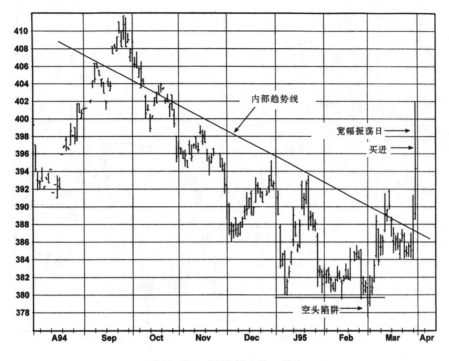

图 14.28a 1995年6月 黄金

进场理由

1. 空头陷阱底部。
2. 延伸的内部趋势线的向上突破。
3. 宽幅振荡上升日。

对这个分析你是否同意？翻页前请对此情形进行评估。

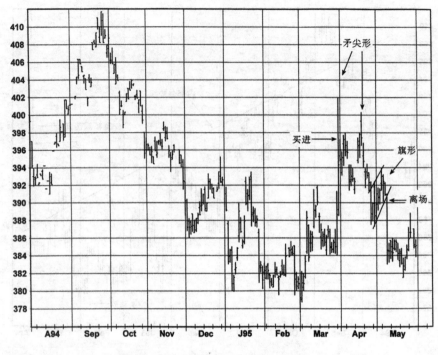

图 14.28b 1995 年 6 月 黄金

离场

1. 两个矛尖形高点显示可能形成顶部。
2. 旗形的向下突破意味着潜在的下降。

点评

不管看上去多么有希望,图表形态结合在一起不可能在任何时候都有效。在这个例子里,一个大幅下降之后出现的空头陷阱,和延伸的内部趋势线的重大突破,以及宽幅振荡上升日之间的结合看上去像一个出色的买进信号。但接下来的价格运动表明了交易是错误的,当结果出来之后,确实是这样,这笔交易说明了灵活地变换市场看法的重要性,无论情形看上去可能多么有说服力。

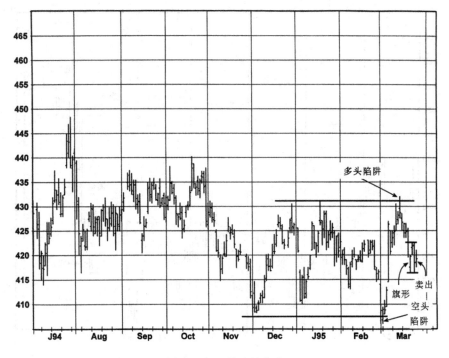

图 14.29a 铂连续期货

进场理由
1. 稍微向上突破了又长又宽的盘整区,紧接着市场下降,表明了一个多头陷阱反转。
2. 下摆之后形成旗形,表明价格将可能会下降。

对这个分析你是否同意?翻页前请对此情形进行评估。

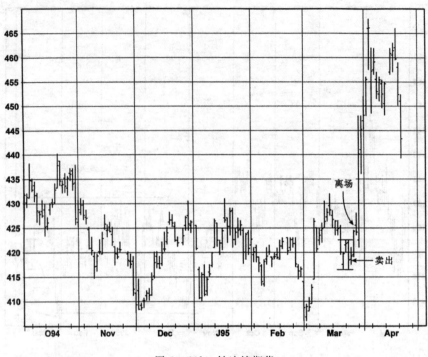

图 14.29b 铂连续期货

离场

旗形接着出现向上突破,这违背了交易的一个主要理由。

点评

尽管交易实在悲惨——在建了空头仓位后市场连续 7 天上扬,在这么短的时间内几乎达到了合同价值的 12%——在交易假设出错之后的第一个征兆处退出,使损失保持在极小的水平上。当你出错时能使损失很小——特别是致命的错误——对最终交易成功来说可能比在选择交易时表现出的卓越技能更重要。

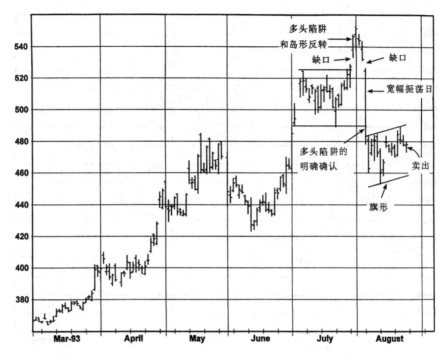

图 14.30a　1993 年 12 月　白银

进场理由

1. 已确认的多头陷阱顶部。
2. 岛形反转。
3. 宽幅振荡下降日。
4. 下降后形成旗形。

对这个分析你是否同意？翻页前请对此情形进行评估。

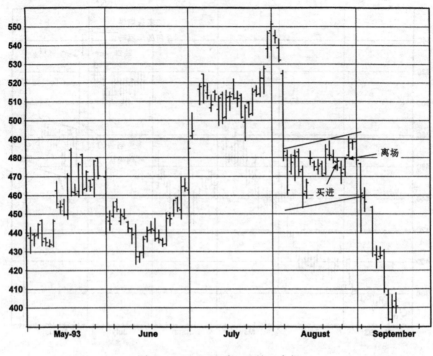

图 14.30b　1993 年 12 月　白银

离场
　　进入 2 天后在快速降低的止损点处平仓。

点评
　　交易在目标上是正确的,但我不愿继续使用在技术上具有重要意义的宽止损(在这个例子里,止损点需要至少在例子中旗形顶部上方大约 5 美分)。当然,降低的止损点正位于旗形中点,它总的来说没什么意义。偶然地,期金市场(见图 14.25a 和图 14.25b)和白金期货市场上(没有表示出来)出现了类似的交易,这些交易采用了有意义的止损点,证明有相当大的利润。教训:如果你不愿承担足够的风险,在一次好交易中市场往往使你很难持仓。

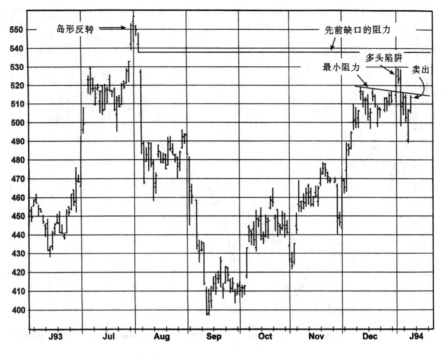

图 14.31a 1994 年 3 月 银

进场理由

1. 由一个构成岛形反转的缺口顶部显示出阻力，回升在其之下失败。
2. 回升的峰顶代表一个多头陷阱。
3. 在前面相对高点指示的次要阻力线附近建空头仓位。

对这个分析你是否同意？翻页前请对此情形进行评估。

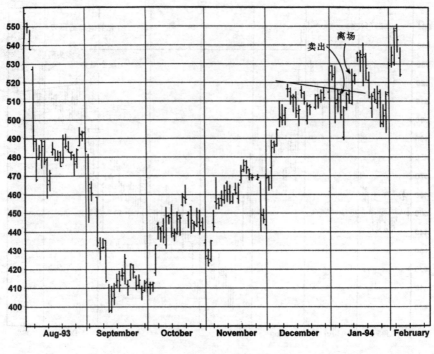

图 14.31b 1994年3月 银

离场

突破次要阻力线,以及临近前面的峰顶,都表明对于多头陷阱顶部的假定是不成立的。

点评

当违反了最初的交易假设时,在第一个征兆处退出,能使损失相当小。

图 14.32a　1994 年 5 月　银

进场理由

1. 一般来说,在盘整区以上形成旗形应该引起一个向上的突破。在这种情况下,与预期相反的向下突破表明一个潜在的趋势反转。
2. 轻微下降之后形成旗形,表明价格应该会继续下降。

对这个分析你是否同意？翻页前请对此情形进行评估。

图 14.32b　1994 年 5 月　银

离场

　　反弹到旗形顶部以上,代表一个短期看涨信号。

点评

　　这笔交易说明了旗形如何被用来调整进入和退出的时机选择——在这个例子中,尽管原来的对形势的看法从长期来说证明是不正确的,但仍可以取得利润。这笔交易同时也说明了更普遍的原则:成功的图表分析更应该是对市场价格行为的正确反应,而不仅是对市场方向的准确预期。

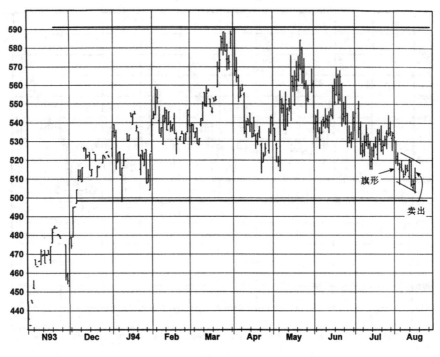

图 14.33a　1994 年 9 月　银

进场理由

　　在一个又长又宽的盘整区底部附近形成旗形往往是一个极好的卖出信号。

　　对这个分析你是否同意？翻页前请对此情形进行评估。

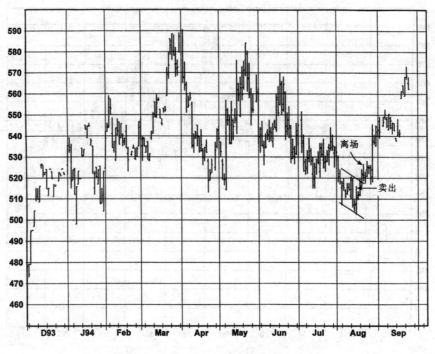

图 14.33b 1994 年 9 月 银

离场

旗形的向上突破与预期相反,这就违背了交易的假设。

点评

一个图表形态不必在一半以上的时间里是正确的——或者接近一半的时间——才有价值。例如,当一形态引起了这笔交易——盘整区下端形成一个旗形——它要交易者把握主要的下降,证明这是正确的。另一方面,当它出现错误时,很快出现了失败的迹象——旗形上部一个略微的突破。换句话说,根据这个形态进行交易将自然地使得在盈利交易中获得的平均收益会大于在亏损交易中获得的平均损失。因此,当这个形态带来的损失大大高于收益时,其也不失为一个有益的工具。

一般地,过分注重某种系统或方法产生的盈利交易的比例是错误的。关键的因素是每笔交易的预期收益。(预期收益相当于盈利交易的百分比乘以每笔盈利交易的平均利润减去亏损交易的百分比乘以每笔亏损交易的平均损失。)

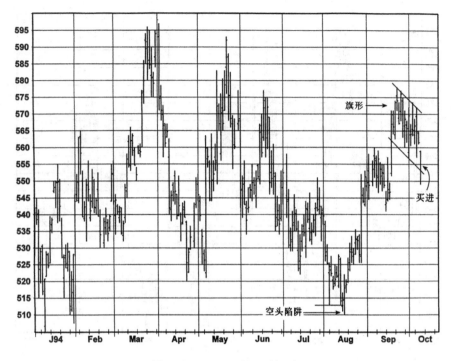

图 14.34a　1994 年 12 月　银

进场理由

1. 持久的空头陷阱表明这个主要低点已经形成。
2. 上升后形成旗形,意味着接下来的价格将上升。
3. 在由宽大的旗形巩固下端显示的支撑线附近开始买进。

对这个分析你是否同意？翻页前请对此情形进行评估。

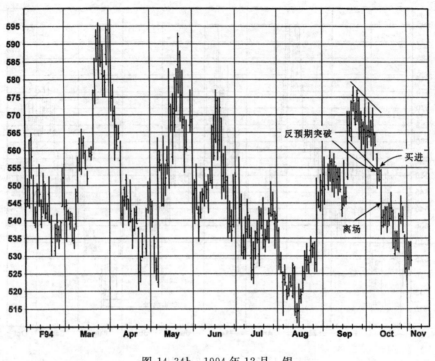

图 14.34b　1994 年 12 月　银

离场

旗形出现与预期相反的突破强烈地表明这种交易策略是错误的。

点评

当市场并不像预期的那样时就退出！尽管在这笔交易中损失相对比较小（500 美元），有些读者可能还想知道，如果在距离预期相反的突破点更近的部位退出，损失是否会更小。可能会的，但只是有限的。一般来说，把止损点置于距离关键点太近的部位并不是个好主意。例如旗形的情况，旗形的形状会随其发展改变，或者被中间出现的一日矛尖形干扰——而且这个矛尖形没有任何发展。在上述两种情况中，即使旗形最终保持了完整性，并且原来的交易策略证明是成功的。但止损点与突破点太近会导致平仓。

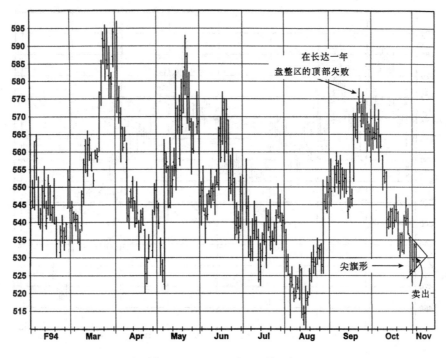

图 14.35a 1994 年 12 月 银

进场理由

1. 前面的回升在长达 1 年的盘整区顶部附近失败,表明形成了一个主要的峰顶。
2. 在盘整区下端附近形成尖旗形,表明具有潜在的向下突破。

对这个分析你是否同意？翻页前请对此情形进行评估。

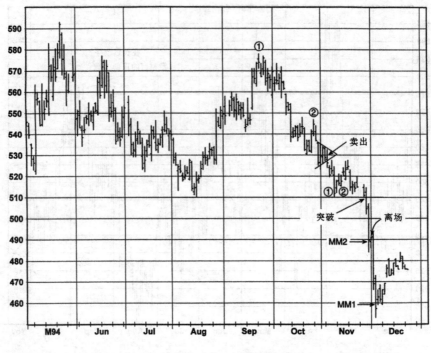

图 14.35b　1994 年 12 月　银

离场

一旦达到较近的量度移动目标(MM1)，就将保护性止损指令设置得很近。

点评

前面所列举的许多笔交易都证明损失并不意味着交易策略是错误的(至少在我看来是这样)。令人啼笑皆非的是，这笔交易中发生了重大的错误，但却大大盈利了。详细地说，就是不顾市场正在不受破坏的在预期方向上运动，而将止损点降到如此近，导致在一个毫无意义的价格波形上平仓。仅两天以后，这次交易的潜在利润就几乎达到了双倍。

读者可能想弄明白，尽管最终的结果令人高兴，是不是达到了量度移动目标(MM1)从理论上讲并不能证明使用一个非常近的止损点是正确的。一般来说这个看法(设置较近的止损点)是正确的，但也有三种重要的例外情况：

1. 即使市场最初在较近的量度移动目标(MM2)附近停顿或反转，但还有另一个更重要的量度移动目标（MM1)表明存在最终进一步下降的潜力。

2. 市场刚刚急速突破了一个又长又宽的盘整区——是潜在的主要下降的一个图表信号(就像真正发生的)。

3. 降低的止损点没有任何技术上的意义。

图 14.36a　1993 年 12 月　铜

进场理由

1. 在延续的盘整区以下形成突破。
2. 由于突破发生在缺口处,其重要性增加了。
3. 在盘整区以下立刻形成了一个旗形,代表了强烈的看跌走势。

对这个分析你是否同意？翻页前请对此情形进行评估。

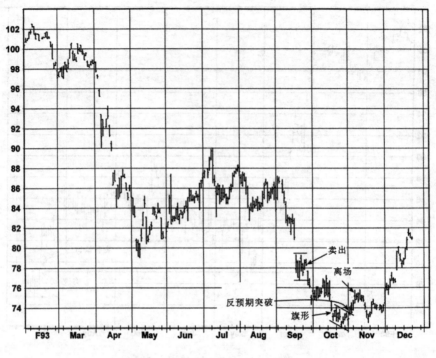

图 14.36b　1993 年 12 月　铜

离场

10 月底出现了与预期相反的旗形的突破,表明了一个潜在的向上反转。

点评

我发现在延续的盘整区以下形成的旗形或尖旗形属于最有价值的图表信号。本质上,市场继续在盘整区的下端附近或以下进行交易的事实进一步确认了突破的有效性。

应该注意,一旦下降缺口突破在数天内未回补,就可建空头仓位同时在接近缺口顶部的有意义的点上设置止损指令。那些在最低点附近卖出(或在最高点附近买进)的点是一些普通的点,不必为了使用一个有意义的止损点而冒更大的风险。

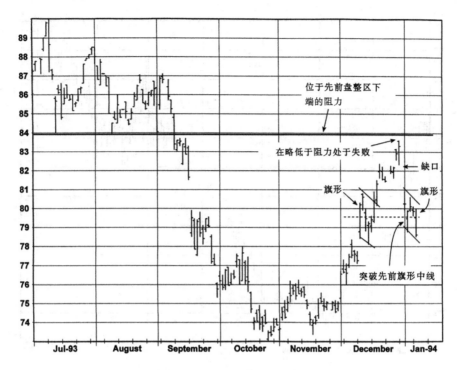

图 14.37a 1994 年 3 月　铜

进场理由

1. 从 11 月的最低点开始的回升在由盘整区下端形成的主要阻力线下停止。
2. 宽大的下降缺口。
3. 下降之后形成旗形。
4. 价格突破前一旗形中线,回到它的下部。

对这个分析你是否同意?翻页前请对此情形进行评估。

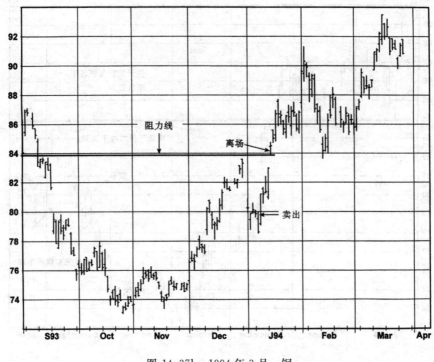

图 14.37b 1994年3月 铜

离场

因为在一个交易日中的价格上升提供了至少四种与交易矛盾的指标,所以平仓。

1. 前面出现的下降缺口回补了。
2. 形成新的上升缺口。
3. 市场在主要阻力线以上收盘。
4. 市场在前面的相对高点以上收盘。

点评

这笔交易看上去就像一本关于卖出机会的教科书,有四种由图表显示的因素支撑了看跌。并且在这部典型的教科书中,卖出信号之后立即出现了一个显而易见的微小的下降,看上去一切都这样简单,但在现实中,并没有那样进行。无论交易的理由多么明显,记住,它总是在你面前放大了的。事实上,这笔交易从没有出现一个盈利日! 教训就是:不要牢牢抓住一种交易看法。改变看法的灵活性可能是成功应用图表分析来进行交易的最重要的唯一特性。

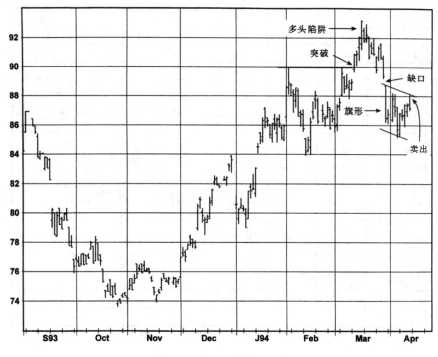

图 14.38a 1994 年 5 月 铜

进场理由

1. 多头陷阱顶部。
2. 下降缺口。
3. 下降之后形成旗形。
4. 卖出点在由旗形变形的上边界指示出的阻力线附近。

对这个分析你是否同意？翻页前请对此情形进行评估。

图 14.38b　1994年5月　铜

离场

持续的横向巩固出现向上突破代表了一个看涨信号。

点评

另一个表面看来理想的交易并没有奏效——是同一个市场,只是在几个月之后。孩子,现实肯定是严峻的,这句话对于前面的所有交易点评都适用。

图 14.39a　1994 年 12 月　铜

进场理由

1. 多头陷阱顶部。
2. 在内部趋势线阻力区附近。
3. 下降之后形成的三角形巩固可能要形成向下突破。

对这个分析你是否同意？翻页前请对此情形进行评估。

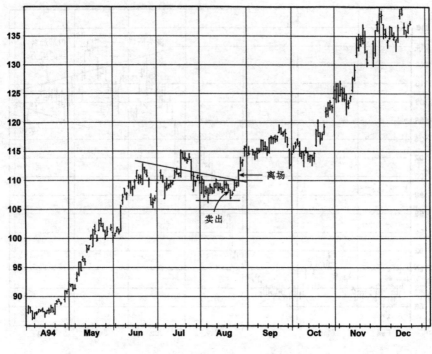

图 14.39b　1994 年 12 月　铜

离场

收盘于内部趋势线上方提供了一个有力的相反的买入信号。

点评

不,又是一次。另一个吸引人的卖出机会,它看起来至少会导致短期下降,但一天以后就证明是失败的——而且,又是在同一个市场上,仅仅是过了几个月。而且图 14.37b 所附的点评这里也同样适用。同时注意:如果不是对市场现实的变化做出相对迅速的反应早早平仓的话,在这三次交易里损失将是多么巨大。当然,如果我够聪明,我早就反向持仓了。

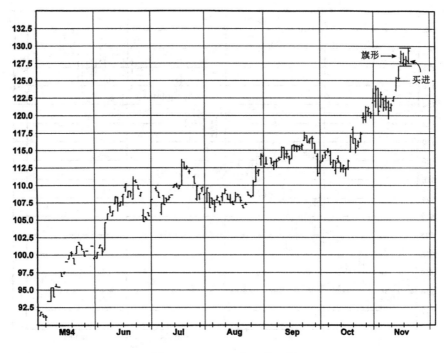

图 14.40a　1995 年 3 月　铜

进场理由

在新的高位形成旗形巩固后，通常至少会有一个短期的上升。

对这个分析你是否同意？翻页前请对此情形进行评估。

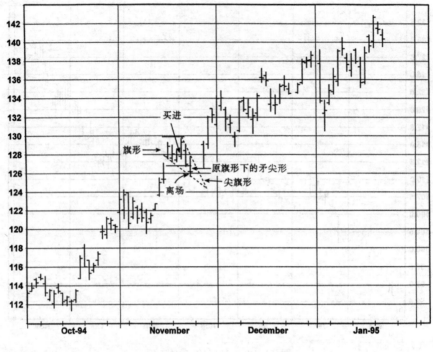

图 14.40b　1995 年 3 月　铜

离场

旗形向下突破,平仓。

点评

尽管后来证明交易思路是正确的,而且本来也可以大大获利,但实际上,交易造成了损失。产生这个令人失望结果的原因在于我害怕在交易中出错:详细地讲,止损指令设定得太近了。旗形和尖旗形巩固在发展中经常会改变它们的形状。这些形态被一日矛尖形干扰也屡见不鲜。因此,在这样的交易中重要的是在一个形态现有的边缘和止损指令之间留出合适的空间。图表反映的交易要么可看作是前面提到的变化——即一日矛尖形出现在最初的旗形之下,要么可看作是形态转变(由旗形变为尖旗形)。

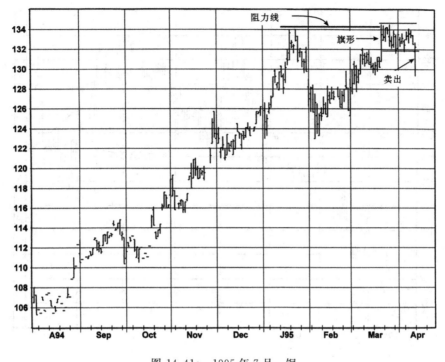

图 14.41a　1995 年 7 月　铜

进场理由

1. 前边的一个小的顶部表示了阻力线附近的止跌回升失败,之后可能出现双顶形。
2. 旗形的向下突破。

对这个分析你是否同意？翻页前请对此情形进行评估。

图 14.41b 1995 年 7 月 铜

离场

等边三角形向上的重要突破。

点评

尽管交易未达到预期的结果,然而初始的价格波动是按照预期的方向进行的。这使得交易小有收获。这次交易的止损指令设置得远了一点,但我倾向于给市场额外的空间,因为双顶已经形成的可能性(在形态前有长达一年多的上升,这进一步巩固了读图得出的结论)预示着非常大的获利潜力——如果前提被证明是正确的话。

图 14.42a　1993 年 11 月　原油

进场理由

1. 由矛尖形和次低点形成的明显的双底形。
2. 上升后的旗形极可能预示着一次上升的来临。
3. 上升缺口。

对这个分析你是否同意？翻页前请对此情形进行评估。

图 14.42b 1993 年 11 月 原油

离场

向上突破后回到旗形的低点,预示一个多头陷阱。

点评

进入交易后,要根据情况变化——在这个例子中即多头陷阱——进行调整,使本来非常错误的操作的损失变小。

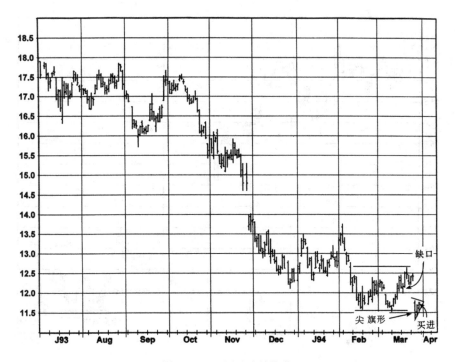

图 14.43a 原油连续期货

进场理由

1. 在盘整区的低端形成的尖旗形巩固预示着潜在的另一次下降。
2. 尖旗形之前有一个很宽的下降缺口。

对这个分析你是否同意？翻页前请对此情形进行评估。

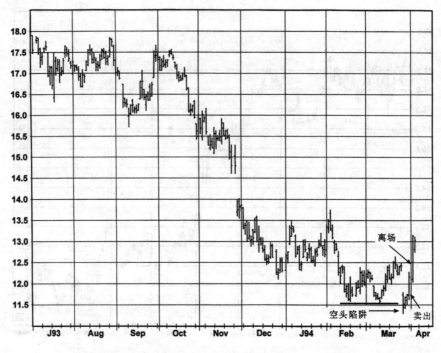

图 14.43b 原油连续期货

离场

随后价格反弹至盘整区顶部附近,尖旗形巩固的低点看起来像一个反转的空头陷阱。

点评

见下一交易。

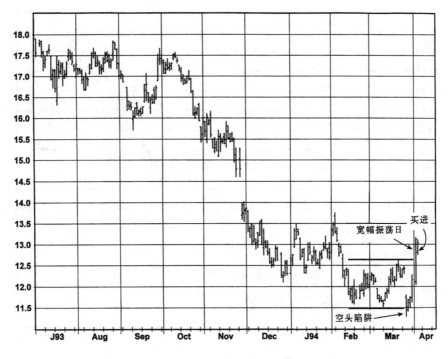

图 14.44a　原油连续期货

进场理由

1. 低位的空头陷阱。
2. 价格持续下降,在其低点附近形成宽幅上升日。

如果觉得此表看来熟悉,那是因为此交易是在前一交易的止损指令生效的下一天进行的。

对这个分析你是否同意?翻页前请对此情形进行评估。

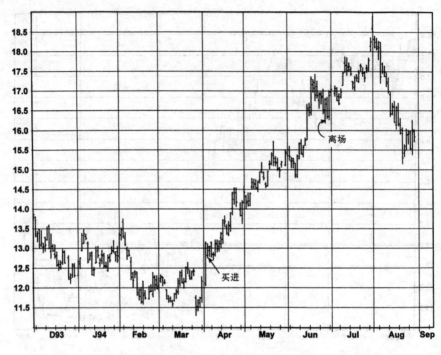

图 14.44b 原油连续期货

离场

在跟踪止损指令触发时平仓。因为开盘时即大幅获利,所以跟踪止损指令设置得很近。

点评

前一交易中的失败信号引发了这一交易。认识到交易是错误的,于是改变原先持仓方向(不仅仅是平仓),此后的交易实际上是在市场的真实底部以卖空开始(见图 14.43a),这种灵活性使在这一交易中高额获利成为可能。这次交易戏剧性地阐明了一个观点:当机立断地对市场价格的不断变化的反应能力比市场叫价技巧更重要。(注意:阐明这次交易用的是连续期货图表,因为在几次合约中交易仓位一直在变化)。

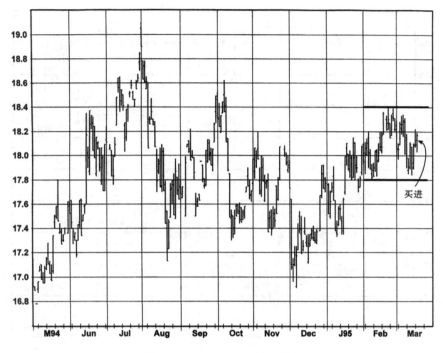

图 14.45a　1995 年 6 月　原油

进场理由

　　在较宽的盘整区的上部形成窄幅盘整,预示着潜在的最终向上突破。

对这个分析你是否同意?翻页前请对此情形进行评估。

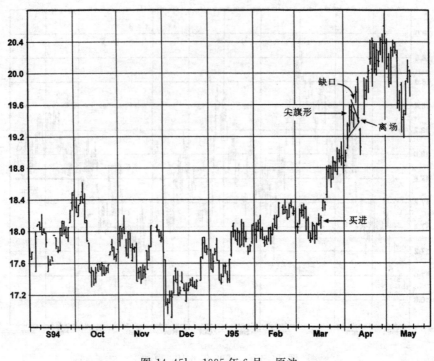

图 14.45b 1995 年 6 月 原油

离场

在尖旗形巩固上方的突破出现了缺口回补,预示着趋势可能出现反转。

点评

在接近较宽的盘整区的一端所形成的盘整区,显示了下一个主要价格摆动的可能方向。

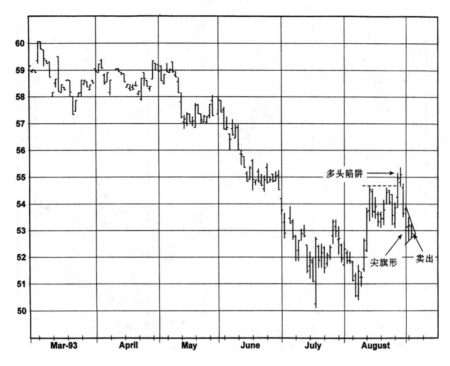

图 14.46a　1993 年 10 月　取暖油

进场理由

1. 多头陷阱。
2. 从明显的多头陷阱中下降后形成尖旗形。

对这个分析你是否同意？翻页前请对此情形进行评估。

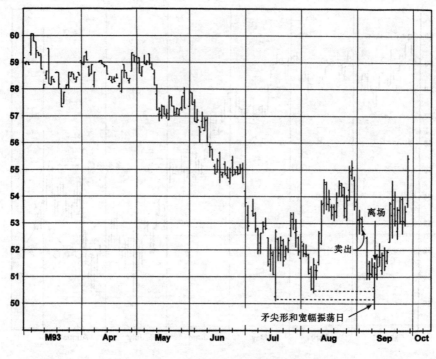

图 14.46b 1993 年 10 月 取暖油

离场

向下突破 7、8 月的低点后,在同样的盘内出现强烈反弹,在此过程中留下尖矛尖形的低点(还有宽幅振荡日),预示着可能的趋势逆转。

点评

尖矛尖形降至新的低点(或高点),伴随相反方向的收市,是一个值得注意的市场逆转的信号。

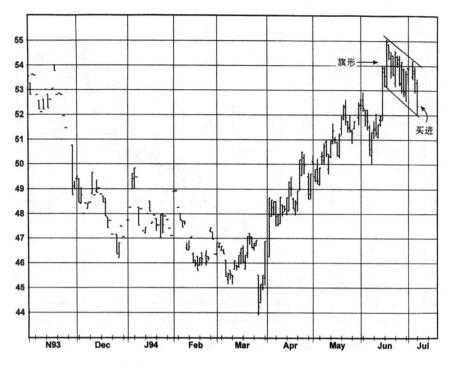

图 14.47a 1994年9月 无铅汽油

进场理由
1. 上升趋势的旗形巩固预示着可能的另一次上升。
2. 旗形的低边形成了支撑线,可以在支撑线附近买进。

对这个分析你是否同意？翻页前请对此情形进行评估。

图 14.47b　1994 年 9 月　无铅汽油

离场

在主要的量度移动目标达到后,一个旗形出现了与预想方向相反的突破,随之平仓。

点评

旗形出现与预期相反的突破,这有时是在主要转折点附近提供合理的平仓(或反转)信号——尤其当这样的失败信号出现在一个主要的量度移动目标已达到之后。

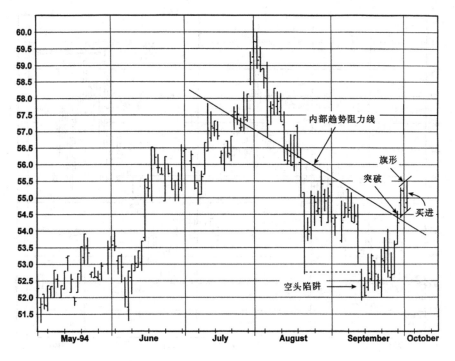

图 14.48a　1994 年 12 月　无铅汽油

进场理由

1. 空头陷阱。
2. 内部趋势阻力线向上突破。
3. 上升后形成旗形。

对这个分析你是否同意？翻页前请对此情形进行评估。

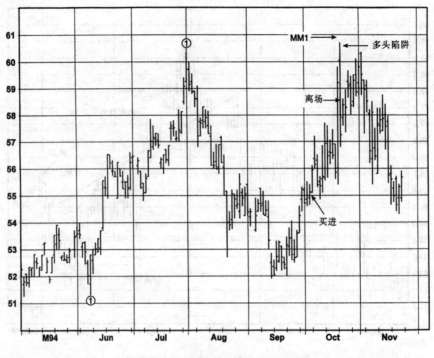

图 14.48b 1994 年 12 月 无铅汽油

离场

前一个高峰的适度突破,紧接着接近实现主要量度移动目标,以及随后急剧回撤到范围内,这都预示着可能的多头陷阱反转。

点评

有时多种指示会同时出现。例如,注意高峰日(平仓日)如何显示出下列空头特征:

1. 高点接近主要量度移动目标;
2. 矛尖很长;
3. 多头陷阱;
4. 宽幅振荡下降日。

典型地,多种指标同时出现增加了信号的可靠性。

图 14.49a 1993 年 12 月 天然气

进场理由

1. 市场看来正在形成一个宽顶。可以认为主盘整区是一个顶部形态，而不是上升趋势前的巩固。理由如下：

a. 盘整区前边有大的、形成多重波浪的价格上升；

b. 盘整区的长期延续（在介绍时已将近五个月）；

c. 盘整区的宽度更像是顶部形成的特征，而不是巩固的特征。

2. 窄幅上升趋势通道，不管它方向如何，都是空头而不是多头的形态特征——即它通常在向下方向断裂。

3. 在接近上升趋势通道的低端形成旗形，预示着即将到来的向下突破。

对这个分析你是否同意？翻页前请对此情形进行评估。

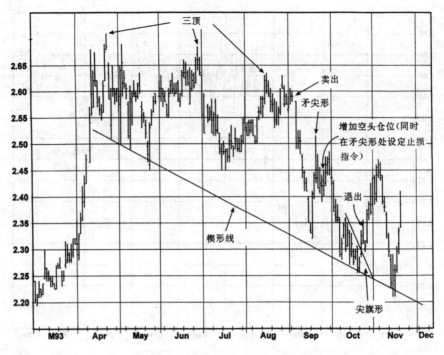

图 14.49b　1993 年 12 月　天然气

离场

1. 市场在楔形线附近徘徊，这个特征警告我们要小心有反弹的可能。因此，跟踪止损指令设置得相对较近。

2. 尖旗形巩固一直向上的突破是短期的多头信号。

点评

注意增加所指的原仓位。增加空头仓位是根据下列两个因素：

1. 适当的位置上出现的明显的三顶。

2. 矛尖形为止跌回升失败提供依据，并据此为增加的仓位设置相对靠近的、合理的止损指令。

在认为会成为主要的交易仓位上补仓，对增加获利是非常重要的。这样的补仓应该在能设置相对靠近的、合理的止损指令的位置上进行，就像这个例子中在矛尖形的高点附近。

这次交易也阐明了这样的观察结果：如果市场一直保持接近楔形线，预示着有可能出现突然的止跌回升。因此，变化的楔形线可以作为收紧止损指令的信号。即便当市场最终创下新低，既然过渡性的止跌回升很可能已经触发了一个较高点的止损指令，楔形线下出现的反转所引发的相对快速地退出也是有益的。而且，空头仓位最终会在一个更有发展前景的合约中以更高的价位恢复。

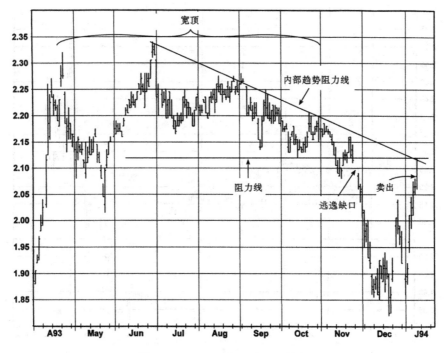

图 14.50a　1994 年 3 月　天然气

进场理由

在止跌回升时卖出，原因：
1. 明显的宽顶已经形成。
2. 由内部趋势线、三角形态的低边和逃逸缺口的上部可看出接近阻力。

对这个分析你是否同意？翻页前请对此情形进行评估。

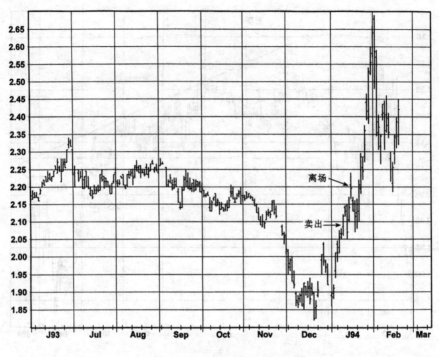

图 14.50b　1994年3月　天然气

离场

　　前面提到的每个阻力价位的显著突破表示这次止跌回升是新的牛市的一部分,而不是熊市的一次反弹。

点评

　　明显的宽顶形(即宽的、延伸的盘整区之后有一个向下回落)的低边出现显著突破,它不可能再保持完整。

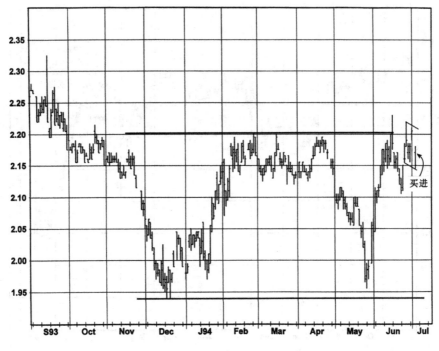

图 14.51a 1994年9月 天然气

进场理由

在宽的、延伸的盘整区的上端附近形成旗形,预示着随即而来的向上突破。

对这个分析你是否同意？翻页前请对此情形进行评估。

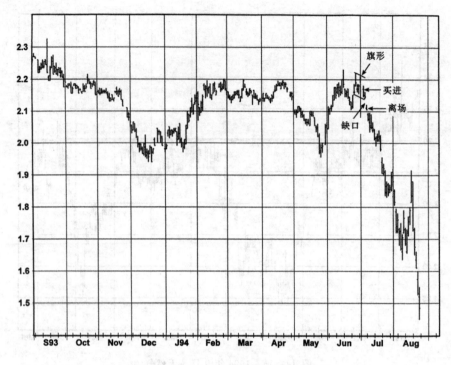

图 14.51b 1994年9月 天然气

离场

旗形的向下突破——下面是一个大缺口——破坏了交易的基本假定。

点评

这次交易提供了一个显著的例证,如果对交易的最初假定同市场行为相反,立即平仓是非常重要的。注意,尽管在最初价格极度崩溃时持有多头仓位,然而坚持这一原则可以使交易损失变小。没有这一原则,这次交易会是一场彻底的灾难。

尽管从表面上看,这像是一次可怕的交易——就在价格极度下滑前买进——但回过头来看,我仍然认为这是一个"好"交易;这次交易开始时遵循的是这样一个模式:如果一直长期做下去就应该能获利,并在发现交易错误的第一个信号时平仓。

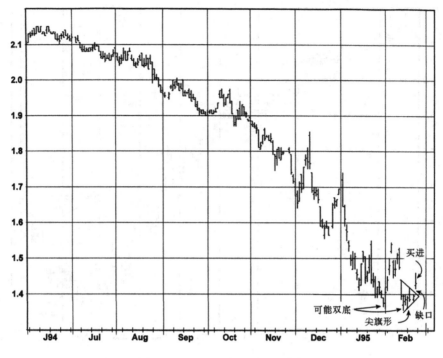

图 14.52a　1994 年 4 月　天然气

进场理由

1. 市场接近多年盘整区（未显示）的低端，这同反向上升的信号相符。

2. 在缺口上方出现了与尖旗形巩固预期相反的向上突破，这是可能形成双底的第一个确认信号。

3. 尽管形成双底的证据还不充分，这次交易的一个吸引人的地方是，由于设置了最近的、合理的止损指令，风险相当小。（最初的止损指令就位于图表上尖旗形的下方。）

对这个分析你是否同意？翻页前请对此情形进行评估。

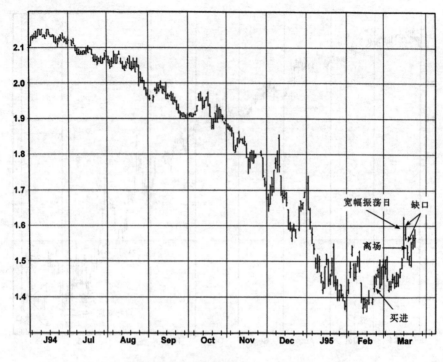

图 14.52b　1994 年 4 月　天然气

离场

宽幅振荡日后的两天内市场又返回范围内——出现下降缺口——这一事实预示着价格下降。

点评

并不总是必须等待底(或顶)的形成有充足证据时才能在预测趋势已经反转的基础上进场。有时,如本交易,如果市场在长期支撑区附近并可以设定一个合理的、低风险的止损指令时,就可以在趋势反转出现早期信号时建仓。

图 14.53a　1993 年 12 月　谷

进场理由

1. 巨大的下降三角形出现向下突破。
2. 三角形下方形成的旗形预示着可能继续下降的趋势。

对这个分析你是否同意？翻页前请对此情形进行评估。

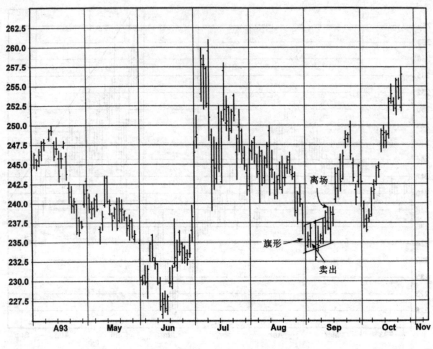

图 14.53b　1993 年 12 月　谷

离场

旗形的与预期相反的突破表示向上的反转已经产生。

点评

尽管交易思路出现致命的错误,但在与交易预测相反的迹象最初显现时离场可以使损失很小。

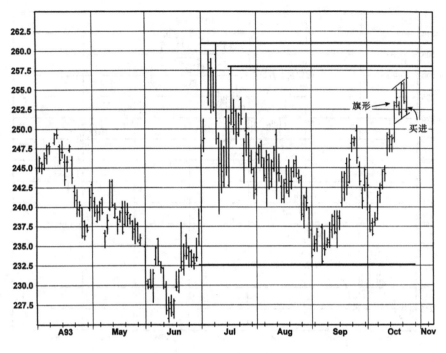

图 14.54a 1993 年 12 月 谷

进场理由

宽的盘整区的上部附近形成旗形,预示着即将来临的潜在上涨。

对这个分析你是否同意?翻页前请对此情形进行评估。

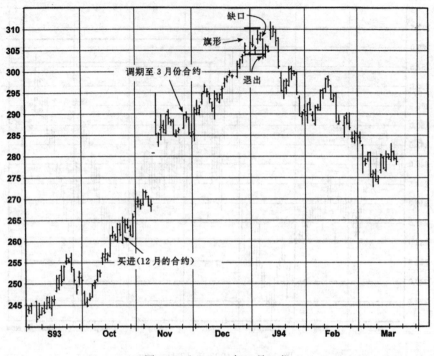

图 14.54b　1993 年 3 月　谷

离场

考虑到实际上一直不间断的上升及市场处于周即期期货图表（未显示）的 1990 年高点的阻力线附近，交易策略是在价格下降的最初迹象出现时平仓。平仓发生在图表指示的退出日，当日形成了一个下降缺口，并且近期的旗形形态也出现向下的适度突破。

点评

促使本交易产生的形态同以前提到过的几个例子中产生假信号的形态是一样的，即在较宽的盘整区上部（或下部）附近形成旗形。尽管如此，要注意的是，有效的信号带来的获利比形态误导时带来的损失要大得多。

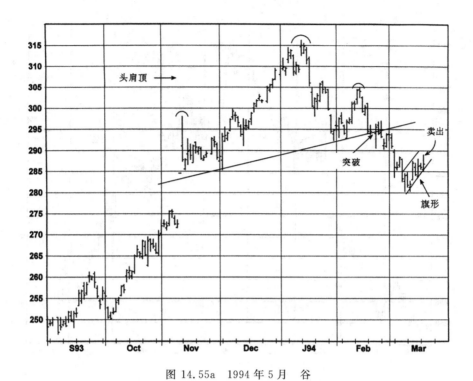

图 14.55a 1994 年 5 月 谷

进场理由

1. 头肩顶形下方的持续突破。
2. 突破后形成的旗形模式预示着下降趋势可能会持续。

对这个分析你是否同意？翻页前请对此情形进行评估。

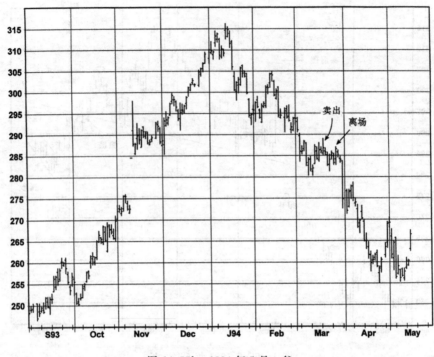

图 14.55b　1994 年 5 月　谷

离场

进入交易不久后,触发了较低的止损指令,收益略好于不赔不赚。

点评

此次交易的止损指令(图表中的退出点)恰恰就在重大的价格崩溃前高一位的最小变动价位触发。有些经历了类似事件变换的交易者会抱怨运气太差(那些自行买卖,自负盈亏的场内交易者也会有这样的抱怨)。此结果并不是运气差的问题,而是交易失误的结果,特别是止损指令设定得太近、太快。像在以前几个例子中提到的那样,交易中的保护性止损指令不应该设置得比最近的重要的技术点更近。此次交易的较低的止损指令恰好设置在一个正在形成的模式中间,而且明显没有什么重要性。具有讽刺意味的是,即使是一个要保持损益平衡的止损指令也本应保持完整。为了试图避免冒任何风险,一次马上到手的巨大获利机会白白丢掉了。教训是:在交易中想不输就不可能赢。

第十四章 现实图表分析

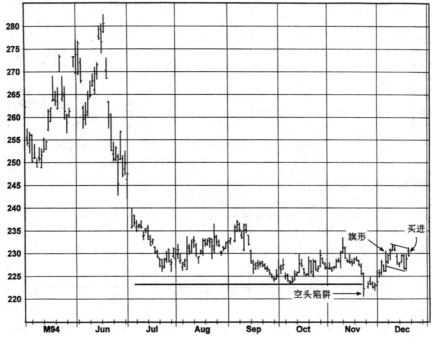

图 15.56a　1995 年 3 月　谷

进场理由

1. 长期图表预示着（未显示）底部可能正在形成。特别是 11 月的低点在支撑区内——即期期货图表中主要低点的集中（在此前 9 年中有 5 个主要的低点在 212—222 区间）显示了这一点；而且它恰好在支撑价位附近——连续期货图表中的 1993 年低点显示了这一点。

2. 一日矛尖形在 5 个月的盘整区下方及随后马上反弹回到盘整区，表现出一个典型的空头陷阱模式。

3. 上升后形成的旗形预示着下一次价格将向上浮动。

对这个分析你是否同意？翻页前请对此情形进行评估。

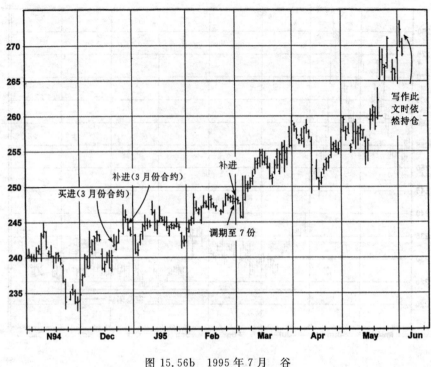

图 15.56b　1995 年 7 月　谷

离场

写作此文时依然持仓。

点评

空头陷阱反转使长期图表中近处的主要支撑显现出来,这是市场可能在底部的有力信号。空头陷阱反转保持的时间越长,它作为主要趋势反转的信号就越可靠。

充分利用察觉到的主要的交易机会(如本例中的交易),当市场发展趋势和模式肯定了最初的交易时建立仓位是非常重要的。在这种情况下,不是保持一个仓位,而是连续补仓,这是交易成功的一个重要因素。关键在于要掌握好补仓时机,以便在附近设置合理的止损指令。用这种方法,就能使整个仓位的风险得到很好的控制。

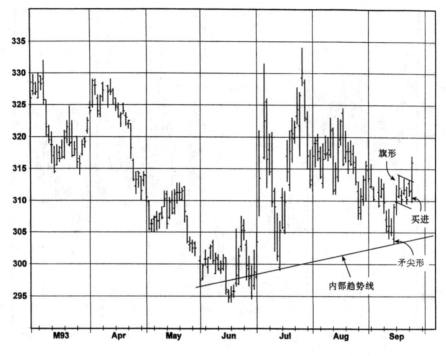

图 14.57a 1993 年 12 月 小麦

进场理由

1. 市场保持在内部趋势线支撑价位上。
2. 矛尖形的低点。
3. 上升后形成的旗形模式。

对这个分析你是否同意？翻页前请对此情形进行评估。

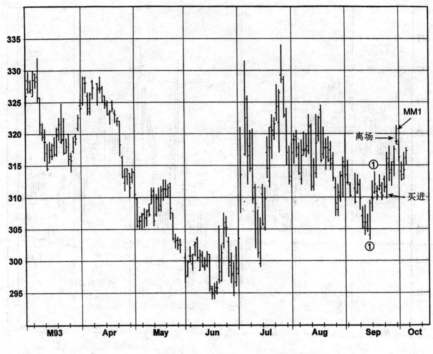

图 14.57b 1993年12月 小麦

离场

达到量度移动目标(MM1)后获利退出。

点评

如果由于获利目标已经达到而平仓(当价格的反向运动不利于持仓时),如果条件合适的话,你需要准备再次进场(见下一交易)。

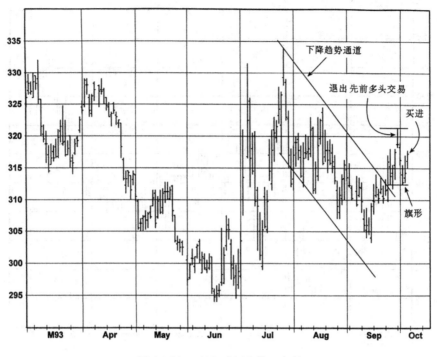

图 14.58a 1993 年 12 月 小麦

进场理由

趋势通道向上突破后形成旗形,预示着价格可能会继续走高。

对这个分析你是否同意?翻页前请对此情形进行评估。

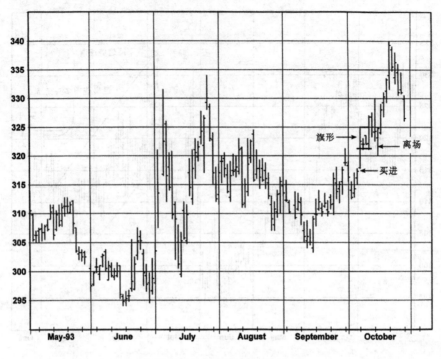

图 14.58b　1993 年 12 月　小麦

离场

价格回落至最近的旗形模式的低端,这是一个短期失败的信号。

点评

尽管这是个净获利的交易,然而在最初显现市场走势失败的信号点上设置保护性止损指令却错过了价格移动的大趋势。这次离场是由于止损指令设在最近的有意义的点上:在有的案例中,这种方法可以让交易者及时脱身;然而,这种方法有时会造成持有好仓时过于草率地平仓(正如此例)。在使用这种止损指令时没有绝对的对与错;这在很大程度上是个人选择问题。一个可能的折中办法是,避免将止损指令设置得比交易前两个星期的损益平衡点更近。这个原则本可以在这次交易中阻止过早地退出。

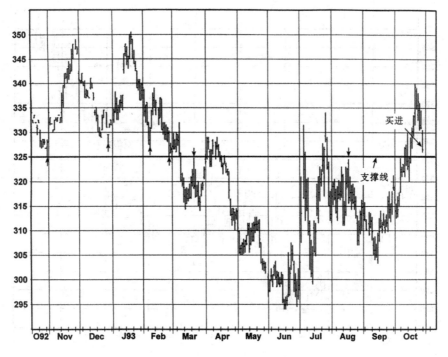

图 14.59a　1993 年 12 月　小麦

进场理由

前边的相对高点和相对低点(如图中垂直箭头所示)的集中形成支撑区,建议在支撑区附近的点建多头仓位。

对这个分析你是否同意?翻页前请对此情形进行评估。

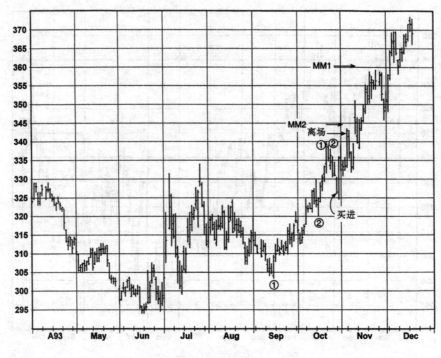

图 14.59b 1993 年 12 月 小麦

离场

在达到两个量度移动目标中较近的一个(MM2)后平仓。

点评

尽管这次交易进行得同计划中的一样——在止升回落的低点买进,在短期的高点下方获利退出——但错失了在价格继续上升过程中可能的获利。注意价格最终上升至更主要的量度移动目标(MM1)。

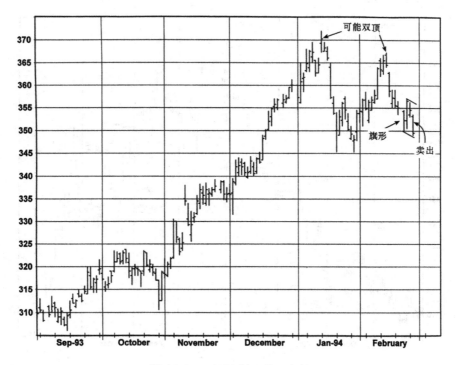

图 14.60a　1994 年 5 月　小麦

进场理由

1. 可能形成双顶。
2. 下降后形成旗形。

对这个分析你是否同意？翻页前请对此情形进行评估。

图 14.60b 1994年5月 小麦

离场

旗形模式出现与预期相反的向上突破。

点评

注意，尽管市场最终合理地下降得更低，但即使设定更宽松的止损指令也很可能已经被 4 月的止跌回升在更差的价位上触发。虽然设置宽松的止损指令来力图抓住长期趋势是个不错的想法，但事实是有的市场趋势是如此具有"弹性"，以至运用这样的方法只能导致在更差的点上退出。

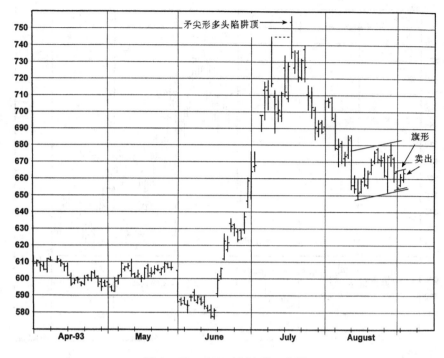

图 14.61a　1993 年 11 月　大豆

进场理由

1. 主要的矛尖形高和多头陷阱顶都预示着可能会出现长期的下降。
2. 在较宽的盘整的低端附近形成旗形,预示着下一次价格将向下波动。

对这个分析你是否同意？翻页前请对此情形进行评估。

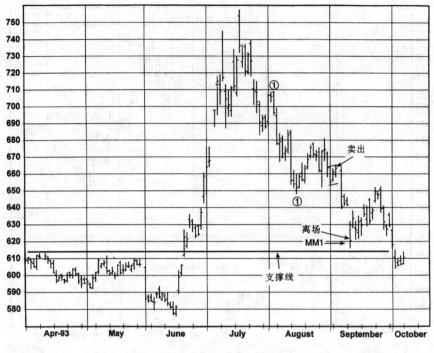

图 14.61b 1993年11月 大豆

离场

因为接近根据量度移动目标与较前的盘整区末形成的顶所显示出的主要支撑,所以获利退出。

点评

如果市场在持续的下降后接近主要的支撑区(或持续上升后接近阻力区),在没有任何趋势反转的迹象时就获利退出是理智的决策。即使价格移动最终会持续,这种情况也有可能会经历至少是暂时的修正,结果很容易会导致平仓效果更差。例如,尽管市场下降最终会延续到退出价位以下,但如果没有获利退出,仓位很有可能在9月的过渡性的止跌回升中平掉。同样,如果可以确定价格行为的变化,则总是有可能在获利退出后再重新进场(见下一次交易)。

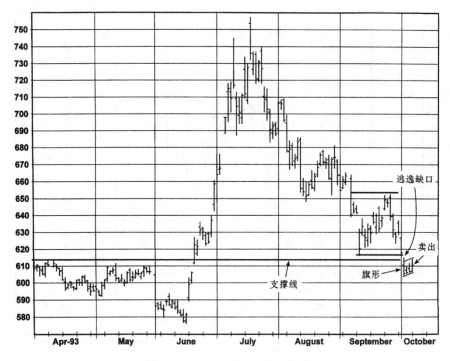

图 14.62a　1993 年 11 月　大豆

进场理由

1. 向下的逃逸缺口。
2. 旗形形成在盘整区和长期支撑线的下方,预示着可能会持续下降。

对这个分析你是否同意？翻页前请对此情形进行评估。

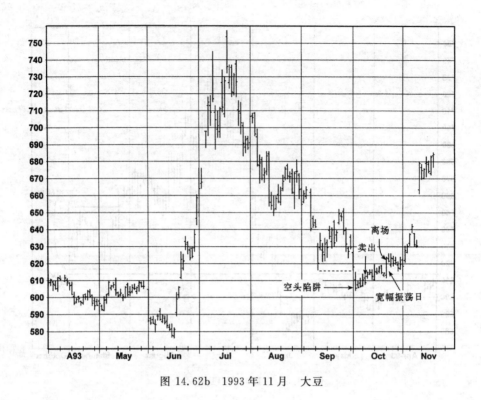

图 14.62b 1993年11月 大豆

离场

1. 在随后几周内，市场一直没能下降，表示可能出现了空头陷阱反转。
2. 在市场低位附近形成向上的宽幅振荡日是一个多头信号。

点评

　　这次交易看起来是在至少是一个次要的下降时进行的。在一个稳定的上升开始之前也只有一个略低的收盘价。关键在于，不管模式显示的多头或空头特征多么强烈，你永远都不能保证任何交易的成功。因此，如果价格行为的变化同预期不符的话，随时准备平仓或转换持仓方向是非常重要的。尽管这个空头仓位几乎是在价格长期下降后的极低点附近建立的，但准备好在价格行为反向运动时对这次交易尽快平仓会使损失相对较小。

第十四章 现实图表分析

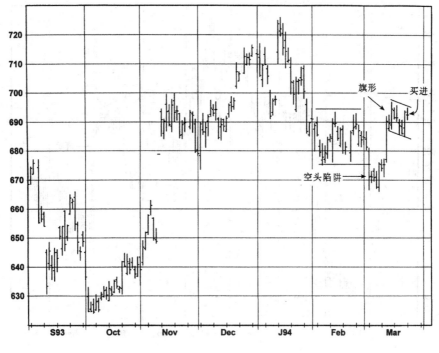

图 16.63a 1994年5月 大豆

进场理由

1. 明显的空头陷阱。
2. 上升后紧接着形成旗形。

对这个分析你是否同意？翻页前请对此情形进行评估。

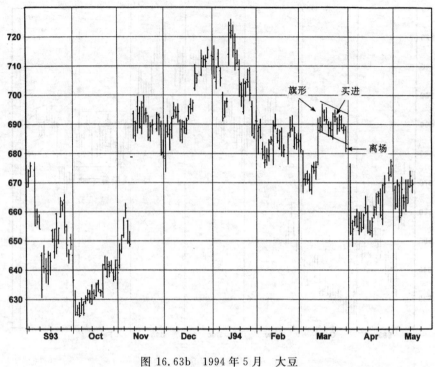

图 16.63b 1994年5月 大豆

离场

当旗形模式出现与预期相反的突破时,平仓。

点评

即使得益于事后聪明,也很难指责进场的决定是错误的——这个模式看起来仍然绝对是多头的。正如本例及别的例子显示的,参照图表模式进行交易是一个概率问题,可保证平均损失大大小于平均获利。尽管如此,实际上所有交易中的很大部分——即便是那些看起来是很有希望的——都会变成失败的交易。在这次交易中,在失败的最初信号出现时平仓使得损失较小。

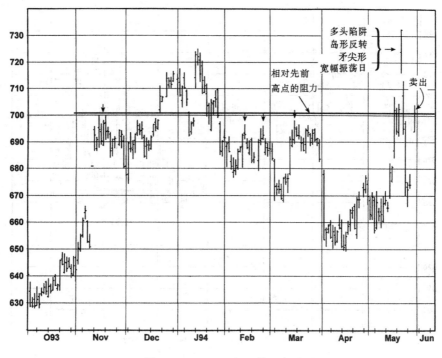

图 16.64a 1994 年 7 月 大豆

进场理由

1. 价格反弹至以前的一些相对高点（如图下指的箭头所示）共同显示的阻力区。
2. 适时出现明显的尖峰，根据以下因素：

a. 多头陷阱；

b. 岛形反转；

c. 矛尖形；

d. 宽幅振荡日。

值得注意的是，上列的所有四个空头模式出现在一天之内！（当然，根据定义，岛形反转模式的形成也包括其前和其后的一段日子。）

对这个分析你是否同意？翻页前请对此情形进行评估。

图 16.64b　1994 年 7 月　大豆

离场

价格回落至前边的相对低点（如图向上箭头所示）共同显示的支撑区时平仓。

点评

尽管按照一般规则，很希望力图跟上趋势直到至少某个反转信号出现。但达到以下综合条件时的交易例外：

1. 在预期方向上迅速而显著地移动；
2. 接近主要支撑区（在建多仓的例子中是主要阻力区）。

这样做的理由是：这些交易特别容易出现突然的回调，即使趋势最后会持续发展，这些调整性的移动也易于导致交易在糟得多的价位上平仓（例如，触发保护性止损指令）。

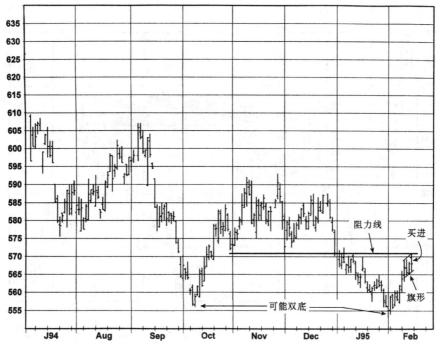

图 14.65a　1995 年 5 月　大豆

进场理由

1. 可能形成双底。

2. 价格反弹至阻力线，随后并不回落，而是形成旗形模式——这预示着价格行为最后可能会突破阻力线。

对这个分析你是否同意？翻页前请对此情形进行评估。

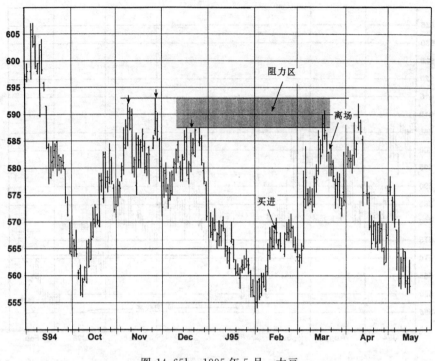

图 14.65b　1995 年 5 月　大豆

离场

　　以前的相对高位(由向下的箭头显示)形成主要阻力区,市场已经达到该阻力区,因此设置很近的保护性止损指令。

点评

　　退出这次交易的理由同退出前一交易的理由非常相似。不同的是,这里在同样的情形下,将保护性止损指令收得很紧(同自动平仓相反)。不能绝对地说这些变化哪一个好些,哪一个差些。收紧止损指令可以在主要趋势的进一步发展中保持某个仓位,而代价则是常常会在一个不那么好的价位平仓。

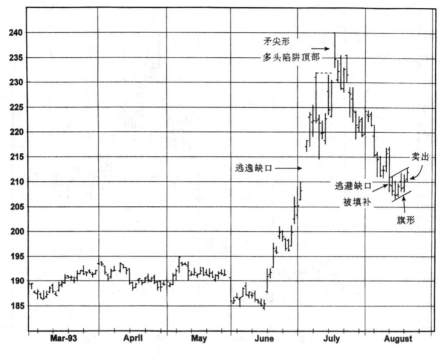

图 14.66a　1993 年 12 月　大豆粉

进场理由

1. 矛尖形和多头陷阱形成主要峰顶。
2. 前边的向上逃避缺口在下降中被填补。
3. 下降后形成的旗形。

对这个分析你是否同意？翻页前请对此情形进行评估。

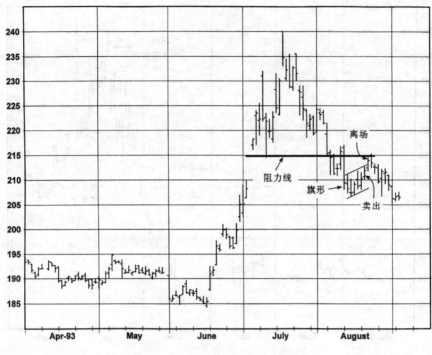

图 14.66b　1993 年 12 月　大豆粉

离场

旗形与预期相反的突破。

点评

这次交易的止损指令设置得太近了。尽管止损指令上有一次旗形向上的小小突破，但价格剧烈振荡指标形成了市场顶部，止损指令正处于此价格范围的低端显示的主要阻力线的附近。止损指令本应该至少在超过阻力线价位的地方设置。教训是：设置止损指令太近会增加而不是降低风险。

第十四章　现实图表分析

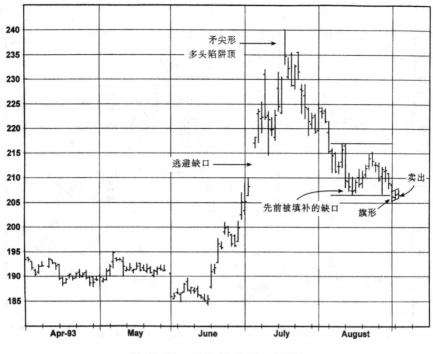

图 14.67a　1993 年 12 月　大豆粉

进场理由

1. 矛尖形和多头陷阱形成主要峰顶。
2. 前边向上的逃避缺口在下降中被填补。
3. 在价格范围低端形成旗形。

对这个分析你是否同意？翻页前请对此情形进行评估。

图 14.67b　1993 年 12 月　大豆粉

离场

由于主要支撑价位和量度移动目标已达到,交易平仓。

点评

如果这次交易看来眼熟,其原因在于:这是上一次交易平仓不到两星期后的同一市场。注意,由于我们认为退出是错误的,就又恢复了这次交易。一般的原则是:如果市场价格行为表明交易平仓是错误的,就恢复仓位,即便这样做意味着在糟得多的价格上重进交易。这个建议说起来简单做起来难。在比退出价位差很多的价格上恢复仓位,是一项特别困难的任务。尽管我在此交易中做对了,但我得承认,在这种情况下,我的交易决定通常并没有如此的远见。

第十四章 现实图表分析

图 14.68a 1993 年 12 月 大豆粉

进场理由

1. 下降后形成的旗形。
2. 下降缺口。

对这个分析你是否同意？翻页前请对此情形进行评估。

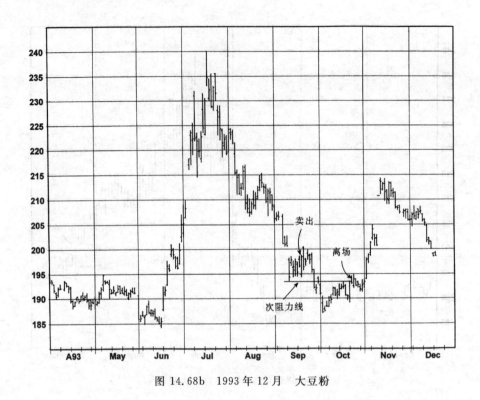

图 14.68b 1993年12月 大豆粉

离场

价格最初从低点反弹后形成相对高点,它和9月巩固的低端形成了次阻力价位。当这个次阻力价位向上突破时平仓。

点评

这次交易又一次感到眼熟,因为它和上次交易部位平仓一个星期后的市场相同。(比较图 14.67a 和图 14.68a)。前次平仓是怕市场可能在接近主要的支撑区并达到一个量度移动目标后至少会出现暂时的反弹。然而市场还是没有反弹,而是进一步巩固,这预示着价格会继续下降,因此要确认重建空头仓位。同样应该注意到,由于在重新进入交易前形成了旗形,因此可以使用相对较近的止损指令。

第十四章 现实图表分析

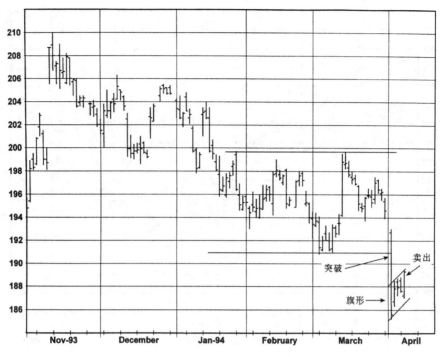

图 14.69a 1994 年 7 月 大豆粉

进场理由

　　在盘整区下方形成向下的突破，随后形成旗形，这是强劲的空头信号。

　　对这个分析你是否同意？翻页前请对此情形进行评估。

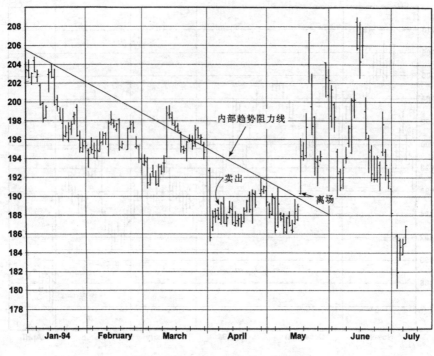

图 14.69b　1994年7月　大豆粉

离场

1. 最初的旗形发展后进入盘整区，破坏了交易的关键性前提。
2. 内部向下趋势线的突破预示着价格向上反转。

点评

　　即便当可靠的图表被证明是误导时，随后的价格行为有时也会提供足够的线索，从而及时平仓以避免任何巨大的损失。

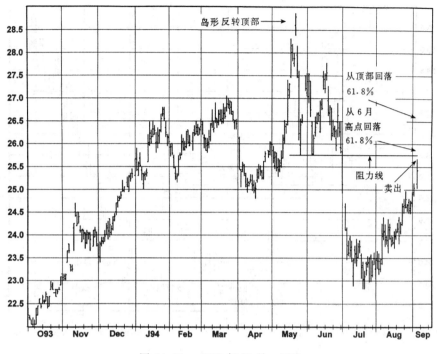

图 14.70a 1994 年 12 月 豆油

进场理由

1. 适时的岛形反转顶部。
2. 五六月间宽盘整区的低端形成了阻力价位,该阻力价位和 61.8% 的回落点的接近(相对于 6 月的最高价),预示着即便底部已经形成,价格还可能会向下降。

对这个分析你是否同意?翻页前请对此情形进行评估。

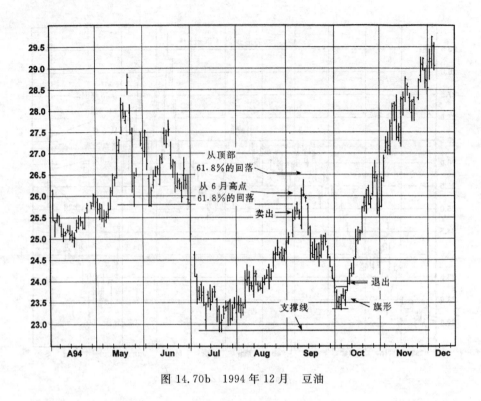

图 14.70b 1994 年 12 月 豆油

离场

1. 由于达到主要支撑价位,明显降低了止损指令。
2. 与预期相反的旗形的向上突破可能是向上反转的信号。

点评

尽管价格上升稍许超过了预期的阻力区,但基本的交易假设证明是正确的。最初的止损指令设定在稍许超过较高的那个 61.8% 的回落点之上。这次交易是一个好的例证,表明不把最初的保护性止损指令设置得太近是非常重要的。

第十四章 现实图表分析

图 14.71a 1994 年 12 月 燕麦

进场理由

在上升趋势通道的低端形成旗形,预示着可能出现向下的突破。

对这个分析你是否同意?翻页前请对此情形进行评估。

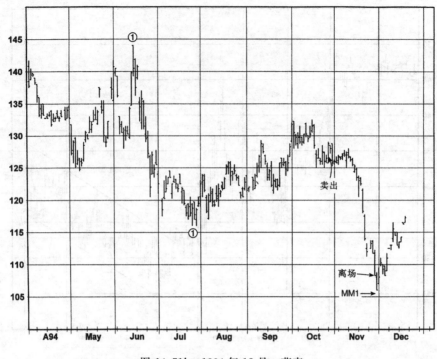

图 14.71b 1994年12月 燕麦

离场

由于市场接近非常重要的量度移动目标(MM1),因此保护性止损指令设置得极近。

点评

如果要市场以非常快的速度几乎达到一个主要的目标,一般建议是要么获利平仓,要么大幅收紧止损指令。在这个例子中,至少暂时趋势逆转的危险超过了更进一步短期获利的可能。

第十四章 现实图表分析

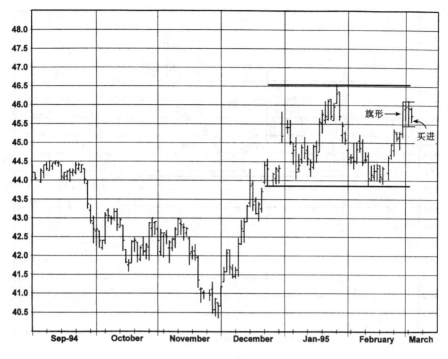

图 14.72a　1995 年 6 月　生猪

进场理由

在盘整区的上端附近形成旗形，预示着可能出现向上的突破。

对这个分析你是否同意？翻页前请对此情形进行评估。

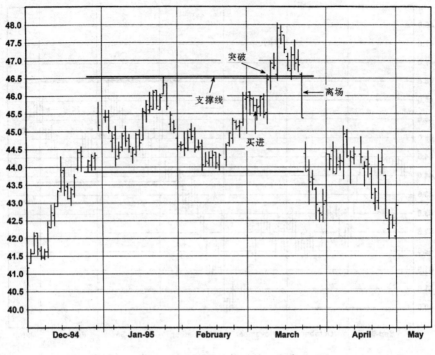

图 14.72b　1995 年 6 月　生猪

离场

在宽幅振荡日以上出现向上突破,此后形成的巩固又向下突破,这是价格失败的信号。

点评

尽管后来证明引发这次交易的图表形态指示有误,但事实上,它正确地预测了下一个小的价格上升的方向,这仍然使交易结果是净获利的。

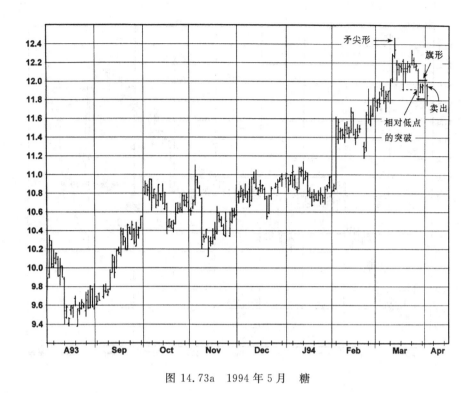

图 14.73a 1994 年 5 月 糖

进场理由

1. 矛尖形高点。
2. 相对低点的突破。
3. 下降后形成旗形,预示着下一次价格移动的方向可能也会是向下的。

对这个分析你是否同意?翻页前请对此情形进行评估。

图 14.73b 1994年5月 糖

离场

1. 当价格向预期的方向大范围迅速移动时,急剧降低保护性止损指令的位置。
2. 一个宽幅振荡日的收盘无力,随后出现反弹而不是继续向下,这是可能出现趋势向上反转的最初警告信号。

点评

这次交易表明,即使在那种交易价格浮动范围较大的市场——通常在这种市场紧跟趋势将会导致灾难性的后果——运用短期的图表形态来确定进场或离场的时机,有时也可能会产生获利的结果。

图 14.74a　1995年7月　糖

进场理由

1. 楔形顶预示着可能会是长期的熊市。
2. 在宽盘整区的低端形成狭窄巩固,预示着可能出现向下的突破。

对这个分析你是否同意?翻页前请对此情形进行评估。

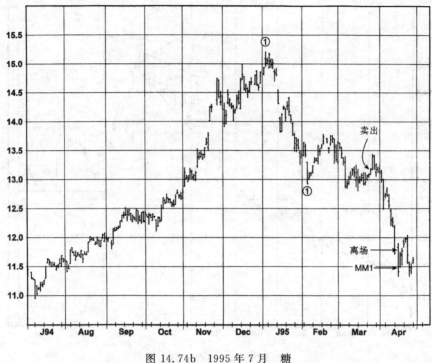

图 14.74b　1995 年 7 月　糖

离场

由于接近主要量度移动目标（MM1），因此急剧降低保护性止损指令的位置。

点评

刚开始交易时，不使用极近的止损指令一般是个很好的主意。例如，如果这次交易中最初止损指令的设置刚刚高于在宽盘整区里的狭窄巩固，交易结果就不会是迅速的大幅获利，而是小小的损失。作为一般规则，一旦交易已经开始了一两个星期，或市场向预期的方向移动，就可以设置止损指令了。例如，在这次交易中，止损指令的设置没有低于最初狭窄巩固的顶部附近，直到价格在盘整区下方突破。

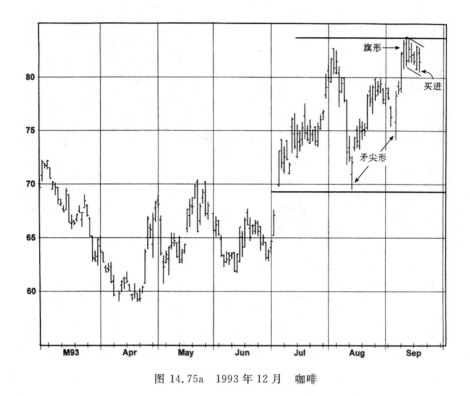

图 14.75a　1993 年 12 月　咖啡

进场理由

1. 在持续的牛市中,两个矛尖形看起来像相对低点。
2. 在宽幅振荡日的高点附近形成旗形,预示着可能出现向上的突破。

对这个分析你是否同意？翻页前请对此情形进行评估。

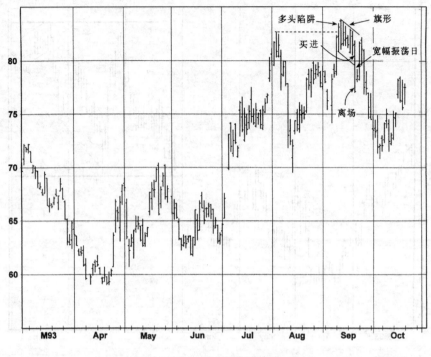

图 14.75b 1993 年 12 月 咖啡

离场

1. 旗形出现向下的明显突破。
2. 宽幅振荡下降日。
3. 价格暴跌,使得旗形的上部看起来像是多头陷阱。

点评

　　如果图表变化非常剧烈,则仓位甚至要在交易的当日平掉——就像这个特殊交易案例的情况。附带说一句,这个点评和前边交易的点评没有冲突。在本例中,图表的变化足以使图表指示从净多头变为净空头。(在上一个交易中,价格的短期运动只是使得最初的空头图表指示变得不那么明显,而不是产生了趋势逆转。)同时,即使在进入的当天平仓,这次交易的止损指令也没有极度地靠近。

图 14.76a　1994 年 7 月　咖啡

进场理由

1. 价格持续上扬后出现极高的矛尖形高点,预示着可能形成主要顶部。
2. 下降后形成旗形,预示着下一次的价格变化会是向下的。

对这个分析你是否同意?翻页前请对此情形进行评估。

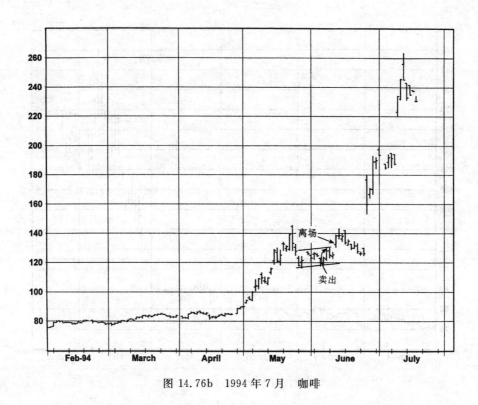

图14.76b 1994年7月 咖啡

离场

旗形模式与预期相反的向上突破,同基本的交易假设之一相冲突。

点评

有时,看起来是个主要的顶部,后来却被证明只是一个次要的峰顶。这次交易是一个很好的例证,它说明了为什么那些不按常规制订交易退出计划的交易者不可能长期地留在游戏中。

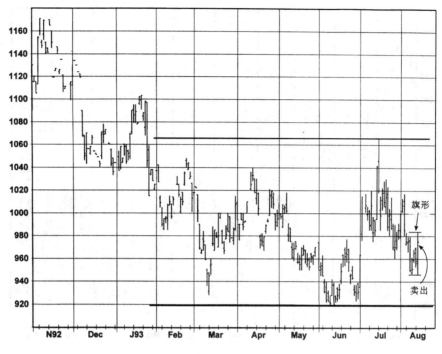

图 14.77a 1993 年 12 月 可可

进场理由

在延续的宽盘整区低端附近形成旗形,预示着可能出现向下突破。

对这个分析你是否同意?翻页前请对此情形进行评估。

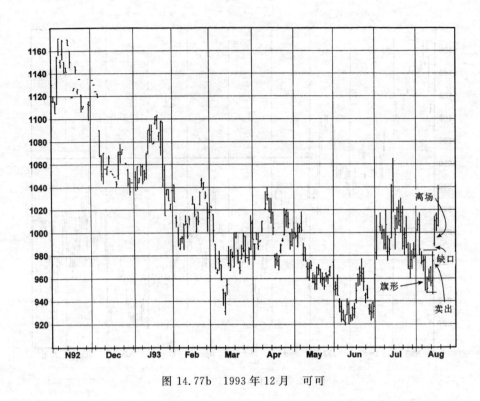

图 14.77b　1993 年 12 月　可可

离场

旗形急剧的向上突破——出现缺口和前一交易一样——否定了交易假设。

点评

如果交易不像预期那样发展,考虑加入另一方通常是个不错的主意(见下一交易)。

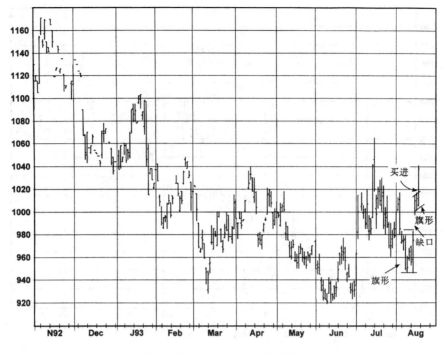

图 14.78a 1993 年 12 月 可可

进场理由

1. 与预期相反的旗形的向上突破（和前一交易平仓的理由相同）。
2. 另一旗形出现向上突破。

对这个分析你是否同意？翻页前请对此情形进行评估。

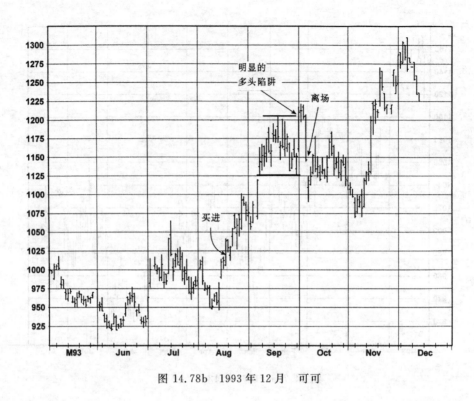

图 14.78b　1993 年 12 月　可可

离场

价格持续上升后形成明显的多头陷阱,与此相应,平仓。

点评

即便最初的交易想法是个致命的错误(图 14.77b),但退出最初交易的几天后情愿转向另一方向,从而使得本来是净损失的交易实现了重要的收获。这样的"不够忠诚"是交易者的一个重要特征。

第十四章 现实图表分析

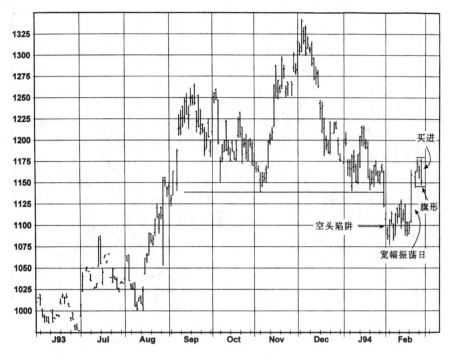

图 14.79a 1994 年 5 月 可可

进场理由

1. 空头陷阱。
2. 宽幅振荡上升日。
3. 上升后形成旗形。

对这个分析你是否同意？翻页前请对此情形进行评估。

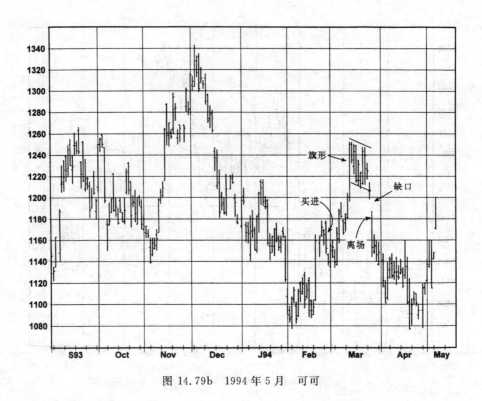

图 14.79b　1994 年 5 月　可可

离场

旗形出现向下突破并形成大缺口,预示着至少是暂时的价格失败。

点评

注意,市场最终回落到合约的最低价,从这点来说,最初的交易想法是错的。然而,在短期图表形态(如旗形)的基础上确定进入和退出时机,使得交易获得了净收益。

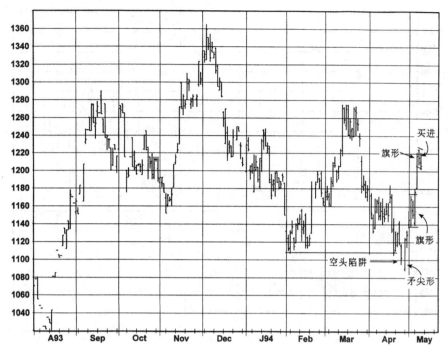

图 14.80a 1994年7月 可可

进场理由

1. 空头陷阱。
2. 矛尖形低点。
3. 上升后形成旗形。

对这个分析你是否同意？翻页前请对此情形进行评估。

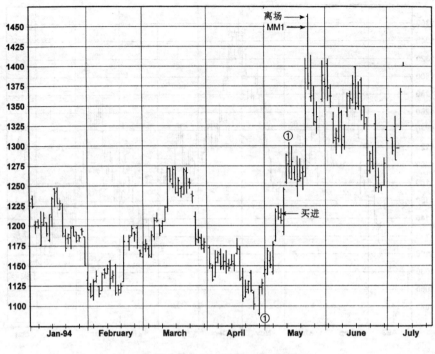

图14.80b 1994年7月 可可

离场

进入交易后很快达到主要的量度移动目标。

点评

尽管"钱生钱"的老格言通常是正确的,但我认为当市场很快达到主要的目标区域时应作例外考虑。理由是:即便长期趋势最终会持续——这是很有可能的——但这样的市场尤其容易产生调整性的价格移动,这些价格移动足以触发大多数的保护性止损指令。(有些读者可能想知道,为什么我坚持在超过量度移动目标的地方设定一个获利目标。我没有。市场在开盘时就在我的获利目标上方。)

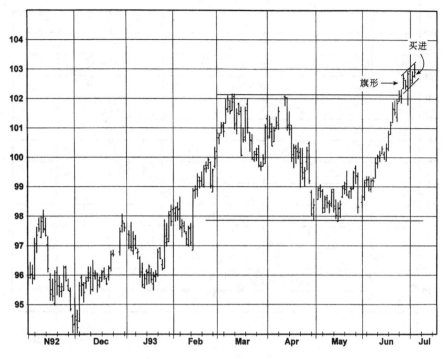

图 14.81a 金边证券连续期货(日图)

进场理由

宽盘整区上方形成旗形模式,预示着可能出现价格上升。

对这个分析你是否同意?翻页前请对此情形进行评估。

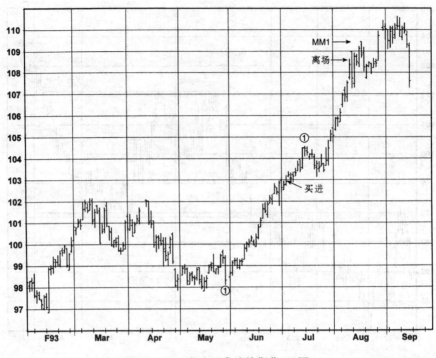

图 14.81b 金边证券连续期货(日图)

离场

由于迅速接近一个主要的量度移动目标,而且中间没有出现调整,因此获利平仓。

点评

说到潜在的危险,我认为对于实现交易目的来说,在宽盘整区上方形成旗形是较有价值的图表形态之一。

读者可能注意到了,在金边证券市场中,所有的交易案例用的都是连续期货的价格序列。原因是金边证券期货是具有高度流动性市场的完美样板。在此市场中,实际上所有的交易都集中在最近的合约上,直至接近合约期满。结果,一般不可能在足够长的时间段内产生单独的合约图表以进行适当的图表分析。

第十四章 现实图表分析

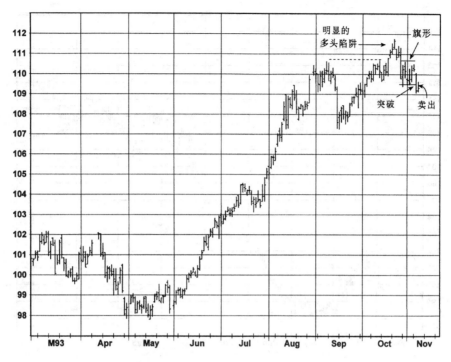

图 14.82a 金边证券连续期货（日图）

进场理由

1. 明显的多头陷阱。
2. 旗形的向下突破。

对这个分析你是否同意？翻页前请对此情形进行评估。

图 14.82b 金边证券连续期货(日图)

离场

价格反弹回旗形的顶部,最初的交易假设变得不确定了。

点评

理论上说,我们要等 4—5 个星期,才能断定一个多头陷阱(或空头陷阱)的信号是有效的。当然,如果真是有效信号,等这么长的时间会导致在更糟的价格进入交易。在这次交易中,我有意地提前进入,以得到一个更好的进入价格。同时由于交易是否适当尚待确认,就用一个非常近的止损指令来控制风险。结果是,即便交易想法是错误的,损失也很小。顺便提一句,等至少 4 个星期来确认多头陷阱的信号已经同时避免了损失。

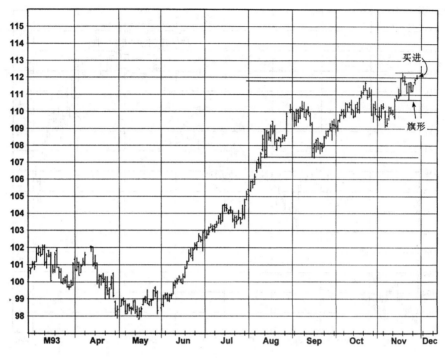

图 14.83a 金边证券连续期货（日图）

进场理由

宽盘整区的顶部附近形成旗形，预示着可能出现又一次上升。

对这个分析你是否同意？翻页前请对此情形进行评估。

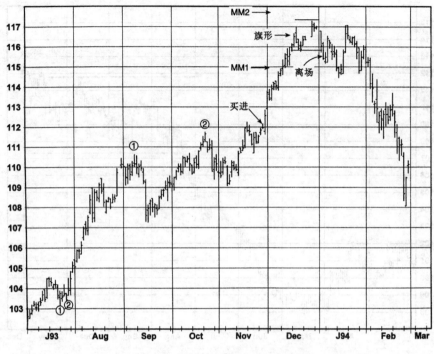

图 14.83b　金边证券连续期货(日图)

离场

市场超过了近的量度移动目标(MM1)，并几乎达到更重要的量度移动目标(MM2)，保护性止损指令设置在最近的有意义的技术点——在此例中是最近旗形的向下突破点。

点评

注意：这次交易是在止损退出交易后不久以相反方向(见图 14.82b)进入的。当市场行为证明最初的假设是错的时，转变观点的能力是交易成功的重要特征。尽管最初完全错误，结果(选择相反方向的交易后)却是明显获利。这是由于损失被迅速弥补后还一直持仓，直到出现市场走弱的最初信号。

这次交易还表明，在旗形反趋势突破上的退出位置是用来限制尚未平仓的利润损失的有效手段。

第十四章 现实图表分析

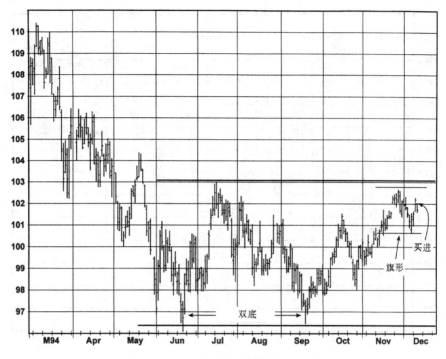

图 14.84a　金边证券连续期货（日图）

进场理由

1. 双底。
2. 宽盘整区顶部附近形成旗形。

对这个分析你是否同意？翻页前请对此情形进行评估。

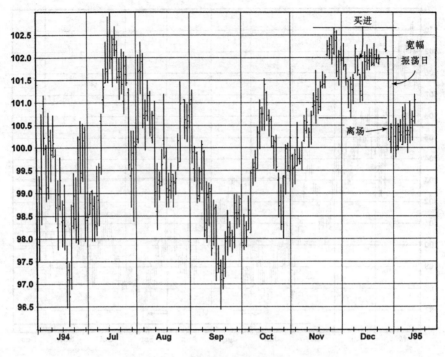

图 14.84b　金边证券连续期货(日图)

离场

　　宽幅振荡日中旗形出现向下突破预示这是错误的交易。

点评

　　比较一下本交易(图 14.84a)与前次交易(图 14.83a)是有益的。两个图表形态和交易假设都非常相似。然而前次交易获得重要成功，而本次交易却失败了。关键的问题是不可能一开始就能确切地区分根据图表得来的交易思路正确还是错误。交易的成功靠的不仅是在交易选择过程中正确区分哪个能获利，哪个会损失，而是始终要让失败交易中的损失比成功交易中的获利小得多。

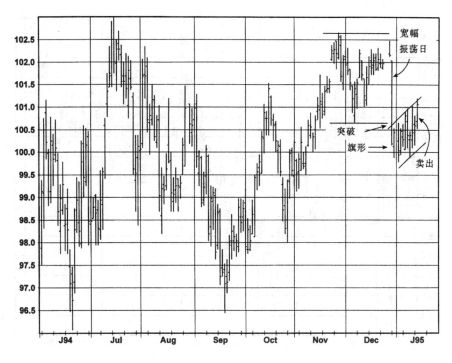

图 14.85a 金边证券连续期货(日图)

进场理由

1. 横向巩固的向下突破。
2. 在相对高点附近形成的宽幅振荡日。
3. 下降后形成的旗形巩固。

对这个分析你是否同意?翻页前请对此情形进行评估。

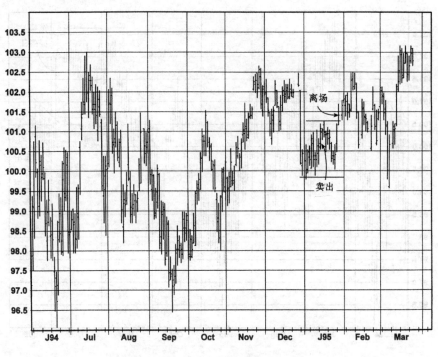

图14.85b 金边证券连续期货(日图)

离场

旗形出现向上突破否定了交易构想。

点评

注意：前次交易平仓后才两个星期，就进入本次交易，并且与前次交易的执行方向相反。在本例中，反转原交易方向的意愿只是导致了另一次损失。没有什么是绝对可靠的。

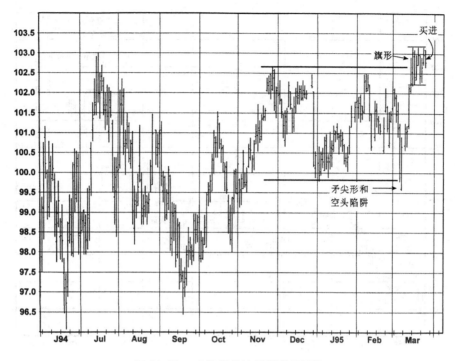

图 14.86a 金边证券连续期货(日图)

进场理由

1. 空头陷阱。
2. 矛尖形低点反转。
3. 宽盘整区的顶部附近形成旗形。

对这个分析你是否同意？翻页前请对此情形进行评估。

期货交易技术分析(修订版)

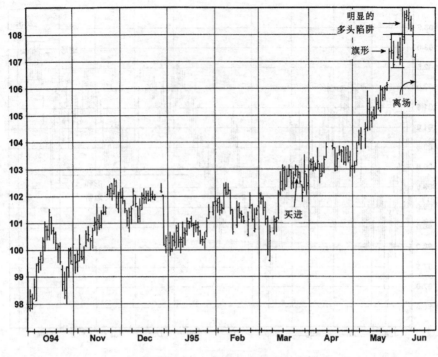

图 14.86b 金边证券连续期货(日图)

离场

前边旗形显著向下突破确认了明显的多头陷阱。与之相应,交易平仓。

点评

注意:这次交易基本上在更高的价位恢复了上上个交易(图 14.84a)的多头仓位。换句话说,经过了两次损失后,最初的仓位又在更糟的价位上重新建立了。然而这次交易是成功的,获利不止抵消而且超过了前两次的损失。教训是:只要证明你用的方法可以在长期内获利,你就要坚持一直使用,即使它产生了几次连续的损失。

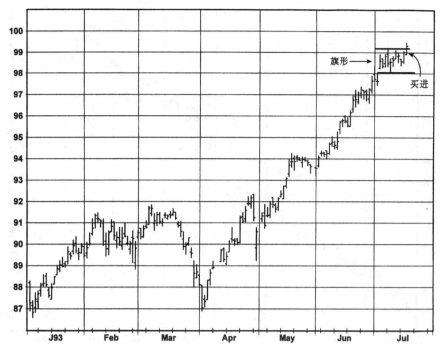

图 14.87a　意大利债券连续期货（日图）

进场理由

上升趋势后形成旗形巩固，预示着上升趋势会继续。

对这个分析你是否同意？翻页前请对此情形进行评估。

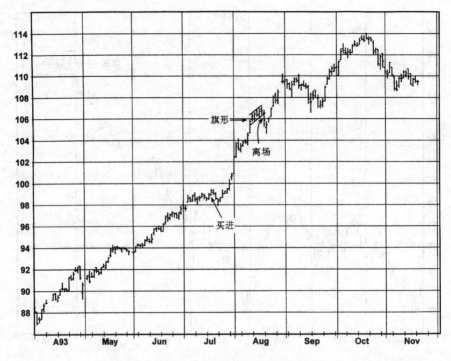

图 14.87b 意大利债券连续期货(日图)

离场

价格大幅上升后形成的旗形向下突破,预示着有至少是暂时的趋势反转的危险。(在阐述所有的意大利债券交易时用连续期货,理由同金边证券相似。实际上这类市场的所有交易都集中在最近的合约中,直到合约到期为止。这样它产生的单独合约图表没有充足持续期来进行适当的图表分析。)

点评

这次交易阐述了两个观念:

1. 市场已经经历了一次大的上升这一事实,并不一定意味着时机太迟以至不能买进。

2. 即便市场已经经历了一次大的上升,通过等待合适的图表形态,选择一个相对较近的、技术上有指示意义的止损点仍是可能的。(此次交易中,就在进入交易前形成了狭窄巩固,最初的止损指令设置在这一形态之下一点。)

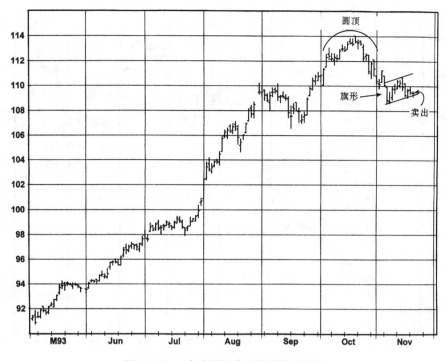

图 14.88a 意大利证券连续期货(日图)

进场理由

1. 圆顶形态。
2. 下降后形成的旗形。

对这个分析你是否同意?翻页前请对此情形进行评估。

图 14.88b 意大利证券连续期货（日图）

离场

矛尖形低点和宽幅振荡上升日（两者是在同一天）指示出可能出现向上反转，于是敏捷地将止损指令降低到盈亏平衡点附近。

点评

尽管经过更长一段时间就会证明交易想法是错误的，因为市场在最初的暴跌之后急速向更高位移动，但是根据变化的图表形态进行调整，结果是获得了收支平衡而不是失败。同时，在说明价格宽幅振荡日是趋势反转的指标这一点上，本交易也是一个好例子。

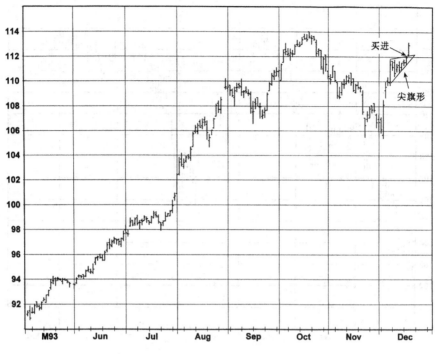

图 14.89a 意大利债券连续期货（日图）

进场理由

急剧上升后形成尖旗形巩固，预示着可能出现又一次上升。

对这个分析你是否同意？翻页前请对此情形进行评估。

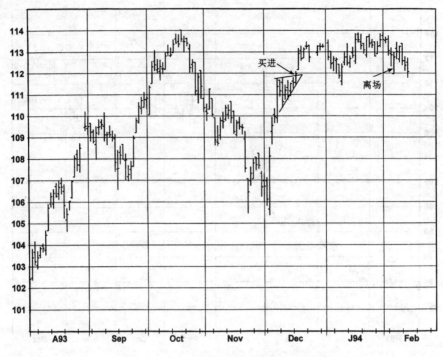

图 14.89b　意大利债券连续期货（日图）

离场

　　尖旗形巩固上方出现突破之后,市场横向移动的时间太长,这使得图表丧失了多头特征。因此,止损指令被提高到进入点上。

点评

　　这次交易平仓后不久,图表已经变形,足以保证反方向建仓——见下一交易。

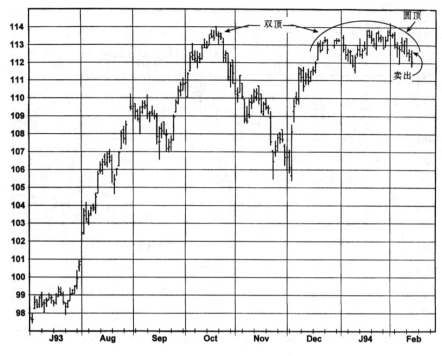

图 14.90a　意大利债券连续期货（日图）

进场理由

1. 双顶。
2. 圆顶（双顶的后半部分）。

对这个分析你是否同意？翻页前请对此情形进行评估。

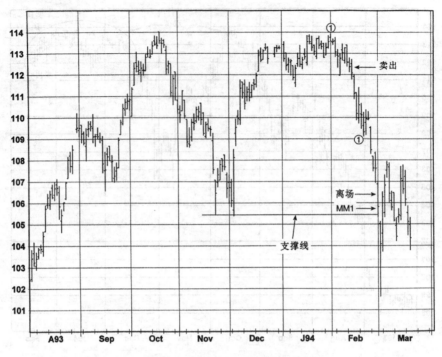

图 14.90b　意大利债券连续期货(日图)

离场

获利目标已实现,交易平仓。11月底到12月初的低点和量度移动目标(MM1)形成了支撑价位,交易目标设置在刚刚超过支撑价位的点上。

点评

最初,即不到两个月以前,我在市场上以多头身份交易。这个空头仓位就是在平掉多头仓位一星期后建的(见图14.89b)。重要的是,不仅能在错误的时候平仓,而且更理想的是,能进行相反方向的交易。掉转早先战略的结果是,虽然最初的交易(多头仓位)是错误的,我最后还是赢得了大笔净获利。

这次交易同时阐明了怎样用量度移动目标和此前的相对低点(或相对高点)来决定获利目标。尽管市场在我离场后急剧下降,但它此后又向更高处移动。一个保护性跟踪止损指令无疑会导致以更糟的价格离场。

作为一般原则,当交易符合所有以下三个标准时,平仓获利是明智的:

1. 尚未平仓的利润很大;
2. 利润实现得很迅速;
3. 量度移动目标实现了或几乎实现。

理由:在这种情形下,即便市场最终在交易方向上走得更远,它刚开始时通常会做出调整,这些调整足以触发大多数跟踪止损指令。

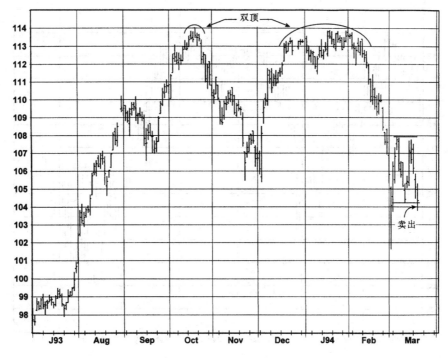

图 14.91a 意大利债券连续期货(日图)

进场理由

1. 双顶。
2. 巩固形态出现向下突破。

对这个分析你是否同意?翻页前请对此情形进行评估。

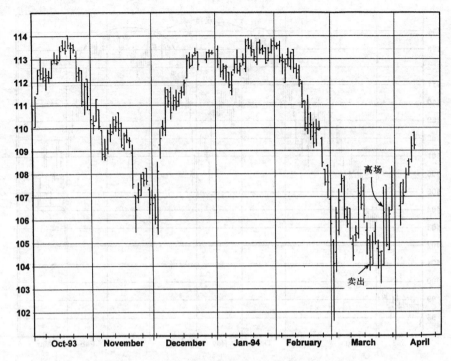

图 14.91b 意大利债券连续期货(日图)

离场

市场急剧反弹回巩固,保护性止损指令被激活。

点评

平掉损失的交易并不一定意味着永远地放弃这个交易。在更好的价位上回到交易也是很有可能的——就像本案例中的情况(见下一交易)。把交易看作是一锤子买卖是错误的。只要交易行得通,就可以重新进入。

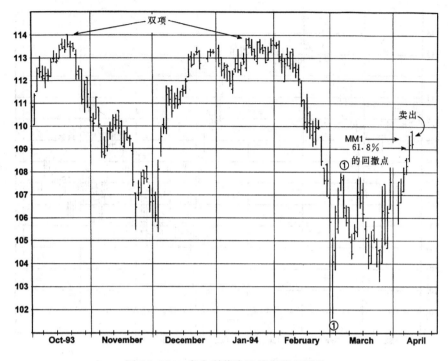

图 14.92a　意大利债券连续期货(日图)

进场理由

1. 双顶。

2. 量度移动目标(MM1)和 61.8% 的回撤点在相同的价格附近聚合。据此,预计会出现阻力。

对这个分析你是否同意？翻页前请对此情形进行评估。

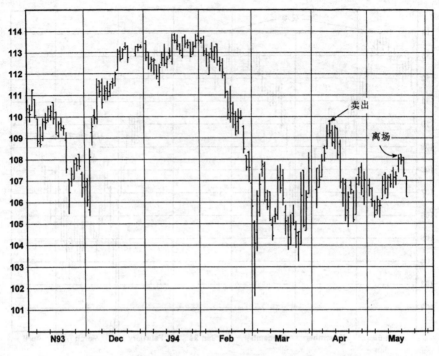

图 14.92b　意大利债券连续期货（日图）

离场

在降低了的保护性止损指令上平仓。

点评

如果有足够的理由相信主要趋势还可能向下发展，当止跌回升发展至预期的阻力线时卖出，这是一个非常好的进入点。换句话说，当长期趋势是向反方向发展的时候，反趋势交易可能是个好策略。

事后来看，我把保护性止损指令降得太近，太快。不过还是看下一个交易。

第十四章 现实图表分析

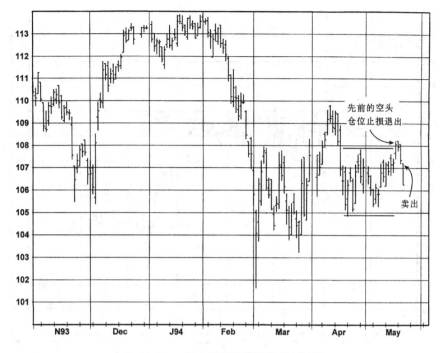

图 14.93a 意大利债券连续期货（日图）

进场理由

　　这次交易是以前交易的重新进入，因为进入最初交易的所有理由仍然适用。向上的突破引发了前次交易中较低的保护性止损指令，但这一突破没有坚持到底，看起来像是个假移动。因此重新建仓。

　　对这个分析你是否同意？翻页前请对此情形进行评估。

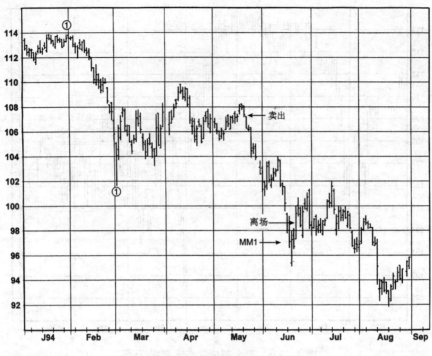

图 14.93b　意大利债券连续期货（日图）

离场

达到了量度移动目标（MM1），因此急剧降低保护性止损指令的位置。

点评

如果你在市场反弹到极点附近时止损退出，而市场的反弹却是明显的虚假突破，你又仍然对交易满怀信心，那么就咬紧牙关重新进入。本交易是这个策略的又一例证：即交易是个持续的过程，不能因为止损退出就看作是交易的完结。在止损退出之后愿意重新进入交易可以从本来已经错过的交易重要机会里赚取大量利润。

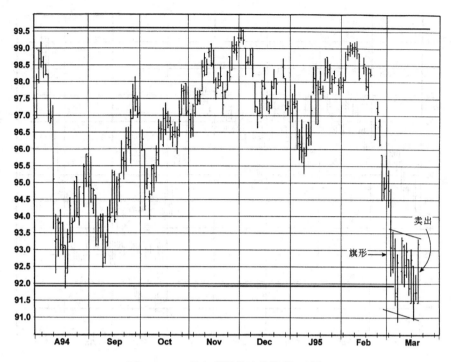

图 14.94a 意大利债券连续期货（日图）

进场理由

宽幅盘整区低端附近形成旗形巩固，预示着可能出现又一次下降。

对这个分析你是否同意？翻页前请对此情形进行评估。

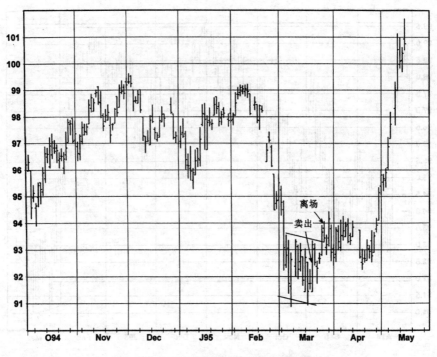

图 14.94b 意大利债券连续期货(日图)

离场

旗形出现向上突破,破坏了交易假设。

点评

在第一个指示性证据表明交易假设错误时抽身,可以避免灾难性的结果。这是又一个例证。

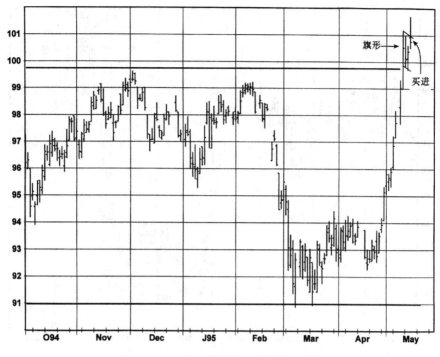

图 14.95a 意大利债券连续期货(日图)

进场理由

宽幅盘整区的上方形成窄幅旗形巩固,预示着价格会继续上升。

对这个分析你是否同意?翻页前请对此情形进行评估。

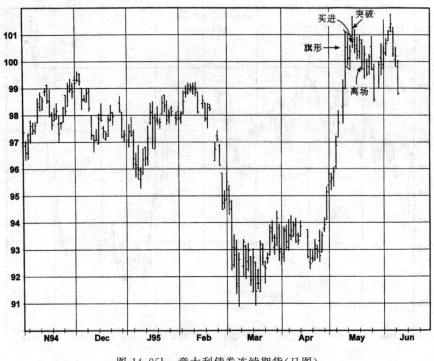

图 14.95b　意大利债券连续期货(日图)

离场

旗形向上突破后又回到旗形的低端,这代表着短期内的价格失败。

点评

用旗形和尖旗形巩固作为交易指示的魅力之一是,即便这些形态的市场暗示是错误的,但根据这些模式进行的交易通常能保持相对较小的风险。

第十四章 现实图表分析

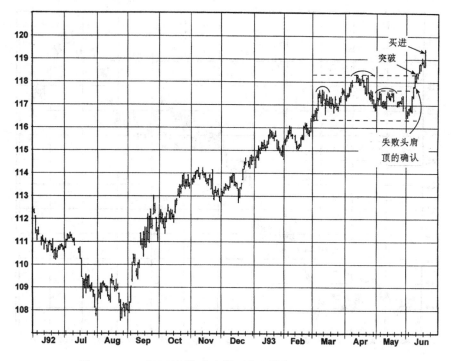

图 14.96a 法国国际期货交易所名义债券连续期货（日图）

进场理由

1. 失败头肩顶的确认。
2. 前次盘整区上方的持续突破。

对这个分析你是否同意？翻页前请对此情形进行评估。

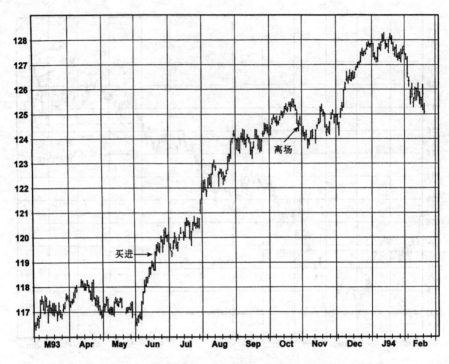

图 14.96b　法国国际期货交易所名义债券连续期货(日图)

离场

　　在价格大幅上升后,将跟踪止损指令设置得很近。跟踪止损指令导致平仓。

点评

　　典型图表形态的预期发展失败,如这个例子中头肩形态的失败,通常是绝好的交易信号。

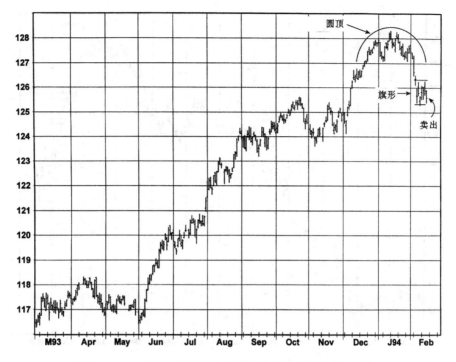

图 14.97a　法国国际期货交易所名义债券连续期货（日图）

进场理由

1. 圆顶形指示可能是主要高点。
2. 下降后形成旗形巩固，预示着下一次价格变化的方向也会是向下的。

对这个分析你是否同意？翻页前请对此情形进行评估。

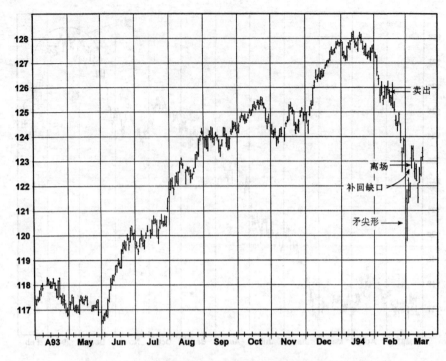

图 14.97b 法国国际期货交易所名义债券连续期货（日图）

离场

急剧下降的矛尖形低点和前边的下降缺口被填补，都是预示可能出现趋势反转的强烈信号。

点评

尽管长期图表仍然显示主要的顶部已经形成，交易退出时的短期行为却显示了可能出现暂时的趋势反转。我的想法是首先锁定获利，然后等待将来价格反弹时重新进入空头仓位。

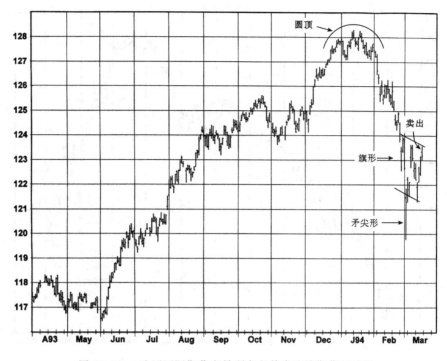

图 14.98a 法国国际期货交易所名义债券连续期货（日图）

进场理由

1. 这个空头仓位代表重新进入此前的交易，后者在一个多星期前已经平仓（见图 14.97b）。交易的基本前提仍然是大跨度的圆顶形态——这个模式预示着主要的高点得以形成。

2. 如果不看矛尖形，这个图表表明价格已经形成了旗形巩固——这个形态预示潜在的另一次下降。卖出点选择在接近这个形态的顶部。

对这个分析你是否同意？翻页前请对此情形进行评估。

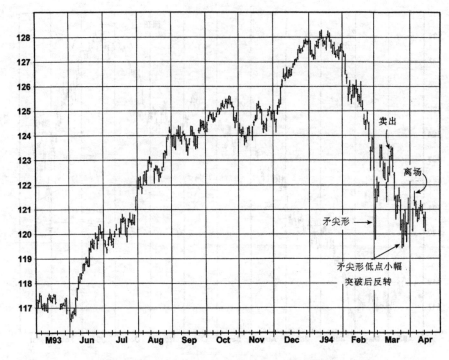

图 14.98b 法国国际期货交易所名义债券连续期货（日图）

离场

　　矛尖形低点突破后反转，与此相应，降低的止损指令导致平仓。

点评

　　当出现明显的矛尖形时——就像进入这个交易时那样，解释图表时常常只当矛尖形不存在，这种方法很管用。这样解释图表的原因在于：矛尖形通常代表了在市场中由于感情用事而导致的偏差，这样就扭曲了较宽的图表形态。

　　事后看来，这次交易中的保护性止损指令显然设置得太近了。但在当时，矛尖形低点出现突破之后价格反弹，使价格看起来有可能继续上升，一直涨至上月盘整区的上部。最初的计划是在价格上升时重新进入。交易是重新进入了，但却是在市场反弹无法持续时（见下一交易）。

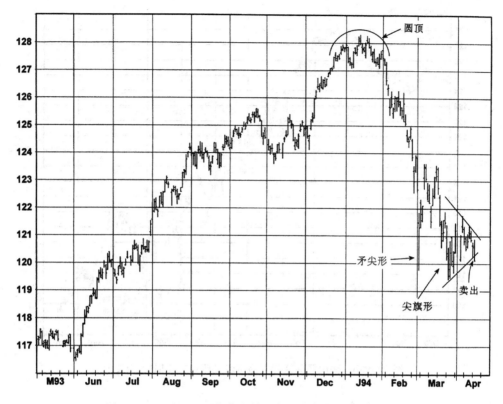

图 14.99a 法国国际期货交易所名义债券连续期货(日图)

进场理由

1. 盘整区的低端附近形成尖旗形,预示着可能出现向下突破。
2. 价格回落到前边的矛尖形低点,这是看跌信号。
3. 长期图表仍然由一个看跌的圆顶形态支配。

对这个分析你是否同意?翻页前请对此情形进行评估。

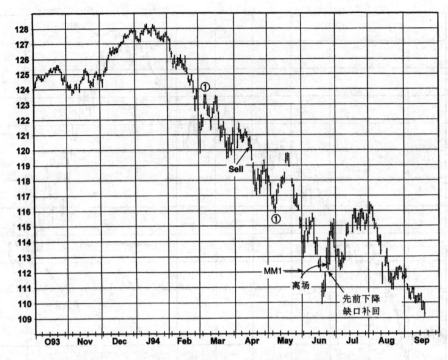

图 14.99b 法国国际期货交易所名义债券连续期货（日图）

离场

　　特别重要的量度移动目标（MM1）实现后，急剧降低保护性止损指令的位置。前边的下降缺口被填补，这个价格变化是趋势可能反转的第一个信号。随之平仓。

点评

　　尽管下降趋势最终会重新开始，在市场达到量度移动目标（MM1）后降低止损指令的位置在本交易中有助于获得好得多的退出价格，因为随后的止跌回升很可能最终在糟得多的价格上触发止损指令而退出。而且，当止跌回升失败时，空头仓位于两个月后在几乎相同的价位上得到恢复（见下一交易）。

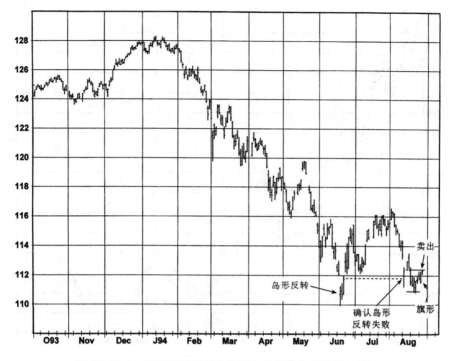

图 14.100a　法国国际期货交易所名义债券连续期货（日图）

进场理由

1. 宽幅盘整区的低端形成旗形，表明可能出现向下突破。
2. 价格下降，填补了前边岛形反转的缺口，对失败形态予以确认。
3. 追随主要趋势，重新建空头仓位。

对这个分析你是否同意？翻页前请对此情形进行评估。

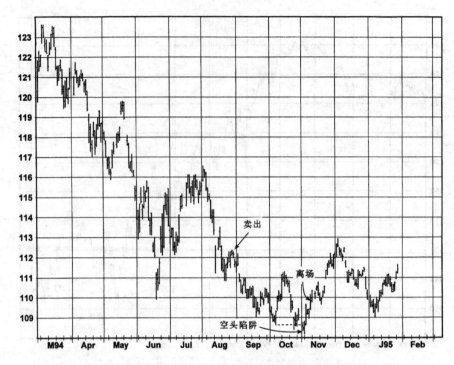

图 14.100b　法国国际期货交易所名义债券连续期货(日图)

离场

　　可能出现空头陷阱的证据——前一盘整区在 11 月初被中度突破,随后马上反弹回此区域——足以表明要急剧降低保护性止损指令的位置。这个止损指令很快被引发。

点评

　　确认空头陷阱信号需要价格至少在 3—4 周内保持在反转低点上方,或者要求价格反弹回前边的盘整区的上部。但是,在建有空仓时降低保护性止损指令的条件远没有那么苛刻。因为市场持续下降的时间很长,即便是最初的空头陷阱反转信号,也足以要求设置保护性止损指令。由于识别出了可能出现空头陷阱反转的信号,这个仓位在市场相当低的价格附近平仓。

第十四章 现实图表分析

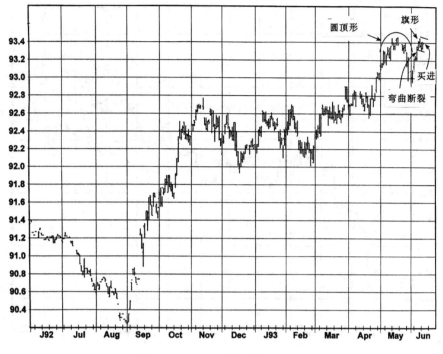

图 14.101a　1993 年 9 月　PIBOR

进场理由

1. 向下的弯曲形态断裂,表明可能出现向上反转。
2. 宽幅盘整区的上端附近形成旗形,预示着下一次价格变化的方向将是向上的。

对这个分析你是否同意？翻页前请对此情形进行评估。

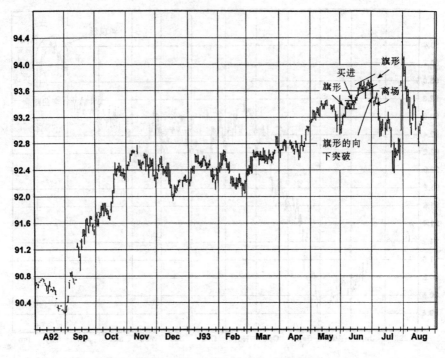

图 14.101b　1993 年 9 月　PIBOR

离场

旗形模式出现了与预期相反的向下突破预示着价格失败。

点评

尽管后来证明最初的交易想法不怎么样,但买进点不远处是主要相对高点,就这点来说,旗形在指示下一次小的价格变化方面仍然被证明是可靠的。因此在这种情况下可以设置止损指令来达到收支大致平衡。同样,在下一个旗形形成的情况下,可以选择一个相对较近的指示性止损指令。注意与预期相反的价格行为如何为及早离场提供了信号,否则这个交易会蒙受巨大的损失。

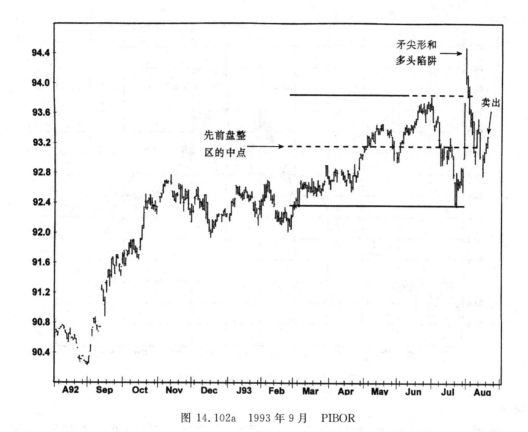

图 14.102a　1993 年 9 月　PIBOR

进场理由

1. 矛尖形高点表明可能出现反转。
2. 随后价格回撤进入前一盘整区,这预示着多头陷阱反转。盘整区中点出现向下突破初步确认了这个多头陷阱。

对这个分析你是否同意？翻页前请对此情形进行评估。

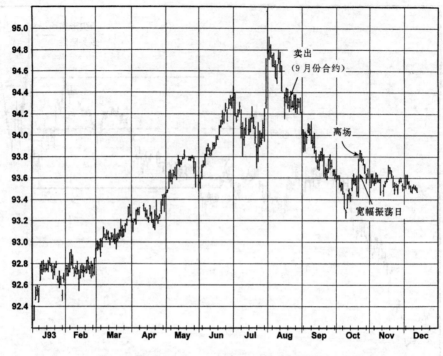

图 14.102b 1993 年 12 月 PIBOR

离场

宽幅振荡日与所持仓位相反,这预示着可能出现趋势反转,并促使降低止损指令以保护利润。

点评

出现多头陷阱信号是建空头仓位的主要原因,这里它又一次提供了宝贵的交易信号。这个陷阱在表示初始仓位的 9 月合约中更加明显(见图 14.102a)。空头仓位随后调期至 12 月合约。

事后证明交易退出得太早,这一点我们随后就能看到。但是,即便是回头看,降低保护性止损指令看起来也是合理的;只是在本例中没有见效。

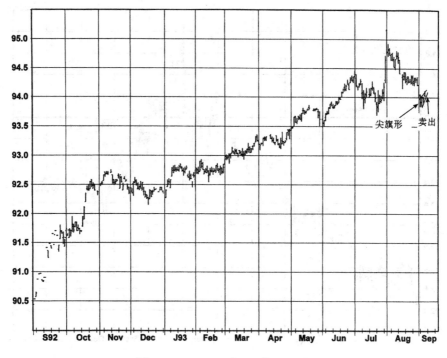

图 14.103a　1993 年 12 月　PIBOR

进场理由

　　尖旗形巩固的形成提供了补进空头仓位的机会,增加仓位时要设置相对靠近的止损指令。(关于初始交易的动机的描述,见前一交易的进入理由。)基本想法是这样的:既然前边的市场变化已经是向下的,那么预期市场会向下突破,于是在尖旗形内建仓。因为出现尖旗形,有意义的止损点就设置在形态上方,所以可以加倍建仓而风险不会上升很大。

　　对这个分析你是否同意? 翻页前请对此情形进行评估。

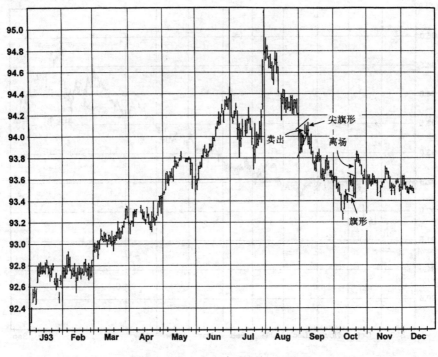

图 14.103b　1993 年 12 月　PIBOR

离场

　　新形成的旗形出现向上突破,增加了趋势反转的可能性,降低的保护性止损指令导致平仓。

点评

　　如本交易中显示,尖旗形和旗形通常是增加现有仓位的好信号,并有可能为增加的仓位设置距离合理的技术指示性止损指令。

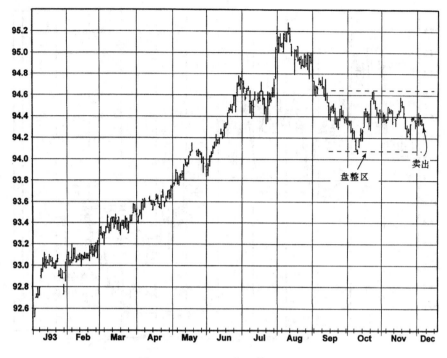

图 14.104a 1994年3月 PIBOR

进场理由

　　从主要顶部下降后形成的盘整区预示着可能出现又一次重要的价格暴跌。如果已经几次（而不止是一次）从最高价下降，而下降趋势已经持续了很长时间（至少 6—9 个月），这样的图形只能被认为可能是一个基本的形态。

　　对这个分析你是否同意？翻页前请对此情形进行评估。

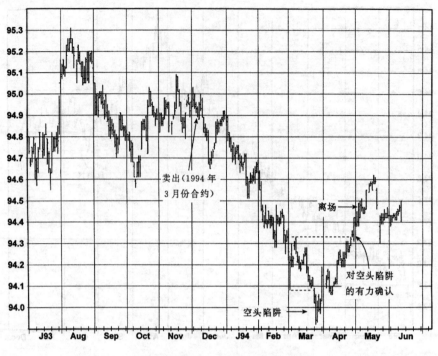

图 14.104b　1994 年 6 月　PIBOR

离场

设置相对宽泛的跟踪止损指令导致平仓。

点评

注意：价格暴跌至新的最低价后，又返回到前边盘整区顶部。这种能力是对空头陷阱反转的有利确认。尽可能地保持宽泛的止损指令是错误的做法，不是因为市场向更高处移动，而是因为这样做忽略了一个重要的趋势反转信号。这样，尽管交易是好交易，但没有充分留意退出点导致不必要地牺牲了一些本可能取得的利润。

图 14.105a　1994 年 12 月　PIBOR

进场理由

1. 市场处于长期下降趋势。
2. 在前边的盘整区下方出现向下的突破缺口,这是可能要开始新的下降的信号。

对这个分析你是否同意？翻页前请对此情形进行评估。

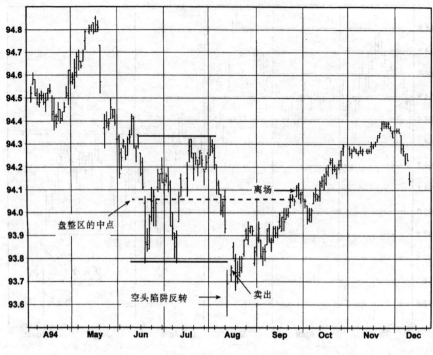

图 14.105b 1994年12月 PIBOR

离场

市场反弹至前边盘整区的中点,这表明空头陷阱反转已经发生。

点评

尽管交易糟得要命——在降至主要低点的前一天卖出——交易的假设仍然有效。通常这类模式会产生获利的结果;在这个例子中却不是。即便是最成功的形态也有一定百分比的错误率。这是个概率问题。成功就是正确的比错误的更多。交易错误和不起作用的交易之间是有区别的。尽管如此,如果交易是错误的,至关重要的是要有计划地退出。在本例中,前一盘整区中点的突破确认了一个明显的空头陷阱反转,这提供了一个退出这一糟糕交易的信号。

第三篇 振荡指标与循环周期

第十五章 振荡指标

托马斯·A.别拉维克(Thomas A. Bierovic)[①]撰写

> 我知道上百万的东西都不起作用。我当然已经学到了很多。
> ——托马斯·爱迪生(Thomas A. Edison)

振荡指标是技术分析师们可以使用的最有价值的工具之一,但它也最易于被误解和误用。在本章里,我们讨论的不仅是振荡指标的理论和构成,而且要讨论怎样利用它来获利。

市场趋势是价格波动的总方向——上升、下降或横向移动。市场的动量是它的加速度或减速度。振荡指标是通过数学方法,得出的对市场动量量度单位。早在1920年,技术分析师们就没有把他们的努力仅仅局限在判断市场趋势上,他们创造了振荡指标来测量市场的动量。

在任何趋势中,价格总在获得、保持或失去动量。在上升趋势或下降趋势中失去动量——价格的上升速度或下降速度逐渐减慢——是趋势可能会马上发生变化的早期警告信号。因此,如果振荡指标显示一个上升趋势正在失去动量,它就是一个警告信号,即上升趋势可能会停止,价格要么横向移动,要么转为下降趋势。同样,当振荡指标显示下降趋势失去了动量,它也许预示着下降趋势就要结束。

DMA 振荡指标和基本振荡指标概念

简单的振荡指标可以从一个著名的趋势跟踪(trend-following)指标——双重移动平均(DMA)中建立。作为趋势跟踪方法,DMA用敏感的快移动平均和不敏感的慢移动平均之间的交叉来产生交易信号。在这次讨论中,我们用5日的指数移动平均指数(EMA)作为快线,用20日的指数移动平均指数作为慢线。

要把趋势追踪指标DMA变成振荡指标,就要用快移动平均(EMA:5)减去慢移动平均(EMA:20)。这个简单的振荡指标通过测量两个移动平均间的距离,来判断趋势是在获得还是在失去动量(见图15.1)。当快移动平均加速远离慢移动平均时,价格就是在获得动量;当快移动平均速度降低接近慢移动平均时,价格就是在失去动量。振荡指标的零

[①] 托马斯·别拉维克是《交易获利综合法》一书的作者,系列录像节目《综合技术分析》的主讲人。他的每日咨询服务"综合传真",为美国期货市场提供特别推荐。别拉维克在6大洲超过25个国家中频繁举办研讨会,同时他在伊利诺伊州维顿(Wheaton)自己的办公室,为从初学者到专业者的各类交易者举办私人讲习班。

线与快、慢移动平均相等时的点相对应。如果快移动平均在慢移动平均上方,而且他们中间的差距在增加,那么上升趋势正在获得多头的动量;如果差距在减少,那么上升趋势正在失去动量。如果快移动平均在慢移动平均下方,他们中间的差距在增加(就是说,振荡指标的负值越来越大),那么下降趋势正在获得空头的动量;如果差距在减少,那么下降趋势正在失去动量。

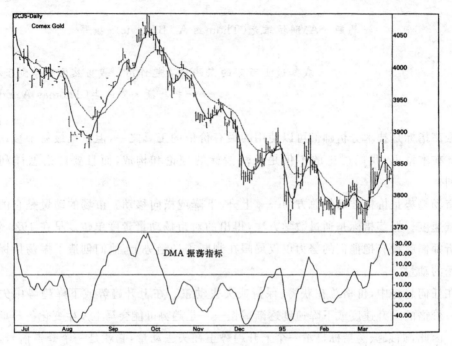

图 15.1 双重移动平均振荡指标

注:DMA 振荡指标测量的是 5 天的 EMA 和 20 天的 EMA 之间的距离,通过它来预见市场动量

资料来源:FutureSource;copyright © 1986—1995;all rights reserved.

超买和超卖水平

振荡指标的超买和超卖水平是关于价格行动的另一种观察。振荡指标回升到一个极高的价位时,通常认为市场处于超买;振荡指标下降至少见的低价位时即为超卖。在超买市场上价格可能已经升得太高,太快;在超卖市场上价格可能已经跌得太低,太快。振荡指标处于超买和超卖极端时市场就会出现巩固或趋势反转。

然而,交易者不应该自动在市场超买时卖出或是在市场超卖时买进。虽然上述策略可能会在盘整市场内奏效,在趋势市场却会导致灾难性结果。关于使用振荡指标的更有效方法将在下面的章节中谈到。

对于我们的简单振荡指标来说,超买和超卖水平是分别穿越了振荡指标的最高峰和最低谷的水平线。振荡指标可能只会在超买和超卖区域停留 10% 左右的时间。换句话说,大约 90% 的振荡指标数值应该处于由技术分析者决定的两极中间(见图 15.2)。

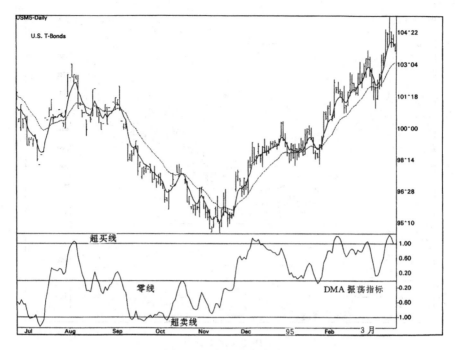

图 15.2 超买和超卖水平

注：DMA 的零线与 5 天 EMA 和 20 天 EMA 的等值点相对应。超买线位于＋1.00，超卖线位于－1.00

资料来源：FutureSource；copyright © 1986—1995；all rights reserved.

背离

振荡指标的另一个重要特征是在价格的新高或新低之间产生背离（divergence），这是因为振荡指标不能产生更高的高点和更低的低点。当市场创下低点，回升，然后下降到更低的低点时，振荡指标也随之达到低点，回升，但随后不能下降至新的低点，这就产生了多头背离（bullish divergence）（见图 15.3）。当市场创下高点，下降，然后上升至更高的高点，振荡指标也随之达到高点，下降，但随后不能上升到新的高点，产生空头背离（bearish divergence）（见图 15.4）。

背离是市场可能在进程中产生趋势反转的早期预警信号。如果振荡-背离信号是正确的，交易者可以在市场谷底附近买进，在市场峰顶附近卖出。不幸的是，振荡-背离信号经常出错。不过，振荡-背离信号总是出现在与它所测量的趋势相反的方向，交易者可以在市场下降至更低的低点后不久买进，或在市场上升至更高的高点后不久卖出。在长期间的价格移动中，趋势最终反转前会出现两次、三次、甚至更多的背离。不过，我们可以通过等候价格变化确认振荡指标信号这个方法极大地增加背离的可靠性。市场运动本身必须显示出振荡指标目前信号正确的可能性很高。确认振荡-背离信号的方法有许多，趋势线突破（图 15.5），移动平均突破（图 15.4）和反转日（图 15.7）是其中的几种。看过五种常见的振荡指标之后，我们将研究两种对确认振荡-背离信号特别有效的技术：移动平均通道和小 M 顶/小 W 底。

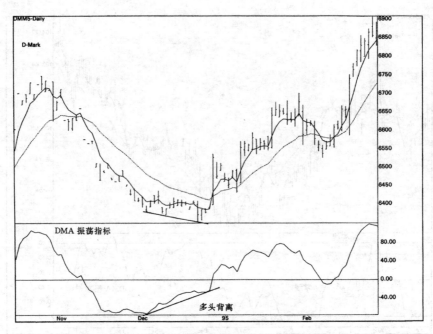

图 15.3 多头背离

注：在新的上升趋势前，多头背离出现于低点和 DMA 振荡指标中高一些的低点之间

资料来源：FutureSource；copyright © 1986—1995；all rights reserved.

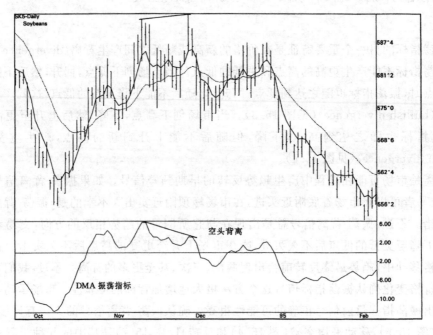

图 15.4 空头背离

注：DMA 振荡指标没能确认大豆的更高的高点。空头背离后，新的下降趋势形成

资料来源：FutureSource；copyright © 1986—1995；all rights reserved.

第十五章 振荡指标

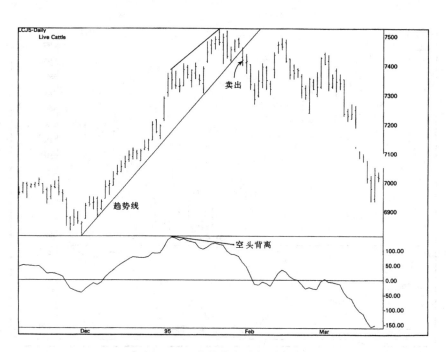

图 15.5 趋势线突破得到确认

注：在价格和 DMA 振荡指标之间出现空头背离后，生牛市场突破了看涨趋势线。趋势线的突破确认了振荡指标的信号

资料来源：FutureSource；copyright © 1986—1995；all rights reserved.

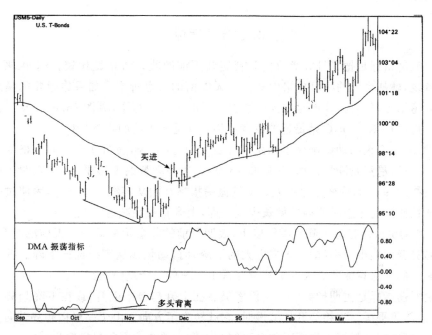

图 15.6 EMA 突破得到确认

注：1994 年 11 月在 50 日 EMA 上方收盘，确认了 DMA 振荡指标的多头背离信号

资料来源：FutureSource；copyright © 1986—1995；all rights reserved.

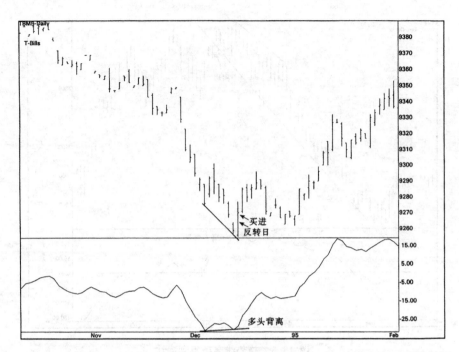

图 15.7 反转日得到确认

注：在 1994 年 12 月的多头背离环境中，T-债券的下降趋势跌到一个新的低点，但是随后反转并在前一天的高点上方收盘。这个反转日是另外一个趋势马上出现变化的证据

资料来源：FutureSource；copyright © 1986—1995；all rights reserved.

动量振荡指标

动量振荡指标是把当日收盘价格和特定几天前的收盘价格做比较。例如，要计算 9 天的动量线，就从今天的收盘价格中减去 9 天以前的收盘价格。如果你想要的是近期或远期的振荡指标，只要在计算时减少或增加日子的天数就行了（见图 15.8）。动量振荡指标的公式是：$M = C - C_n$，C 是最近的收盘价格，C_n 是 n 天前的收盘价格。

假设 $n=9$，9 天的动量振荡指标在零线之上，并且上升，表明 9 天来的价格变化呈正数增长——即，趋势看涨且在加速（见图 15.9）。如果动量线变得平缓，它表明在此期间市场横向移动，9 天的价格变化不大。动量振荡指标开始从零线以上下降，表明过去 9 天的市场增长比此前相应时期内的增长少——即，上升趋势在减速。

9 天的动量振荡指标下降至零线以下，表明目前的收盘价格低于 9 天前的收盘价格。当下降趋势获得熊市速率（即 9 天内更大的下降）时，动量线从零线加速下降。振荡指标在负区域内的上涨意味着 9 天的下降量在减少——即下降趋势在减速。

动量振荡指标是先期指标——当价格仍然在上升趋势中上升，或在下降趋势中下降时，它已经趋于平缓。当趋势开始减慢时，它就转变了方向。由于一般在趋势转向前动量开始下降，可以把动量振荡指标看作是可能马上产生趋势改变的早期警告。

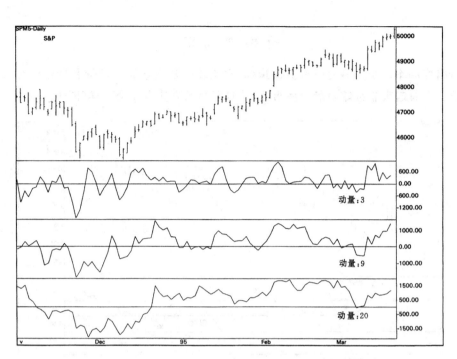

图 15.8 不同 N 值的动量振荡指标的比较

注：图表显示的是 3、9 和 20 天动量指数的 S&P 期货
资料来源：FutureSource；copyright © 1986—1995；all rights reserved.

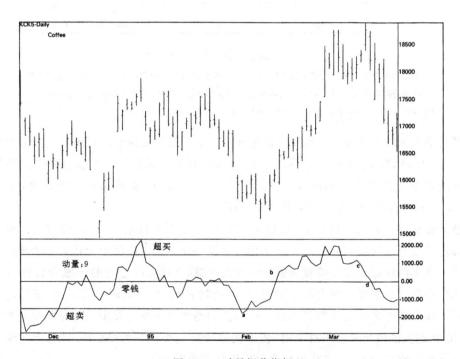

图 15.9 动量振荡指标

注：a 点后，咖啡市场的看跌动量减慢。在 b 点，动量变为看涨。咖啡的看涨动量在 c 点减弱。在 d 点，动量变成看跌
资料来源：FutureSource；copyright © 1986—1995；all rights reserved.

价格变动率

价格变动率(ROC)是另一种振荡指标,它比较的是当日的收盘价和特定天数以前的收盘价。它看起来非常像动量振荡指标,并且解释的方法也完全一样(图 15.10)。

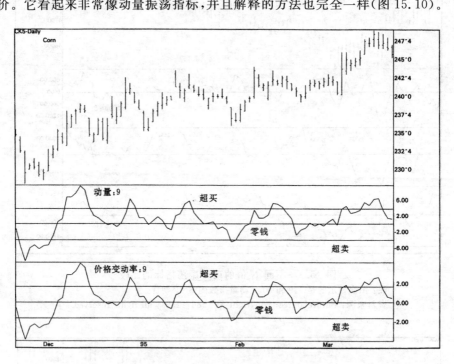

图 15.10 动量和价格变动率的比较

注：动量和价格变动率的计算方法不同,但得出了近似的曲线。两者都是测量价格变化速率的简单的逻辑方法。注意两个指数的竖轴的缩放比例是不同的,但这不影响它们的解释

资料来源：FutureSource; copyright © 1986—1995; all rights reserved.

要计算 9 天的 ROC,应用当日的收盘价除以 9 天前的收盘价。如果目前的收盘价和 9 天前的一样,ROC 就等于 1。如果目前的收盘价高于 9 天前的收盘价,ROC 大于 1;如果目前的收盘价低于 9 天前的收盘价,ROC 小于 1。ROC 振荡指标的公式是：$ROC = C/C_n$,C 是最近日期的收盘价,C_n 是 N 天前的收盘价。

技术分析师们监测动量和 ROC 以发现超买和超卖极线(extremes)及多头、空头背离。确定动量和 ROC 的超买、超卖水平的方法同确定 DMA 振荡指标超买超卖水平的方法相同。水平线穿过最高的峰顶和最低的谷底,这样在超买和超卖的区域内只有 10% 的振荡指标数值。在极线区域内的动量和 ROC 指数表明,不经过调整或巩固,市场趋势不可能进一步发展。多头或空头背离也证明目前的趋势正在失去至少一部分能量。当动量和 ROC 在超卖区域显示多头背离时,留心价格会给出买进信号(图 15.11);当这两者在超买区域显示空头背离时,等待价格变化以确认卖出时机。

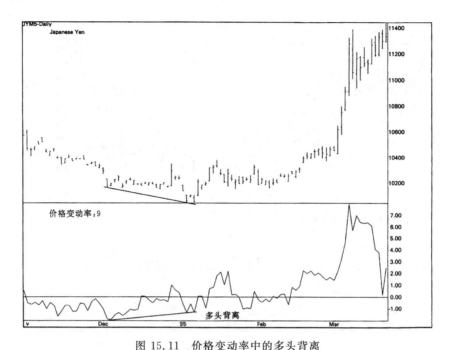

图 15.11 价格变动率中的多头背离

注：1995 年日元降至更低的低点，但 9 天的价格变动率却是一个高一些的低点。ROC 不能突破它前边的低点，这是可能出现趋势变化的早期警告信号。

资料来源：FutureSource；copyright © 1986—1995；all rights reserved.

移动平均的聚合—背离（又有译作"指数加权移动平均线"）

移动平均的聚合—背离（MACD）是由杰拉尔德·阿蒲尔（Gerald Appel）发明的，是最有趣、最可靠的技术指标之一。它综合了振荡指标和趋势跟踪指标的优点。这个指标既可以测量市场的动量，又保持了跟踪趋势的能力。

与其他著名的振荡指标不同（如 RSI 和随机指标），MACD 不局限在固定的上界和下界之间振荡。[①] 只要趋势正在获得动量（就是说，快、慢移动平均之间的距离在加大），它就会随着价格变化而达到新的高点和低点。在这一方面，MACD 具有趋势跟踪指标的功能。另一方面，它可以在两个移动平均之间测量加速或减速的比率，来判断市场是否在获得或失去动量，这样，MACD 又具有一个振荡指标的功能。

MACD 是由从三个 EMA 中得出的两条线构成。MACD 线是 12 天 EMA 和 26 天 EMA 之间的差；它的信号线是 MACD 线的 9 天 EMA（见图 15.12）。很多技术人员调整这些参数，力图优化 MACD 以适应特定的市场，另外一些人用一套数值表示 MACD 的买进信号，用另一套不同的数值表示 MACD 的卖出信号。我倾向于在所有市场的买进和卖出信号中维持同一个 12—26—9 的 MACD。

一个常见的 MACD 线和信号线的变形是 MACD 柱状图。用 MACD 线减去信号线，然后在零线上方和下方用顺序排列的竖条代表它们的差值，即画出 MACD 柱状图（见图 15.12）。有些技术分析师相信 MACD 柱状图比 MACD 线和信号线能提供更及时的、

---

① 本章前面讨论过的三个振荡指标也不受固定边界的限制

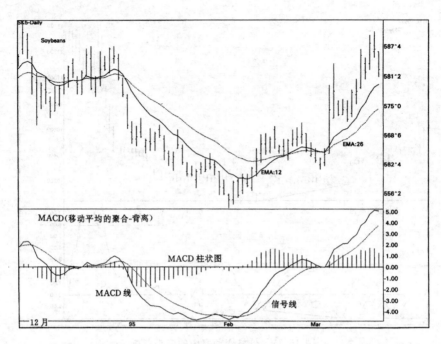

图 15.12 MACD

注：上面的窗口显示的 MACD 线是用 12 天和 26 天的指数移动平均线导出的。下方的窗口中 MACD 用实线显示。信号线，MACD 的 9 天 EMA 用虚线显示。在零线上下的竖直条表示的是 MACD 柱状图。它的 MACD 指标变化是由 MACD 线减去信号线得出的

资料来源：FutureSource；copyright © 1986—1995；all rights reserved.

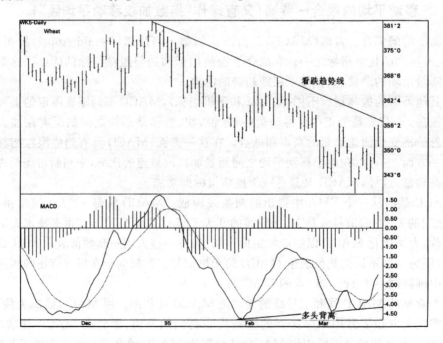

图 15.13 MACD 中的多头背离

注：尽管在小麦新的低点和 MACD 较高的低点之间出现多头背离，建议在市场突破看跌趋势线之前，不要进多仓

资料来源：FutureSource；copyright © 1986—1995；all rights reserved.

获利更多的信号。我则认为MACD柱状图过于敏感,对大多数分析目标来说是不适合的。

交易时使用MACD的基本方法是当MACD线上穿信号线时买进,当MACD线下穿信号线时卖出。然而,仅仅依靠MACD线-信号线交叉决定进入和退出交易,经常会导致双重损失。为了最好地利用MACD,建议等待出现背离后形成交叉且此交叉被随后的市场价格运动确认后再行动(见图15.13和图15.14)。

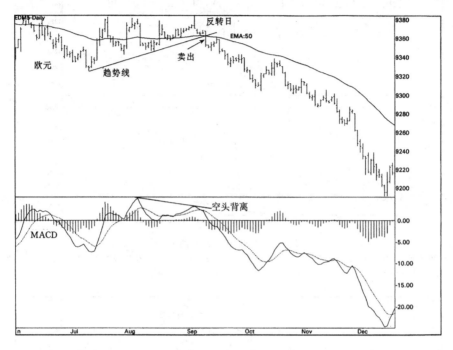

图 15.14　空头背离及MACD交叉的确认

注:在空头背离形势下,欧洲美元形成反转日,突破看涨趋势线,以低于EMA的价格收盘。这种信号组合确认了MACD的卖出信号,预示(下降)概率很高。图中标出的卖出点同价格运动的确认(即,趋势线的突破和低于EMA的收盘)相对应

资料来源:FutureSource;copyright © 1986—1995;all rights reserved.

相对强弱指数

小威尔斯·王尔德(J. Welles Wilder, Jr.)在他1978年出版的《技术交易方法新观念》(New Concepts in Technical Trading Systems)一书中首先使用了相对强弱指数(RSI)这个概念。在所有目前广泛应用的动量振荡指标中,RSI与基本的技术分析方法,如趋势线、图表形态、支撑和阻力线等对应得最好。在RSI中运用这些方法,同时使用超买/超卖水平和背离,可以得出对市场运动非常有价值的预见。

RSI是把某日收盘价高于前日收盘价时的价格升高值作为相对强势与某日收盘价低于前日收盘价时的价格降低值做比较。RSI的公式是:

$$RSI = 100 - [100/(1+RS)]$$

RS是特定天数里上涨日的收盘变化值的平均数除以同样天数里下降日的收盘变化值的平均数。

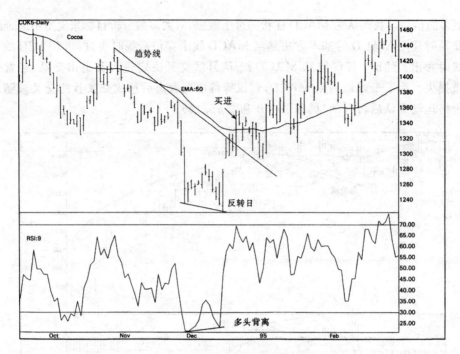

图 15.15　RSI 中多头背离的确认

注：可可市场在 1994 年 12 月产生了一系列买进信号：多头背离，反转日，在趋势线和 EMA 上方的价格回升
资料来源：FutureSource；copyright © 1986—1995；all rights reserved.

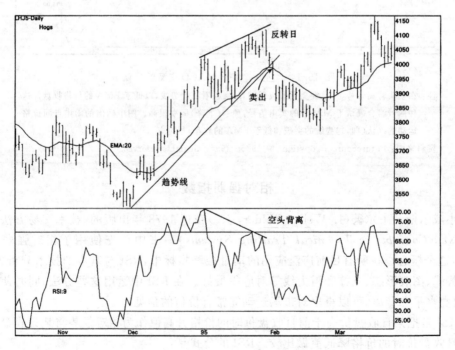

图 15.16　RSI 中空头背离的确认

注：振荡指标—背离信号即使得到跟踪趋势的确认，也并不总是产生美妙的结果。空头背离，反转日，趋势线和
　　EMA 下方的收盘形成之后，这个市场交易只在低点持续了 13 天，然后开始回升至新的高点
资料来源：FutureSource；copyright © 1986—1995；all rights reserved.

例如,计算一个 9 天的 RSI,首先把 9 天内价格上涨日里获得的点相加,然后除以 9。再把 9 天内价格下降日损失的点相加,总数除以 9。下一步,用上涨平均数除以下降平均数,得出相对强势(RS)。最后,把 RS 值代入 RSI 公式,得出一个振荡指标,数值在 0—100 之间摆动。

RSI 可以在技术分析师们认为有用的任何天数内组建。王尔德最初的建议是 14 天,但是当前的大多数分析师更愿意用更快、更敏感的指数,如 5 天、9 天的 RSI。超买和超卖水平通常放在 70 和 30,或 80 和 20。一些分析师努力试图在不同的市场基础上得出 RSI 计算中最有效的天数,或者根据每个市场的当前趋势变化来调整超买和超卖水平。我更愿意在所有的市场中保持一个恒定的 9 天 RSI,并把超买和超卖水平定在 70 和 30。

当 RSI 不能确认一个新低或新高时,通常产生 RSI 最可靠的买进和卖出信号。当价格较低的底和(对应的)RSI 的较高的底之间产生多头背离时,表明存在潜在的买进机会(见图 15.15);当价格较高的顶和(对应的)RSI 较低的顶之间产生空头背离时,表明存在潜在的卖出机会(见图 15.16)。交易者识别出了多头或空头的 RSI 背离后,应该将注意力集中在市场本身的价格运动上,等待价格变化确认 RSI 信号。

随 机 指 标

随机振荡指标是乔治·雷恩(George Lane)于 20 世纪 50 年代晚期在《投资教育家》(*Investment Educators*)上提出来的。随机指标是在特定天数期间通过判断收盘价的高—低价格范围的相对部位来评估一个市场的动量。例如,一个 14 天的随机指标测量的是收盘价在前 14 天内所有高—低价格范围内的位置。随机指标用百分比的形式描述收盘价格和高—低价格范围的关系。70 或更高的随机指标数值表示收盘价在价格范围的顶部附近;随机指标数值在 30 或更低意味着收盘价格在价格范围的底部附近。

在上升趋势很猛时,收盘价通常在最近价格范围的顶部附近;在下降趋势很强时,收盘价通常在价格范围的底部附近。当上升趋势接近转折点,收盘价开始远离价格范围的高点;当下降趋势减弱时,收盘价开始远离价格范围的低点。使用随机振荡指标的目的是提醒技术人员,要注意牛市里没有在上升趋势的高位附近收盘或熊市里没有在下降趋势的低位附近收盘的情况。

随机指标由两条线绘制:%K 和%D。%K 的公式是:%K=100[(C−Ln)/(Hn−Ln)],C 代表目前的收盘,Ln 是 n 天内的最低价,Hn 是 n 天内的最高价。%D 的公式是:%D=100(H_3/L_3),H_3 是 3 天(C−Ln)的总和,L_3 是 3 天(Hn−Ln)的总和。

%K 和%D 的公式得出的是快速随机振荡指标,一般认为它太敏感,没有规律。但是,将快步指标再经过 3 天的移动平均,就得出了分析师们喜欢的慢速随机。移动平均过的随机指标中,慢步的%K 就是原来快步的%D,慢步的%D 由快步的%D 经三天移动平均求得。慢的%K 通常用实线表示,慢的%D 用虚线表示(见图 15.17)。

我更愿意选择一个超买和超卖水平在 70 和 30 的 14 天慢速随机指标来监测价格和%K 或%D 线之间的背离。当随机指标不能确认市场新的最高点时,要等待%K 穿过%D 向下,并从 70 下降;当随机指标不能随价格形成新的最低点,要等待%K 穿过%D 向上,并从 30 攀升。识别了牛市或熊市的随机指标背离信号后,要等待市场价格行为变

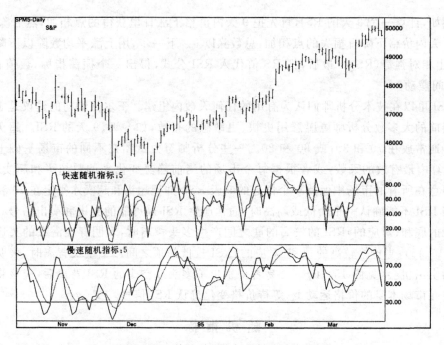

图 15.17 快速随机指标和慢速随机指标

注：本表显示了 5 日快速随机指标和运用更广泛的 5 日慢速随机指标的区别

资料来源：FutureSource；copyright © 1986—1995；all rights reserved.

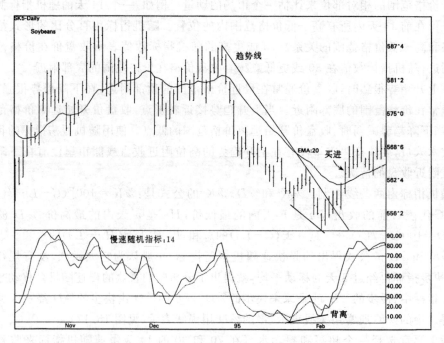

图 15.18 随机指标中多头背离的确认

注：大豆新的上升趋势开始前出现随机多头背离、趋势线下降和在 EMA 上方的收盘

资料来源：FutureSource；copyright © 1986—1995；all rights reserved.

化确认买进或卖出的信号。图15.18显示的是确认了的买进信号(根据双向条件),图15.19显示了类似的卖出信号的确认。

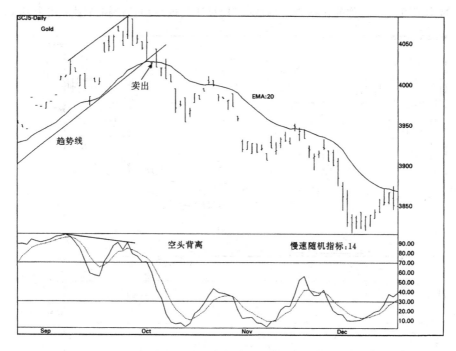

图15.19 随机指标中空头背离的确认

注:随机指标中的空头背离、趋势线突破和在EMA下方的收盘,导致了黄金的主要下降

资料来源:FutureSource; copyright © 1986—1995; all rights reserved.

移动平均通道

移动平均通道(MAC)是对振荡指标背离信号进行趋势跟踪确认的简单而有效的方法。MAC尤其适合初级交易者。它不仅帮助交易者选定合理的进入点,而且帮助他们设置初始止损指令和跟踪止损指令来操作交易。

MAC是由一个n日内EMA高点和n日内EMA低点组成的价格通道。n的数值,我更喜欢用28。通道边界经常作为价格的支撑和阻力。MAC也是测量波动的好方法——波动增加,它随之扩展;波动减少,它随之收缩。

运用振荡指标和MAC买进

市场回升到EMA上方,是一个对振荡指标信号很有价值的趋势跟踪确认(见图15.20)。市场价格运动正在告诉你,振荡指标极有可能是正确的。

下面要描述的是,怎样同时利用MAC和背离来进入和退出交易。在价格和振荡指标之间出现多头背离后,将买进指令设置在移动平均高点上方一个tick的位置上。如果多头背离后,市场不能在第一天突破移动平均通道的顶部,那么,继续在EMA上方一个tick的位置上设置买进指令,直到买进成功。(如果市场和振荡指标下降至新的最低点,而价格没有回升穿过移动平均高点,那么不采取任何行动,等待下一个背离的出现。)持有多仓以后,在移动平均低点下方一个tick的位置上设置卖出止损指令。你在这次交易中的风险(除非下降过多或开盘价在你的止损点上形成缺口)只比最近平均日价格范围多几个ticks。

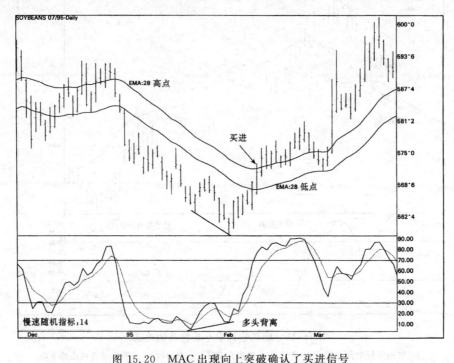

图15.20　MAC出现向上突破确认了买进信号

注:多头背离后,当市场回升到28日EMA高点的上方时买进。为了限制初始风险和交易退出,在28日EMA低点下方的一个最小价位设置一个卖出跟踪止损指令。

资料来源:FutureSource; copyright © 1986—1995; all rights reserved.

随着价格升高,在MAC下方一个tick的位置上保持跟踪卖出止损指令,直到趋势反转,市场使交易止损退出(这时,很有希望已经获得厚利)。如果价格下降穿过移动平均低点之前有一个空头背离,要把它看作一个停止并反转的信号,平仓,同时建一个新的空头仓位。

运用振荡指标和MAC卖出

市场下降,低于MAC,这是对振荡指标卖出信号(见图15.21)的确认。空头背离后,设置指令,在移动平均低点下方一个tick的位置上卖空。如果市场在空头背离后的第一天不能突破MAC的谷底,那么继续在MAC下方一个最小价位设置卖出指令,直到卖出为止。(如果市场和振荡指标都上升到新的高点,而价格没有向下穿过移动平均的低点,那么就不采取行动,等待下一个背离的出现。)建空头仓位后,在移动平均高点上方的一个tick的位置上设置买进止损指令。随着价格下降,在MAC上方一个tick的位置上保持买进跟踪止损指令,直到趋势反转,市场使交易止损退出。如果在价格回升,超过移动平均高点之前出现多头背离,平仓,同时建新的多头仓位。

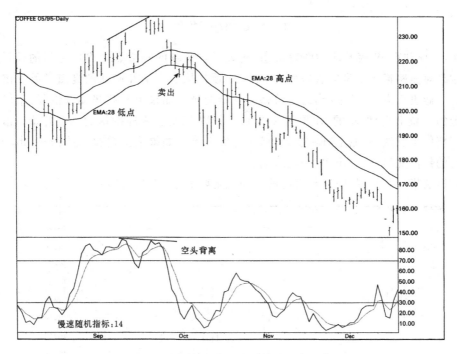

图 15.21　MAC 的向下突破确认了卖出信号

注：在空头背离形势下，当价格下降到 28 日 EMA 低点的下方时卖空。为了限制初始风险和交易退出，在 28 日 EMA 高点上方的一个最小价位设置一个买进跟踪止损指令

资料来源：FutureSource；copyright © 1986—1995；all rights reserved.

关于 MAC 的另外建议

也许使用 MAC 的交易者有兴趣了解一下两种 MAC 方法的变形——一种同振荡指标的构成有关，另一种适用于交易的管理。

1. 与其只依靠从一种振荡指标得出的背离信号，不如监视你喜欢使用的三种振荡指标，并且至少要等到其中两个指标中出现背离。例如，我跟踪 MACD、RSI 和随机指标，这是三种形式相似却不完全相同的模式。等待这三种振荡指标中至少有两个出现背离信号，会增加交易的成功率。

2. 尽管当市场坚挺、趋势稳定时，持仓直至价格突破 MAC 的较远边这一方法很有效，但没有价格突变干扰的有秩序的趋势，与其说是一个规律，不如说是一个例外。在今天的起伏变幻的市场中，你也许希望实施一套交易管理策略，当价格目标达到时获利退出，而不是希望一直让利润在市场中运作，直至趋势反转。

要考虑在交易的初始风险规模基础上设定目标。进行交易之前，你应该知道，如果市场移动与你持仓方向相反，你应该在何处退出交易。你的进入点和止损点间的差距就是交易的初始风险。当市场交易对你有利时，你可以随之移动止损点，移动距离等于或大于交易的初始风险。当目标是初始风险的两倍到三倍时，获利退出。如果你的账户规模和风险承受能力允许你交易多个合约，你可以在达到等于交易风险两倍的价格目标时平掉部分仓位，让剩余利润继续运作，同时设置一个跟踪止损指令。

小 M 顶和小 W 底

小 M 顶和小 W 底是两种图表形态,代表了在市场的转折点上多空之间的较量。它们经常是对振荡指标信号的有效确认。小 M 顶是从一个未经确认的高点开始。市场对空头背离做出反应,开始下降,之后价格又重新上升。如果上升趋势无法恢复,市场开始在更低的价位上交易,小的 M 顶就形成了。小 W 底是从未经确认的低点开始。市场对多头背离做出反映,开始上升,之后价格又开始下降。如果下降趋势无法恢复,市场开始在更高的价位交易,一个小 W 底就形成了。

用振荡指标和小 W 底进行交易的详细规则如下(见图 15.22):

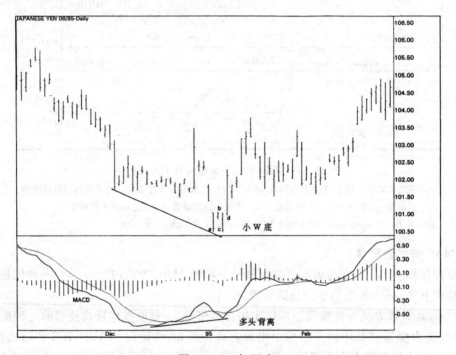

图 15.22 小 W 底

注:由于 MACD 不能随着价格形成新的低位,从而形成了多头背离。价格运动(小 W 底)提供了 MACD 信号的趋势跟踪确认。W 型以一个到 a 点的下降开始,a 点是一个多头背离的底。点 b 和点 c 是上升日/下降日的序列。在 d 日买进,那时价格回升高过 b 日的高点,所承受的风险水平是比 c 日低点低一个最小价位
来源:FutureSource; copyright © 1986—1995; all rights reserved.

1. 当你识别出了低位的多头背离时,要注意看哪天的收盘价既高于前日收盘,其后一日又以更低的价格收盘。
2. 经过上升日/下降日的过程后,当价格回升,高过上升/下降形态的高点时买进。换句话说,在上升日/下降日组合的高点以上一个最小价位处买进。买进日并不一定是紧随上升/下降形态之后的那天。在小 W 底形态中必须相连的是上升收盘/下降收盘的那两天。
3. 风险点设置在多头背离下方一个最小价位的位置,当价格回升至你的获利目标或下降至一个跟踪止损点时,平仓。如果你交易的是多个合约,可以选用一个跟踪止损指令和获利目标来管理剩余仓位。

小 M 顶的规则是(见图 15.23)：

1. 当你识别出一个高位的空头背离时，要注意看哪天的收盘价既低于前日的收盘价，其后一日又以更高的价格收盘。

2. 下降日/上升日的过程后，当价格跌至低于下降/上升形态的低点时卖空。换句话说，在下降日/上升日组合的低点以下一个最小价位处卖空。进行交易的那天不一定是技术紧随下降/上升形态之后的那天。在小 M 顶形态中，必须相连的是下降收盘/上升收盘的那两天。

3. 风险点设置在空头背离高点上方一个最小价位的位置，当价格下降至你的获利目标或回升至一个跟踪止损点时，平仓。当然，你也许在达到利润目标时，想要退出部分仓位，同时用跟踪止损指令来管理剩余仓位。

图 15.23　小 M 顶

注：RSI：9 形成了空头背离，生牛市场形成了小 M 顶，确认了 RSI 的信号。在 a 日出现顶部背离和收盘价格低于前日收盘。b 日完成了下降日/上升日的序列。在 c 日卖出空头仓位，当价格下降低于 b 日的低点时，所承受的风险水平是比 a 日的高点高出一个最小价位

来源：FutureSource；copyright © 1986—1995；all rights reserved.

结　论

当市场处于盘整区——就是说，在市场横向移动的趋势下——振荡指标很起作用。然而，当市场在强烈的上升趋势或下降趋势时效果很差。

许多技术分析师试图判断现在的市场形势——是盘整还是趋势——并根据当前的情况选择最适合的指标。当市场处在良好的上升趋势或下降趋势中时，他们使用移动平均或其他趋势跟踪指标；当市场横向移动时，他们使用振荡指标或其他非趋势指标。这个方

法的问题在于：每个趋势最终会减弱形成盘整，每个盘整迟早会产生突破形成趋势。要想事先知道何时市场形势将从有趋势变成无趋势或者从无趋势变成有趋势是非常困难的，甚至是不可能的。

　　幸运的是，还有一个比试图根据目前市场形势挑选技术指标更好的解决方法。精明的技术分析师只有当信号被市场价格运动确认后才会根据振荡指标进行交易。MAC 和小 M 顶/小 W 底是许多趋势跟踪方法中的两种。他们可以戏剧性地提高振荡指标的性能。动量振荡指标在技术交易者一整套指标中起着重要作用。然而，不能认为振荡指标的作用超过了市场本身价格运动的作用。

第十六章 期货市场的循环周期分析

——理查德·莫奇(Richard Mogey)[①]和杰克·施威格撰写

> 统治着世上万物的自然也经历着宇宙的循环往复,我们不可低估这个暗示的价值。
>
> ——马克·吐温(Mark Twain)

真的有循环周期吗?

长期以来,循环周期是否真的存在一直是科学家和经济学家激烈争论的话题。然而,真正的问题不在于循环周期是否存在——有的循环周期,如夜与昼的交替,四季的更迭,是不容置疑的——而在于,物理、社会和经济现象本质上在多大程度上是周期性的。例如,太阳黑子的出现明显有一定循环周期(见图16.1),但其是按季节活动的吗?商业有明显的循环周期,但在股票市场上有循环周期吗?

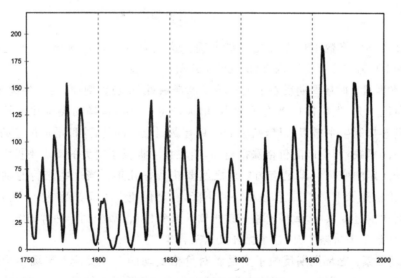

图 16.1 太阳黑子循环周期

注:自 1749 年开始,太阳黑子呈现固定的 11 年循环周期

[①] 理查德·莫奇(Richard Mogey)是宾夕法尼亚州 Wayne 的循环周期研究基金会的执行主管。1988 年他加入基金会,在得到都铎投资(Tudor Investment)的赞助后,他作为研究主管研究期货市场的循环周期问题。在基金会期间,Mogey 对国内外主要的期货市场和主要货币的循环周期进行了全面研究。他从 1968 年起就自己做期货和股票交易。

这些问题的正反两方都有真诚的并且受过教育的支持者,也许真理存在于中间位置:也许循环周期并不像循环周期狂热者说得那么多,当然也不像反对循环周期的研究者们宣称的那么少。然而,循环周期存在于许多经济系列中(如不同的价格数据)的数字证据却是十分有力的。仅举一例,一项股票市场的分析表明,经过统计测验指示出的一个40个月(见图16.2)循环周期,出于偶然而形成的概率只有2/10000。40年前,没有人相信在科学和经济中存在循环周期。从那时起,模式重复出现的证据一直在增加。

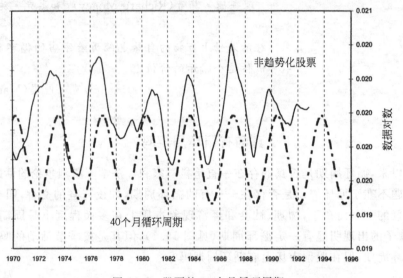

图16.2 股票的40个月循环周期

为什么市场价格数据中存在循环周期呢？这里有两个基本解释,一个是基本因素(fundamental);另一个是心理因素(psychological)。

1. 基本因素：循环周期反映了供求转换的滞后性(lag)。例如,由于牛肉短缺,导致牛肉价格急剧上升,生牛供应者有了动力,增大产量。然而这样的决定并不是立刻执行的。供应商会抑制生牛屠宰,以繁殖牛群。具有讽刺意味的是,这种增加供应的行动只会加剧近期内的短缺,使牛肉的价格涨得更高,给农场主提供了更大的动力来扩大种群。结果是从饲养决定的变化到满足市场要求之间要花费好几年。当这些滞后的供应到达市场,牛肉的价格开始下降。最后,价格一路下降,直至促使生牛饲养商减少饲养的畜群,因此导致短期内的过度供应,致使价格一跌再跌。几年以后,减少饲养种群的结果是牛肉供应减少,再导致牛肉价格上升,这个循环又从头再来。

2. 心理因素：循环周期反映了交易者对价格变动的心理反应。市场不会沿着完整的趋势移动。沿着一定方向的移动支配一段时间后,市场越来越易于出现趋势调整。当趋势发展时,持仓与趋势相反的交易者的损失越来越大,越来越多持仓的交易者会认输退出,最后留下极少量的空方买进(如果是下降趋势就是多方卖出)从而促使市场进一步发展。这时,有的交易者会倾向于获利平仓。另外一些交易者,担心未平仓利润受到损失,随时准备在可能趋势逆转的最初征兆出现时平仓。有的交易者会觉得价格移动得太过分,会越来越倾向于反向建仓。所有这些因素综合起来导致了循环周期回调或趋势反转。

循环周期理论仅仅表明在每一个市场中,这些基本因素和心理驱动力会符合一个大致的时间模式。注意"大致"这个字。这里没有暗示说市场价格循环周期会以钟表般的精确展示出来。股票价格的 20 周循环周期并不意味着股票价格会精确到每 20 个星期就会出现一次相对低点。如果确实有这个精确性的话,一个人可以利用这个模式在交易中迅速致富。然而,这里所表示的意思是股票价格有这么一个趋势,大约每 20 个星期就达到一个相对低点。有的时候出现得早一点,有的时候晚一点,有时当循环周期的影响被另外的价格影响力量超过的时候低点根本不会出现。但循环周期理论基本的思想是,市场价格循环周期有足够的规律性,在做交易决定时,这一信息是有用的因素。

循环周期研究的开始

尽管数千年来循环周期已是世界上主要文化和宗教的重要部分,但直到 19 世纪初以前,没有人把循环周期看作是影响经济波动的一种力量。具有讽刺意味的是,第一例记录在案,寻找循环周期作为理解经济变化的一种方法的人不是经济学家,而是一个天文学家——威廉姆·赫斯切尔(William Herschel)爵士,天王星的发现者。1801 年,Herschel 提出假设,在太阳黑子和天气之间有某种联系,由此影响粮食价格,这一切最终影响整个经济。大约在这个时候,经过秘密研究,欧洲著名的罗斯切尔德(Rothschild)家族利用三个循环周期来规划出英国的利息率,这其中包括了一个 40 个月循环周期。(过一会对此还有更多的描述。)

19 世纪 70 年代,英国的 W. 斯坦利·杰文森(W. Stanley Jeavons)和美国俄亥俄州的农民赛缪尔·贝纳(Samuel Benner)都将各自国家的经济数据同太阳黑子的记录相比较,把经济数据具有阶段性的想法进一步发展。1875 年,Benner 写出了他的现已闻名于世的《贝纳预言:期货价格的上升和下降》。他也说他的循环周期得自于太阳活动。贝纳于 1895 年出版了一个有趣的图表,预言了经济变化(见图 16.3)。大约同时,克莱门特·朱各勒(Clement Juglar)发现了利息率和经济之间的 10—12 年循环周期。现在,这一循环周期已用他的名字命名。

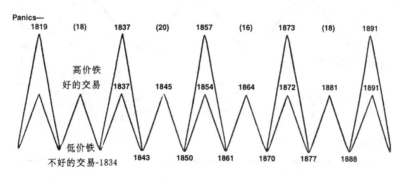

图 16.3 Benner 的经济周期预言

罗斯切尔德家族秘密使用他们研究的循环周期,获得了巨大成功。但到 1912 年,传言到了纽约。纽约的一群投资者雇用数学家来探询这些曲线。通过复制罗斯切尔德的公式,在投资中运用循环周期理论开始获得众人的青睐。1923 年,两个经济学家,克拉姆

(Crum)教授和吉琴(Kitchin)教授在经济数据中发现了一个大约40个月的循环周期。尽管罗斯切尔德家族早在将近一个世纪前就发现了同样的循环周期,但直到1923年后,这个循环周期才作为吉琴循环周期闻名于世。

循环周期研究要取得真正进展要等待19世纪末至20世纪初数学在时间序列分析和统计方面的进步。某些关键的分析进步——循环周期图,调和分析及光谱分析——将在本章后面谈到。

贝纳图表中两个不起眼的模式极大地增加了投资公众对循环周期的兴趣。这两个模式在20世纪30年代再次出现,但它们却已经失去了与贝纳的联系。具有讽刺意味的是,传说这两个模式是在宾夕法尼亚州的旧书桌里发现的,一个在康奈斯维尔(Connellsville);另一个在费城。康奈斯维尔的图表因其在Overholt蒸馏公司的一张书桌里被发现而冠之以"蒸馏"图表的名字。在费城发现的图表于1933年2月2日发表在《华尔街杂志》(*Wall Street Journal*)的《前辈的预言》一文中。这个图表据称预言了大萧条,因此很快出名。然而,与贝纳最初的图表不同,《华尔街杂志》版的图表明显地被修改过,以表明它很好地预言了1929年的大崩溃(暴跌),最初图表显示的高峰出现在1926年,修改后的显示是在1929年。

基本的循环周期概念

数据的性质

任何一数据序列都可被分为三个组成部分:(1)增长影响;(2)循环周期影响;(3)随机影响(见图16.4)。循环周期分析涉及的是在数据中发现循环周期或者发现重复模式。

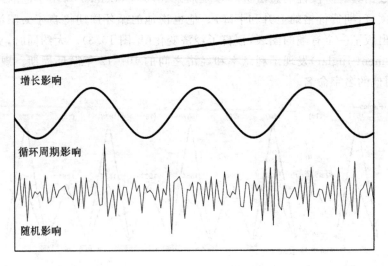

图16.4 数据的主要组成

增长影响是时间序列缓慢上升或下降的影响力,通常被称为"趋势"。随机影响是使数据中产生不规则波动的因素,从定义上来说,它是不可预测的。循环周期分析者使数据非趋势化,去除增长影响;使数据平滑,去除随机影响,以此来发现循环周期模式。

循环周期模型

刚过世纪之交,循环周期分析者采用了数学——科学的模式来定义循环周期。循环周期被描述为一个正弦波,并在描述中采用了物理学和统计学的语言。因此,循环周期有频率、振幅和相位,因而非常像电磁波。由于这些描述循环周期的术语普遍应用,在一开始就给出它们(及相关术语)的定义是很重要的。

周期与频率

循环周期的长度是从峰顶到峰顶或从谷底到谷底的时间跨度,这被称为一周期(见图 16.5)。频率是在一个给定的数据跨度中周期的数量,与周期成反比:

频率=数据长度÷周期

例如,一个 200 个数据点的系列,其周期是 20,其频率就是 10(10=200/20)。在分析周期的两个主要的数学方法里——调和分析和光谱分析——前者是根据周期分析,后者是根据频率分析。

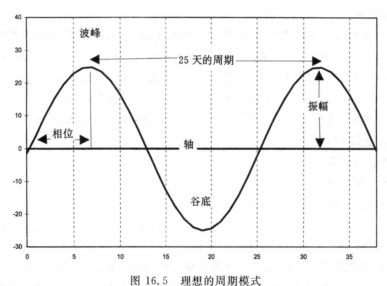

图 16.5 理想的周期模式

相位、波峰和谷底

相位是波上一点在某一时刻的位置。波峰是周期的最高点,谷底是周期的最低点(见图 16.5)。一个循环的相位通常被定义为在循环内波峰的位置。例如,如果一个循环长度是 10 个数据点而相位是 3,第一个数据中的波峰在第三个数据点,接下来的波峰以 10 为间隔发生,则这一循环相位为:3,13,23,33,43,53 等。

振幅和轴

振幅是波动的强度,或者说是波在轴上方和下方的高度和深度。轴是一条直线,循环围绕其波动。循环分析中的振幅是从轴到波峰的高度(见图 16.5)。轴通常被称为周期的变化点(inflection point)。

建立一个循环周期分析的八个步骤

对一个数据序列作全面的周期分析需要按下列步骤一步步进行：
1. 挑选数据
2. 直观审查数据
3. 将数据变为柱状图（最初的非趋势化步骤）
4. 使数据平滑
5. 发现可能的周期
6. 离开移动平均，完成数据的非趋势化
7. 为保证统计的意义和代表性对循环进行测试
8. 在期货交易中使用循环周期

以上步骤将在下面逐一论述。

步骤1：挑选数据

为周期分析挑选数据并非微不足道。由于周期研究的性质，不同种类的数据——例如，期货的和现金的，永久性的和连续性的，每天的和每周的——会产生出不同的结果。此外，用1000个数据点得出的分析与用5000个数据点得出的分析会有很大的不同。因此，分析师要谨慎地选择适当的数据，这是至关重要的。否则，事后会证明整个分析是有纰漏的。挑选数据，这个周期分析的第一步，本身可分为四个明确的步骤：

A. 了解数据的性质
B. 选择数据种类
C. 选择数据长度
D. 选择数据压缩方法

了解数据的性质

数据序列的性质在一定时间内可以发生重要的变化，重要的是分析者要能熟悉这种变化。这种数据发生变化的极好的例子就是原油市场。最早的原油的价格数据可以追溯到1859年在宾夕法尼亚州的Titusville钻出的第一口油井。在18世纪，原油主要被提炼成煤油供照明灯使用，润滑剂是第二位的副产品。随着T型车的发展和内燃机占主导地位以后，汽油成了原油提炼的主要产品。结果是，1900年之前和之后的原油价格模式大不相同。1900年以前，汽车还没有推广使用——在此阶段原油主要用来照明——原油的价格更像是公用事业公司的股票，而不是一个初级能源资源。因此，尽管价格数据序列是从1859年开始的，但其根本的经济作用发生变化是在世纪之交以后出现的，其周期也是这样。

尽管主要的数据变化同特长期的循环周期有关，但应该强调的是，数据的性质发生结构性变化不是严格局限在非常长的时期里。例如，由于气象和政治的影响，大豆的价格周期在过去的20年中发生了急剧变化。20世纪70年代，厄尔尼诺现象导致了大量的鱼群死亡，凤尾鱼供应急剧减少，作为蛋白质的替代品，大豆的需求量激增。一旦发生这种用途转换，它就将持续下去。

大约在同时,发生了另一个急剧变化,就是南美大豆产量的强劲增长趋势,这是由卡特总统的对苏联的粮食禁运促成的。在过去的20年中,南美的大豆产量增长了两倍还多,而美国的出口一直停滞不前。这一趋势的指示性在于:南美的生长期和美国的季节是相反的:南半球的庄稼在我们的秋天播种,在我们的春天收获。由于上述需求和产品分配方面的变化,大豆的价格周期在过去的20年中发生了重大的变化。

要点在于循环周期分析中用的所有的数据应该相对属于同类。如果数据的性质发生了变化,循环周期也很可能会变化。

选择数据种类

重要的原则是:选择数据的种类应该能反映市场价格的实际变化,而不是由于合约调期或平滑技术所导致的非常罕见情况。对于期货交易者来说,最好是利用连续期货数据,因其消除了合约调期的影响(关于连续期货的更详细的解释,及本部分讨论的其他价格系列的种类,见第十二章和第十九章)。然而,应该注意到,使用连续期货的一个结果是,有时对有些历史价格来说会产生负数。如果发生了这种情况,应该在数据中加入一个足以消去负值的常数(加上常数不会影响分析),这样就可以对数据进行对数转换,这是一个在周期循环分析中常见的步骤,以后会加以描述。

循环周期分析最没用的数据——实际上,也是永远不会被用到的——是即期期货数据,它会使真实情况极度失真,这是由于合约调期处的价格缺口造成的。如果利息率不是极度地高的话,现货序列有时也被用来作循环周期分析。(利息率影响运费和价格水平,因此当利息率很高的时候,会在现货和期货价格之间产生很大不同,70年代末至80年代初出现过这样的情况。)永久期货没有即期期货那样的问题,但是这种方法创造了从未存在过的序列,在这种情况下,当然它不像连续期货那样受欢迎。我们在第十二章解释过连续期货,它同市场实际价格移动是一致的。

选择数据的长度

大多数寻找循环周期的技术都存在数据点太少或太多的问题。数据点太少就明显不能提供足够的重复以评估大多数周期。基本的原则是:周期需要至少10次重复(最好是15次),才能用统计方法测试周期的有效性。因此,如果我们寻找一个100天周期,至少需要1 000个日数据点。不管要找的周期的长度是多少,最小的有效点数是大约200个数据点。因为大多数数学运算法则会因数据点太少而不能正确运行。

尽管如此,在周期分析中,数据点多也不一定就更好。太多的数据点(如超过5 000)会使周期的相态模糊不清,导致在统计测试中忽略了一些重要的周期。大致原则是不必超过2 000个数据点,数据点的使用5 000则是非常不可取的(这时得出的结论要么没用,要么反而产生不利的影响)。

根据经验,建议第一次搜寻时用2 000个数据点,第二次搜寻时用1 000个数据点,这样可以增加发现周期的机会。当在任何数据序列中寻找长度少于100个数据点的周期时,上述指导十分有效,因为周期再长的话,第二次搜寻中重复出现的次数会少于10次。要分析长一点的周期,就需要对数据进行压缩。

选择数据压缩方法

正常情况下市场数据以时间段为单位汇总,如以 N 分钟(如 5-、15-、30-、60-、或者 90-分钟)、天、周、月、季、年为时间间隔。无论哪一种时间间隔,该阶段的所有价格变化都被压缩成一个数值,通常是这个时间间隔内的平均值或者是收盘值。从这方面来说,每一个时间框架都代表了一个数据压缩水平。数据压缩至少是以 5 分钟为时间间隔的,大多数是以年为间隔来压缩的。所有的压缩都把比给定时间间隔短的变化排除掉了,因为压缩已将这种短期变化纳入一个单一的数值里。

在周期分析中,选择正确的压缩水平非常重要。选择正确压缩方法有两个原则:如果周期在数据中出现的次数超过 250 次以上,就使用时间间隔长一点的压缩(如不使用小时的压缩数据而使用日压缩数据)。另一方面,如果周期发生少于 15 次,就使用时间间隔短一点的压缩(如用日压缩数据而不使用周压缩数据)。下面就是对一些主要压缩类型的性质和弊端的阐述:

1. 日内数据。尽管我们可以在一天内的数据中发现周期,但这种短于一天的压缩有两个问题。第一,这类压缩包含了很多的偶然因素。(一般来说,少于 30 分钟的压缩数据里偶然因素太多了。)第二,如早前讨论过的,最好是把数据限制在 2 000 个数据点,如果太多,大多数重要的周期会被遗漏。然而,每小时或更长时间的压缩数据在很多的序列中确实很有效果,分析师愿意用这些数据来作实验。作为一般原则,平均日数据量越大,最小单位的数据包含重要周期的可能性就越高。

2. 日数据。日数据是循环周期分析的最佳数据。可以用来被分析的最小实用周期是 5,因为数据点更少使杂质去除非常困难。循环周期的上限等于数据长度的 1/10,就像前边解释过的,太长的周期重复出现的次数太少,一旦发现也不能进行适当的检测。

使用日数据的唯一的大问题是怎样对付假日。这里有三种选择:(1)重复前日的数据点;(2)插入缺失的数据点;(3)忽略假日不计。尽管这里没有一个唯一正确的答案,根据经验,我们更趋向于重复数据点。

3. 周数据。除了日内数据,周数据是数据组合中最成问题的,因为它们总是不能和任何季节的模式相协调。问题在于,期货数据中的变化受季节影响的程度很大。事实上,很多短期或中期的周期都是季节性的。由于一个月不等于 4 周,一年也不整等于 52 周,周数据就会与季节变换步调不一致。周数据的主要价值在于它们可以识别由于太长而不能用日数据发现的周期。一个勉强实用的方法是使用周数据去发现这样的长周期,然后把它转换成日周期和月周期,这样就避免了周期与数据中的季节模式不协调的问题。与日数据相似,周数据被用来寻找的周期的长度最小为 5 个星期,最大长度等于数据长度的 1/10。

4. 月数据。同日数据一样,月数据是周期分析的最佳压缩选择。月数据根本没有偶然性的问题,因为它们是经过高度规则化的。它们也能同期货数据的季节倾向极好地协调。月数据被用来寻找长度从 5 个月到 350 个月的周期。(前面提到过,最大周期长度应是数据长度的 1/10,尽管这个上限超过了此长度,但具体条件限制可以不那么严格,这是数据的性质决定的。)

5. 季和年数据。一般对于期货数据来说,这些更长间隔的压缩不能为分析提供足够的数据点。然而,在有些市场,现货序列的持续时间很长,可以进行这样的分析。一般年数据比季数据有更好的结果。对这些较长间隔的压缩,分析者被迫采用复合(Spliced)数据。例如,年小麦价格的存在可追溯到1259年。一个年小麦价格序列要把四个分开的序列结合到一起考虑:先于美洲小麦数据存在的英国小麦价格和三种不同的美国价格序列,它们反映了先后在市场上占主要地位的小麦品种的变换(例如,硬红对软红(hard red versus soft red))。公认的复合方法是有至少10年交叠数据,证明在两个序列之间有一致性,然后根据最近期的序列将历史数据规则化。

步骤2:直观审查数据

现今大多数的周期分析是由计算机来做的,越来越多的人忘了在分析一个新的数据序列之前看一下价格表。这个趋势是令人遗憾的,因为直观审查有以下几个功能:

1. 识别不好的数据点。实际上所有的数据都包含着错误。大的错误会给周期分析方法带来灾难。在数据图表前直观审查一下,可以使分析者迅速识别任何明显的不行的点,然后再对其进行精确的检查。

2. 识别极端价格偏移。1980年的金银价格的高峰和1987年10月19日的股票市场的崩溃是极端价格移动的例子。这些移动得如此极端的价格会使周期分析严重扭曲,从而很难发现能代表长时间跨度数据的周期。在这样的情况下,最好的方法是做两个单独的数据分析:第一套数据一直到不规则运动出现之前,第二套数据从这个价格偏移之后开始。把每一套数据得出的周期用可靠的统计学测试加以比较,然后选出其中一套。

3. 对趋势进行评估。对图表的直观审查可以很容易识别数据中是否存在趋势,并评估这种趋势的强弱。这种了解在决定数据是否需要非趋势化以及选择最合适的非趋势化方法时很重要。

4. 估量市场摆动的平均长度。用眼睛寻找周期比大多数周期运算法则更敏感。如果你的眼睛看不出移动,那很可能不是很重要的周期。用尺子或周期测量器(Cycle finder)来测量谷底间的距离,可以估计周期的长度。

步骤3:将数据转变为对数形式[①]

要找到循环周期,所有的数学程序都假定使用的是静止的数据序列,即没有趋势的序列。因此,要恰当地使用这些数学程序,有必要将数据非趋势化。通常完成期货价格数据非趋势化要有两个独立的步骤:(1)将序列转化成对数形式;(2)将平滑后的对数数据转化成与移动平均的差值。这两个步骤不能连续执行,理由将在以后谈到。在这部分里,我们详细介绍非趋势化的步骤的第一步。

在未经调整的价格序列图中,一定比例的价格变化会随着价格升高显得越来越大。

---

① 让我来提醒一下已忘记了高中数学知识的人吧。一个数的对数是以某数为底(一般是10或者数值 $e=2.718$),得出该数的数值。比如(假设对数底为10),

如果 $y = \log x$,那么

$$x = 10^y$$

一个数的对数可以在任何专用计算器或对数表中查到。

这是我们不想看到的,因为它会导致数据严重失真,尤其是在趋势显著的序列中。然而,当数据转化为对数形式(即将数据取对数)时,同样百分比的价格变化在图表上表示的垂直移动是相同的[①]。

这些数据特征可以在图16.6中看到,该表描绘了道·琼斯工业指数从1900年到1995年早期的原始数据和对数形式。在原始数据图中,由于价格升高,任何给定百分比的价格移动都会导致更大的垂直移动(这就是原始数据具有渐近特征的原因),而在对数图中,所有价格水平的垂直移动都是同样的。例如,股票移动10%,在4 000的水平上等于400个点,在100的水平上等于10个点,而在对数图表中,不管基数如何不同,每个10%的价格移动显示出来都是相同的。

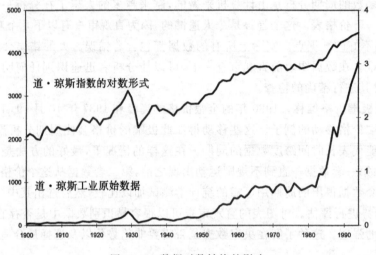

图16.6 数据对数转换的影响

即使在用其他非趋势化方法(如偏离移动平均的差值)时,也总要采用对数形式,理由是对数将价格移动百分比规则化。即使数据经过非趋势化之后,这也是有好处的。如果不用对数形式,一个在高价格水平上固定百分比的价格摆动会比在低价格水平上同样百分比的摆动要大。因此,在不同的价格摆动中的相对振幅会出现扭曲。例如,如果股票指数不采用取对数的方法来非趋势化,当价格上升时,以水平为轴的振幅渐渐随着时间的增加会越来越大。

本章的讨论是假定将循环周期分析应用在期货价格序列上。为了全面,提醒大家注意,如果在经济序列中使用循环周期分析,而该经济序列又有极强的趋势成分(例如,消费价格指数),将对数转化作为非趋势化的第一步是不适宜的。这类序列应该用以下两个方

---

① 如下列数学算式显示:
如果一个数值,x,乘以因数k,它的变化率为$(k-1)x$:
x值的变化率$=kx-x=(k-1)x$;
因此,x越大,变化率也越大。
然而,不管x值是多少,对数的变化率是一个常量,$\log(k)$:
$\log x$值的变化率$= \log(kx) - \log(x) = \log(k) + \log(x) - \log(x) = \log(k)$

法中的任一个来完成非趋势化:变化率法或第一差额法(first differences)。

变化率(ROC)是用目前的数据点除以前边的某一个数据点得出的。在月经济数据里,前边的数据点通常定为 12 个月以前的数据点。12 个月的 ROC 实际上是每年变动的百分比。第一差额是用每一个数据点减去前边挨着的数据点。第一差额是最少使用的转换方法之一,因为它创造出的数据序列参差不齐。尽管对数变化可以和移动平均偏值综合起来使用(这在以后讨论),但不能同变化率和第一差额这些非趋势化方法同时使用。

步骤 4:使数据平滑

平滑,以去除数据错误。只有当一个人要使用干净数据,而数据可能包含错误并能被去除时,这类平滑的程序才是必需的。对待可能包含错误的数据的最好的平滑法是杜奇三点(Tukey three-point)平滑法。这个程序包括将最初的数据都转化成三个点的移动中值(mdeian)——选三个连续数据点的中间值,更高的和更低的数值被舍弃。因此,如果在数据中有任何特殊点,它们将会被舍掉。当然,这个方法会在去掉错误数据的同时也去掉有效的特殊点。如果可能,最好是修正数据,完全避免使用这个方法。

平滑,以去除随机波动。我们以前论述过,一个数据序列可以被分成三个基本的构成部分:趋势、循环周期和随机波动。因此,要寻找循环周期,有必要在数据中去除趋势和随机波动。如果最初的数据序列被完全非趋势化,自由波动已经去除,得出的序列应该是一个循环。非趋势化已经谈过了,虽然最后的非趋势化步骤——移动平均差值——要留到以后再谈(为什么这样做以后一看便知)。

要用平滑法消除(或至少是减弱)随机波动,需要取一个短期的居中移动平均数据。居中移动平均与在技术分析和交易方法中普遍使用的那种移动平均有所不同:在后一种移动平均中,一个指定点的移动平均数值等于以那点为止点的所有价格的平均值(这种移动平均将在第十七章详细解释)。在周期分析中使用的移动平均数是居中的,即,它是给定点、之前一定数目点以及之后同一数目点的平均值。例如,11 天的移动平均是:给定日、它前 5 天及后 5 天价格的平均值。一个居中移动平均总是奇数序列。序列两端任一端的数据点将被舍弃,长度等于完全移动平均长度的一半。下面是计算 3 天居中移动平均的例子:[1]

初始数据　　134.50　141.20　132.40　138.90

对数数据　　2.1287　2.1498　2.1219　2.1427

居中移动平均计算　　(2.1287+2.1498+2.1219)/3　　(2.1498+2.1219+2.1427)/3

居中移动平均值　2.1335　2.1381

在平滑数据时,关键是分析者要选择比要找的最短周期更短的移动平均。因为如果平滑数据时用的移动平均比要找的周期长,将会颠倒初始周期的相位。这一点将在以后论述移动平均偏离时再作解释和举例说明。

---

[1] 由于取对数变化的步骤在前,例子中的居中移动平均计算被用在一个假定的初始数据系列的对数中,与数据系列本身相反。

步骤5：寻找可能存在的循环周期

通过目测寻找周期。也许发现周期最基本的方法就是在数据表上数一下相似高位和相似低位之间的时间。这正是研究者（如赛缪尔·贝纳）在18世纪寻找周期的方法。这一方法的主要问题就是太耗费时间。比这简单得多的办法是用尺子量图表上主要高点之间和主要低点之间的距离。一个大大简化这一程序的工具是艾烈治（Erlich）周期量度器。这是有九个点、可折叠的像手风琴似的工具，拉开后，这些点就在主要的高位和低位下面排列起来。但所有的目测都有一个问题：它们不能对发现的周期进行统计检测。不运用标准的数学技术，也很难把不同的周期联系起来。

周期图。基本周期图最早是舒斯特尔（Schuster）在1898年发明的，是研究循环周期最有名、最重要的工具之一。周期图通过分析表格中的数据来力求识别循环周期。供使用的数据按时间顺序分成列，列的数目同要找的周期的长度相等。每一个要找的周期长度都要建一个单独的周期图表。例如，如果我们有135个年数据，要确认是否有一个9年的周期，我们要把数据分成9列，15行。第1个数据点在第1行，第1列；第2个数据点在第1行，第2列；第9个数据点在第1行，第9列；第10个数据点在第2行，第1列。以这样的形式填表，直到135个数据点都放置在9列，15行中，然后从每个列中得出一个平均数。如果数据中真的有9年周期，那么有一列的平均值是明显的峰，另一个列中是明显的谷底（在排除数据中的趋势影响之后，如果没有近似的9年周期，列平均值就比较接近）。

表16.1是由1850年到1989年谷物年价格的对数组成的周期图的例子。（为了展示清楚，避免小数出现，这些对数值都乘了1 000。所有数据都乘以一个常数，对循环周期分

表16.1　周　期　图

列\行	1	2	3	4	5	6	7	8	9	行平均
1	1571	1571	1606	1619	1690	1765	1585	1669	1667	1638.11
2	1800	1610	1394	1443	1766	2037	1796	1753	1946	1727.22
3	1918	1826	1847	1684	1577	1559	1811	1793	1644	1739.89
4	1645	1568	1541	1570	1690	1822	1723	1705	1626	1654.44
5	1560	1589	1664	1524	1587	1759	1645	1593	1626	1616.33
6	1596	1406	1397	1489	1517	1567	1677	1765	1655	1563.22
7	1680	1685	1651	1715	1825	1817	1754	1753	1822	1744.67
8	1780	1834	1855	1907	2213	2200	2195	2146	1745	1986.11
9	1784	1905	1975	2006	1866	1929	1983	1963	1907	1924.22
10	1706	1477	1593	1805	1903	1915	2006	1729	1692	1758.44
11	1793	1841	1913	2018	2050	2060	2183	2305	2301	2051.56
12	2111	2163	2246	2241	2187	2190	2134	2144	2098	2168.22
13	2082	2072	2048	2038	2037	2085	2083	2099	2121	2073.89
14	2097	2039	2075	2125	2135	2106	2333	2501	2459	2207.78
15	2430	2345	2363	2421	2478	2499	2398	2507	2510	2439.00
列平均	1836.9	1795.4	1811.2	1840.3	1901.4	1954.0	1953.7	1961.7	1921.3	

析没有影响。)图 16.7 是所有行的平均值图。如果数据经过了完全的非趋势化,行的平均值应该相对平展。行平均值有大致向上的趋势是由于取对数只是部分地使数据非趋势化。

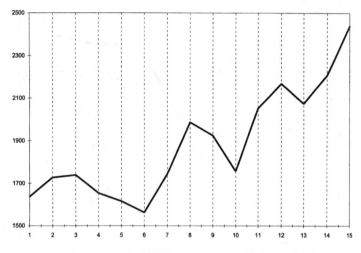

图 16.7　谷物年数据 9 列周期图的行平均值线

图 16.8 显示的是列平均线。在第 8 列有一个明显的高峰,在第 2 列有一个明显的谷底,这个事实预示着数据中可能有一个 9 年的周期。另一方面,如果列平均线一直相对平展,就排除了存在 9 年周期的可能性。例如,图 16.9 在图 16.8 显示的 9 列图上叠加了一个 8 列周期图的列平均线。可以看到,8 列平均线远比 9 列平均线相同部位的变化小得多,这意味着我们可以在数据中排除 8 年周期存在的可能性。

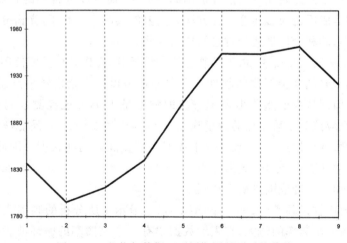

图 16.8　谷物年数据 9 列周期图的列平均值线

周期图的主要优势在于它可以提供一个简单的方法来识别数据中所有可能存在的周期。主要缺陷在于该程序使我们无法判断哪一个识别出的可能周期具有统计意义(同目测的主要问题一样)。换句话说,列平均中总会有变形,我们怎样判断这些变化是否具有统计上的意义?拿刚才谷物的数据样本来说,我们凭直觉感到 8 列周期图的变化没有意义,但我们怎么知道 9 列周期图里的变化具有统计意义,或是仍有可能是随机产生的?随着调和分析的发展,对周期统计可靠性的检测才成为可能。这种分析以周期图为基础,检测周期的统计意义。我们在本章的后面部分再回头讲统计测试这个话题。

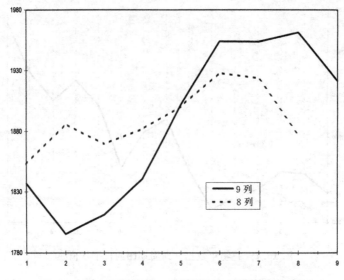

图 16.9　8 列周期图与 9 列周期图列平均值线的比较

傅立叶序列。几乎所有循环周期分析的数学运算中都有某种形式的傅立叶序列(fourier series),这是一个由正弦、余弦组成的方程式。这些三角函数同波浪(或周期)理论完美相配。循环周期分析中基本使用两种傅立叶方程：光谱分析和调和分析。从理论上说,两种方法的不同之处在于光谱分析用的是频率,而调和分析用的是周期。(如前所述,频率和周期是成反比的。)而这两种方法更重要的实际差别在于,光谱分析最适合发现可能存在的周期,调和分析最适合对它们加以检测。

光谱分析。从实用角度说,由于必须进行大量运算,光谱分析需要使用一个计算机软件程序,如周期研究基金会提供的软件。光谱分析是以一个指定频率测量周期的强度。如前所述,一个周期最少要重复出现 10 次(即频率是 10),才能检测该周期的统计有效性。最大的频率应该等于数据点的数量除以 5,因为前边谈到过,5 是能被测量到的最小的实用周期长度。(请回想一下,频率等于数据点数量除以周期长度。)因此,如果我们有1000 个连续点,我们应该在 10(数据的 10%)—200(1 000÷5)的频率范围内进行光谱分析,这就是说周期的长度范围是从 100 到 5。

光谱分析的产物是频谱(power spectrum),它显示了所分析的频率范围内的每一个频率数值。如果一个频率的值大,它表示数据中有一个该频率的循环波。如果一个频率的值小,它表示数据接近该频率的水平线。

图 16.10 显示了 167 年来谷物月数据的频谱(2 000 个数据点)。因为我们掌握了 2 000 个点,我们分析的频率范围从 10(典型的最小值)到 400(数据点数量除以 5)。为了看图方便,我们让表示频率范围从 10 到 400 的轴变为表示周期长度：从 5(2 000÷400)到 200(2 000÷10)。注意大的数值看起来在给定周期长度附近聚集。在每一处这种大数值团中的高峰的位置代表着可能存在的循环周期。图表中三个这样的相对高峰被看作是

可能存在的周期。用"可能"这个词是想强调,需要由统计测试来断定出现这些高峰的循环长度是否是真正的周期。图 16.10 中显示了由频谱识别出的周期,对这些周期的测试结果将在本章后边部分详细谈到。

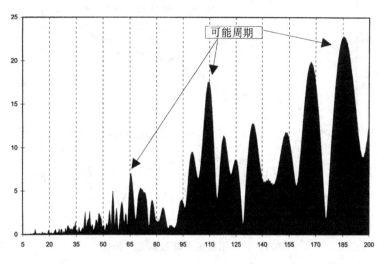

图 16.10　谷物月价格 2 000 个数据点的频谱

尽管部分非趋势化数据(即对数数据)的光谱分析能正确判断所发现的可能存在的周期的相位,残留在数据内的趋势会使这些周期的振幅扭曲变形。这种振幅变形会严重地损坏任何统计测试的意义。因此,为了不影响统计意义,有必要在测试周期前完全地将数据非趋势化。

步骤 6:通过移动平均差值完全非趋势化数据

步骤 3 中将初始数据转化为对数形式,只是部分地非趋势化了数据,如前所述,数据中任何残留的趋势都会极大地影响统计测试的可靠性。移动平均差值是最好的完全非趋势化数据的方法。计算差值的方法是用原数据减去移动平均数据。既然移动平均反映了数据中存在的趋势,用数据减去它便产生了一个非趋势化的序列(见图 16.11)。

用初始数据减去居中移动平均,得出的是由移动平均差值(departures)或叫残差(residuals)组成的一个新的时间序列。每一个被发现的周期(即每一个被光谱分析所识别的可能存在的周期)都要得出一个单独的差值序列。上面提到的差值序列的计算采用的数据与前边讲述居中移动平均时采用的数据相同:

```
初始数据         134.50    141.20    132.40    138.90
对数数据         2.1287    2.1498    2.1219    2.1427
居中移动平均数值            2.1335    2.1381
差值(残差)                 0.0163   —0.0162
```

由于移动平均对周期性数据有影响,移动平均差值法必须谨慎使用。图 16.12 显示了移动平均对一个理想的 25 天周期的数据的影响:比主要周期小的移动平均值减弱了周期的振幅;同样长度的移动平均会完全消除周期;比主要周期大的移动平均会改变相位的方向并减弱周期的振幅。(这后一个特性就解释了为什么在前边使数据平滑的步骤中,必须用比要找的最短周期还要短的移动平均来进行。)

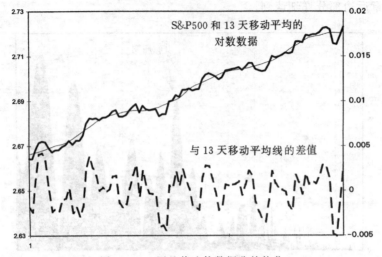

图16.11 用差值法使数据非趋势化

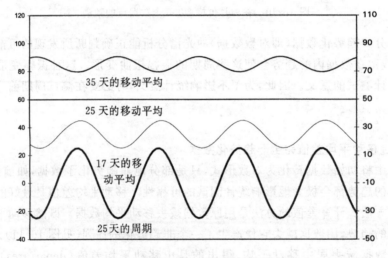

图16.12 移动平均对周期振幅和相位的影响

既然等于周期长度的移动平均可从数据中去除周期,那么从初始序列中减去这个移动平均就只剩下周期了。然而,如果移动平均比要找的周期长得多,它就会改变而不是去除初始周期。结果,从初始序列中减去这样的移动平均不会得到精确的周期。因此,根本方法是当使用差值法非趋势化数据时,要用与要找的周期长度大致相当的移动平均。这就是为什么要先找到周期(用光谱分析),然后再用这个步骤完成非趋势化程序。如果我们不知道可能存在的周期的长度,我们也就不知道从中得到差值序列的移动平均的长度。

步骤7:测试循环以保证统计的意义

统计测试的必要性。一旦用以上的方法发现并使周期完全非趋势化以后,分析者必须用不同标准的统计技术来评估周期。这个步骤非常重要,原因在于:观察者有把周期看得比实际的要好的倾向。因此,重要是要使用客观的统计测试法。在周期分析中通常使用的重要测试有三种:Bartels 测试、F-比率和卡方 Chi-Square 测试。这三种中,Bartels 测试提供了测量周期有效性的最有意义、最可靠的方法。

对统计测试结果解释的一般考虑。在使用和解释这些统计测试时要注意几个要点:

1. 周期分析中使用的所有的统计测试方法都会因趋势的存在而有偏差,这会导致统计测试不能充分揭示数据中周期的意义。这就是为什么在此步骤前要使数据完全非趋势化。

2. 这些测试结果的意义大小取决于数据中周期发生的次数。因此,所有长度较短的周期由于在数据中重复出现得较多,容易有更好的测试结果。一般来说,在数据流中重复出现不到 10 次的周期(即频率小于 10)统计测试的意义不大。然而,已给出的原则避免了寻找频率低于 10 的周期长度。

3. 测试产生的统计值与概率是相关的。统计值越大,概率值越小——即,出于偶然形成周期的概率越低;或者这么说,真实周期的可能性越大。为避免混淆,分析者应该注意,使用周期分析软件得出的统计测试结果是用测试的特定统计值还是用概率值表示。在以前,概率值将根据用于测试的统计表查出。有一段时间,由于(测试)概率值的程序很复杂,测试结果一般用统计值来表示。然而,随着处理能力大大提高,计算机能迅速地直接计算出概率。结果是,现在周期分析软件更普遍地是用概率值来显示,因为它比统计值更直接地对结果做出解释。

4. 一般来说,概率值大于 0.05(5%)的周期要被舍弃。(概率为 0.05 意味着周期出于随机产生的偶然性是百分之五。)最好的周期的概率是 0.0001(出现偶然的可能性是万分之一)或更少。

5. 一个警告:统计测试显示的低概率只是表明一个明显的周期很可能不是出于偶然;它们并不能确保周期是真实的。即使在完全随机的数据序列中,统计测试偶尔也会识别一些"重要"的周期。因此,统计测试可被视为一个向导,而不是一个可以完全依赖的绝对真理。

周期分析中最重要的统计测试是 Bartels 测试,它需要先完成调和分析。下面所述是操作步骤。

调和分析。从实际上来说,它与光谱分析类似。因为需要大量计算,调和分析也需要使用计算机软件程序。调和分析将一个三角曲线配到周期图的列平均线上。例如,在图 16.13 中,将由调和分析导出的相配曲线叠加在图 16.8 中那条根据玉米每年价格的 9 列周期图导出的列平均线上。只有识别可能的周期长度后才能进行调和分析。这就是为什么必须先用光谱分析决定这些周期的长度的原因。调和分析得出的相配曲线被用来作为对周期可靠性进行统计测试的基础,大多数人使用 Bartels 测试,这是周期分析统计测试中最重要的一种。一般来说,调和曲线与周期图列平均线越相符,统计的可靠性越大。

Bartels 测试。Bartels 测试测量的是价格序列与调和曲线——它是根据进行测试的给定周期的长度导出的——的符合程度。Bartels 测试将周期曲线配合到数据中出现的每一个循环中,根据随便估计的振幅对每一个循环的振幅进行测试。Bartels 测试既测量振幅(形态),也测量周期的相位(出现时机)。当振幅和时间选择都稳定的时候,真实周期的数学测量值会是最高的(即,周期由于偶然原因产生的概率是最低的)。Bartels 测试是专门设计用于进行连续相关数据(数据点的数值被前边数据点的数值作影响的数据)测试的。由于这个原因,Bartels 测试对价格数据测试特别合适,因为价格数据是连续相关的。

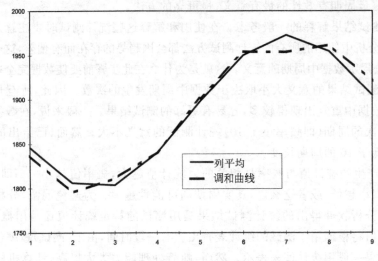

图 16.13　与周期列平均线相配的调和曲线

F-比率。一般来说,统计学上的 F-比率是两个方差的比率。方差是一个标准误差的平方,而误差是数据偏离的量度。一个数据点高度分散的数据序列的标准误差和方差就高。相反地,一个点很集中的数据序列的标准误差和方差就低。

在周期分析中,F-比率是周期图列平均的方差和周期图行平均的方差的比率。如果数据中不存在一个给定长度的周期,周期图的列平均就不会像谷物年数据的 9 列周期图的列平均那样,显示任何显著的方差(即,就不会有突出的列波峰和谷底)(见图 16.9)。因此,列平均的方差就不会比行平均的方差大得多,这就是说,F-比率就根本不会大于 1.0。另一方面,如果数据中出现给定的周期长度,列平均的方差就会比行平均的方差大得多(当然,假设数据已经被非趋势化了),F-比率就会明显大于 1.0。F-比率越高,周期可能是偶然出现的可能性就越小。

在交易是否有可能利用周期获利方面,F-比率是非常好的指标。如果,用 Bartels 测试和卡方测试(下面讨论)表明明显出现了一个周期,但 F-比率低(高 F-率概率),这偶尔会发生,那么这个周期是否对交易有用就值得怀疑。F-比率对于趋势非常敏感,因为数据中的趋势会使周期图的行平均的方差急剧增加,这样就会减小 F-比率。因此,如果数据没有被完全非趋势化,即便周期是有效的,F-比率也可能会显示周期无效。然而,如前所述,我们假设在周期测试阶段前数据已经完全被非趋势化了。

卡方测试。卡方测试(the Chi-Square test)提供的是关于周期相位(时间选择)可靠性的测量,即,周期高点和低点是否准时出现。在卡方测试中,每一个周期相位(即,周期图的行)被分成 7 个相等部分(或者叫仓(bins)),理论上,周期高峰处于中央仓。这样,在每一个周期相位中实际高峰所处的仓的位置就能被注意到,峰出现在每个仓的次数就可被记下来。如果有连续周期,就有一个趋势,即大多数的高点落在中央仓上,落在其旁边的仓的高点数目次之,离中仓越远,落在仓上的高点数越少。因此,每个仓之间高点数目的方差(误差)很高。相反地,如果没有周期,每一个仓的高点数目就趋向于均匀分布,每一个仓的高点数目的方差(误差)就会低。如果每一个仓的高点数目的方差比率相对比随机分布中估计的高点方差要大,卡方测试会显示周期是有意义的,即周期是偶然出现的概率很低。

总结:卡方测试测量的是周期相位(时机)的可靠性;F-比率测量的是周期振幅(形式)的可靠性;Bartels 测试测量的是相位和振幅的可靠性。有效周期在所有三个统计测试中都能显示是有意义的,即每一个测试的概率都小于 0.05。

在图 16.2 中,我们把这些统计测试应用在从图 16.10 的谷物月数据导出的频谱上。65.7 个月的周期和 109.5 个月的周期在 Bartels 测试和 F-比率测试中显示出非常有意义,在卡方测试中也可通过。然而,186.5 个月的周期,只在 F-比率测试中显示有意义。实际上,其他两个测试显示它几乎毫无意义。具有讽刺意味的是,186.5 个月的周期却是频谱中最显著的(见图 16.10)。这极好地反映了在频谱中,如果数据没有完全非趋势化,振幅数值会被歪曲到何种严重程度。(要知道在产生频谱前不可能完全非趋势化数据,因为最后的非趋势化步骤需要了解可能的周期长度,而了解周期长度又需要用频谱:这真的就像"22 条军规"悖论。)但是,频谱在测定周期长度以便非趋势化和测试方面是非常有用的。

步骤 8:联系和应用循环周期图

一旦主要的循环周期被发现,并被统计测试证明有效,下一个任务就是用这些循环周期预测和反映将来(一个又要使用循环周期分析软件的步骤)。典型的方法是在历史价格图表的下方放置主要周期,使其在未来时间内重复延伸(例子见图 16.14)。通常情况下,

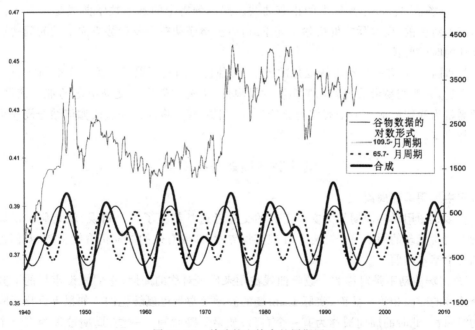

图 16.14 单独的和综合的周期图

这个未来预测线应限制在得出周期的数据序列长度的 1/3 以内。例如,假设在周期分析中使用的是 8 年(96 个月)的日数据(2 000 余个数据点),周期预测线延伸到未来时间的长度不应超过 32 个月。分析者当然可以远在这个计划的终点没有达到之前充实新数据,执行新分析。

绘制周期图时有两种想法:(1)单独地绘制周期图;(2)用数学的方法把主要的几个周期综合成一个合成曲线。周期合成有一个问题,即当两个或三个周期的峰顶和谷底大约同时发生时,叠加周期会导致振幅变形。例如,一个 20 天的周期和一个 30 天的周期最后会在同样的时间达到峰顶和谷底。这会增大合成周期的量级,显示出主要高点和主要低点的形状,而它们仅仅是人为叠加的结果。任何合成的振幅并不意味着比最大的主要周期的振幅大,尽管综合周期给人以这种印象。这些问题并不意味着周期不应被综合,而是提醒交易者小心这个方法的陷阱。概括来说,综合周期对预测将来趋势是最有用的,而单独的周期最适合帮助确定交易时机。

表 16.2 对光谱峰的统计测试结果(偶然出现的周期概率)

周期长度	巴特勒测试	卡方测试	F-比率
65.7	.0006	.0514	.0001
109.5	.0019	.0421	.0011
186.5	.1001	.4485	.0006

在考虑周期预测时要谨慎:有的交易者犯的错误是把周期预测看成某种交易仙丹,是未来价格活动的指南,交易者可以凭借周期预测市场的转折点。应该强调的是周期预测只提供了可能性,而不是必然性。下面有两个原因来解释为什么事后证明周期预测会出错:

1. 市场价格波动不是标准的正弦曲线。周期分析中的基本数学曲线是假定价格移动是完美对称的,而实际的价格移动并不对称:价格摆动在主要趋势方向上的时间比逆趋势移动的时间要长。

2. 周期不是唯一推动市场变化的力量,其他价格因素可以常常盖过周期的影响。

不过,只要交易者认识到周期预测的局限性,不把它们作为交易决定的唯一依靠,周期预测就为我们增加了一个有用的分析工具。下一部分将详细来谈谈如何结合周期预测做交易决定。

运用循环周期进行交易

在现实中运用循环周期

很多试图用循环周期作为交易工具的交易者通常都犯了一个错误,就是假定市场的转折点同所发现的周期完全吻合。在现实世界中,即便有效的周期仍继续奏效,我们也会遇到两个基本问题:

1. 市场波动不是对称的。数学曲线被用来代表对称的周期;它们假设市场的上升和下降持续的时间相等。然而,实际上,市场的波动常常是可以转化的。如果上升比下降持续的时间长,此时的周期被称为有一个右移;如果下降时间长一些,周期被称为有一个左移(见图 16.15)。

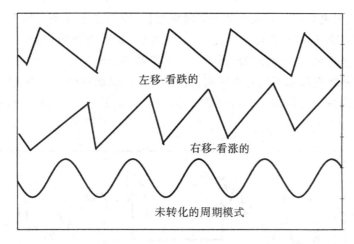

图 16.15　周期转化

2. 周期峰顶和谷底出现得可以早,也可以晚。重要的是要理解,用周期分析方法发现的理想化周期,实际上是历史上发生的许多周期的合成物。这个合成物实际上是由出现时间不相同的峰顶和谷底组成的。即便周期在数学上完全符合过去的数据,这些数据又是从过去实际峰顶和谷底产生的时间得来的,也丝毫没有理由期待未来市场的转折点会完全符合理论上的周期相位。

周期转化的调整和周期窗口可以解决这两个问题。这些技术将在下面部分说明。

周期转化的调整

周期转化是两种基本的市场价格移动特征的函数:

1. 市场趋向于上升比下降慢。表达同样意思的另一方式是熊市比牛市存在的时间短。这个行为模式导致长期的市场价格周期趋向于右移(周期长度同典型的牛市/熊市相位的持续时间相符合)。

2. 短期和中期周期趋向于被转化为主要的长期趋势的方向(这实际上也是长期周期的方向)。换句话说,在长期下降趋势里,周期下面的相位趋向于比上面的相位持续时间长(左移),在长期上升趋势里,周期上面的相位趋向于比下面的相位持续时间长(右移)。

分析者应该检查一下周期过去所有的高峰产生的位置,以便得到启示,弄清周期在未来的重复中可能发生的转化。分析者最好建立一个柱状图,描述在过去每一个间隔里周期峰顶产生的频率。例如,在 11 个月的周期里,柱状图可以显示周期里每一个月高峰产生的次数(从周期低点的时间算起)。比如,如果这样的分析显示主要高峰出现在 7 月、8 月、9 月(而不像使用对称周期所预测的是 5 月、6 月、7 月),而其他的都相同,周期预测中会加一个右移。如果再用指定的长期周期的主要方向将过去的周期分析分成段,可以进一步改进上述的转化调整。例如,我们可以根据指定的长期周期的主要方向为过去的周期峰顶位置建立单独的柱状图。

周期窗口

考虑到实际周期的转折点会比理论周期的峰顶和谷底出现得早一点或晚一点,用周期窗口图比用点图更合理。对大多数市场数据来说,窗口长度应该大约等于周期长度的 14% 到 20%,位于理论周期转折点的任一边。(当然,如果周期图中加入了转化调整,如前所述,窗口应该将调整后画出的转折点——而不是理论转折点——放在中央)对短一些的周期来说,这些数据显示不出什么区别。例如,73 天周期里的 14% 的窗口处在理论转折点的前 10 天或后 10 天,20% 的窗口是 14 天。(图 16.16 显示的是 73 天的周期和一个 20% 的窗口。)

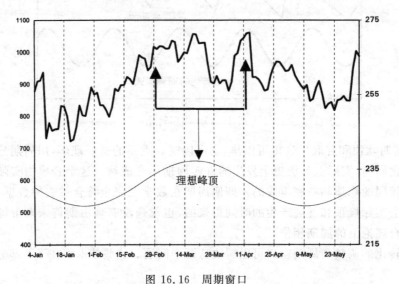

图 16.16 周期窗口
注:数据显示的是 73 天的周期和 20% 的窗口

当交易者认为市场很有可能出现转折点时,可以用窗口来确定时间周期。如何利用这个知识依赖于不同的交易者。有些人可能根据这个知识来收紧设置在同预测转折点相反仓位的止损指令,还会使用更加敏感的反趋势指标。

趋势周期和时机周期

交易者关注的是市场的方向和时机。周期分析对这两个目的来说是有用的工具。从概念上看,它对确定两种周期有用:趋势周期和时机周期。趋势周期是交易者用来预测可能的市场方向的工具。时机周期,正如其名所显示的,被用来选择交易的时机。理论上说,交易者会按照趋势周期的方向,依靠时机周期预测出的转折点(或窗口),决定进入交易的时机(见图 16.17)。

将某一个周期认定为趋势周期还是时机周期是没有定论的,要靠不同的交易者来判断。一个周期可能对这个交易者是非常合适的趋势周期,可能对另一个长期交易者来说是一个更好的时机周期。然而,每个交易者应该选择一个周期来判断方向,选择一个更短的周期来确定时机。一般来说,交易者应该选择这样的趋势周期:它的周期长度比交易者计划的持仓时间要长得多。例如,如果交易者实际上持仓已有三个月(假定他由于有风险控制而没有平仓),他可能选择长度大约为 6 个月的周期作为趋势周期。(当然,趋势周期的选择要限制在通过统计测试而显出有意义的周期范围内。)时间周期,一般来说,要等于趋势周期长度的一半到三分之一（选择也要限制在统计测试中有意义的周期）。

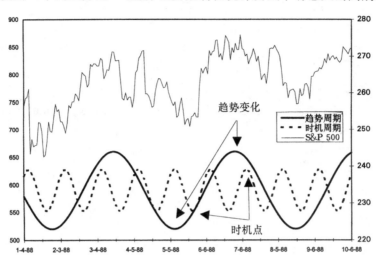

图 16.17　S&P500 的趋势周期和时机周期

结　　论

周期分析赢得了人们的喜爱，但人们对周期有很大误解。总想辨别市场的峰顶和谷底是人性的一部分。由于周期可以被用来预测将来的转折点，看起来为满足人们的欲望提供了一个工具。问题是挑选峰顶和谷底是交易初学者（和失败者），而不是赢家的特点。像本章一直论述的，周期只是市场力量的一种，有的时候会被其他的市场影响力所淹没。而且，即便是最连贯的周期也不会像数学表达式那样完整。因此，在做交易决定时一味拘泥于周期预测（排除了其他的方法和考虑）就是导致灾难的祸根。有时，在预测的周期低点之后会出现主要的下降趋势，在预测的周期高点之后会出现主要的上升趋势，这是不可避免的。原则是循环周期作为做交易决定的工具之一是非常有用的，但是永远不能把它们作为决定的唯一依靠。

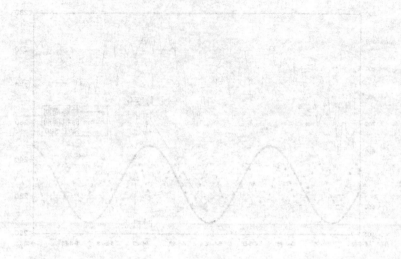

第四篇

交易方法和绩效测量

第十七章 技术交易系统：结构和设计

> 只有两种跟踪趋势系统：快的和慢的。
> ——吉姆·奥卡特（Jim Orcutt）

关于交易系统，本书将要告诉你什么和不告诉你什么

警告在先：如果你指望发现迄今为止的秘密交易系统，凭这一系统在现实交易里每年持续获得100%以上的盈利而风险最小，那么你得到别处去找。首先，我还没有发现这样一个"肯定"的挣钱机器。从某种意义上讲，这超出了本书的范围。出于明显的理由，这本书不会详细阐述我所设计的最好的交易系统——在写这部书时，这一系统被我用来管理大约7 000万美元。坦率地说，我总是有些迷惑，有的书和电脑软件的广告承诺可以破解一些系统的秘密，从而可挣到100%、200%或者更多的利润！但是为什么他们这么有价值的信息才卖99美元，即使2 999美元都低估了其价值？

本章首要的目的是给读者提供必要的背景知识，让他们设计自己的交易系统。讨论集中在以下几方面：

1. 一些基本的趋势跟踪系统总览
2. 这些系统的关键弱点
3. 将"普通"的系统转变为更加有力的系统的原则
4. 反趋势系统
5. 将多样化作为提高绩效的手段

第十八章以最初的系统为例，提供了交易系统的其他例子。一些基本的问题如适当数据的选择、系统检测程序和绩效测量在第十九至二十一章讨论。

机械交易系统的益处

纸上的交易比真实的交易更容易吗？大多数投机者都会回答"是"，即便两个任务都需要同样的决定程序。这个区别可以用一个因素解释：情绪。过度交易，因为谣言而过早平掉好仓位，为了获得更好的价格暂缓进入市场，持了一个坏仓——这些只是在实际交易中情感负面作用的几个例证。也许机械系统的最大价值就是它从交易中消除了情绪因素。使用该系统后，投机者避免了许多常常影响交易绩效的常见错误。进一步说，它使交易者不需要连续做决定，这大大减少了与交易相关的压力和焦虑。

机械系统的另一个益处是它保证了方法的连贯性——即，交易者可以参考普通的一整套条件所指示的信号。这点很重要，因为即便是能获利的交易策略如果只是选择性地运用的话，也会赔钱。为了说明这一点，考虑一下这个例子，一个市场建议提供者，他的建

议从长期来看可赢得净利润(在付过委托金和经历坏交易之后)。如果只按照他的建议进行交易的话,他的读者能挣钱吗?不一定。因为有的投机者会选择着进行交易,结果毫无例外地错过了获利最大的交易。当建议有一段时间失效后,其他人会不听从建议,结果又会错过一串获利的交易。关键在于,仅有好的交易策略是不够的,成功也依赖一贯性。

机械交易系统的第三个优势在于,它们通常提供给交易者一个控制风险的方法。资金管理是交易成功的一个基本因素。没有一个限制损失的计划,一个不好的交易会导致一场灾难。任何一个有适当结构的机械系统要么具有清楚的止损规则,要么为反向持仓指明了条件,假定有充分的反向价格移动的话。这样,跟随机械交易系统所发出的信号通常会防止在单独交易中可能的巨额损失(除非在极端情形下,当市场被锁定在一串移动限制中导致不能平仓)。这样,使用机械系统的投机者也许会由于一些负面交易的累积影响而损失资金,但至少他的账号不会由于一两次糟糕的交易而赔个精光。

当然,资金管理不必一定要使用机械系统。当建一个新仓位时,启动撤销前有效止损指令(good-till-canceled)也可以做到控制风险,或者在进行交易时提前决定退出点,并严格遵守这一决定。然而,许多交易者缺少足够的纪律性,并总试图多给市场一点时间,但常常是太多了。

三种基本系统

划分交易系统的种类是完全任意的。下面的三种区分意在强调在可能的交易方法中对于关键概念区别的解释是有主观性的:

趋势跟踪:趋势跟踪系统等待特定的价格移动,然后假定趋势会继续并在同一方向上建仓。

反趋势:反趋势系统等待重要的价格移动,然后假定市场需要调整并在相反的方向上建仓。

形态识别(pattern recognition):从某种意义上来说,所有的系统都可以被分入形态识别系统。毕竟,指示进行趋势交易或反趋势交易的条件都是一种形态类型(例如,在20日最高价(最低价)之上(之下)收盘)。然而,这里的意思是,所选择的形态不是像趋势跟踪和反趋势系统那样主要基于移动方向。例如,形态识别系统可能会在"矛尖形日"的基础上发出信号。在这种情况下,关键的考虑是形态本身(如:矛尖形),而不是任何前边价格移动的程度。当然,这个例子是过于单纯化了。在实际中,用来决定交易信号的形态会更加复杂,在一个系统中会将几个形态综合考虑。

这种系统在做交易决定时有时会使用一些概率模式(probability models)。有些形态看起来是作为过去价格上升或下降的先兆出现的。在这种情况下,研究者要力图识别这些形态。使用这种方法的基本设想是,在遇到某种特定条件时,过去的行为模式可以被用来估测现在市场上升或下降的可能性。由于这个交易系统设计方法超过了概述的范围,本章对此不做详细阐述。

应该强调的是,上述的区分界限并不总是很清晰的。某种形式的系统被修正后,可能开始变得更接近另一个不同系统种类的行为模式。

趋势跟踪系统

根据定义,因为它需要一个有意义的反向价格移动来作为交易信号,趋势跟踪系统从来不会在最高价附近卖出,不会在最低价附近买进。这样,使用这类系统,交易者总是错过价格移动的开始部分,并在收到相反的信号前(假设系统一直处于市场之中)放弃一部分重要利益。这里对有趋势跟踪系统的敏感性——或叫速度——的选择有一个基本的折中考虑。一个敏感的系统对趋势反转的迹象反应迅速,会根据有效信号最大程度地获利,但它也会产生更多的虚假信号。一个不敏感的或者说缓慢的系统会反映所有相反的特征。

许多交易者着了迷似的试图抓住每一次市场摆动。这种爱好使他们倾向于使用越来越快的趋势跟踪系统。尽管在有的市场里,快的系统总比慢的系统表现好,但在大多数的市场里出现的却是相反的情况,即慢的系统可以将交易损失和委托金花费降到最小,这些超过了在好的交易里获利的减少。这个观察只是想提醒大家,不要有寻找更敏感系统的自然趋势。尽管如此,在所有情况下,选择快的或慢的系统都完全取决于观察者的经验和交易者的主观喜好。

在建立趋势跟踪系统时有大量不同的可能方法。本章我们集中阐述两个最基本的方法:移动平均系统和突破系统。

移动平均系统

某日的移动平均等于该日的收盘价和前 $N-1$ 日收盘价的平均数,N 等于移动平均里天数的总和。例如,在 10 天的移动平均里,指定日的适当值是包括当日的 10 天收盘价的平均数。移动平均这一术语指的是被平均的一套数值总是随时间连续移动。

既然移动平均是以过去价格为基础的,那么在上升的市场里,移动平均会低于当日价格,而在下降的市场里,移动平均会高于当日价格。这样,当一个趋势从上扬转为下降,价格一定会从上方穿过移动平均线。同样,当趋势从下降转为上升,价格一定从下方穿过移动平均线。在移动平均系统最基本的类型里,这些交叉点被视为交易信号:当价格从下方穿过移动平均线时表示的是买进信号;当价格从上方穿过移动平均线表示的是卖出信号。交叉是根据收盘价来决定的。图 17.1 显示了移动平均的计算以及从这个简单步骤得出的交易信号点。

图 17.1 显示的是 1993 年 12 月的 T-债券合约以及相应的 35 天移动平均。图表中指示的没有设定边界的买进和卖出的信号是根据刚刚讲述过的简单移动平均系统得出的。(这里忽略了钻石形信号(diamond-shaped),其意义以后会解释。)注意,尽管系统抓住了主要的上升趋势,但它同样产生了许多虚假信号。当然,这个问题可以靠增加移动平均的长度来缓解,但是趋向于产生过多的虚假信号是简单移动平均系统的特征。出现这种情况的原因是:暂时的、急剧的价格波动足以引发一个信号,而这在期货市场里是常见的事。

另有一种想法指出,简单移动平均系统的问题在于,它认为所有的日期同样重要,而且日子越近就越重要,因而应该加以更多的权重。为建立移动平均提出了很多不同的加权方法。其中两个最常用的加权方法是线性加权移动平均(LWMA)和指数加权移动平均(EWMA)。①

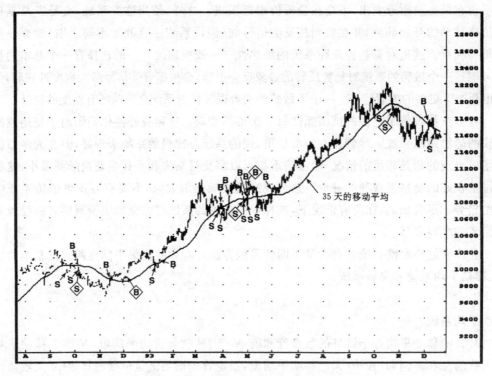

图17.1 1993年12月的T-债券和35天的移动平均

注:B=买进信号:价格从下方穿过移动平均,在曲线上方收盘;S=卖出信号:价格从上方穿过移动平均,在曲线下方收盘;⬦=没有被过滤程序排除的买进信号;⬦=没有被过滤程序排除的卖出信号。

资料来源:FutureSource;copyright © 1986—1995; all rights reserved.

LWMA将移动平均中最远期价格的权重定为1,其次远的价格权重定为2,以此类推。最近价格的权重等于移动平均中的天数。LWMA等于加权价格总和除以权数。或用以下等式表述:

$$\text{LWMA} = \frac{\sum_{t=1}^{n} P_t \cdot t}{\sum_{t=1}^{n} t}$$

其中:t=时间指标(最远的日子=1,其次远的日子=2,等等)

P_t=在t时间点的价格

n=移动平均中的天数

---

① 下面两本书作为本小节剩余部分的参考书:(1)佩里·考夫曼(Perry Kaufman),《新商品交易系统和方法》(*The New Commodity Trading Systems and Methods*),纽约,1987年;(2)约翰·威利(John Wiley & Sons),《股票和商品的技术分析》(*Technical Analysis of Stocks and Commodities*),1995年加刊,工具条第66页。

表 17.1 移动平均计算

日期	收盘价	10 日移动平均	交叉信号
1	80.50		
2	81.00		
3	81.90		
4	81.40		
5	83.10		
6	82.60		
7	82.20		
8	83.10		
9	84.40		
10	85.20	82.54	
11	84.60	82.95	
12	83.90	83.24	
13	84.40	83.49	
14	85.20	83.87	
15	86.10	84.17	
16	85.40	84.45	
17	84.10	84.64	卖出
18	83.50	84.68	
19	83.90	84.63	
20	83.10	84.42	
21	82.50	84.21	
22	81.90	84.01	
23	81.20	83.69	
24	81.60	83.33	
25	82.20	82.94	
26	82.80	82.68	买进
27	83.40	82.61	
28	83.80	82.64	
29	83.90	82.64	
30	83.50	82.68	

例如,计算 10 天的 LWMA,10 天前的价格要乘以 1,9 天前的价格乘以 2,这样一直到最近的价格乘以 10,这些加权后的价格总和再除以 55(1 到 10 的总和),就得到了 LWMA。

EWMA 的计算方法是,目前的价格乘以一个 0—1 之间的滑动常数,这个常数用 a 表示,前一天的 EWMA 乘以 $(1-a)$。或用以下等式表述:

$$\text{EWMA}_t = aP_t + (1-a)\text{EWMA}_{t-1}$$

在这种相关计算中,每天的 EWMA 数值都根据前一天的数值得出。这意味着所有前边

的价格都有一定的权重,但每一天的权重都随着时间的推移而进一步呈指数下降。任何单独一天的权重应为:

$$a(1-a)k$$

$k=$当日之前的天数(当天的 $k=0$,表达式即为 a)。因为 a 是 0 到 1 之间的数值,一个指定日的权重会随着时间的推移而急剧下降。例如,当 $a=0.1$ 时,昨天的价格权重是 0.09,两天前的价格权重是 0.081,10 天前的权重是 0.035,30 天前的权重是 0.004。

一个滑动常数 a 的指数加权移动平均,大致同一个长度为 n 的简单移动平均相对应,而 a 和 n 的联系如下面公式:

$$a = 2/(n+1)$$

或

$$n = (2-a)/a$$

这样,例如,滑动常数为 0.1 的指数加权移动平均大致同一个 19 天的简单移动平均相对应。再举一个例子,一个 40 天的简单移动平均大致同一个滑动常数等于 0.04878 的指数加权移动平均相对应。

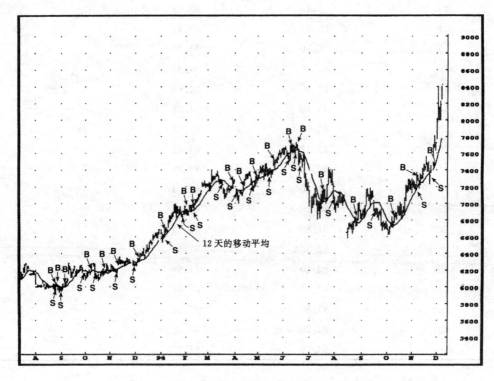

图 17.2 1994 年 12 月的棉花和 12 天的移动平均

注:B=买进信号:价格从下方穿过移动平均在曲线上方收盘;S=卖出信号:价格从上方穿过移动平均并在曲线下方收盘。

资料来源:FutureSource; copyright © 1986—1995; all rights reserved.

在我看来,根据经验目前还没有有力的证据证明:线性或指数加权移动平均比简单移动平均有实质和持续的改进。有时用加权移动平均比较好,有时用简单移动平均比较好。至于哪个方法会产生更好的结果,这个问题完全依赖于不同的市场和选择的时间段,我们没有理由假定过去相对的卓越表现仍是未来模式的可靠指示。简而言之,对不同的加权移动平均进行试验,以期改进简单移动平均系统,这种做法还没产生特别有效的结果。

一个更加有意义的改进是采用交叉移动平均方法获得的。在这个系统里,交易的信号是根据两个移动平均线的交叉——而不是一个移动平均线和价格线的交叉——产生的。运用规则同简单移动平均系统的规则非常相似:当短的移动平均线向上穿过长的移动平均线时,产生了一个买进信号;当短的移动平均线向下穿过长的移动平均线时,产生了一个卖出信号。(从某种意义上说,简单移动平均系统可以被认为是一个特殊类型的交叉移动平均系统,其中短期的移动平均等于1。)由于交叉系统的交易信号是根据两个平滑过的序列(与一个平滑过的序列和价格序列相对)得出的,错误信号的数量大大地减少了。图17.2、图17.3和图17.4比较的是12天的简单移动平均系统、48天的简单移动平均系统和在两者基础上形成的交叉系统三者指示出的交易信号。一般来说,交叉移动平均系统大大好于简单移动平均系统。(然而,应该注意到,通过利用一些趋势跟踪系统进行修正——这点下面要讨论到,即使简单移动平均系统也可以提供可行的交易方法。)交叉移动平均系统的缺点和对它的可能改进方法将在下面讨论。

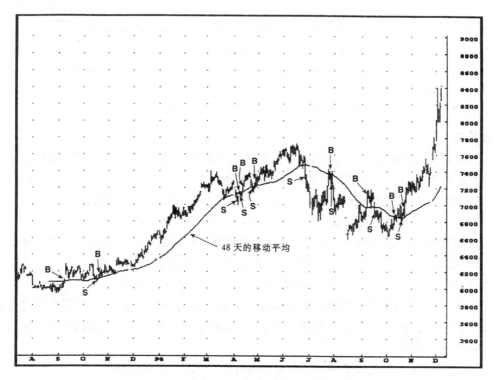

图17.3　1994年12月的棉花和48天的移动平均

注:B=买进信号:价格从下方穿过移动平均并在曲线上方收盘;S=卖出信号:价格从上方穿过移动平均并在曲线下方收盘。

资料来源:FutureSource;copyright © 1986—1995; all rights reserved.

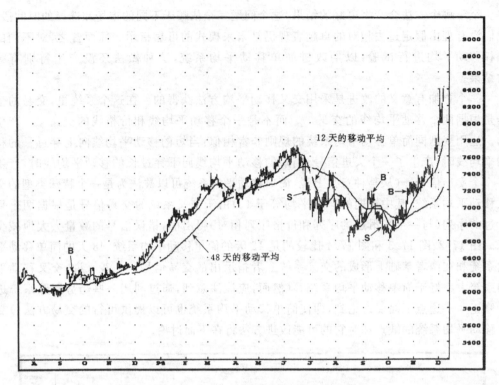

图 17.4　1994 年 12 月的棉花和交叉移动平均

注：B=买进信号；短期移动平均线(12 天)从下方穿过长期移动平均线；S=卖出信号；短期移动平均线从上方穿过长期移动平均。

资料来源：FutureSource；copyright © 1986—1995；all rights reserved.

突破系统

突破系统的基本概念非常简单：市场移动到新高或新低的能力显示了沿突破方向的持续发展的潜力。下面是简单突破系统的一套规则：

1. 如果今天的收盘超过了前边 N 天的最高价，结束空头，进入多头。
2. 如果今天的收盘低于前 N 天的最低价，结束多头，进入空头。

N 值的选择将确定敏感性。如果用来同目前的价格相比较的时间段是短期的（如 $N=7$），系统能相当迅速地反映趋势的反转，但也会产生许多虚假信号。另一方面，选择长期一点的时间段（如 $N=40$）会减少虚假信号，但代价是进入交易较慢。

图 17.5 比较的是大豆粉连续期货里简单突破系统用 $N=7$ 和 $N=40$ 所产生的交易信号。下面的结论——图 17.5 提供了证据，对快的和慢的突破系统之间的利弊方面的概括描述也是有效的：

1. 快的系统会提供较早的主要趋势转换的信号（如，6 月的卖出信号）。
2. 快的系统会产生更多的虚假信号。
3. 慢系统中每一笔交易的损失都要比快系统中相应交易的损失大。例如，5 月的 $N=40$ 系统中，买进信号造成了大约 14 美元的净损失。在 $N=7$ 的系统中，相应的买进信号产生的是得失相当的交易结果（不包括委托金）。有的时候，快系统甚至可能会在小的趋势里实现小的获利,而在慢系统中会造成重大的损失。

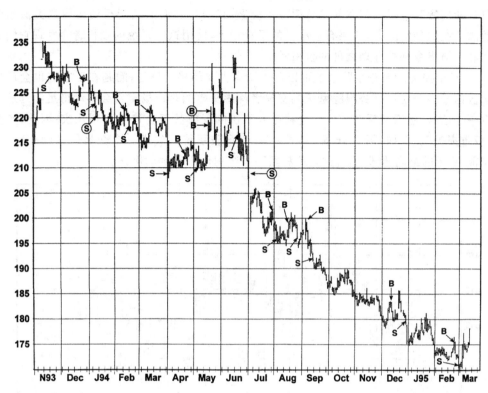

图 17.5　快的突破系统和慢的突破系统的信号:大豆粉连续期货
注:B,S 是 $N=7$ 天的信号;Ⓑ,Ⓢ 是 $N=40$ 天的信号。

如前所述,快系统和慢系统在不同的环境下都能表现得更好。在所选的例子中,总的来说,慢系统成功的案例居多。当然,一个人也可以同样轻而易举地举例说明相反的结论是正确的。然而,实际经验表明,在大多数市场里,慢系统的效果显得更好。在任何情况下,选择快系统或慢系统都必须根据最新的实际检测。

前边突破系统的例子根据的是目前的收盘价和前一段时期的最高价和最低价。应该注意到这些选择的任意性。其他可选择的组合包括:当日的最高价或最低价同前一段时期的最高价或最低价;当日的收盘价和前一段时期的最高收盘价和最低收盘价;当日的最高价或最低价同前一段时期的最高收盘价或最低收盘价。尽管定义一个突破的条件不同,对条件的选择会影响结果,但上述不同组合（N 的数值相同）间的差异有很大的随意性而且无法克服。这样,当每一个定义被测试时,把研究精力放在对基本系统的有意义的修改上可能将更合理。

突破类型的系统存在的缺点基本和移动平均系统的缺点一样,下面的部分会详细介绍。

标准趋势跟踪系统的常见问题

1. **相似系统太多**。许多不同的趋势跟踪系统会产生相似的信号。我们常常可以看到,在相同的 1—5 天的时期内几个趋势跟踪系统都会发出同样一个交易信号。由于许多投机者和期货基金根据基本的趋势跟踪系统做出决定,它们的共同行动会导致类似指令的泛滥。在这种情况下,如果有极小量的平仓指令,使用这些系统的投机者会发现它们的市场和止损指令都被计划之外的价格触发。

2. 双重损失。趋势跟踪系统可以产生所有主要趋势的信号;问题在于它们也会产生许多假信号。令使用趋势跟踪系统的交易者深感头疼的是市场常常会移动得足够远从而触发一个信号,然后又反转方向。这种令人不快的现象甚至会连续出现几次;因此,产生了"双重损失"。例如,图 17.6 显示,$N=10$ 的突破系统产生了一个交易信号(收盘价超过了前 N 天的最高-最低价),这是趋势跟踪系统副作用的生动例证。

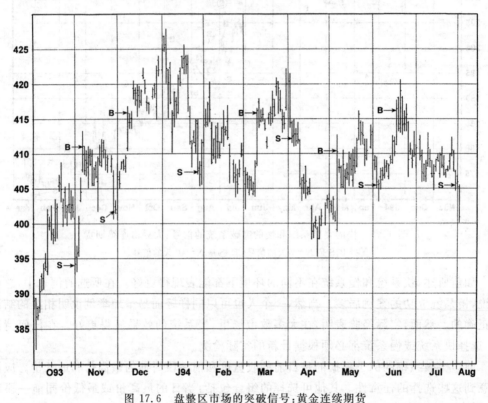

图 17.6　盘整区市场的突破信号:黄金连续期货

注:B=买进信号:收盘价高于前 10 天的最高价;S=卖出信号:收盘价低于前 10 天的最低价

3. 不能利用主要的价格移动。基本趋势跟踪系统假定仓位的单位、大小总是相等的。结果是,遇到趋势扩展的情况时,这样的系统最好能做的也不过是指示了沿趋势方向的一个单位的仓位。例如图 17.7 中,$N=40$ 的突破系统在 1993 年 12 月发出了一个多头信号,并在整个上升趋势里保持多头仓位。尽管很难说这种做法不好,但如果趋势跟踪系统能利用这样一个趋势扩展的机会,通过信号指示增加基本的仓位规模,就会增加获利。

4. 不敏感(慢)的系统会放弃大部分的获利。尽管慢趋势跟踪系统的绩效通常最好,但这种系统一个不招人喜欢的特征是,它们有时也许会放弃一大部分的未平仓获利。例如,$N=40$ 的突破系统抓住了无铅汽油在 3 月底到 7 月的价格上升趋势的主要部分,但实际上在收到相反的信号前却失去了全部利润(见图17.8)。

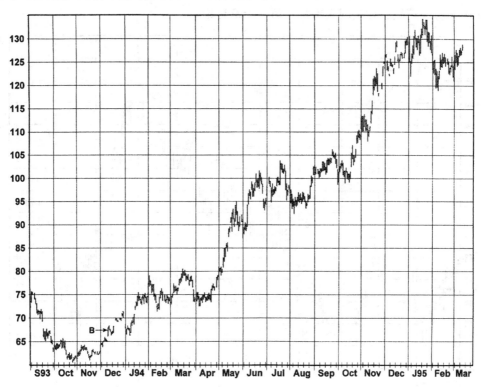

图17.7 系统不能利用主要的价格移动:铜连续期货

注:B=买进信号;收盘价高于40天的最高价

5. 不能在盘整市场中挣钱。任何趋势跟踪系统在价格横向移动的一段时间内能起的最好的作用就是使交易得失相当——即,不产生新的交易信号。然而在大多数情况下,盘整区市场的特征是遭受双重损失。由于价格行为的横向移动代表着大多数市场的主要状态,因此在这方面尤其值得慎重考虑。

6. 暂时的巨大损失。即便优秀的趋势跟踪系统也会经历资产净值急剧减少的过渡时期。这种现象对于那些已经享受获利,认为这不过是缓冲的交易者来说还只是令他们心烦,但对那些刚开始跟踪系统信号的交易者来说却是灾难性的结果。

7. 绩效最好的系统的极度波动性。在有的例子中,交易者可能会发现,最获利的趋势跟踪系统也尤其易于经历急剧地减少,因此这种系统中暗含的风险水平令人不能接受。

8. 系统在测试中运行良好但随后失败。这也许是在那些曾使用机械交易系统的交易者中最常见的灾难故事。

9. 参数移动。① 交易者常常会精疲力尽地在过去数据的基础上寻找系统的最好的变量(如在突破系统中最合适的 N 数值),但却发现随后在确信区域内同一变量的绩效糟糕透顶(同其他的变量相比)。

---

① "参数"一词在交易系统中的意思详见第二十章。

10. 理论现实差(Slippage)。这又是一个常见的现象:系统在纸上产生效益,但同时在实际交易中赔钱。理论现实差将在第二十章讨论。

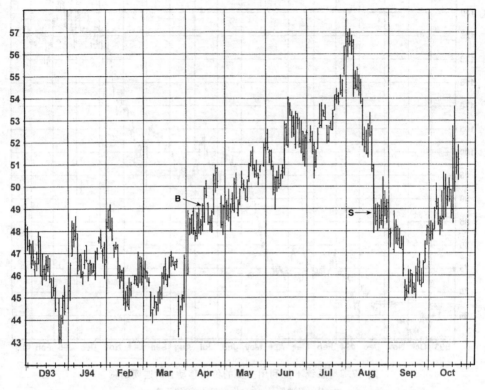

图 17.8 不敏感的系统丧失利润:无铅汽油连续期货

注:B=买进信号:收盘价高于40天的最高价;S=卖出信号:收盘价低于40天的最低价

对基本趋势跟踪系统的可能的改进

根据过去20年的经验,即便是简单的系统,像移动平均或突破系统,如果在足够长的时间内(如3—5年或更长)持续地在宽区域市场里交易,也很可能证明自己是能够获利的。然而,这些系统的简单性既是优点,也是缺点。从本质上说,这些系统的规则也许过于简单,不能对可能出现的市场情况的大量变化给以合适的解释。简单的趋势跟踪系统即便能在长期获得净利,但容易使交易者周期性地遭到急剧损失。实际上,即便系统会证明自身在长期内可以获利,由于在损失期间使用者遭到净损失,许多(如果不是大多数)使用者自然要放弃这种方法。

在这一部分里,我们讨论一些改进基本趋势跟踪系统的主要手段,以努力提高系统的绩效。为了易于阐述,我们主要以前边描述过的简单突破系统为例进行说明。然而,同类型的修改对于其他的趋势跟踪系统(如交叉移动平均)一样适用。

确认条件

对基本趋势跟踪系统的一个重要改进是要求在收到信号前满足一些附加条件。如果在收到反向信号前没有满足这些条件,就不进行交易。所设计的确认准则专门用来处理趋势规则系统中不可避免的产物:虚假信号。指导思想是有效的信号会满足确认条件,而虚假的信号通常不会。可选择的确认条件范围由系统设计者任意限定。下面,我们提供三个范例:

1. 突破。只有当市场移动超过一个给定参考水平(如信号价格)特定的最小数量,交易信号才能被接受。这个突破可以按实际的移动计算,也可以按百分比计算。图 17.9 比较了两个交易信号,一个产生自 $N=12$ 的标准突破系统;另一个是带有确认准则的相应系统,规则要求收盘突破前 N 天最高价(低价)至少 2 个百分点。注意,在这个例子中,尽管由于信号有效,确认准则导致在较差的价位上进入交易,但它却去除了所有 7 个虚假信号。(未确认的卖出信号后的买进信号也被去除了,因为系统在那点已经处于多头。与之相似,未确认的买进信号后的卖出信号也被去除了,因为系统在那点已经处于空头。)

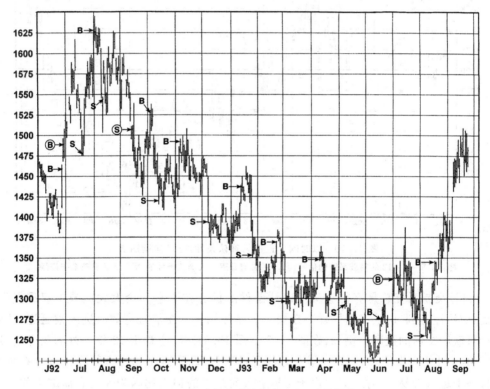

图 17.9　突破作为确认条件:可可连续期货

注:B,S= $N=12$ 的突破系统的信号;Ⓑ,Ⓢ=带有收盘价2%突破的确认条件、$N=12$ 的突破系统信号

2. 时间延迟。这种方法要求延迟特定时间,在特定时间结束时再评估信号。例如,确认准则可能会具体规定,如果市场收盘价于信号价格之外(即买进时收盘价要较高,卖出时收盘价要较低),那么要在产生最初信号 6 天或 6 天以上才能采取行动。图 17.10 比较了两种信号,一种产生自 $N=12$ 的基本突破系统;另一种产生自带有延迟 6 天确认条件的相应系统。在这个例子中,确认准则去除了 7 个虚假信号里的 6 个。

3. 形态。这是一个包罗万象的术语,包含千变万化的确认准则。这种方法要求形成特别的形态以保证基本系统信号有效。例如,确认准则可以要求在超越价格信号后形成三个穿透日①。图 17.11 比较的信号,一种产生自 $N=12$ 的基本突破系统;另一种产生自以三个穿透日为有效条件的相应系统。确认了交易信号的三个穿透日在图表上用数字显示。这次,确认准则又去除了所有的 7 个虚假信号。

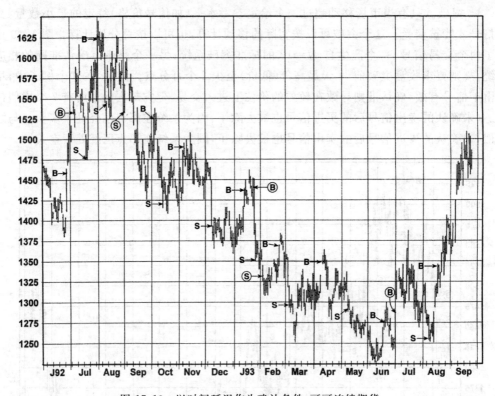

图 17.10　以时间延迟作为确认条件:可可连续期货

注:B,S=$N=12$ 的突破系统的信号;Ⓑ,Ⓢ=带有延迟 6 天确认条件的 $N=12$ 的突破系统信号

设计交易系统总是有得有失。确认条件的优势在于它们会大大地减少双重损失。然而,应该注意到,确认准则同样存在恼人的副作用——在信号有效时进入被延迟,从而减少可获利交易的盈利。例如,在图 17.9 至图 17.11 中,注意 1992 年 6 月的买进信号、1992 年 8 月的卖出信号和 1993 年 6 月的买进信号,确认准则都导致了在比基本系统差的价格上进入交易。但是,只要由于延迟进入而减少的损失比因为使用它而减少的获利大,确认条件就是有益的。一个包括确认条件的系统不总是比基本系统的绩效强,但是如果设计得当,从长期来看,它的表现会好得多。

过滤

过滤的目的是去除那些成功概率注定很低的交易。例如,技术系统可以同能分出市场是牛市、熊市或中间市的基本模式相结合。只要当技术信号同基本模式表述的市场显

---

① 穿透日的定义在第六章出现过,是收盘价高于(低于)前日最高价(最低价)的日子。

示相一致时才能被接受。如果不一致,就会指示出暂不持仓。然而在大多数例子中,过滤条件在本质上仍然是技术的。例如,如果一个人能得出可准确定义盘整市场出现的一套准则,当(准则)显示出是盘整市场时,接到的信号也不会被接受。实际上,系统设计者设计一个过滤条件,是试图发现一个大多数失败交易具有的共性。

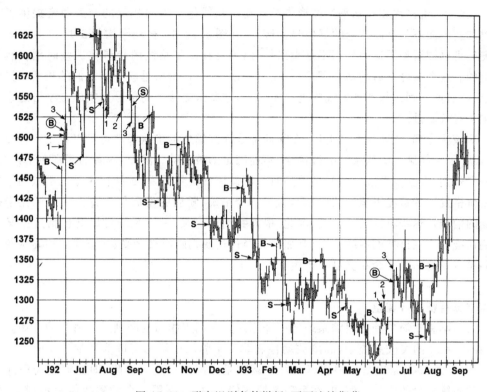

图 17.11　形态识别条件样板:可可连续期货

注:B,S=N=12 的突破系统的信号;Ⓑ,Ⓢ=带有 3 天穿透日确认条件的 N=12 的突破系统信号

简单移动平均系统通常不能令人满意,这里我们以它为例来说明一个过滤条件。图 17.1 中的孤立信号说明,简单移动平均的典型特点就是产生许多虚假信号——即便是在趋势市场里也一样。通过利用过滤准则,即只有同移动平均的趋势保持一致的信号才被接受的原则,这些双重损失可以被大大地减少。例如,只有当移动平均相对于前日水平升高时,从下方穿过移动平均线并在移动平均线上方收盘才能当作买进信号被接受。这个过滤条件是按直觉设计的,因为它符合要按主要趋势进行交易的基本技术观念。

关于这个准则的使用方面有两点需要说明:

1. 如果价格线和移动平均线出现反向交叉之前移动平均处于信号方向,一个先前未被接受的信号可能会在较后的点上被激活。

2. 在先前未被接受的信号后出现的信号要被忽略,因为净仓位已经同此时的交易相一致了。这是事实,因为简单移动平均系统总是随市场变化的。

图 17.1 中的菱形信号指示出了在应用上述过滤准则后已经被接受的交易(或在交叉时,或在延迟之后)。正如我们看到的,准则实质性地减少了虚假信号的数量。尽管在一

些情况下,应用过滤条件导致交易延迟进入是不利的——例如,11月的卖出信号——但总的来说,优点明显大于缺陷。当然,一个简单的阐明不能证明任何事。然而,图17.1的揭示确实有普遍适用性。大多数由经验得来的证据显示,包括图17.1描述的那种过滤准则能导致绩效的增加。

实际上,价格线和移动平均线形成与移动平均线趋势方向相反的交叉通常提供了一个增加仓位而不是反向持仓的好信号。例如,在图17.1中,移动平均的1月、3月和5月的突破可以被看作买进信号而不是卖出信号,因为移动平均线的趋势在那些时刻仍然是向上的。这个解释背后的基本理论是,在趋势市场里,在价格重新开始它们的长期趋势以前,回调通常会到达移动平均线附近。实际上,这些未被接受的信号为实施金字塔建仓法提供了有效基础。

应该注意到,从某种意义上讲,在前面部分详细描述的确认条件也可以说是一种类型的过滤,因为能满足确认条件的被接受,不能满足的被去除。然而,两者的区别在于:过滤是一套规则,在基本系统的信号被收到时就可使用。换句话说,选择程序是在不依赖任何随后价格发展的情况下运行的(尽管,为了完全精确,随后的发展仍能允许一个原先未被接受的信号在迟些时候被接受)。因此,根据我们的定义,一个系统可以既包括过滤又包括确认准则。在这样的系统中,只有那些先经过过滤判断而被接受、又被随后的确认条件证明是有效的信号才会在交易中产生实际结果。

根据市场特征进行调整

人们不喜欢简单趋势跟踪系统的一个原因是它们用相似的准则对待所有的市场。例如,在 $N=20$ 的突破系统中,高度波动性和非常平静的市场的买进信号都依靠同一个条件——一个20日最高价。根据市场特征调整是力图弥补这一缺陷,即根据市场条件来寻求的系统变量的优化。例如,在突破系统的例子中,N 不用一个常数数值表示,而是根据市场波动性的等级来确定 N 的相关数值。为了具体说明,可以用在过去50天里2天的平均价格变动来确定市场属于波动性五级中的哪一级。[①] 任一指定日的 N 值要根据主要的波动性确定,然后产生信号。

目前看来,波动性是确定市场状态的最具逻辑性的选择,尽管也可以试试其他的标准(如基本条件,平均交易量水平等)。实质上,这种修正寻求的是把一个基本趋势跟踪系统由静态方法转为动态交易方法。

区分买进和卖出信号

基本趋势跟踪系统一般假定产生买进和卖出信号的条件类似(如在收盘价高于10日最高价时买进,在收盘价低于20日最低价时卖出)。然而,没有理由自动做这种假设。我们可以争论说,牛市和熊市的市场行为不同。例如,历史价格的宽光谱图显示,价格从主

---

① 我们用两天的价格范围而不用一天的价格范围来测定波动性,是因为后者常常不能反映市场波动性的真实情况。例如,在限价日中,这一天的价格范围等于0,而实际上限价日是市场高度波动的条件。当然,可以用许多其他的方法来判断波动性。

要峰顶下降的速度比从主要的低谷回升的速度显得要快。[1] 这个结论显示，产生卖出信号要用比产生买进信号更加灵敏的条件，这样比较合理。然而，利用这种方法的系统设计者要对 overfitting 系统的危险特别注意——我们要在第二十章详细讨论它的缺点。

金字塔式交易法

基本趋势跟踪系统的一个内在缺陷是它们在所有条件下都自动假设用相同的仓位规模。在主要趋势中，人们更希望能增加仓位规模，这种希望完全能导致任何趋势跟踪系统获得成功。在主要趋势中，增加基本仓位的合理方法是，等待出现一个特定的回调，再等趋势恢复得到确认后，额外增加仓位。这种方法寻求的是金字塔式交易法的最佳时机，同时又提供了退出原则，因为增加的仓位可能会招致损失，退出原则恰当地限制了可能发生的损失。这种方法的使用案例在第八章详细讨论过。下面的规则是使用金字塔式交易策略的另一个例子：

买进的例子

1. 当净仓位是多头时，市场以低于前 10 天的最低价收盘，表明发生止升回落。
2. 一旦确定发生止升回落，如果符合下列条件，在任何随后 10 天的高价位上建额外的多头仓位：
a. 金字塔式信号价格在最近建立的多头仓位价格的上方。
b. 净仓位的规模小于 3 个单位。（这个条件暗示着最多有 2 个金字塔式单位。）

卖出的例子

1. 当净仓位是空头仓位，市场的收盘高于前 10 天的最高价位时，可界定为一个止升回落。
2. 一旦止升回落被界定，如果符合以下条件，在随后任何 10 天的低位上建额外的空头仓位：
a. 金字塔式信号价格在最近建立的空头仓位价格的下方。
b. 净仓位的规模小于 3 个单位。（这个条件暗示了最多有 2 个金字塔式单位。）

图 17.12 表示的是 $N=40$ 的突破系统中，金字塔式追加计划在 1992 年 9 月咖啡合约中的应用。

如果金字塔式单位追加到系统中，风险控制就变得特别重要。一般来说，通常建议平掉追加部位的条件比产生相反信号的条件更敏感。下面的例子显示的是使用金字塔式交易法时可以在系统中使用的一套止损规则。下列任一条件被满足，立即平掉所有追加仓位：

1. 收到一个相反方向的趋势跟踪信号。

---

[1] 短期利息率市场的情况相反，这个市场根据证券价格开价，开价数值随着利息率的水平而成反比变化。在利息率市场，利息率，而不是证券价格，同标准市场的价格类似。例如，一个商品的价格或利息率没有上限，但是它们的下降在理论上是有限度的。另一个例子，当价格高时，商品市场显得更具波动性，而短期利息率市场则在利息率高时（证券价格低）更易波动。长期市场（如股票）的状况类似，因为尽管利息率不能低过 0，但当利息率下降时，这些证券价格的计算结果是价格提升加速（比利息率变化相等时）。

2. 我们判断出现了回调后,追加卖出(买进)。随后市场以高于(低于)最高(最低)价位的价格收盘。图 17.12 显示了在 1992 年 9 月的咖啡交易中根据这个规则而设定的止损水平。

图 17.12　追加信号:1992 年 9 月　咖啡
注:S=卖出基本仓位的信号;Ⓢ=卖出追加仓位的信号;RD=定义的回调

交易退出

系统中设定交易退出规则,可以使交易者在接到相反的趋势跟踪信号前平仓。这一规则的用途在于限制失败交易中的损失,同时限制获利交易中未平仓获利的损失。尽管我们非常希望达到这些目的,但是使用交易退出规则确实有利也有弊。如果使用退出交易规则,一定要特别设定重新进入仓位的规则;否则,系统易于错过主要趋势。

使用退出交易规则的危险在于它会导致好的交易过早平仓。尽管设置重新进入规则会有所帮助,但过快地退出交易和随后的重新进入是双重损失。于是,使用交易退出规则(及由此产生的重新进入规则)对系统的绩效产生负面影响也是屡见不鲜的。然而,对有的系统来说,尽管不容易,但要建立一个交易退出规则来总体提高绩效,还是可能的。(说到回报,我们通常用回报/风险来计算,如果交易退出规则提高了绩效,那么用交易退出规则作为反转信号——不仅仅是平仓信号——甚至会更大地提高绩效。)我们还可以使用动态的交易退出规则。例如,当价格移动得数量大,或是时间范围长,交易退出条件可以随之设定得更加敏感。

反 趋 势 系 统

反趋势系统总述

反趋势系统常常吸引很多交易者,因为交易的最终目的是在最低价格买进,在最高价格卖出。不幸的是,达到这一目标的难度与它的可操纵性成反比。时刻要记住,趋势跟踪系统和反趋势系统的关键差别在于,趋势跟踪系统基本上是可以自我调整的,而反趋势系统却会带来不可估量的损失。因此,在任何反趋势系统中都必须包括一些止损条件(除非它与趋势跟踪系统同时交易)。否则,使用该系统的结果就是在主要下降趋势中保持多头,在主要上升趋势中保持空头。(止损条件对于大多数趋势跟踪系统来说可有可无,因为在仓位遭受极大损失前通常会收到相反的信号。[①])

使用反趋势系统的一个重要优势在于,它可以与趋势跟踪系统同时使用,从而提供了多样化的交易方法。在这方面,应该注意到,即便是不大的净损失,反趋势系统可能也很适用,理由是如果反趋势系统和与其本质相反的趋势跟踪系统同时交易,可能会意味着比单用趋势跟踪系统交易的风险小。因此,即使单独使用反趋势系统会赔钱,但两个系统综合起来用会产生高百分比的利润率(在同样的风险水平)是完全可能的。

反趋势系统的类型

下列一些方法可以用来建立反趋势系统:

最小失效移动

这可能是最直接的反趋势方法。从最后一次反趋势买进信号以来,每次市场回升到最低点上方的某个最小数量,都指示了一个卖出信号。同样,从最后一次反趋势卖出信号以来,每次市场下降到最高点下方某个最小数量,也指示了一个买进信号。这个产生交易信号的价格移动数量或是用实际量表示,或是用百分比表示。图 17.13 描述的是 1993 年 10 月到 1994 年 7 月的黄金市场中,用这种反趋势系统产生信号的最小数量是起始水平的 4%。[②] 注意本章前边同样用这个市场来说明敏感的趋势跟踪系统会造成双重损失。这里使用这个例子不是偶然的。在这类市场条件下,反趋势系统显得最起作用,而趋势跟踪系统的能力却相当差。

带有推迟确认条件的最小失效移动。这和刚才的反趋势系统相似,只有一点除外,在启动反趋势交易前需要某个趋势反转的最小指示。例如,减弱指定的价格移动百分比,反趋势信号形成,但要求 1 天的穿透日为确认条件以证明其有效。

振荡指标。反趋势系统可以用振荡指标作为产生交易信号的指数。第十五章里非常详尽地叙述了振荡指标的情况。但是应该注意,尽管在盘整市场,使用振荡指标发出反趋势交易信号可能有效,但在趋势市场使用这个方法可能会导致一场灾难。第十五章讨论

[①] 不过对于一个很不灵敏的趋势跟踪系统来说,止损限制可能是必须的。比如,设定 $N=50$ 时中止交易的系统。

[②] 图 17.13 描绘了一个连续的期货价格变化序列,其中价格变化的百分比等于图中的价格变化除以未在图中显示的相应的近期期货价格。第 12 章曾提到连续期货价格变化能准确反映价格的波动而不能反映价格的均线,因而它不能被用来作为计算变动百分比的除数。

了使用振荡指标的更有效的方法。

周期。反趋势系统可以使用周期分析作为选择交易时机的关键因素。例如,在预期到的周期高点时期,如果出现某种特定程度的弱势证据(如 8 天的低价位收盘),就指明了一个空头仓位。关于循环周期分析的详细讨论见第十六章。

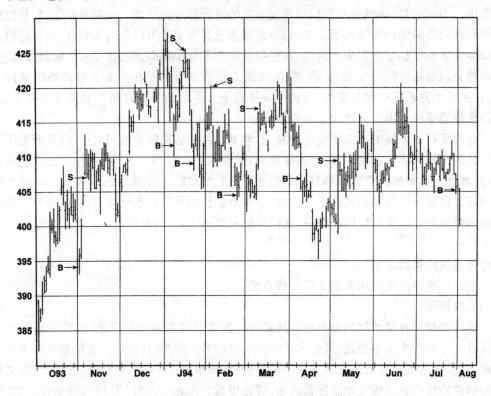

图 17.13　反趋势信号:黄金连续期货

注:连续期货里的价格变化除以相应的最近期货的价格水平,得出百分比。B=买进信号;从前一最高点下降 4%;S=卖出信号;从以前的最低点上升 4%

相反的判断。反趋势系统可以用相反判断作为选择交易时机的一个因素。例如,在某个特定水平上一旦产生相反意见,就指明了一个空头仓位,但它需要一个非常敏感的技术指数给予确认。(相反意见的讨论见第十章。)

多　样　化

"多样化"一词的标准解释是交易遍布在广泛的市场范围里。尽管这是唯一一个最重要的多样化的类型,但假如有足够的资金,则还有其他两个可能的多样化水平。首先,每个市场可以用几个系统来交易。其次,每一个系统可以用几种版本。例如,如果可可的两个合约用突破系统来交易,每一个合约可以用不同的 N 值(就是说,最高价格或最低价格被突破以引发信号的日子的不同天数)。

在下面的讨论中,我们将用术语"单一市场系统版本"(SMSV)一词来指在单一市场里某个指定的交易系统的特定版本。这样,在可可市场中交易的,$N=20$ 的简单突破系统就是一个SMSV的例子。单一的系统被用在所有市场中,每一个市场里只用单一的一个系统版本,这是最简单的情况,这里每一个交易市场里只有一个SMSV。这个简化的情况代表了交易系统的典型应用,并在不同的市场中只使用标准的多样化版本。然而,如果有足够的可支配资金,使用不同的系统和每个系统不同的版本,这种多样化会获得额外的利润。

多样化有三个重要的好处:

1. 减少资产净值回撤。不同的SMSV不会恰好在同一时期经历损失。这样,用广泛的SMSV来交易,交易者资产净值的起落会更平缓。这意味着用10个相同获利/风险特征的SMSV来交易比用一个SMSV的10个单位交易需要少得多的准备金。换句话说,变化不同的交易手段会达到更高百分比的回报。也可以这样说,在同样的资金分配水平上,多样化的交易手段会以更低的风险水平达到同样的百分比回报。总而言之,多样化十分有益,即便组合中包括有我们知道的绩效很差的SMSV。关键要考虑组合中某个SMSV与其他SMSV的关系。

2. 保证加入到主要趋势中去。一般地说,只有几个活跃的交易期货市场可以在任何指定年份都经历大的价格趋势。既然大多数趋势跟踪系统里的大部分交易会赔钱,[①]关键的就是交易者要加入到大幅获利的交易——即主要的趋势中。这是在各种市场中多样化都非常重要的关键理由。

3. 坏运气保险。期货系统交易,同棒球一样,是一步步来的游戏。如果各种环境都正逢其时,即便单一一天里的价格移动的一点点不同也会对特定的SMSV的获利性有非凡的影响。为了说明这点,我们考虑这样一个突破系统,它的确认条件是要求一个以最小的数量突破前日最高价位(最低价位)的穿透日。在系统A中这个最小数量是5点;在系统B中是10点。这是两个系统唯一的不同。两个系统都拿目前的价格同前20天的价格范围做比较。

图17.14以1981年7月的咖啡市场比较这两个系统。(尽管可以容易地拿更近期的例子来说明,但这个特别的情况是我所见过、系统绩效对系统数值微小变化的敏感性最显著的例子。)基本系统的买进信号(如在20天的最高价格上方收盘)在7月16日收到。这个买进于7月17日被系统A确认,当时的收盘价比前日的最高价位(A1点)高了9个点。然而,系统B要求的是10个点的突破,所以直到第二天(B1点)才确认了这个信号。

系统A的买进信号本可以在大约97美分时(A2点)执行。然而,由于随后的一连串限制移动,系统B的头进信号直到价格超过了1.22美元(B2点)才被执行。这样,在这个短期的时间间隔里,系统A赚了25美分/磅(每个合约9 375美元),而系统B不能转换空头仓位,损失了差不多相等的钱。这样,由于市场不能在指定日以高一点的价格收盘(一个价格移动少于4美元),在两个近乎同样的系统版本中却导致了每个合约18 750美元不可思议的绩效差别! 应该强调,这个例子反映的是商品价格移动的随意性,而不是测试后系统的不稳定性。绩效的差别仅通过一个交易就显示出来,而这个交易中的信号仅在一天前后就明显不同,在这种情况下,除了日交易系统,任何一个系统都会反映出同样程度的不稳定性。

---

① 这类系统也能盈利,因为其平均收益远远大于平均损失。

图 17.14　系统交易：按部就班的游戏(1981 年 12 月 咖啡)

这个例子应该解释了为什么在某个市场里一般表现很好的系统也很可能使交易者赔钱——他可能只是选择了一个特殊的版本,而这个版本比大多数别的版本要糟得多(即使版本非常相似)。通过使用一个系统的几个版本,投机者可以减轻这种孤立的、不正常的糟糕结果的影响。① 当然,如果这样做,交易者的获利远远超过系统平均绩效的可能性也就不存在了。然而,总的来说,这是一个人们希望采用的折中方法,因为我们认定,交易的基本目标是持续的良好绩效,而不是横财获利。

改进后的趋势跟踪系统的普遍问题

现在我们可以来考虑一些可能的方法,来解决前边列举的标准趋势跟踪系统的问题。表 17.2 是我总结出的问题和可能的解决办法。

表 17.2　标准趋势跟踪系统的问题和可能的解决办法

标准趋势跟踪系统的问题	可能的解决办法
1. 太多相同的系统	1a. 试图建立初始系统以避免"交易过多"的问题
	1b. 如果交易多于一个合约,分散进入

---

① 在前面的例子中,有意选择了相似的系统 A 和 B 以便最大限度地说明在某种情况下潜在的影响。不过,在实际操作中,交易者应当选择区别较大的系统版本。

续表

标准趋势跟踪系统的问题	可能的解决办法
2. 双重损失	2a. 使用确认条件
	2b. 发展过滤规则
	2c. 实行多样化
3. 不能利用主要的移动	3. 增加追加仓位
4. 不敏感的(慢的)系统会坐失很大的获利	4. 采用交易退出规定
5. 在盘整市场不能赚钱	5. 在交易中综合使用趋势跟踪系统和反趋势系统
6. 暂时的大的损失	6a. 如果资金允许,在每一个市场中不止采用一个系统交易
	6b. 开始一个交易系统时,如果是在信号已经收到之后的点上进入交易,交易量要小
7. 有最好绩效的系统极端不稳定	7. 通过实行多样化,交易者可以分配一部分资金到高获利潜力的系统中,但这些系统风险太大,不能单独用来交易
8. 系统在测试中运行很好,但后来失败	8. 如果系统测试得当,这种危险的发展会减少。在第十章中对这个题目有详细的讨论
9. 参数移动	9a. 如果资金允许,在每一个系统中用几个版本进行多样化交易
	9b. 用带有市场特征调整的系统进行实验
10. 理论现实差	10. 运用现实的假定(第二十章中讨论)

第十八章 初始交易系统样板

> 没有什么能在所有时间,所有类型的市场里运作。
> ——亚当·斯密(Adam Smith)

前边一章提供了一般交易系统的两个例子——移动平均和突破。本章详细说明一些在第六章介绍过的形态基础上形成的几个初始交易系统。尽管在此详细说明的系统可以直接拿来作为交易者的策略,但本章的主要目的不是提供特定的交易系统,而是给读者一个感觉:技术概念可以怎样被运用来建立一个机械交易方法。研究这些例子应该给读者以启发,让他们知道怎样设计自己的交易系统。这才是本章的真正价值。

为什么我要说明这些系统?

在这一点上,我相信很多读者的脑子里都存在着一些疑问:为什么我只以一本书的价格揭示着几个初始交易系统,而这些系统可以卖到几百甚至几千美元?如果我愿意在一本书的一个章节里说明这些系统的内容,而这本书却几乎因为印数少而不能开始,那么这些系统可能会好到什么程度?为什么作为一个商品交易顾问,使用这些系统管理巨额资金(写书的时候是7千万美元),我却愿意实际上是免费泄露我的一些系统?难道我不担心这些系统的广泛使用会损害它们未来的绩效吗?

这些都是合理而公正的问题。对所有的问题的基本答案是,本章详细说明的系统都是"无足轻重"的系统——即,从回报/风险角度来说,这些系统同我已经发展的其他系统比太低级,我不会费心去使用它们。但这并不意味着这些系统是不值钱的。实际上,我不会怀疑,这些系统比起那些被卖到是这本书价格的许多倍的系统,很可能性能更加卓越。同时,我相信,通过加入自己的修正和改进,许多读者可以把本章的系统作为非常有效的计算机化交易方法学的核心来使用。最后,如前所述,本章说明的系统主要是打算提供交易系统设计的一些特别说明。

宽幅振荡日系统

基本概念

在第三章介绍过,宽幅振荡日是一个比最近交易阶段经历了更广泛的真实价格范围的日子。宽幅振荡日固有的高度不稳定性赋予这些日子特殊的重要性。一般来说,市场倾向于超越宽幅振荡日的边界,顺着初始价格的方向扩展。然而,市场最初突破了宽幅振荡日的一边,然后反转去突破另一边,这个情况也具有指示性。

宽幅振荡日系统在宽幅振荡日的基础上决定了盘整区。收盘价高于或低于这些盘整区时就产生信号。在最简单的案例中,盘整区被定义为宽幅振荡日本身。然而,如果我们使系统更具有普遍性,盘整区的定义就是,从宽幅振荡日前 $N1$ 天到其后 $N2$ 天这一时期内价格范围包括的所有真实最高价格和真实最低价格，N1 和 N2 是必须被定义的参数数值。例如，如果 N1 和 N2 都等于 0，价格范围是宽幅振荡日本身（也就是，宽幅振荡日的真实最高价位和真实最低价位间的价格范围）。如果 N1=4，N2=2，盘整区就是宽幅振荡日前 4 天到后 2 天这段时期内，最高的真实最高价格和最低的真实最低价格之间的价格范围。

定义

宽幅振荡日。变化率（VR）大于 k（例如，$k=2.0$）的日子。VR 等于当日的真实价格范围除以前 N 天期间的真实价格范围（如 $N=10$）。

价格引发范围（PTR）。最近的宽幅振荡日前 N1 天到其后的 N2 天之间最高的真实最高价格和最低的真实最低价格的范围。注意直到宽幅振荡日 N2 天之后才能定义一个 PTR。（如果 N2=0，PTR 被定义为宽幅振荡日本身的收盘价。）每有一个新的宽幅振荡日，就要重新定义一个 PTR（即宽幅振荡日 N2 天之后）。

交易信号

买进案例。在 PTR 最高价格的上方收盘，从空头转为多头。

卖出案例。在 PTR 最低价格的下方收盘，从多头转为空头。

日查清单

为了发现交易信号，每天执行下列步骤：

1. 如果是空头部位，检查当日的收盘价是否处在 PTR 最高价格的上方。如果是，从空头转为多头。
2. 如果是多头部位，检查当日的收盘价是否处在 PTR 最低价格的下方。如果是，从多头转为空头。
3. 检查从最近的宽幅振荡日后是否确实经过了 N2 天。如果检查结果是肯定的，重新定义 PTR。

这些步骤的顺序非常重要。注意，检查一个交易信号的步骤要先于检查是否要重新定义 PTR。如果某天定义了一个新的 PTR，而那天又根据一直存在的 PTR 产生了交易信号，根据这个顺序，这个信号就先被发现了。如果步骤 3 先于步骤 1 和步骤 2，那么每次在 PTR 定义那天（在最近的宽幅振荡日后 N2 天，当 N2=0 时就是宽幅振荡日本身）产生的交易信号都会被拖延。例如，假定系统是多头部位，N2=0，新的宽幅振荡日的收盘价在前一宽幅振荡日的最低价格以下。根据上列步骤顺序，新的宽幅振荡日就是从多头转向空头的信号。如果步骤 1 和步骤 2 在步骤 3 之后，就不产生信号，因为 PTR 被重新定义，而市场就得在低于新的宽幅振荡日的收盘价时才能引发一个信号。

系统中的参数

N1. PTR 时期内宽幅振荡日前的天数。

N2. PTR 时期内宽幅振荡日后的天数。

K. 要定义一个宽幅振荡日，该参数值必小于 VR。

参数搭配表

表 18.1 提供了一个参数搭配表样板。读者可以照此运用或随愿调整。

表 18.1　参数搭配表

	k	$N1$	$N2$
1	1.6	0	0
2	1.6	3	0
3	1.6	6	0
4	1.6	0	3
5	1.6	3	3
6	1.6	6	3
7	1.6	0	6
8	1.6	3	6
9	1.6	6	6
10	2.0	0	0
11	2.0	3	0
12	2.0	6	0
13	2.0	0	3
14	2.0	3	3
15	2.0	6	3
16	2.0	0	6
17	2.0	3	6
18	2.0	6	6
19	2.4	0	0
20	2.4	3	0
21	2.4	6	0
22	2.4	0	3
23	2.4	3	3
24	2.4	6	3
25	2.4	0	6
26	2.4	3	6
27	2.4	6	6

图解案例

为了说明系统怎样运作，我们在 1993 年 1 月到 1995 年 4 月这段时期的糖图表上添加交易信号。注意这是连续期货的图表，因为要和产生信号的价格系列相符合。下面两章会详细说明连续期货常常是在交易系统中最适用的价格系列。为了方便观察图表的连续性，前边每一个图表中一到两个月的情况会重复出现在下月图表中。

图表中有两种类型的信号显示：

1. 无边界信号是 $N1$ 和 $N2$ 都设定为 0 时系统产生的信号。（换句话说，PTR 被定义为宽幅振荡日本身的真实最高价格和真实最低价格。）

2. 钻石型信号是 $N1=4, N2=2$ 时系统产生的信号。(换句话说,PTR 就是宽幅振荡日前 4 天到后 2 天期间的真实价格范围。)

在许多案例中,这两套参数值会产生相同的信号。然而,有的案例中,系统的第二个版本产生信号晚些,或根本不产生信号。(不会发生相反的情况,因为在 $N1=4$ 和 $N2=2$ 基础上形成的 PTR 必须至少和在 $N1=0$ 和 $N2=0$ 基础上形成的 PTR 一样广泛。因此对前一个 PTR 的任何突破也势必形成会对后一个 PTR 的突破,但逆推理并不成立。)

首先我们来考察 $N1$ 和 $N2$ 都等于 0 时(无边界信号)的系统版本产生的交易信号。因此暂时忽略钻石型信号。我们随后再考察两种参数设定产生的不同交易信号。

1993 年 1 月产生了买进信号,当时市场在 1 月 8 日宽幅振荡日的最高价格上方收盘(图 18.1)。随后四个宽幅振荡日定义的几个 PTR 没有产生向下突破。因此系统一直保持多头,直到 1993 年 5 月 18 日宽幅振荡日的最低价格被随后部分突破(图 18.1)。在这个特别时刻,系统提供了近乎完美的信号,在 1993 年 1 月的谷底附近买进,在 1993 年 5 月的顶峰附近反转。

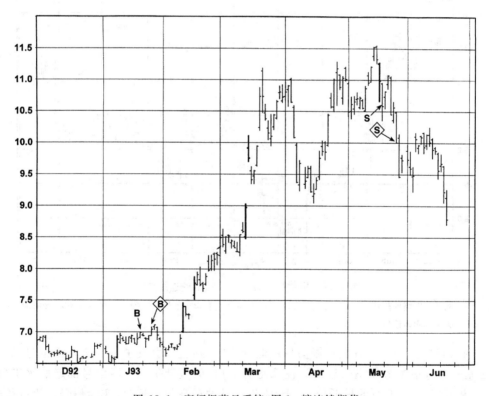

图 18.1 宽幅振荡日系统,图 1:糖连续期货

注:粗条表示宽幅振荡日。B,S=当 $N1=0, N2=0$ 时的买进和卖出信号;Ⓑ,Ⓢ=当 $N1=4, N2=2$ 时的买进和卖出信号

1993 年 5 月的空头仓位一直保持,直到市场经过在最近宽幅振荡日上方的第一次收盘。那是在 1993 年 9 月 13 日,那天的收盘价高于 1993 年 8 月 12 日的宽幅振荡日(图 18.2)。市场又一次提供了一套近乎完美的信号,在 1993 年 5 月的顶峰附近合理地

卖出,在高过1993年8月最低价格一点的地方转向多头。

市场在1993年11月4日宽幅振荡日出现(也是11月相对的最高价)后的第三个交易日收盘于4日的最低价之下,出现了另一个卖出信号(图18.2)。注意卖出信号出现的当天也是一个宽幅振荡日。这是一个很好的例子,证明在检查一个新定义的PTR前先检查交易信号的做法是正确的。如果这些步骤的顺序反过来,卖出信号会一直延迟到当宽幅振荡日本身——即1993年11月9日——被突破三日之后才产生。而1993年11月9日的卖出信号导致的是双重损失,因为几个星期后在收盘于这个宽幅振荡日的真实最高价之上产生了一个反向的买进信号(图18.2)。

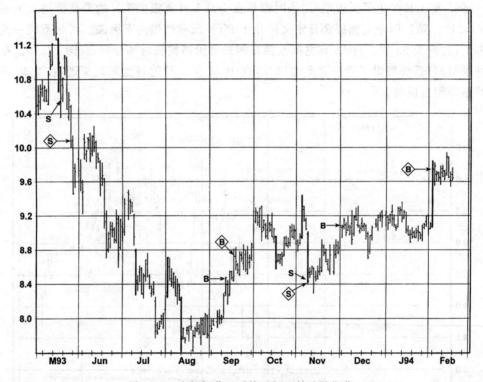

图18.2　宽幅振荡日系统,图2：糖连续期货

注：粗条是宽幅振荡日。B,S＝当$N1=0,N2=0$时的买进和卖出信号；Ⓑ,Ⓢ＝当$N1=4,N2=2$时的买进和卖出信号

在1994年3月29日宽幅振荡日最低价下方的收盘,引发了下一个卖出信号,它本身也是一个宽幅振荡日(图18.3)。注意尽管PTR的最低价——即信号的起始水平(也就是1994年3月29日的最低价)离1994年3月的最高价不远,但实际信号产生的价位要低得多,因为低于这个水平的第一次收盘价低得多。这次交易和下面的两次交易导致了小的双重损失,随后就是1994年8月大幅获利的买进信号(图18.3)。下面四个交易的结果是一连串小的或中度的双重损失(图18.4)。最后一次交易又是另一个大幅获利。

值得注意的是：对1994年11月28日宽幅振荡日的突破在1995年1月13日引发了第二个卖出信号。问题在于如果没有其他的宽幅振荡日插入,单一的宽幅振荡日可以引发无数的信号。

第十八章 初始交易系统样板

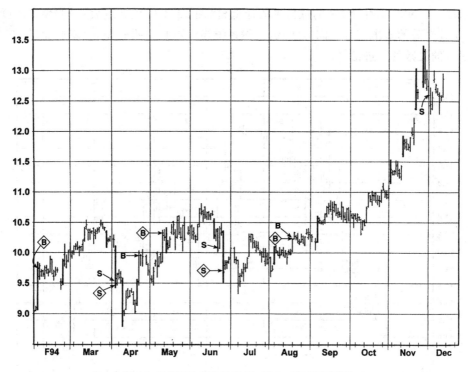

图 18.3 宽幅振荡日系统,图 3：糖连续期货

注：粗条为宽幅振荡日。B,S＝当 $N1=0,N2=0$ 时的买进和卖出信号；Ⓑ,Ⓢ＝当 $N1=4,N2=2$ 时的买进和卖出信号

下面我们考察第二个参数设置($N1=4,N2=2$)引发的信号与第一个参数设置($N1=0,N2=0$)引发的信号有怎样的不同。注意第二套参数设置使得 1993 年 1 月的买进信号产生得较晚(图 18.1)，因为要等 $N2$ 天来定义 PTR，这样 PTR 最高价的数值较大。1993 年 5 月的卖出信号也出现较晚(图 18.1)，因为当第一套参数设置引发了卖出信号的时候，使用第二套参数值设定的 PTR 还没有被界定(就是说从最后的宽幅振荡日以后还没有过 $N2$ 天)。

第二套参数设置也使得 1993 年 9 月的买进信号产生较晚(图 18.2)，但还有另外一个原因。在这个例子中，用前 $N4$ 天来定义 PTR 时 PTR 最高价的数值较大。出于同样的原因，这次的买进信号比第一套参数设置引发的 1993 年 12 月 1 日的买进信号晚了两个月(图 18.2)。同 1993 年 5 月的卖出信号相似(图 18.1)，要等 $N2$ 天才能界定 PTR 的方法也推迟了第一套参数设置引发的 1994 年 4 月的买进信号和 1994 年 6 月的卖出信号(图 18.3)。

上述 6 个案例中的每一个，都由于运用第二套参数设置而造成信号延迟，导致了不很有利的或更加有害的进入水平。这不是意外的，因为当 $N1$ 和 $N2$ 不是 0 时，PTR 的范围更加广泛，总是会导致相等或更高的买进信号和相等或更低的卖出信号。

读者可能会奇怪，既然 $N1$ 和 $N2$ 都是非零值时，比起 $N1$ 和 $N2$ 都是 0 的设置，被耽搁的交易进入总是导致相等或更差的结果，那为什么我们不把 $N1$ 和 $N2$ 值都设置为 0？答案是，从非零的 $N1$ 和 $N2$ 值中得出的更广泛的 PTR 会过滤一些失败信号。例如，注

意当 $N1=4$,$N2=2$ 时,PTR 的低得多的最低价(图 18.4 中用虚线表示)避免了 1994 年 12 月 1 日失败的卖出信号。同时注意,既然系统当时不是空头仓位,也就避免了 1995 年 1 月 3 日的失败的买进信号。

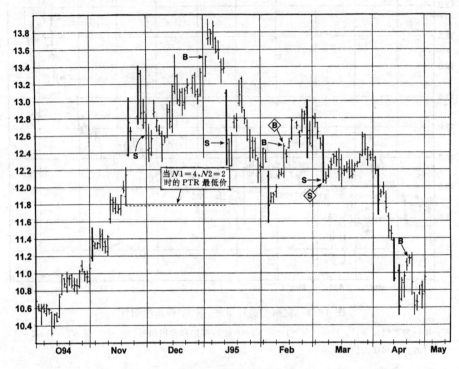

图 18.4　宽幅振荡日系统,图 4:糖连续期货

注:粗条为宽幅振荡日。B,S=当 $N1=0$,$N2=0$ 时的买进和卖出信号;Ⓑ,Ⓢ=当 $N1=4$,$N2=2$ 时的买进和卖出信号

总的来说,在这个市场案例中,由于 $N1$ 和 $N2$ 使用非 0 数值,造成了很差的进入价格,这种负面结果的累积影响超过了过滤掉失败交易所挽回的盈利。然而,相反的情况也常常存在。

应该强调的是,选择这个例子的用意是阐明宽幅振荡日系统的机制,而不是选择最好的系统设置。因此,这个例子有意地既包含了巨大盈利,也包含了双重损失。注意,如果只将描述范围限制在 1993 年 1—10 月这段时期,系统在谷底附近买进,在峰顶附近卖出,再在谷底附近买进,我本可以轻而易举地使系统看起来像是战无不胜的法宝。这种断章取义的描述在书上、杂志上,尤其在广告上屡见不鲜。我们在第二十章讨论"恰当选择的例子"时再回头谈这个题目。

单边日突破系统

基本概念

上升和下降单边日的定义见第六章。正如第六章解释的,单边日易于在强趋势市场里出现。在这个系统里,当市场收盘价高于前边特定天数的下降单边日里所有真实最高价的最大值时,就产生了反向的买进信号。同样,当市场收盘价低于前边特定天数的上升单边日里所有真实最低价的最小值,就产生了反向的卖出信号。我们认为,市场具有在一个或多个这样的强趋势日极点的相反方向收盘的能力,预示着趋势反转已经发生。

交易信号

买进的例子。只要下列两个条件被满足就转向多头:

1. 收盘价高于最近 N2 个下降单边日的真实最高价中的最大值。(注意:只考虑单边日的真实最高价;不考虑其间隔日的真实最高价。)

2. 最近的单边日是一个上升单边日。(如果没有这第二个条件,则有时第一个条件在卖出例子中会导致自动地反转回空头仓位。)

卖出的例子。只要下面两个条件被满足就转向空头:

1. 收盘价低于最近 N2 个上升单边日真实最低价中的最小值。(注意:只考虑单边日的真实最低价;不考虑间隔日的真实最低价。)

2. 最近的单边日是下降单边日。(如果没有这第二个条件,则有时第一个条件在买进例子中会导致自动地反转回多头仓位。)

每日查看的清单

为了发现信号,每天执行下列步骤:

1. 检查当日前 N1 天的交易日可否被定义为上升单边日或下降单边日。[①](我们讲过,某个单边日要到 N1 天后的收盘时才能被断定。)继续跟踪所有的单边日和它们的真实最高价和真实最低价。

2. 如果是空头仓位,检查当日的收盘是否高于过去 N2 个下降单边日真实最高价的最大值。如果是,检查最近的单边日是否是上升单边日。如果是,从空头转向多头。

3. 如果是多头仓位,检查当日的收盘是否低于过去 N2 个上升单边日真实最低价的最小值。如果是,检查最近的单边日是否是下降单边日。如果是,从多头转向空头。

参数

N1:用来定义单边日的参数。例如,如果 $N=3$,如果某天的真实最高价位大于前 3 天真实最高价的最大值,真实最低价小于随后 3 天的真实最低价的最小值,这天可以被定义为上升单边日。

N2:下降单边日的总天数,它被用来计算真实最高价中的最大值,收盘价超过这个最大值,即产生买进信号。(同样,也是上升单边日的总天数,它被用来计算真实最低价中的最小值,收盘价低于这个最小值,即产生卖出信号。)

参数搭配表

表 18.2 提供了一个参数搭配的样板。读者可以照此使用或随意调整。

---

① 尽管并不常见,但一个日子确实可以既是上升单边日,也是下降单边日。某天的真实最高价大于 N1 天前和 N1 天后之间的真实最高价,真实最低价低于 N1 天前和 N1 天后之间的真实最低价,就是这种不寻常的情况。既满足上升单边日又满足下降单边日定义的日子不被认为是单边日。

表 18.2 参数搭配表

	N1	N2
1.	3	2
2.	3	3
3.	3	4
4.	3	5
5.	5	2
6.	5	3
7.	5	4
8.	7	2
9.	7	3
10.	7	4

图解案例

为了阐明单边日突破系统的机制,我们在图 18.5 至图 18.9 中标出参数设置为 $N1=5$,$N2=4$ 的系统产生的买进和卖出信号。下降单边日用向下的箭头表示,上升单边日用向上的箭头表示。收盘价高于最近 4 个下降单边日的真实最高价的最大值,引发了 1992 年 12 月的买进信号(图 18.5)。注意引发买进信号的第二个条件——最近的单边日是上升单边日也被满足了。

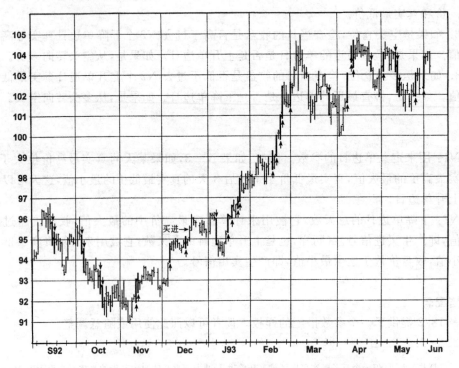

图 18.5 单边日突破系统($N2=4$),图 1:T-债券连续期货

注:粗条指示的是单边日,箭头的方向表示了单边日的方向

图18.6 单边日突破系统（$N2=4$），图2：T-债券连续期货
注：粗条指示的是单边日，箭头的方向表示了单边日的方向

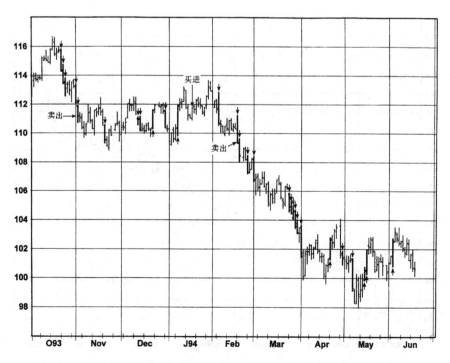

图18.7 单边日突破系统（$N2=4$），图3：T-债券连续期货
注：粗条指示的是单边日，箭头的方向表示了单边日的方向

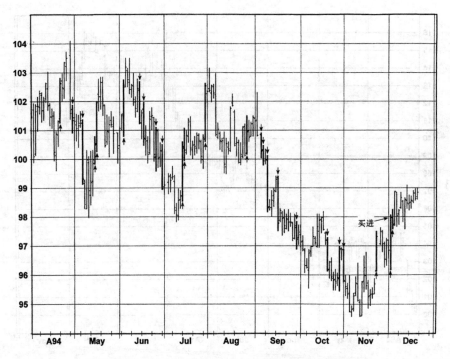

图 18.8 单边日突破系统($N2=4$),图 4：T-债券连续期货

注：粗条指示的是单边日,箭头的方向表示了单边日的方向

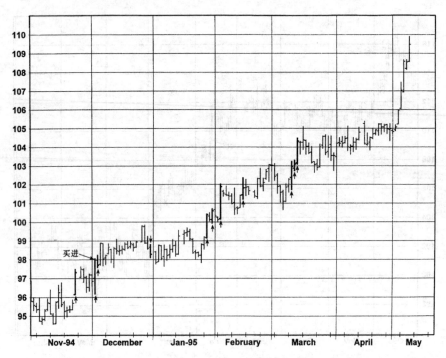

图 18.9 单边日突破系统($N2=4$),图 5：T-债券连续期货

注：粗条指示的是单边日,箭头的方向表示了单边日的方向

粗略看来,应该在1993年5月中旬的低价位收盘处(图18.5)有一个卖出信号。因为这个收盘低于最近4个上升单边日的真实最低价的最小值,而且最近的单边日是下降单边日。但困难在于后一个条件事后才证明是真的。当出现最低收盘时,最近界定的还是1993年5月4日的上升单边日。记住,一个单边日要到N1天(在这个例子中是5天)以后才能被确定。在1993年5月的3个下降单边日中的第一个被确定时,所有市场的收盘都高于4个最近上升单边日的真实最低价的最小值。

实际上,1993年11月2日之前一直都没有卖出信号(图18.6)——买进信号出现后经过了10个月的时间和16个T-债券点(每个合约16 000美元)!在这个特殊例子里(市场、期间和参数设置),系统性能十分卓越,捕捉到了将近2/3大的价格提升,中间没有任何失败交易。然而,应该注意到,选择了较小的N2数值(就是说,1、2或3)会在整个1992年年底至1993年年底的强大牛市中至少产生1个虚假信号。

1993年11月执行的空头仓位在1994年1月几乎以未变的价格平仓(图18.7)。注意,与粗略浏览图表得出的印象相比,1994年1月的买进信号似乎发生得较晚,价格也更低。答案仍然在于,在1月初的峰顶出现前无法界定1个上升单边日。图表上显示的买进点是1994年1月里收盘价超过了前边4个下降单边日真实最高价的最大值的第一天,而且最近的界定单边日是上升单边日。

大约1个月后多头仓位反转,出现不大的损失(图18.7)。注意在这个例子里,用来

图18.10 单边日突破系统($N2=3$),图1:T-债券连续期货

注:粗条指示的是单边日,箭头的方向表示了单边日的方向。图中显示的卖出和买进信号是当$N2=3$时产生的。当$N2=4$时没有对应信号

计算卖出点的 4 个最近的上升单边日在产生卖出信号前,跨度差不多达半年之久,其间散布着许多下降单边日(图 18.6 和图 18.7)。这个卖出信号又产生了一个大幅收益,系统在整个 1994 年 2 月到 3 月的下降、4 月到 8 月的盘整、9 月到 10 月的下降期间一直保持空头仓位(图 18.7 和图 18.8)。在经过将近 10 个月的时间和超过 11 个 T-债券点以后,仓位最终反转(图 18.8)。由此进入的多头仓位在随后大的价格提升期间一直保持,写作本书时仍在进行(图 18.9)。

在图表显示的这 3 年半期间,系统的绩效异常出色,产生了三个巨幅获利的交易,一个中度损失和一个是盈亏大致平衡的交易。然而,读者要小心,不要根据这个单一市场/单一参数值的例子而将系统的绩效推而广之。在大多数的案例中,系统不会像这个案例显示的那样具有显著的绩效。只举一个例子,如果 $N2$ 值被设置为 3 而不是 4,就会遭受两个双重损失,而没有任何获利来弥补(见图 18.10——与图 18.6 对应,及图 18.11——与图 18.8 对应)。

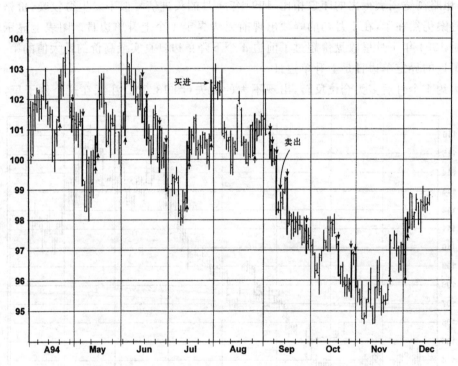

图 18.11　单边日突破系统($N2=3$),图 2:T-债券连续期货

注:粗条指示的是单边日,箭头的方向表示了单边日的方向。图中显示的卖出和买进信号是当 $N2=3$ 时产生的。当 $N2=4$ 时没有对应信号

单边日连续记数系统

基本概念

这个系统同样用单边日作为产生交易信号的基本要素。在这个系统中,每次出现一定数量的上升单边日,期间又没有插入下降单边日时,就产生了反转信号,反之亦然。

定义

上升/下降单边日的定义见第六章。另外，在表述系统时会用下列定义：

买进记数。每次一收到卖出信号，买进记数就正式开始。记数从 0 开始，每确定一个新的上升单边日，就增加 1。只要出现一个下降单边日，记数就重新设置为 0。这种买进记数有效地表示了其间未插入任何下降单边日的上升单边日的总天数。收到买进信号后，买进记数结束。

卖出记数。每次一收到买进信号，卖出记数就正式开始。记数从 0 开始，每确定一个新的下降单边日，就增加 1。只要出现一个上升单边日，记数就重新设置为 0。这种卖出记数有效地表示了其间未插入任何上升单边日的下降单边日的总天数。收到卖出信号后，卖出记数结束。

交易信号

买进的例子。每次买进记数达到 $N2$ 时转向多头。要时刻记住，一直要等到第 $N2$ 个连续上升单边日出现 $N1$ 天后，才知道这个条件是否已满足。(这里的"连续"意味着中间没有插入下降单边日；而不是上升单边日连续出现。)

卖出的例子。每次卖出记数达到 $N2$ 时转向空头。要时刻记住，一直要等到第 $N2$ 个连续下降单边日发生 $N1$ 天后，才知道这个条件是否已满足。(这里的"连续"意味着中间没有插入上升单边日；而不是下降单边日连续出现。)

每日查看的清单

为了发现交易信号，每天执行下列步骤：

1. 检查当日 $N1$ 天前的交易日是否可以被定义为上升或下降单边日（记住，直到单边日后 $N1$ 天收盘时才能确定一个单边日）。如果确定为上升单边日，而又可以用买进记数（就是说，如果目前的仓位是空头仓位），就增加一个买进记数；如果不能用买进记数，将卖出记数重新设置为 0。（买进和卖出记数总有一个可以使用，视当前的仓位是空头还是多头而定。）如果确定为下降单边日，而又可以用卖出记数，就增加一个卖出记数（就是说，当前的仓位是多头）；否则，将买进记数重新设置为 0。

2. 如果买进记数是有效的，在步骤 1 后检查它是否等于 $N2$。如果是，结束空头，进入多头，结束买进记数，开始卖出记数。

3. 如果卖出记数有效，在步骤 1 后检查它是否等于 $N2$。如果是，结束多头，进入空头，结束卖出记数，开始买进记数。

参数

$N1$：定义单边日的参数。
$N2$：产生信号所要求的连续单边日天数。

参数搭配表

表 18.3 提供了一个参数搭配样板。读者可以照此使用，或随意调整。

表 18.3 参数搭配表

	N1	N2
1.	3	1
2	3	2
3	3	3
4	3	4
5	5	1
6	5	2
7	5	3
8	7	1
9	7	2
10	7	3

图解案例

图 18.12 至图 18.16 描述的是 $N1=5, N2=3$ 的单边日连续记数系统产生的信号。换句话说,每次连续下降单边日达到 3 个,系统从多头转向空头;每次上升单边日达到 3 个,从空头转向多头。(这里的"连续"意味着中间没有相反方向的单边日插入,而不是日

图 18.12 单边日连续记数系统,图 1:T-债券连续期货
注:粗条指示的是单边日,箭头的方向表示了单边日的方向

第十八章 初始交易系统样板

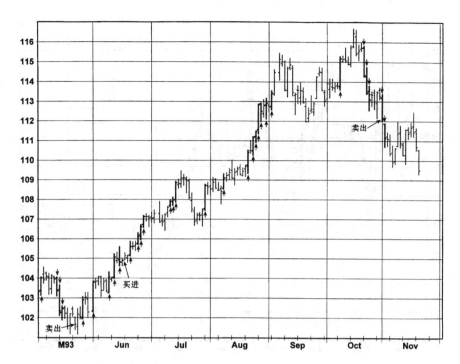

图 18.13 单边日连续记数系统,图 2:T-债券连续期货
注:粗条指示的是单边日,箭头的方向表示了单边日的方向

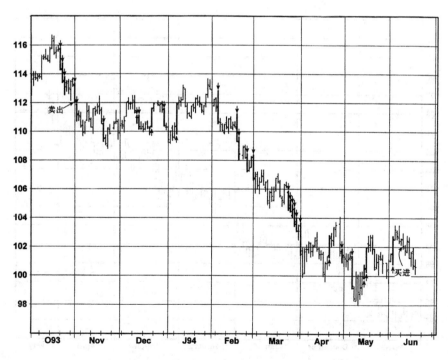

图 18.14 单边日连续记数系统,图 3:T-债券连续期货
注:粗条指示的是单边日,箭头的方向表示了单边日的方向

• 519 •

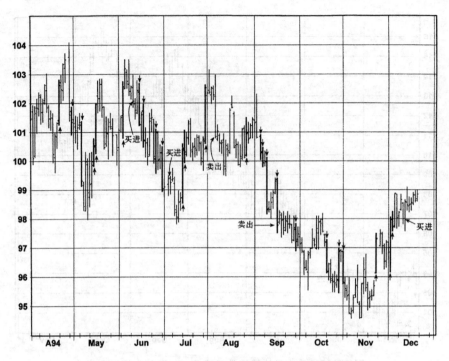

图 18.15 单边日连续记数系统,图 4：T-债券连续期货

注：粗条指示的是单边日,箭头的方向表示了单边日的方向

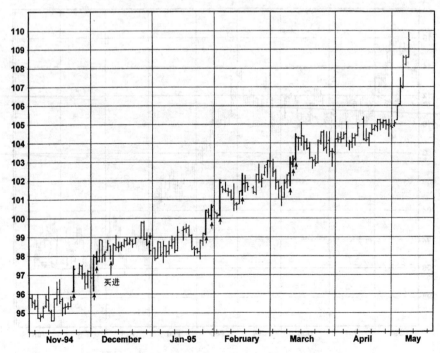

图 18.16 单边日连续记数系统,图 5：T-债券连续期货

注：粗条指示的是单边日,箭头的方向表示了单边日的方向

子连续。)时刻记住直到第3个连续单边日产生以后的第5天收盘时,才能收到真正的交易信号,因为要到单边日发生了 $N1$ 天后才能确定一个单边日(在这个例子中 $N1=5$)。

显示的第一个信号——1992年10月的卖出信号——离下一个月的主要低点不远(图18.12)。这个仓位两个月后反转,遭受了中等损失(图18.12)。1992年12月的买进信号产生了大幅获利,但是仓位却在1993年5月价格斜坡的最低点附近反转到空头(图18.12和图18.13)。

1993年5月的卖出信号出现时机错误,但存在时间很短所以损失不大,在1993年6月反转(图18.13)。然后系统一直在牛市价格运动的剩余时间内保持多头,在1993年10月的峰顶出现两个星期后,于11月1日转向空头(图18.13)。注意,尽管1993年11月的卖出信号看起来发生在第4个下降单边日,这个点实际上产生在第3个下降单边日被确定的那天。

由于系统在整个下降期间一直保持空头仓位,直到价格跌至1994年5月的最低点,才于1994年6月转向多头(图18.14),1993年11月的卖出信号又产生了一笔巨幅获利。但1994年6月的交易和下面两个发生在盘整区的交易,导致了小到中度的损失(图18.15)。这个盘整区的结束同1994年9月的一个盈亏相当的卖出信号产生的时间一致(图18.15)。显示的最后一个交易是1994年12月的买进,它抓住了可确定的价格大幅上升的机会(图18.16)。

结　　论

本章我们介绍了一些初级的系统。尽管如前所述,这些系统是可行的,但读者可能仍会希望试着做一些修正,把这些系统概念作为更加复杂的方法的核心。然而,本章的最终目的,不是展示特定的交易系统,而是想阐明基本的图表概念是如何被转换到交易系统中去。利用本章讨论的技术模式和概念,读者们可以随心所欲地建立各式各样的系统。

第十九章 为计算机测试挑选最好的期货价格序列

> 无用输入,无用输出。
> ——佚名

交易者希望测试他们关于期货价格的想法,但总是面对一个主要障碍:期货合约短暂的生命跨度。在股票市场上,某支股票可以用跨越整个测试时期的单一价格序列来代表。期货市场则与此相反,每个市场被一连串走向到期的合约所代表。如何解决这个问题已经成为许多文章和讨论会的课题。但是,在讨论过程中产生了根本的混淆,就是用同样的术语来表述不同类型的价格序列。更糟的是,关于这个问题出现了如此多的误导信息,致使许多市场参与者现在相信的理论同"地球是平的"一样荒谬。

可以使用的基本价格序列共有四种。我们将逐个讨论每一种的定义、优势及劣势。

实际合约序列

粗略看来,最好的方法可能就是使用简单的实际合约序列。然而,这个方法有两个主要问题。首先,如果你在一个有意义的时间长度内测试一个系统,每一个市场模拟都要求大量的单个价格序列。例如,为某个典型市场做15年的测试,需要用大约60—90个单个合约价格序列。而且,使用单个合约序列需要某种运算来决定在调期点采取何种行动。举例来说,我们会遇到这种类型的问题:某个系统从旧合约的多头仓位转向新合约的空头仓位,或者相反,这都是完全可能的。这些问题不是不能解决,但使用单独合约序列来解决不是个好方法。

然而,使用大量单个合约很麻烦还不是主要问题。使用单个合约序列的主要障碍在于,大多数合约里有意义的平仓期非常短暂——比合约的限定期限要短得多。为了说明这个问题,让我们考察一个期货价格图表的——它描述了合约失效前的1年内的价格运动——交叉部分。在大多数市场里,交易活动极少,甚至不存在,直到合约还有至少6—8个月就要到期时,情况才发生变化。在许多市场里,合约不会有意义的平仓,直到交易还有最后的5—6个月(有时时间甚至更短)。这个问题在第十二章有所说明(图12.1至图12.3)。由于单个合约中流动性交易的时间跨度有限,任何要求回顾6个多月前数据的技术系统或方法——如整个长期的光谱分析方法——都不适宜用单个合约序列。这样,除了运用短期系统的交易者,使用单个合约序列不是一个可行的选择。不仅仅因为使用这个方法很难,而且也无法使用,因为所需的数据根本不存在。

即期期货

使用单个合约序列有上述问题,为解决这些问题就要用不同方法将价格序列连接起来。最常用的方法就是举世皆知的"即期期货"。这个价格序列是这样建立的:取每一个单个的合约序列,到它终止后,再取下一个合约序列,再到这个合约的终止,如此不断进行。这个方法对于建立长期价格图表以进行图表分析的目的来说,可能是有用的,但在为计算机进行交易系统测试提供价格序列方面却毫无用处。

使用即期期货序列的问题是,在即将过期的合约和新的合约之间存在价格缺口——而且这些缺口常常是非常重要的。例如,假定7月的玉米合约在3美元时失效,下一个最近的合约(9月)在同一天以2.50美元收盘。假定第二天9月的玉米从2.50美元涨停到2.62美元。一个即期期货价格序列会显示出这连续两天的收盘水平:3美元和2.62美元。换句话说,即期货合约显示在那一天损失了38美分,而同一天多头仓位本来是享受获利(空头仓位是遭受损失):12美分的涨停。这个例子决不是人为的。实际上,我们在实际的价格历史上很容易发现类似的极端情况。而且,即使一般在调期点的变形不那么严重,但关键是实际上总有某些变形,这些错误的累积影响可以破坏任何计算机测试的有效性。

幸运的是,没有交易者如此天真,以至会在计算机测试中使用价格序列中的即期期货序列。下面将要描述另外两种连接价格序列的方法,交易者如果希望在计算机测试中为每一个市场使用单一的价格序列,他们中的大多数会采用这两种方法中的一种。

固定前移("永久")序列

固定前移(也称为"永久""perpetual")价格序列由一个有固定期间期货的报价组成。银行同业通货市场和伦敦金属交易市场是固定前移价格序列的实际范例。例如,瑞士法郎3个月的期货价格序列代表了3个月瑞士法郎期货在序列每一个指定日的报价。这和标准美国期货合约相反,美国期货合约指定了一个固定的失效日期。

我们可以通过改写的方法,从期货价格数据中建立一个固定前移序列。例如,如果我们计算90天的固定前移(或永久)序列,90天期货日期恰好在最近两个合约失效期距离的1/3处,我们就用最近合约价格的2/3和随后合约价格的1/3之和来计算固定前移价格。当我们随时间向前移动,较近合约的权重就会减轻,但随后合约的权重就会成比例地增加。最后,即期合约终止,退出计算,固定前移价格就通过随后两个合约的加权价产生。

让我们看一个更详细的例子。假定一个人希望建立一个瑞士法郎期货的定期为100天的期货价格序列。瑞士法郎期货合约的交易在3月、6月、9月、12月。为了说明得出100天期货价格的方法,假定当前日是1月20日。这样,100天以后的日期是4月30日。这个日子在3月和6月的合约之间。假定这两个合约最后的交易日分别是3月14日和6月13日。这样,4月30日是3月合约最后交易日后的第47天,是6月合约最后交易日前第44天。要计算1月20日的100天期货价格,就要用1月20日对3月和6月瑞士法郎期货的报价来计算出一个平均价格,每一个报价的权重同它和100天后日期(4月30日)

的距离成反比。这样,如果在 1 月 20 日,3 月期货的终止价格是 51.04,6 月期货的终止价格是 51.77,100 天期货序列的收盘价格就是:

$$44/91(51.04)+47/91(51.77)=51.42$$

注意,在每一个合约价格里使用的一般权重公式是

$$W1 = \frac{C2-F}{C2-C1} \quad W2 = \frac{F-C1}{C2-C1}$$

其中:$C1$＝到附近合约失效期的天数

$C2$＝到随后合约失效期的天数

F＝期货报价日的天数

$W1$＝附近合约报价的权重

$W2$＝后边合约报价的权重

这样,如果我们要得出一个在 3 月 2 日的 100 天期货报价,3 月和 6 月合约报价的权重如下:

$$3月报价权重 = \frac{103-100}{103-12} = \frac{3}{91}$$

$$6月报价权重 = \frac{100-12}{103-12} = \frac{88}{91}$$

随着时间的推移,近期合约的权重会越来越小,而随后合约的权重会成比例地增加。当距随后合约失效期的天数等于固定前移的期间(本例子中是 100 天)时,固定前移序列的报价就等于随后合约的报价(6 月)。随后的报价就在 6 月和 9 月加权价格平均的基础上产生。用这种方式,我们就得到了一个连续的价格序列。

固定前移价格序列消除了在调期点出现巨大价格缺口的问题,这确实是对即期期货价格序列的重要改进。然而,这类序列仍然存在重要的缺陷。首先,应该强调,我们不能照原样用固定前移序列交易,因为这个序列不符合任何一个实际的合约。固定前移序列的一个更严重的缺陷是,它不能反映实际期货合约中存在的时间推移的影响。这个缺陷会导致重要的变形——尤其是在有持仓成本的市场。

为了说明这一点,我们假设金的现价在一年时间内保持稳定在大约 400 美元/盎司,而将来的期货保持每两个月固定贴水 1.0%。根据这些假设,期货会经历一个稳定的下降趋势,在一年时间内(等于持有成本的权利金的积累价格)下降了 24.60 美元/盎司[①](每份合约 2 460 美元)。然而,注意,固定前移序列根本不会反映这一熊市趋势,因为它记录的是大致恒定的价格。例如,两个月的固定前移序列会在大约 404 美元/盎司价格上保持稳定($1.01 \times 400 = 404$(美元))。这样,固定前移序列的价格模式同实际交易合约的模式轻而易举地产生高度背离——这个特点非常不利。

连续(价差调整)价格序列

价差调整期货序列,我们称为"连续期货"。由于在即将失效的期货合约和随后的期

[①] 这确实会发生,根据假设条件,一年的远期期货价格大约是 424.60 美元($1.01^6 \times 400 = 424.60$(美元)),到失效期会跌到现货价格(400 美元)。

货合约衔接点会出现价格缺口,连续期货的建立就是为了消除因缺口而造成的数据变形。期货仓位会在最后交易日的 N 天前不断地被调期成随后的合约,这里 N 是一个需要确定的参数。连续期货价格能准确有效地反映期货仓位的这种摆动。交易者自然会选取一个与她的实际交易相符合的 N 值。例如,如果一个交易者在离最后交易日大约 20 天前将仓位调期至新的合约,N 就定为 20。要调整连续期货序列的规模,以使当前的价格符合当前交易的期货合约。

表 19.1 说明了黄金市场连续期货价格的构成。为了说明简便,这里只展示了 6 月和 12 月两个合约月。其实,连续期货可以由任意几个交易合约月组成。例如,连续期货价

表 19.1 连续期货价格的构成:用 6 月和 12 月的黄金显示(美元/盎司)*

(1) 日期	(2) 合约	(3) 现价	(4) 在调期点的价差（短期－远期）	(5) 连续调整系数	(6) 未经调整的期货 [列(3)＋列(5)]	(7) 连续期货价格 [列(6)＋30.70]
5/27/92	1992 年 6 月	338.20			338.20	368.90
5/28/92	1992 年 6 月	337.00			337.00	367.70
5/29/92	1992 年 6 月	336.40			336.40	367.10
6/1/92	1992 年 12 月	343.60	－5.90	－5.90	337.70	368.40
6/2/92	1992 年 12 月	345.20		－5.90	339.30	370.00
⋮						
11/27/92	1992 年 12 月	334.00		－5.90	328.10	358.80
11/30/92	1992 年 12 月	334.30		－5.90	328.40	359.10
12/1/92	1993 年 6 月	339.00	－4.10	－10.00	329.00	359.70
12/2/92	1993 年 6 月	339.80		－10.00	329.80	360.50
⋮						
5/27/93	1993 年 6 月	381.40		－10.00	371.40	402.10
5/27/93	1993 年 6 月	378.30		－10.00	368.30	399.00
6/1/93	1993 年 12 月	374.70	－5.60	－15.60	359.10	389.80
6/2/93	1993 年 12 月	374.10		－15.60	358.50	389.20
⋮						
11/29/93	1993 年 12 月	369.40		－15.60	358.80	384.50
11/30/93	1993 年 12 月	369.80		－15.60	354.20	384.90
12/1/93	1994 年 6 月	380.30	－5.80	－21.40	358.80	389.20
12/2/93	1994 年 6 月	379.30		－21.40	357.90	388.60
⋮						
5/27/94	1994 年 6 月	384.70		－21.40	363.30	394.00
5/31/94	1994 年 6 月	387.10		－21.40	365.70	396.40
6/1/94	1994 年 12 月	392.70	－9.30	－30.70	362.00	392.70
6/2/64	1994 年 12 月	393.20		－30.70	362.50	393.20

* 假定调期日在合约月前一个月的最后一天。

格可以用2月、4月、6月、8月、10月和12月的COMEX(纽约商品交易所)的黄金合约建立。

目前,让我们忽略表19.1的最后一列,集中注意未经调整的连续期货价格(列6)。开始的时候,现货价格和未经调整的连续期货价格是相同的。在第一个调整点,远期合约(1992年12月)以5.90美元的贴水调至近期合约。所有1992年12月后的合约价格就都减去这个数目(短期/长期价差)下调,产生了第6列所显示的未经调整的连续期货价格。在下一个调期点,远期合约(1993年6月)以4.10美元的贴水金调至近期合约(1992年12月)。结果是现在所有1993年6月后的合约实际价格必须按连续的调整系数——到这个点的所有调期缺口的总数(-10.00美元)——调整,以避免在调期点出现任何人为的价格缺口。这种积累调整系数在第5列显示。未经调整的连续期货价格是由现价加上积累调整系数得出的。

前边的程序一直持续,直到当前日期。在这一点,最后的积累调整系数(是一个负数)要从所有未经调整的连续期货价格(列6)中减去。这个步骤使当前序列的价格等于当前合约的价格(在我们的例子中是1994年12月),而没有改变序列的形状。这个连续期货价格显示在表19.1的第7列。注意,尽管看起来在调查期间现货价格净涨了55.00美元,但连续期货价格表示的增长只有24.30美元——即如果建立连续的多头交易仓位本可以获得的实际价格获利。

实际上,我们可以认为,建立连续序列等于取一个即期期货图表,把图表中每一个单独合约序列剪下来,然后一个个顺序粘在一起(假定一个连续序列使用所有合约,并在即期期货图表中用相同的调期日)。

有些市场中,近期和远期期货合约间产生价差有时是因为贴水,有时是因为折扣(如生牛市场)。然而,在其他市场,产生价差的原因是单一的。例如,在黄金市场,远期月份调至近期月份,总是要贴水。[①] 在这类市场,价差-调整连续价格序列会逐渐同实际价格相背离。

应该注意,在某些市场,合约调至近期的贴水超过了近期折扣,这样在过去某段时期内序列最后的连续调整数是一个负数,也是完全可能的。例如,在1987年到1991年期间,一个强烈的趋势是把铜期货里短期月份以期权权利金调至远期合约,因此经常要付很多保证金。结果是,在此期间通过连续保持期货仓位就能得到的价格获利大大超过了即期期货的净价格获利,这样从目前(1995年)的价格中减去积累调整系数,80年代中早期的价格就会出现负数(见图19.1)。如果我们希望连续期货价格序列反映出在连续保持的长期仓位的净获利,并且如果我们为了使目前的连续期货价格等于目前合约的实际价

[①] 黄金价差中出现这种模式的原因在于,世界黄金储备超过年用量的许多倍,甚至可能达100倍之多。因此从来不会有实际上的黄金"短缺"——短期供应短缺是唯一可解释为什么可储存的商品调至短期合约要贴水的理由。(一般对于可储存商品来说,远期合约总有很大的持仓成本,因此这些合约调至近期合约时要付权利金。)黄金价格是随着买方和卖方黄金价值观的变化而浮动的。即使当黄金价格处于极端的高水平时,也不表示任何的现货短缺,而是黄金价值在市场观念中的升高。实际上可以提供任何水平的现货供应——以某种价格。大多数商品都不存在这种情况,因为它们在总供应数量上有明确相关的限定。

格而必须设置一个常系数,序列会因这个常系数而发生变化,出现负数的结果是不可避免的。

图 19.1　连续期货图中的"负"价格:铜连续期货

尽管连续期货价格序列会包含负价格一事听来令人觉得不妙,但使用这个序列来测试系统却没有任何问题。原因在于,在测量交易的获利或损失时,关键是所使用的价格序列能准确地反映价格的变化,而不是反映价格水平。然而,在产生同连续期货的价格相符的实际价格方面,这个序列也很有用,这样可以提高它根据实际合约图表来检查交易信号的应用能力。

同样应该注意到,合约间的转变不必像在即期期货价格序列中一般假定的那样,一定发生在交易的最后一天。实际上,由于交货方面的技术考虑,合约在交易的最后一星期特别易于产生变形,因此应该在建立序列时尽量避免这些价格。然后我们应该在最后的交易日前使用调期日(例如,最后交易日前20天)。

序　列　比　较

理解下面一点很重要:连接的期货价格序列只能准确地反映一个方面,要么是价格水平,如即期期货,要么是价格移动,如连续期货,但不能同时反映两者——就像一个硬币着地的那面要么是正,要么是反,但不能都是。用调整程序来建立连续序列,意味着连续序列过去的价格不会和当时实际的历史价格相符合。然而,关键在于,连续序列是唯一能准确反映价格摆动及实际交易账户里的资产净值增减的连接起来的期货序列。因此,这是交易系统的计算机测试中唯一可以被用来做精确模拟的连接起来的序列。

上述的论点绝对至关重要。数学不是一个看法问题。只有一个正确的答案和许多错误的答案。如果我们选择了一个连续期货价格序列,序列中的调期日同实际交易的调期日相同,那么使用这个序列得到的结果就同实际的交易结果完全一致(当然,假定对委托金和延期费用的估计是准确的),事情就这么简单。换句话说,连续序列要严格地与连续持有的长期仓位的波动(即调期)一致。而其他类型的连接序列不能同实际市场的价格移动保持同步。

为了说明这一点,我们用本章前边提到的黄金市场横向移动的例子(即,金价在400美元左右浮动,远期/近期合约的贴水等于每两个月1.0%)来比较不同价格序列的含义。一个交易者买进一年的远期期货合约,要支付大约424.60美元($1.01^6 \times 400 = 424.60$(美元))。现货价格反映的是400美元左右的横向移动形态。我们在前边看到过,60天的固定前移价格反映的是404美元左右的横向移动形态(1.01×400美元)。即期期货价格序列也反映了总体的横向移动形态,但其特点是有延续的小的向下趋势(这反映的是每一个近期合约接近失效期时,持仓成本随时间贴水逐渐消散。),在即将失效的期货合约及随后的期货合约之间的调期点处有向上的缺口。

这样,现货、固定前移和即期期货价格序列都预示着那年的多头仓位会有赢损相当的交易结果。然而实际上,买进期货合约的交易者支付了424.60美元,合约最后以400.00美元终止。这样,从交易,或"现实世界"的观点来看,市场实际上经历了一个下降趋势。连续期货价格是唯一反映了市场下降和实际的美元损失的图表,同交易者在实际交易中体验的一样。

我常常看到勤恳的"专家"们的评论或文章,他们争论说,为了避免出现数据变形,要使用固定前移(永久)序列,不能用连续序列。这确实是舍好取坏。不管这些固定前移序列的支持者们采取这种姿态是出于天真还是出于维护自我利益(即,他们本身就是固定前移类型数据的卖主),他们根本就是错了。这不是看法问题。如果你有任何怀疑,试试把现实交易账目上的波动同固定前移类型价格序列指示的波动相比较。你立刻就会相信我的话。

连续期货时间序列有没有任何缺陷呢?当然有。它可能是解决连接序列问题的最好方法,但它不是完美的答案。完美的选择根本不存在。连续期货只能准确地反映价格摆动,而不能反映价格水平,这个固有的缺陷使连续期货不能用在任何类型的百分比计算中。但是这个问题很好解决。如果系统要求计算百分比数据,则用连续期货来计算名义价格变化,再用即期期货来计算除数。连续序列还有一个问题,就是在建立一个连续序列时有某种不可避免的任意性,因为我们必须决定选择哪个合约,调期应该在哪天发生。然而,这些都不是真正的问题,按照实际交易里用的合约和调期日确定我们的选择就可以了。而且,在使用上述任何价格序列中都带有任意性。最后一点,有些市场中,被连接在一起的合约过去的价格模式可能会极其不同(例如,家畜市场常见这种情况)。然而,这个问题在任何连接序列类型里都存在。

结　论

要进行交易系统的计算机测试,只有两种价格序列是有效的:(1)单个合约序列;(2)连续期货序列。只有当使用方法不要求回顾超过 4—5 个月前的数据时(这个限制排除了大量的技术方法),单独合约序列才是可行的方法。另外,使用单独合约序列太烦琐。这样,从多方考虑,连续期货价格序列才是最好的选择。只要我们避免使用连续价格来计算百分比,这种类型的价格序列会产生准确的结果(即,同实际交易相似的结果),同时也提供了每个市场单独序列的功能。我要再次提醒,使用数据的读者要千万小心,不要被那些叫嚷要在计算机测试程序中使用固定前移类型序列的人所误导。如果你想要的是能准确反映期货交易的价格序列,而固定前移序列只能导致数据变形,而不是相反。

第二十章 测试和优化交易系统

> 每个时代都会出现自己的荒唐事,但根本的原因却是同样的:人们固执地相信,刚刚发生过的事在无限期的未来仍重复发生,即便此时他们脚下的土地正在移走。
>
> ——乔治·车奇(George J. Church)

一个精心选择的例子[①]

你已经付了895美元来参加第10期年期货交易讲座"百万富翁的秘密"。付出了这样高的价钱,你觉得演讲者会透露一些非常有价值的信息。

现在,演讲者正在解释令人眼花缭乱的(SRD)的商品交易系统。巨幅屏幕上的幻灯片展示了一个价格图表,上面用B代表买进点,S代表卖出点。幻灯片给人深刻的印象:所有的买进点看起来都比卖出点低。

下一个幻灯片把这一点展示得更明白,它显示了用这个系统在交易中实现的资产净值流——近乎完美的上升趋势。不仅如此,就连系统的操作也非常容易。

正如演讲者说的,"所需的就是一天10分钟,和简单的算术知识"。

你从来没意识到从期货中赚钱会是如此简单。你会懊恼,为什么没有参加前9次的年度讲座。

你一回到家,就选择了10个不同的市场,开始用SRD系统交易。每天你计算自己的资产净值。这样过了几个月,你注意到一个奇怪的进展。尽管你账目上的资产净值展示了非常稳定的趋势,就像讲座里的例子一样,但是有一个小小的区别:你的资产净值图表上的趋势是向下的。哪儿出错了?

事实是,你可以为几乎任何一个交易系统找到非常合适的例证。错误是,在过去孤立的、精心选择的例子的基础上推断其未来可能的绩效。

一个实际生活中的例子可以帮助说明这一点。1983年时,我对交易系统只研究了几年,我读到了一本交易杂志上的一篇文章,展示了下面这个非常简单的交易系统:

1. 如果6日的移动平均比前一天相应的数值高,结束空头,转向多头。
2. 如果6日的移动平均比前一天相应的数值低,结束多头,转向空头。

文章用1980年的瑞士法郎作例子。文章中没有详述任何细节,就断言如果1980年瑞士法郎市场应用这一系统就可以每个合约获利17 235美元(假设平均每个回合的交易费用是80美元)。即使作一个保守的资金分配,即每个合约6000美元,这也意味着年收

[①] 以下部分改编自一篇第一次出现在1984年9月《期货》杂志上的文章。

益是287%！一个只有两句话的系统能达到这种结果,确实不坏。不难想见,看到这样一个例子,交易者会放弃其他交易途径,对这个明摆着的赚钱机器趋之若鹜。

我不能相信这么一个简单的系统能发挥这样的作用。所以我决定在较长时期内对这一系统进行测试——时间从1976年到1983年[①],范围涉及更多的市场。

我先从瑞士法郎市场开始。我发现在这一时期的总利润为20 473美元。换句话说,除了1980年以外,系统在剩下的6年半时间里,只获利3 238美元。这样,假定你按这种方式投资6000美元,这些年的年平均回报率不到8%,——比之1980年的287%是一个巨幅跌落。

但是慢着,还有更糟糕的,糟糕至极。

当我在1976年到1983年中期的25个市场中使用这种系统时,25个市场中有19个都赔钱了。其中13个——超过测试总数的一半——的损失超过了22 500美元,即每个合约每年损失3 000美元。有5个市场损失额超过45 000美元,相当于每个合约每年损失6 000美元。

还要注意到,即使在系统获利的市场中,它的绩效也比同期大多数其他趋势跟踪系统的获利低得多。

毫无疑问,这实在是一个糟糕的系统。但是,如果你只看精心选择的例子,你就会认为你无意间撞到了杰西·利夫摩尔(Jesse Livermore)在他赚大钱的日子里用的那个交易系统。让我们来谈谈感觉和现实之间的差距吧。

这个系统在这么大的范围内造成了如此损失,你一定会想,为什么利用这一系统产生相反信号不是一个诱人的交易策略。原因在于大多数的损失是由于系统太敏感而产生了较高的交易费用。(交易费用包括委托金和延期费用。延期的概念将在本章后面谈到。)这种系统的敏感性偶尔会有益,就像1980年瑞士法郎市场的情况。然而,总的来说,这是系统的主要弱点。

这种由于交易费用而造成的损失,即便利用系统的相反信号,也不能实现获利。而且,利用所有的相反信号也会产生同等的交易费用。这样,一旦加上交易费用,从反面利用系统的明显诱惑力也没有了。

教训很简单:不要在孤立的例证的基础上对系统(或指数)做任何结论。你判断一个系统是否有价值的唯一途径,是在广泛的市场范围里,长时期地对它进行测试(不作事后诸葛亮式的考虑)。

基本概念及定义

一个交易系统是可以用来产生交易信号的一套规则。参数是一个数值,可以在交易系统中任意设置参数值来调整信号出现的时机。例如,在基本突破系统中,N(前N天的最高价或最低价被超越时才能产生信号)是参数。虽然不管$N=7$还是$N=40$,系统内的规则运作都是相同的,但信号出现的时机会有很大区别。(例子参见第十七章,图17.5。)

[①] 选择这一开始日期是为了避免1973—1975年期间许多商品市场的极端趋势所造成的数据失真。结束日期就是我着手测试这一特别系统的日期。

大多数的交易系统有不止一个参数。例如,在交叉移动平均系统中有两个参数:短期移动平均的长度和长期移动平均的长度。任何参数值的组合叫做参数组。例如,在交叉移动平均系统中,10 和 40 的移动平均代表了特定的参数组。任何其他移动平均数值的组合代表了另一个参数组。在只有一个参数的系统中(如突破系统),参数组只由一个元素组成①。

大多数"普通"的系统一般只限于一个或两个参数。然而,更富有创造性、灵活性的系统设计,或者对基本系统做了另外修改的系统,通常会要求使用三个或四个参数。例如,在交叉移动平均系统中加入一个作为确认条件的时间延迟准则,就要求有第三个参数:时间延迟的天数。不过,包括很多参数的系统有一个问题,就是它变得越来越笨重,我们只能测试所有可能的组合中的一小部分。例如,如果每一个参数都假定有 10 个数值,如果系统中有 3 个参数,就会有 1 000 个参数组合;如果有 6 个参数,就会有 1 000 000 个参数组合!

非常清楚,从实际出发需要限制参数组合的数量。当然,达到这一目的的最简单的方法是限制系统中的参数数量。实际上,作为普遍原则,最好是使用最简单形式的系统(即最少数量的参数),而它与复杂的系统相比在绩效上不会有实质的差距。然而,我们不应该只为了减少参数组合的数目就去除重要参数。在这种情况下,应该采用更合理的方法来限制实际要测试的参数组合的数目。

应该注意,即便在只有一个或两个参数组合的简单系统里,也不必测试所有可能的组合。例如,在简单突破系统中,如果我们希望检测从 $N=1$ 到 $N=100$ 的绩效,没必要测试这个范围内的所有整数。一个有效得多的方法是首先用相同间隔的 N 值(如 10,20,30,…,100)测试系统,然后,如果愿意,交易者可以集中测试那些看起来有特别兴趣的区域。例如,如果系统显示,当参数值 $N=40$ 和 $N=50$ 时绩效特别良好,交易者可能会希望在这个狭窄的范围内测试一些其他的数值。然而,这个附加步骤可能并不必要,理由是——如本章后面将要讨论的——不同参数组数值显示的绩效的差别——尤其是在这样接近的数值中——很可能是由于偶然形成的,没用任何重要性。

再举一个更加实际的现实事例,假定我们要测试一个包括时间延迟确认准则的交叉移动平均系统。如果我们设置短期移动平均的参数值是 1—50,长期移动平均的参数值是 2—100,时间延迟的参数值是 1—20,要测试这些参数下的系统绩效,就要测试总数为 74 500 个的参数组②。显然,测试这所有的组合是不实际的,更不用说评估了。注意,我们无法在不严重地破坏系统的基本结构的情况下减少参数的数量。但是,我们可以测试数量相当有限的参数组,而测试结果又同系统的总体绩效特别接近。我们可以在短期移动平均中以 10 为间隔(10,20,30,40 和 50),在长期移动平均中以 20 为间隔(20,40,60,80 和 100),时间延迟参数选择 3 个数值(如 5,10 和 20)。这个方法会把要测试的参数组

---

① 注意,参数组和系统版本(后者在第十七章被使用过)指的是相似的概念。参数组这个术语直到在本章才被引入,这样看起来可以使材料的展示顺序更加有逻辑性。

② 为避免双重计算,任何一个"短期"移动平均只能同一个更长时期内的"长期"移动平均组合。这样组合的总数是 $(99+98+97+\cdots+50)\times 20=74\,500$。

数目减少到 57 个[5]。一旦参数组测试完毕,结果经过分析,根据这个分析,再测试不多数量的额外的参数组。例如,如果时间延迟是 5 时——最小的测试数值——看起来在大多数优秀的执行参数组中运作得最好,我们有理由再测试一下更小的时间延迟参数值。

从概念上定义四个类型的参数可能是有益的:

连续参数。连续参数可以在给定的范围内设置任何数值。价格突破百分比可以看作是连续参数的例子。因为一个连续参数可以假定为一个无穷大的数值,在测试这个参数时有必要特别规定一个数字间隔。例如,突破百分比的参数可能在 0.05% 到 0.50% 的范围内测试,间隔是 0.05(即,0.05,0.10,…,0.50)。当参数值增长时,我们有理由预测绩效的变化不大(假定测试时期足够长)。

不连续参数。一个不连续参数只能被设置为整数。例如,突破系统中的天数就是不连续参数。尽管我们可以在特定的范围内测试不连续参数的任一个整数值,但如此的详尽通常是不必要的,使用大一些的数字间隔就可以了。像连续参数一样,如果参数值的变化很小,就有理由预测绩效的变化也不太大。

编码参数。一个编码参数被用来代表一个明确的分类。这样,编码参数数值大小就没有什么重要的意义。举一个编码参数的例子。假定我们用三种不同的突破情况来测试一个简单突破系统(买进的例子):收盘价高于前 N 天的最高价,最高价高于前 N 天的最高价,收盘价高于前 N 天的最高收盘价。我们可以将这三个系统单独测试,但是用参数来设置每一种情况是更有效的方法。这样,参数值为 0,表示的就是第一种情况,参数值为 1,就是第二种情况,参数值为 2,就是第三种情况。注意这里参数只有三个可能的数值,而且参数值的逐渐增加没有任何指示意义。

固定或非优化参数。通常情况,一个参数(任何类型的)可以在测试系统中被设置为不同的数值。然而,如果一个系统有很多参数,有必要将一些参数的数值固定下来,以避免出现太多的参数组。这些参数被称为非优化参数。例如,在一个不敏感(慢)的趋势跟踪系统中,我们希望它包含一个备用的止损规则,以避免产生灾难性的损失。在这种情况下,根据定义,只有很少几种情况才能引发这个止损指令。这样,止损指令中包含的任何参数都可以固定下来,因为这些参数值的变化对测试结果影响不大。

选择价格序列

在某个市场里测试系统的第一步,是选择适当的价格序列。与这部分相关的问题已经在第十九章详细完整地讨论过。一般来说,连续期货序列是较好的选择,尽管在短期交易系统中也可以使用实际合约数据。

选择测试期限

一般来说,测试时期越长,结果越可靠。如果时间太短,测试反映不出在一个合理范围内的市场情况下的系统绩效。例如,在棉花市场中测试趋势跟踪系统,如果只用最近两年的数据(1993 年 4 月到 1995 年 3 月本书执笔时),而这段时期内牛市坚挺(见图 20.1),

---

[5] $(5+4+4+3+3)\times 3=57$。

持续时间长,这样,测试系统长期绩效得出的结果就会高度失真。

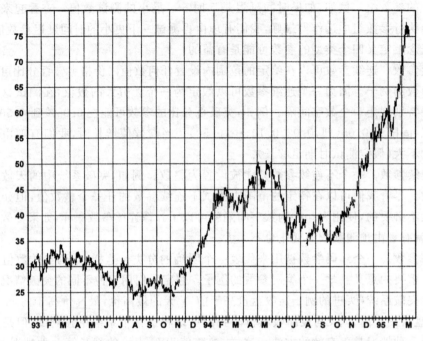

图 20.1　主要趋势阶段的价格样本没有代表性:棉花连续期货

另一方面,如果系统的测试时期太长,则测试期内的早些年份根本不能代表目前的市场状况。例如,测试时期最好不要一直延伸到 1973—1976 年期间,因为这段时期经历了空前的价格巨幅提升,随后一些商品市场价格急速崩盘。从这个没有什么代表性的时期内得出的结论,会大大夸大多数趋势跟踪系统潜在的绩效。换句话说,在这段时期大多数趋势跟踪系统实现的巨大盈利不可能会在未来重现。

测试时期最好要多长？尽管不可能提供一个明确的答案,但看来 10—20 年是比较合理的范围。对于短期的交易系统(平均交易期为几周或更少),短一些的测试期(如 5—10 年)可能就足够了。如果测试时期比这个原则阐述得短得多,在此基础上得出的交易系统的测试结果就值得怀疑。实际上,有的出版物在两年或更短时间的基础上研究交易系统,这样的研究结果是不值得相信的。

我们最好用长一点的时间(如 15 年)来检测系统,然后既评估整个时期的结果,也评估不同的短期时期(如单独 1 年)的结果。这个方法对判断系统中的时间稳定程度——从一个时期到另一个时期绩效的相对一致性——非常重要,因为它使我们更加相信系统的潜在能力,相信系统会在未来时期保持一贯的良好绩效。如果一个系统在 3 年内成效卓著,使 15 年时期内总体上是重大的净获利,然后却在剩下的 12 年中都是损失或赢损相当的结果,那么大多数人对是否使用这个系统就颇费踌躇——而且他们也有理由踌躇。相反,如果一个系统在 15 年时期内总体上净获利不多,而在 14 年中产生获利,毫无疑问,它会被大多数交易者视为更有吸引力的系统。

符合实际情况的假设

交易系统的使用者常常发现,他们使用系统的实际交易结果比由系统显示在纸上的交易结果要糟得多。实际上,这种情况随处可见,它甚至有了自己的名字:理论现实差。如果理论与现实间产生不同结果的原因不是由于系统有问题,那么这种差别基本上就是由于在系统测试中使用的假设不符合实际情况。一般这种错误假设有两种:

1. 交易费用。大多数交易者没有意识到,在测试系统中仅仅根据实际的佣金费用来调整这种假定还不够实际,因为佣金只是交易费用的一部分。另一项不那么明显,但同样实际存在的费用是:理论执行价格和实际履行价格间的价差。例如,假如我们正在测试系统,假定在收盘时发出指令进入交易,那么假定进入价是收盘范围的中间价就不现实。由于某种原因,在收盘价格范围的高点附近买进和在低点附近卖出看起来更普遍,而不是相反。解决这个问题有两个方法。首先,假设用可能是最坏的履行价格(如在收盘价的最高点买进)。其次,假设每个交易的交易费用比过去的实际佣金价格高得多(如每次交易100美元)。后一种方法比较好,因为它更具有普遍性。例如,我们怎么知道应该为当日止损指令设置的最差执行价格可能是多少?

2. 限价日。除非编制了程序,否则计算机化的交易系统在接到每一个信号时都会指示执行。然而,现实世界中的事情可不是那么简单。偶然情况下,市场会被锁定在日允许限价内,这时就不可能执行指令。如果我们假定在这种情况下指令执行了,理论结果就会大大夸张系统的实际绩效。这种例子俯拾皆是,这里举一个就够了。图20.2显示了假设

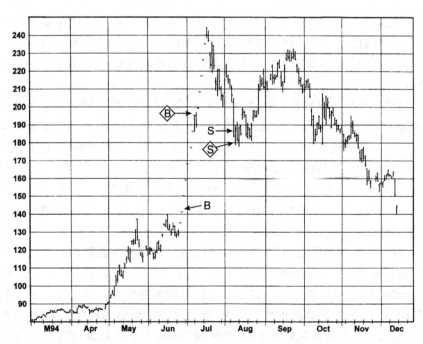

图20.2　信号价格和实际进入价格间的巨大缺口:限价日的影响(1994年12月　咖啡)

注:B,S=信号价格;Ⓑ,Ⓢ=执行价格

的交易信号和相应的实际执行价格。注意,信号价格预示了42.4美分的获利(每个合约15 900美元),但实际的交易结果是损失了16.2美分(每个合约6 075美元)。

一旦使用了符合实际情况的假设,想利用交易系统的交易者会发现有些看起来很有诱惑力的交易系统变得漏洞百出。这一点在非常活跃的系统中尤其正确,因为它产生了很多交易费用。当然,在分析测试阶段发现这一点比在实际交易中才发现要好得多。

系统优化

优化指的是为应用到某个特定市场的系统挑选绩效最好的参数组的过程。优化的基本前提是,假定过去最有成效的参数组在未来更可能有超凡的绩效。(关于这一假定是否有效的问题将在下一部分谈到。)

在优化中必须要考虑的一个基本问题是,应该用什么标准来判断最好的绩效。通常最好的绩效被简单地解释成最多的资产净值增加。然而,这样的定义是不完全的。理论上说,在比较绩效方面要考虑四个因素:

1. 回报率。要根据系统交易需要的资金来谈回报。使用回报率,而不是使用实际的获利,这点非常重要。详见第二十一章。

2. 风险测量。除了盈利百分比,同样重要的是对资产净值的波动进行某种测量(如,盈利率的变化,资产净值的减少)。进行风险测量,除了有明显的心理因素,即人们希望尽量避免高波动性的参数组和系统以外,还因为我们可能在利用系统进行交易时出师不利,这时风险测量就显得尤其重要。第二十一章将把回报率和风险结合起来讨论几种绩效测量法。

3. 参数稳定性。发现参数组的绩效良好是不够的。同样必要的是要确认参数组反映的不是系统中的侥幸成功。换句话说,我们希望断定,相似的参数组同样展示良好的绩效。实际上,优化的目的应该是发现具有良好绩效的宽广区域,而不仅是单独一个最有成效的参数组。

例如,测试一个简单突破系统时,如果我们发现参数组 $N=7$ 时的回报率和风险特征最好,参数组 $N<5, N>9$ 时,绩效急剧下降,而当所有的设置在 $N=25$ 到 $N=40$ 的范围内表现得还不错,那么从后一个范围选择参数组会更合理。为什么呢?因为当 $N=7$ 时,参数组的绩效在历史价格数据中显得很特别,它很可能只是个例外,不可能再重复出现。它周围参数组的绩效很差,这个事实表明我们没有理由相信 $N=7$ 的参数组交易时的结果。相反,$N=25$ 到 $N=40$ 的广泛范围内,参数组的绩效稳定,预示着从这中间选出的参数组更可能会成功。

对于只有一个参数的系统,判断它的获利区域只要测试一组数就行了。在两个参数的系统中,我们要建立一个绩效测量方阵,列对应的是第一个参数的增加值,行对应的是第二个参数的增加值。这样,我们可以逐一寻找可获利的绩效区域。在三个参数的系统中,如果其中一个参数可供选择的数值很少,就可以使用相同的程序。例如,在交叉移动平均系统中包含一个时间延迟确认准则,要检测三个时间延迟数值,我们可以建立三个绩效平面方阵——每一个方阵对应一个时间延迟数值。但是,为更加复杂的系统寻找获利区域,就要用计算机的搜寻程序。

4. 时间稳定性。在前一部分详述过,重要的是要确认,绩效在某个阶段的出色表现,不只是在几个孤立的时间段内的特异现象,而是它在整个时期的一贯表现。

尽管在优化程序中进行不同的绩效测量会为我们提供非常全面的信息,但它也使任务大大复杂化。从实际情况看,许多交易者会发现,这种对绩效的费力评估并不实用。在这方面,交易者大可以放心,因为在同一个系统里使用不同的参数组,为了比较,重要的因素易于高度相关。一般来说,获利最好的参数组也使资产净值的减少最小。因此,要优化某一个系统,使用基本的回报/风险测量(如夏普率(Sharpe ratio)),或者甚至一个简单的回报率测量,产生的结果也会同进行了一系列绩效测量的复杂评估产生的结果相似。这样,尽管从理论上说,对绩效进行多方评估是更好的方法,但常常并不必要。当然,如果我们是在完全不同的系统间比较参数组,那么明确的风险考虑、参数稳定性和时间稳定性就变得非常重要了。

以上对优化概念和程序做了一个理论上的描述,并且假定优化程序提高了系统未来的绩效。然而,下面将要讨论,优化程序的有效性正受到很深的怀疑。

优 化 神 话

具有讽刺意味的是,优化受到了那么多的注意,而它的基本前提却很少有人考虑过。换句话说,在过去有较好绩效的参数组会继续在未来展示它超凡的能力吗?

为了测试优化程序的有效性,我们根据实际情况,查看一系列参数组值的历史排列,它们应用在这样一个突破系统中:如果当日的收盘高于前 N 天的最高收盘价,从空头转向多头;如果当日的收盘低于前 N 天的最低收盘价,从多头转向空头。我们测试这个系统中 N 的 9 个数值:20,30,40,50,60,70,80,90,100。

表 20.1 到表 20.10 比较了这些参数组于 3 个 2 年测试期内(1989—1990,1991—1992,1993—1994)在 10 个市场中的获利/损失等级,参数组的顺序按照它们在前 8 年期间绩效的高低排列。换句话说,前 8 年中绩效最好的参数组排在第一位,第二好的参数组排在第二位,依次类推。例如,如果在某列中最高位的数是 6,就意味在那个市场前 8 年时期中绩效最强的参数组在指定的测试时期内绩效排第 6 位(一共 9 个参数组)。

表 20.1 突破系统(T-债券):参数组在 2 年测试期的位置与其在前 8 年期间位置的比较

参数组在 前 8 年的位置	同样的参数组在 1989—1990 年的位置	同样的参数组在 1991—1992 年的位置	同样的参数组在 1993—1994 年的位置
1	【9】	6	【8】
2	【8】	【9】	5
3	〖1〗	【8】	4
4	7	5	6
5	5	3	【9】
6	〖2〗	〖2〗	〖2〗
7	6	4	〖1〗
8	3	〖1〗	3
9	4	7	7

表 20.2　突破系统(德国交易市场)：参数组在 2 年测试期的位置与其在前 8 年期间位置的比较

参数组在 前 8 年的位置	同样的参数组在 1989—1990 年的位置	同样的参数组在 1991—1992 年的位置	同样的参数组在 1993—1994 年的位置
1	【9】	【9】	5
2	〖1〗	6	3
3	〖2〗	4	【8】
4	4	7	7
5	5	3	6
6	【8】	5	【9】
7	7	【8】	〖2〗
8	6	〖2〗	〖1〗
9	3	〖1〗	4

表 20.3　突破系统(日元)：参数组在 2 年测试期的位置与其在前 8 年期间位置的比较

参数组在 前 8 年的位置	同样的参数组在 1989—1990 年的位置	同样的参数组在 1991—1992 年的位置	同样的参数组在 1993—1994 年的位置
1	4	3	〖2〗
2	【8】	〖2〗	3
3	〖1〗	〖1〗	【8】
4	〖2〗	6	7
5	【9】	4	5
6	3	5	4
7	5	【9】	〖1〗
8	6	7	6
9	7	【8】	【9】

表 20.4　突破系统(黄金)：参数组在 2 年测试期的位置与其在前 8 年期间位置的比较

参数组在 前 8 年的位置	同样的参数组在 1989—1990 年的位置	同样的参数组在 1991—1992 年的位置	同样的参数组在 1993—1994 年的位置
1	4	〖2〗	6
2	7	5	7
3	【9】	6	【9】
4	〖1〗	3	3
5	5	【9】	5
6	〖2〗	【8】	〖2〗
7	3	7	〖1〗
8	6	4	【8】
9	【8】	〖1〗	4

表20.5 突破系统(银):参数组在2年测试期的位置与其在前8年期间位置的比较

参数组在 前8年的位置	同样的参数组在 1989—1990年的位置	同样的参数组在 1991—1992年的位置	同样的参数组在 1993—1994年的位置
1	〖2〗	7	7
2	3	〖1〗	【8】
3	5	〖2〗	4
4	〖1〗	3	6
5	4	【8】	5
6	7	【9】	〖1〗
7	6	5	〖2〗
8	【9】	4	【9】
9	【8】	6	3

表20.6 突破系统(取暖油):参数组在2年测试期的位置与其在前8年期间位置的比较

参数组在 前8年的位置	同样的参数组在 1989—1990年的位置	同样的参数组在 1991—1992年的位置	同样的参数组在 1993—1994年的位置
1	【8】	【9】	〖1〗
2	【9】	〖1〗	【8】
3	7	7	【9】
4	3	5	〖2〗
5	4	〖2〗	6
6	〖1〗	【8】	7
7	5	6	3
8	6	3	5
9	〖2〗	4	4

表20.7 突破系统(玉米):参数组在2年测试期的位置与其在前8年期间位置的比较

参数组在 前8年的位置	同样的参数组在 1989—1990年的位置	同样的参数组在 1991—1992年的位置	同样的参数组在 1993—1994年的位置
1	【8】	7	〖1〗
2	6	3	5
3	5	5	6
4	4	〖1〗	【8】
5	7	【9】	3
6	〖1〗	4	〖2〗
7	〖2〗	6	4
8	3	【8】	7
9	【9】	〖2〗	【9】

表 20.8　突破系统(大豆)：参数组在 2 年测试期的位置与其在前 8 年期间位置的比较

参数组在 前 8 年的位置	同样的参数组在 1989—1990 年的位置	同样的参数组在 1991—1992 年的位置	同样的参数组在 1993—1994 年的位置
1	【9】	9	3
2	4	【8】	〖1〗
3	【8】	6	〖2〗
4	5	4	5
5	6	3	【9】
6	7	5	6
7	3	〖1〗	4
8	〖1〗	7	7
9	〖2〗	〖2〗	【8】

表 20.9　突破系统(生牛)：参数组在 2 年测试期的位置与其在前 8 年期间位置的比较

参数组在 前 8 年的位置	同样的参数组在 1989—1990 年的位置	同样的参数组在 1991—1992 年的位置	同样的参数组在 1993—1994 年的位置
1	5	4	4
2	3	7	7
3	6	〖2〗	【9】
4	〖1〗	5	5
5	4	3	6
6	〖2〗	【8】	【8】
7	7	【8】	〖2〗
8	【8】	6	3
9	【9】	〖1〗	〖1〗

表 20.10　突破系统(糖)：参数组在 2 年测试期的位置与其在前 8 年期间位置的比较

参数组在 前 8 年的位置	同样的参数组在 1989—1990 年的位置	同样的参数组在 1991—1992 年的位置	同样的参数组在 1993—1994 年的位置
1	〖2〗	【8】	〖2〗
2	【8】	4	7
3	3	7	5
4	〖1〗	5	6
5	4	6	【8】
6	7	〖1〗	〖1〗
7	6	3	3
8	5	〖2〗	【9】
9	【9】	【9】	4

为了更方便地看清过去和未来的绩效间是否有任何一致性,每一个测试时期内绩效最好的前两名用不加阴影的圆圈表示,最差的两个参数组用加阴影的圆圈表示。如果优化的基本前提是有效的——即,过去的绩效最好的参数组在未来的绩效也可能是最好的——那么表20.1至表20.10应该反映出一种模式,即没加阴影的圆圈应该在每列的顶端附近,加阴影的圆圈在每列的底部附近。但很明显,表中显示的不是这种情况。加阴影的和没加阴影的圆圈有时在列的顶端附近,有时在列的底部附近,有时在列的中间。表20.1至表20.10中加阴影和没加阴影的圆圈的顺序排列具有明显的随意性,预示着过去和未来的绩效间的联系是非常细微的。

不同时期内绩效最好的参数组的位置并不稳定,这意味着根据过去最好的参数组来衡量一个系统的绩效,会大大地夸张系统绩效的潜力。为了说明这一点,表20.11到表20.14比较了以下几项:在每个指定测试期内最好参数组的绩效;在此期间所有参数组的平均绩效;前段时期产生最好的和最差结果的参数组的绩效。在这个特例中,根据所有市场的总体情况,选择在前段时期最差的参数组却比选择在3个测试期中的2个、甚至全部时期表现最好的参数组的策略要好得多!

这个结论并不意味着在前段时期绩效最差的参数组很可能比前段时期绩效最好的参数组还要好。如果我们在其他系统中作类似的实验,前段时期绩效最好的参数组很可能比前段时期绩效最差的参数组的表现好,这种情况出现得更多(尽管我们的例子中得出的结果类型也远非不常见)。然而,关键在于,像表20.11到表20.14的例子显示得那样,前段时期绩效最好的参数组总是远远不能成为指定期内的实际绩效最好的参数组,它们通常没有任何超过所有参数组平均绩效的统计意义上的突破。

表 20.11　1989—1990测试期间获利/损失(美元)比较:
实际最好的参数组、该时期内的平均能力及在前段时期最好和最差的参数组

市场	在指定时期 实际最好的参数组	在前期 最好的参数组	所有参数组 的平均	前期最差 参数组
T-债券	6 670	−9 090	−2 180	1 420
德国马克	7 780	3 020	5 390	6 340
日元	11 840	9 240	8 130	8 420
金	3 390	1 700	1 080	−320
银	5 850	5 330	3 050	1 630
取暖油	7 650	1 760	3 380	6 430
谷物	1 640	−2 190	−590	−2 730
大豆	4 970	−7 160	−740	4 740
生牛	2 090	850	−20	−3 290
糖	4 240	4 170	−840	−5 560
总计	56 120	7 630	16 030	17 080

表 20.12　1991—1992 测试期获利/损失（美元）比较：
实际最好的参数组、该时期内的平均能力及在前段时期最好和最差的参数组

市场	在指定时期实际最好的参数组	在前期最好的参数组	所有参数组的平均	前期最差参数组
T-债券	3 710	−1 820	−420	−2 920
德国马克	9 180	1 680	4 770	9 180
日元	3 340	−240	−1 670	−3 620
金	1 370	90	−1 050	1 370
银	−720	−1 890	−1 640	−1 780
取暖油	5 510	−980	1 540	4 290
谷物	560	−480	−440	340
大豆	−2 420	−6 090	−4 650	−3 190
生牛	1 380	−160	−340	1 380
糖	810	−1 690	−1 410	−1 850
总计	22 700	−11 570	−5 010	3 200

表 20.13　1993—1994 测试期获利/损失（美元）比较：
实际最好的参数组、该时期内的平均能力及在前段时期最好和最差的参数组

市场	在指定时期实际最好的参数组	在前期最好的参数组	所有参数组的平均	前期最差参数组
T-债券	11 600	3 500	7 180	7 910
德国马克	6 210	−3 660	−3 300	−1 410
日元	3 620	2 460	260	−3 060
金	490	−1 900	−1 460	−930
银	1 600	−3 650	−2 690	−790
取暖油	2 200	2 200	−1 700	−890
谷物	1 910	1 910	640	−1 030
大豆	2 120	1 570	−240	−2 060
生牛	1 600	950	500	1 600
糖	880	570	−550	−240
总计	32 230	3 950	−1 360	−900

我们的例子范围很小，只用了 9 个参数组。很多系统的开发者在成百、甚至成千的参数组中进行优化。想象一下，在这些例子中，最好的参数组显示的系统绩效将被夸张到何种地步！

表 20.14　三个测试期综合获利/损失（美元）比较：
实际最好的参数组、该时期内的平均能力及在前段时期最好和最差的参数组

市场	在测试期内实际最好的参数组的总数	前期最好的参数组	期内参数组平均总数	前期所有最差参数组总数
T-债券	21 980	−7 410	3 950	6 410
德国马克	23 170	1 040	6 860	14 110
日元	18 800	11 460	6 720	1 740
金	5 250	−110	−1 430	120
银	6 730	−210	−1 280	−940
取暖油	15 360	2 980	3 220	9 830
谷物	4 110	−760	−390	−3 420
大豆	4 670	−11 680	−5 330	−510
生牛	5 070	1 640	140	−310
糖	5 930	3 060	−2 800	−7 650
总计	111 070	10	9 660	19 380

尽管在每一个市场中，优化的价值看起来很小——如果还有的话。但就像表 20.1 至表 20.10 显示的那样，如果在有价证券组合中使用优化程序，看起来确实有一点用处。换句话说，不是在每一个市场中挑选过去最好的参数组，而是挑选一个在过去所有的市场中使用的最好的参数组。表 20.15 显示的是在 2 年测试期内有价证券组合——它包括了表 20.1 到表 20.10 中所有的 10 个市场①。过去和未来的绩效明显相关，前 8 年时期内绩效最差的参数组也是随后 2 年内最差的参数组，在 3 个测试阶段全是这种情况！

表 20.15　突破系统（有价证券组合）：2 年测试期内参数组的位置和前 8 年时期内参数组位置的比较

前 8 年时期内参数组的位置	1989—1990 年同一参数组的位置	1991—1992 年同一参数组的位置	1993—1994 年同一参数组的位置	平均位置
1	1	7	2	3.3
2	5	1	8	4.7
3	3	5	4	4.3
4	2	4	1	2.3
5	4	8	6	6.0
6	6	3	7	5.3
7	7	5	3	5.0
8	8	2	5	5.0
9	9	9	9	9.0

① 有价证券组合包括了每个市场的一个合约——除了谷物以外。由于谷物的波动性小，假定它交易两个合约。

尽管过去最差的参数组看起来可能也是未来最差的参数组，但其他参数组过去的位置看起来没什么预测价值。剩下的前期 8 个参数组的位置（即除了最差的以外的所有位置）在 3 个测试期的平均位置是 4.5。在前 8 年时期内最好的参数组在 3 个测试期内的平均位置高过 3.3，在前期排列第 4 名的参数组到目前为止在未来测试期的位置最好：2.3。同时注意，前期第二好的参数组在测试期内的平均地位几乎与前期内第二差的参数组的平均地位相同：分别是 4.7 和 5.0。

为什么前期的最差位置看起来对未来绩效的指示这么强（也就是那个参数组的绩效一直很差），而其他位置看起来很少有预测价值？为了获得一些启示，我们在参数组数值的基础上考察绩效的位置。表 20.16 在参数组数值的基础上（与表 20.15 按前期位置排列相对）显示了在 3 个测试期中每一个参数组的位置。参数组数值按升幂排列。

表 20.16　突破系统（有价证券组合）：在不同 N 值的基础上，参数组在 2 年测试期内位置的比较

参数组的 N 值	1989—1990 年参数组的位置	1991—1992 年参数组的位置	1993—1994 年参数组的位置	平均位置
20	9	9	9	9.0
30	8	2	5	5.0
40	7	5	3	5.0
50	6	3	1	3.3
60	4	6	6	5.3
70	5	7	8	6.7
80	1	1	2	1.3
90	2	4	7	3.3
100	3	8	7	6.0

表 20.16 显示，在每一个测试期内绩效最差的参数组实际上是同一个参数组！（因为表 20.15 表明，测试期内最差的参数组也是在 3 个前期内最差的参数组，那就意味着这同一个参数组也是在所有前 8 年期间绩效最差的参数组。）这个绩效一直最差的参数组处于参数组测试范围的极端：$N=20$。

尽管当 $N=20$ 时——测试中最敏感的参数组数值——的绩效一直很差（在有价证券组合中使用时），其他被测的数值（$N=30$ 到 $N=100$）没有显示这种持续的模式。确实，$N=80$ 的参数组到目前为止是绩效最好的，平均位置让人难以置信：1.3。但是，两个周围 N 值的平均位置（6.7 和 3.3）预示着 $N=80$ 时的出色表现很可能只是一种侥幸。如本章前边解释的，参数缺乏稳定性，意味着参数组过去出色的绩效很可能反映了被测试的历史数据的独特性，它不可能是一种在未来重复出现的模式。

回顾前述优化实验得出的结论很有指导意义：

- 在一个单独的市场中，优化似乎没有什么价值。
- 然而，在有价证券组合中使用时，优化程序在预测未来绩效较差的测试组方面看起来是有用的，尽管它在预测未来绩效优秀的参数组方面显示的模式并不可靠。

- 通过进一步考察,似乎表现能力一贯很差这种模式与其说同前期位置有关,不如说同参数数值有关。换句话说,参数组测试范围的起始数值——$N=20$,对于指定的系统来说效果显然差强人意。虽然参数组位置表上并没有显示,但 N 值越小,绩效应该越差——实际上,差得惊人。
- 一旦参数组范围中差强人意的极端被清除(在本例中是 $N=20$ 或更低),在参数组数值广泛的范围内(在本例中是 $N=30$ 到 $N=100$),绩效最好的参数组数值就非常不确定了。

这些判断,同我以前进行的其他类似的实验结果相一致,它们预示了下面几条关于优化的基本结论[①]:

1. 任何系统,重复一遍,任何系统,都可以通过优化程序变成非常获利的系统(即,超过它过去的绩效)。如果你曾发现了一个系统,它不能通过优化而产生好的获利,恭喜!你刚刚发现了一个赚钱机器(照着信号相反去做就行,除非交易费用太昂贵)。因此,经过优化的系统在过去有着绝妙的绩效,这可能看起来很棒,但并不意味着什么。

2. 优化总是会,重复一遍,总是会夸大一个系统未来可能的绩效——常常夸张得很厉害(差个十万八千里吧)。因此,优化的结果永远不能,重复一遍,永远不能被用来评估一个系统的价值。

3. 对于很多(如果不是大多数)系统来说,优化对未来绩效的提高非常有限——如果真有的话。

4. 如果优化有任何价值,它的价值通常在于,可以判断应该挑选系统中的何种参数组数值,其范围的边界有多大。精心设置优化程序不仅浪费时间,也是最糟的自我欺骗。

5. 鉴于以上各项,复杂的优化程序是浪费时间。最简单的优化程序会提供同样有指示性的信息(假定确实可以得出任何指示性信息)。

总地来说,虽然优化程序赢得了广泛的信任,但我们有理由提出疑问,在长期范围内,优化是否会比在交易中任意选择参数组产生好得多的结果。为避免混淆,让我说得明确一些,这一结论无意暗示优化从来没有任何价值。首先,如前所述,优化在判断差强人意的极端范围方面是有用的,这个范围应该在选择参数组数值时被排除出去(如,在我们突破系统的例子中 $N\leqslant 20$)。同时,对有的系统来说,即便是在差强人意的极端范围被排除之后,优化也可能指示出参数组选择中的某些边缘数值。然而,我想要表述的是,优化后的改进程度比大众普遍认为的要小得多,而且如果交易者首先证实一下他们对优化做的假定,那比盲目采用这些假定可能要省一大笔钱。

测 试 与 吻 合

也许商品交易系统的使用者所犯的最危险的错误是,他们假定在测试期内优化后的参数组的绩效与它们应该在未来可能的绩效大致接近。如前所述,这样的假定会大大夸

[①] 尽管单独一个实验并不能得出具有广泛普遍性的结论,但这里我还是愿意表明我的观点,因为刚刚描述的那个测试在我过去进行的许多相似测试中相当典型。从这方面来说,本文详细描述优化测试,不是想把它作为证明优化有高度局限性的"证据",而是作为关于这点的一个"说明"。

张对系统真实能力的评估。必须理解,期货市场价格的波动很大程度上是随意的。这样,"丑陋的真相"就是,在任何指定时期内哪一个参数组会有最好的绩效,这在很大程度上就是一个机会问题。概率表明,如果测试足够的参数组,即便是没有指示意义的交易系统也会产生一些在过去绩效优秀的参数组。在优化参数组的基础上评估一个系统(如,在调查期间绩效最好的组),最好是说成用过去的结果"显示"系统,而不是测试系统。如果优化不能用来测试绩效,那么你怎么评估一个系统呢?下面的内容将提供两个有意义的方法。

盲点模拟

在盲点模拟(blind simulation)方法中,优化系统时有意不用最近几年内的数据,而是选择用于随后几年的参数组来测试系统的绩效。理论上说,这个程序应该重复几次。

注意,这样就避免了用过去的参数组指示未来的错误,因为在任一时期用来测量绩效的参数组是完全根据过去、而不是目前的数据来选择的。从某种意义上说,这个测试的方法惟妙惟肖地模仿了真实的生活(即我们必须在过去数据的基础上决定用哪一个参数组来交易)。

前一部分的2年优化测试使用了这种程序。我们从1981—1988年期间系统的结果中选取绩效最好的参数组,然后把这些参数组放在1989—1990这2年中测试。下一步,用1983—1990年期间的系统结果来选取绩效最好的参数组,然后把它们放在1991—1992年中测试。最后,用1985—1992年期间的系统结果来选取绩效最好的参数组,然后把它们放在1993—1994年中测试。

基本的要求是模拟时期和优化时期不能重叠。和优化在同一阶段运行的模拟是没有价值的。

参数组平均绩效

寻找参数组的平均绩效需要建立一个表,把所有运行模拟之前要测试的参数组都包括进去。然后在所有被选的参数组中运行模拟程序,所有被测参数组的平均绩效将作为一个系统潜在绩效的标志。这个方法是有效的,因为虽然你只是无的放矢地从广泛的参数组数值中挑选一个参数,但如果你放的箭足够多,获得的结果就会是平均值。重要的是这个平均值应该从全部参数组中计算出来,而不只是来自那些被证明是获利的参数组。注意,交易者仍然可能会选择优化了的参数组进行未来交易(而不是任意选择),但系统的绩效应该根据所有被测参数组的平均值来评估(这等于是一个任意选择的步骤)。

盲点模拟方法可能是对现实交易环境的最真实的模仿。然而,参数组平均绩效可能也同样实际,而且它有这样的优势:要求的计算更少。两个方法都是测试系统的有效程序。

一个重要警告:在某些系统的广告宣言里,术语"模拟结果"常常被泛化来指优化的结果(而不是暗示这些结果是在盲点模拟程序基础上得来的)。如果是这样,这些结果的价值就等于应该在这个系统投资的资金的数目:0。下一部分将详细考察对模拟结果的普遍误用和歪曲。

模拟结果的真相

尽管优化程序在证明系统未来的绩效方面的价值尚待讨论,但毫无疑问,使用优化了的结果会大大地歪曲系统未来的绩效。原因在于,如前所示,某个时期内系统的绩效最好的参数和下个时期内绩效最好的参数间,如果有联系的话,联系也很细微。因此,假定绩效最好的参数所代表的系统绩效可以重复出现,这是完全不现实的。

通过这些年的经验,我对模拟结果的总体感觉是,施威格的模拟推论很像格莱沙姆的金钱法则。读者们可能还记得《经济101》中格莱沙姆"坏币驱逐良币"的理论。格莱沙姆的论点是,如果有两种货币在流通(如金和银),它们之间任意存在某种比率(如16:1),那么坏币(即价值低于这个固定兑换率的货币)就会驱逐良币。这样,如果金价超过16盎司的银价,而比率仍是16:1,那么白银就将黄金从流通货币中驱逐出去(因为人们更愿意贮藏黄金保值)。

我的推论是:"坏模拟驱逐好模拟。""坏模拟"一词意味的是从极度不可靠的假定中得出的模拟结果,而不是指其本身的绩效差。相反,真正的"坏模拟"倒显示出使人瞠目的结果。

我常常看到介绍某些神通广大的系统,宣称凭借它就能每年赚200%,400%,甚至600%。就算保守一些吧——我这个词可用得不够严谨——假定只有每年100%的回报。在这个回报水平,13年时间内100 000美元就会增值到10亿美元!那么这样的宣言怎么可能是真的?答案是,它们根本就不是真的。实际上只要能事后回头细看,你可以任意编造绩效在过去产生的结果。如果任何人试图在真正模拟现实的基础上卖掉一个系统或一个交易程序,那么相对于正常的促销费用来说,他的收获会少得可怜。正是在这个意义上,我相信坏(不现实的)模拟会淘汰好(现实的)模拟。

模拟结果是怎样被歪曲的呢?下面是一些主要手段:

1. 精心选择的例子(二次访问)。系统促销者精心选择,在最好的市场,最好的年份,用最好的参数组显示系统的绩效。假如一个系统在25个市场,15年时间内用100个不同的参数组进行测试,一年就会有37 500(25×15×100)个测试结果。很难建立一个在37 500个可能结果里连一个出色表现都没有的系统。例如,如果你把一组10个硬币扔37 500次,难道你不认为有时确会一次10个全是人头吗?当然会。实际上,你平均每扔1 024次就有一次10个全是人头。

2. 厨房水槽法。根据后来的情况加以调整,增加参数,创造附加的系统规则,于是就轻松地弥补了过去某些时期的损失。实际上,用这种方法表现过去任何水平的绩效都是可能的。

3. 忽略风险。广告宣传的系统中,回报常常用保证金的百分比,或者一个不现实的低倍保证金的百分比来表示。仅这一项就能将实际的回报增加好几倍。当然,风险也会相应增加,但哪个广告都不会提供这方面的细节。

4. 不提失败交易。下面的情况随处可见:系统宣传手册或广告上的图表在某一点指示了买进和卖出信号,这些点确实符合某些特定的规则,但在同一图表上当同样的条件符合而交易结果失败时,却没有指示信号。

5. 优化、优化、再优化。优化(即,选择过去绩效最好的参数组)能极大地夸大系统过去的表现能力。实际上如果系统的结果是由每个市场中最好的参数组得出的(即,过去绩效最好的参数组),那么我们所知的任何系统看起来都相当好。测试的参数组越多,可选择的过去结果越多,模拟回报的潜力也就越大。

6. 不现实的交易费用。通常模拟结果只包括了委托金,而没有包括理论现实差(假设的进入水平和通过使用市场指令或止损指令实际履行的水平之间的差别)。对快系统来说,忽略理论现实差可以使系统抹去实际生活中的一笔费用,这样系统看起来就像是摇钱树。

7. 伪造。即便根据过去优秀的绩效来建立系统规则是易如反掌的事,但有的促销者甚至根本不会费心去做这么多。例如,一个臭名昭著的人一直到处招摇撞骗,宣传不同的299美元系统,而这些系统根本就是骗人的东西。布鲁斯·巴博考克(Bruce Babcock)在《商品交易者消费者报告》中恰当地把这个家伙称为"299美元人"。

以上并非意指所有系统促销者或那些使用模拟结果的人。当然,许多人以适当并严密的方式建立了自己的模拟结果。然而,不幸的真相是,多年来对模拟的误用太离谱,实际上已经使模拟的结果毫无价值。广告宣传的模拟结果就像饭馆老板写的对这家饭馆的评论一样——你很难指望会看到一个不好的评论。有一个系统指示在1987年10月16日收盘时保持S&P多头仓位,我可以向你保证,你永远不会看到这个系统的任何模拟结果。那么能不能使用模拟结果呢?如果你是系统的开发者,而且你知道你在干什么(如,使用在前一部分详细介绍的模拟方法),或者,如果你对系统开发者的人格和能力充满绝对的信任,就可以。

多市场系统测试

尽管指望任何一个系统能在所有市场里运作可能是不现实的,但一般来说,一个好的系统应该能在大部分(如85%或更多)的活跃交易市场中获利。实际上,要在某个市场内选择交易系统,不仅应该根据系统在这个市场的绩效,而且要根据系统在广泛的市场范围内的绩效来选择。当然,有一些重要的例外。一个使用基本输入分析法的系统,根据定义,只能在单一的市场内适用。另外,有些市场行为并不典型(如股票指数),为这种市场交易而设计的系统可能在广泛的市场范围内表现得很差。

在检测适用于多市场组合的系统时,有必要预先决定要在每个市场交易的合约的相对数量。解决这个问题的方法通常是简单假定系统在每个市场只交易一个合约。然而,这是一个相当幼稚的方法。原因有二:首先,有些市场比其他市场的波动性大得多。例如,组合中包括一个咖啡合约和一个谷物合约,这个组合更加依赖于咖啡的交易结果。其次,可能我们希望降低一些市场的相对权重,因为这些市场同其他市场的联系非常密切(如德国马克和瑞士法郎)。①

在任何情况下,对每个市场的有效资金分配百分比应该在测试系统之前决定。然后

---

① 在期货交易(与历史测试相对)中,系统历史的绩效可能是决定合约权重的第三位相关因素。然而,这个因素在测试程序中不能考虑在内,因为它会歪曲结果。

这些相对权重就可以用来确定每个市场要交易的合约数。注意,只要获利用百分比形式,而不是用实际数量来计算,那么在每个市场假定要交易的合约总量是不相关的——重要的只是市场间合约数的比率。

负 面 结 果

我们不应该忽视负面结果的内在价值。分析一下在何种条件下系统的绩效很差,有时可以发现一些曾经被忽视了的系统的重要弱点,这样就提供了应该怎样完善系统的线索。当然,通过改变实际规则来提高差的绩效的做法没有什么意义。但是,如果任何改进也会普遍提高系统使用其他参数组、在其他市场的绩效,那么这种规则变化的有效性也会被承认。负面结果的内在价值是提供一种思路,即怎样改进系统而又不夸大它的功效。"无序是思想的催化剂",这是一条普遍真理,已故小说家约翰·加德纳(John Gardner)将此描述得十分完美:"在完美世界里没有必要思考。我们思考,是因为事情出了岔子。"

要从差的结果中吸取经验,这个想法基本适用于那些在大多数市场和大多数参数组中运作良好,而在单独案例中绩效却很差的系统。而对那些在广泛范围内的市场,使用许多参数组仍显示令人失望的结果的系统最好还是弃之不用,除非它的结果差得出奇。如果是后一种情况,一个完全反转初始系统交易信号的系统会很吸引人。例如,如果对一个新的趋势跟踪系统进行测试,结果表明该系统一直在大多数市场内赔钱,那么有可能暗示我们偶然撞上了一个有效的反趋势系统。这样的自我发现可能比较困难,但它们不应该被忽略。

当然,一个系统的绩效一直很差,并不意味着相反系统的绩效就使人满意。原因在于,交易费用常常是资金损失的重要组成部分。这样,一旦这些费用被考虑在内,相反系统的表现可能也会同样糟糕。这就是本章开始部分提到的"精心选择的例子"中出现的情况。另举一个例子,一个系统平均每年损失 3 000 美元,反向利用这个系统产生的信号,从表面看来似乎是个吸引人的策略。然而,如果交易费用占了损失的三分之二,利用系统反向的交易信号也会产生每年 1 000 美元的损失(假定系统绩效的绝对值不变)。(前边的假定暗示交易费用等于每年 2 000 美元,交易的净损失是每年 1 000 美元。这样,相反信号使交易产生每年 1 000 美元的获利。但每年 2 000 美元的交易费用使每年净损失 1 000 美元。)教训是:如果你要设计一个差系统并且想让它有些价值,这个系统的结果应该是真正的糟糕透顶。

建立并测试交易系统的步骤

1. 获得测试需要的所有数据。短期交易系统又是个例外,它可以使用现货合约的数据,但使用连续期货(不要同即期期货或持续价格混淆)是最好的选择。
2. 确定系统概念。
3. 根据这一概念制定产生交易的规则。
4. 选择小的市场集合和这些市场中的集合年份。
5. 根据指定参数组,在这个市场和时间集合中产生系统交易信号。
6. 绘制这些市场和年份的连续期货图表,并复制几组。

7. 在这些图表上标出交易信号。(要保证用来绘制图表和测试系统的是同样的价格序列。)这是一个重要的步骤。我发现如果需要识别系统的错误,在图表上目测信号比只用数据打印输出要容易得多。

8. 检查系统是否朝既定的方向运行。几乎毫无例外,一个细致的检查会发现一些不一致的地方。原因如下(两者居一或两者皆是):

　　a. 程序错误;

　　b. 程序规则没有预测到某些情况,或没有制定遇到这类情况时返回的程序。

后一种情况可能包括:在某些条件下系统应该产生信号而没有产生;不应该出现信号的时候系统产生了信号;系统的规则无意间形成一种情况,在这种情况下不能产生新的信号,或者一个仓位被无限期地保持。总地来说,这类情况都会出现,因为总会有一些细微的地方被我们忽略过去。

系统规则只有修改,才能改正程序错误,调整无法预见的程序转向。应该强调,在后一种类型的修正中,我们要做的只能是使系统运作同既定的概念相一致,而不应该考虑在开发程序使用的过程中,这种改变是否会提高或损害系统现在的绩效。

9. 做了必要的修正后,重复步骤7至步骤8。要特别注意与前一轮指示信号的不同点。这样做有两个原因:

　　a. 检查程序的变化是否达到了预定的目标;

　　b. 保证这些变化中没有非计划因素的影响。

10. 我们根据全部数据得出了参数搭配表。一旦系统按计划运行,而且所有的规则和应变指令都已经完全确定,只有达到这一点之后,才能利用整个参数搭配表测试系统。(要保证在这个测试开始之前,已经确定了要交易的市场组合。)

11. 如本章前边详细叙述的,根据所有被测参数组的平均值或根据盲点模拟程序,评估系统。(前者的工作量要小得多。)

12. 把这些结果和在同样市场组合和测试阶段的一个一般系统(如突破、交叉移动平均)的结果相比较。如果系统真正有价值,它的回报/风险应该比一般系统的结果好得多,或者回报/风险相等,而比一般系统更多样化。

以上步骤是一个严密的程序,设计这个程序是为了避免出现根据后来情况调整、歪曲系统的情况。由于要进行步骤12的测试,大多数的系统构想都会失败。设计一个真正具有超凡绩效的系统比大多数人想象的更困难。

关于交易系统的结论

1. 在趋势跟踪系统中,用来识别趋势的基本方法(如突破、交叉移动平均)很可能是系统最不重要的构成部分。从某种意义上来说,这只是重复吉姆·奥卡特的结论:只有两种趋势跟踪系统:快的和慢的。这样,在设计趋势跟踪系统时,与其试图发现一个确认趋势的更好方法,不如集中精力改进系统(如设置过滤和确认条件来减少坏交易,市场特性的调整,金字塔式规则,止损指令等)。

2. 复杂性本身不是优点。同复杂的系统形式相比,使用最简单的系统形式并不意味着会减弱绩效。

3. 为什么要在广泛的市场范围内交易？广为人知并行之有效的原因是,通过多样化进行风险控制。然而,之所以要在尽可能多的市场中交易,还有一个非常重要的原因:确保在期货市场内不错过任何零散的巨幅价格移动。不能过分强调抓住所有这样的主要趋势有多重要——它可以区分哪些绩效一般,哪些绩效很强。1994 年的咖啡市场(见第一章图 1.2)和 1979—1980 年的白银市场(见第一章图 1.1)是两个特例,在这两个市场中,有价证券组合的绩效好坏至关重要。

4. 如果有足够的交易资金,应该把多样化方法由市场扩展到系统。使用几个系统而不是一个单一的系统,可以有助于均衡总体的绩效。如果在系统组合中,除了趋势跟踪系统以外,还包括反趋势和形态识别系统,就能达到多样化的理想最大程度。(然而,这个目标可能很难达到,因为反趋势和形态识别系统的设计普遍比趋势跟踪系统难得多。)

5. 如果有足够的资金,用一些不同的参数组交易,比用一个优化了的参数组更好。

6. 一般来说,参数优化的价值被大大地夸张了。

7. 上一个结论清楚地表明,优化了的结果永远不应该被用来评估系统的相对绩效。测试系统的两个有意义的方法已经在正文中谈过了。

8. 所谓的"模拟"结果通常是"优化"了的结果(即根据事后发展调整得出的),并且实际上毫无意义。这个警告尤其针对广告上,或直接邮寄促销的交易系统,在这些宣传中毫无例外地使用了非常精心选择的例子。

9. 对成功系统的分析表明,这些系统几乎毫无例外地在多个市场、在一年或多年的时间内获取非常大的获利,而很少在单独一年里有非常大的损失。其中的启示是,这些系统之所以能成功,关键在于这些系统规则遵循着一条虽然常见但很重要的原则:让获利增长,让损失减小。

10. 不能因为一个市场的波动性急剧增加就回避它。实际上,波动性最大的市场通常是最能获利的。

11. 一个系统总体表现不错,但产生了孤立的负面结果。这个现象可以提供有价值的线索,即指明了应该怎样对系统加以改进。

12. 有一个事实常常被忽略:交易结果常常反映的可能更多是关于市场,而不是关于系统的信息。例如,在图 20.3 里,系统在 1992 年 9 月早期有空头仓位,在反转仓位之前,系统放弃了所有的未平仓获利。这个事实并不一定说明系统的风险控制设置得不恰当。任何趋势跟踪系统都曾经有同样的命运。在收到价格上升趋势的第一个信号前,市场已经超过了前 14 个月的盘整区。实际上,在前期只有一天,市场在低于前 14 个月盘整区的低端上交易。

这个例子表明,不能把系统的价值放在真空中判断。在有的案例中,系统的绩效差可能只反映了一个事实,这样的市场条件可能使大多数系统都产生很差的结果。同样,好的结果可能也只是反映了市场的条件,而不是被测系统的能力超凡到何种程度。这些考虑表明,要对一个新系统的绩效做出有意义的评估,应该把它和一个标准做比较(如,一个标准系统,像交叉移动平均或简单突破系统,在同一市场、同一时期的相应绩效)。

13. 用连续期货价格来测试系统。

14. 只使用数据库的一小部分(即,某些市场整个时期内的一段)来开发和调试系统。

图 20.3 交易结果反映的是市场,而不是系统的状况:空头仓位英镑连续期货

15. 用标有信号注释的图表作为辅助来调试系统。

16. 在检查系统产生的信号的准确性和完整性时,如果系统的运行同既定方向背离(由于疏忽了所使用规则的全部暗示及不可预料的局势),要据此做一些调整。但完全不要考虑这样的变化在样本测试中是否会增加或降低获利。

第二十一章　交易绩效的测量

> 每一个复杂的问题都有一个简单、利落、但是错误的解决方法。
>
> ——H. L. 门肯（H. L. Mencken）

规范获利计算法的必要性[①]

太多的投资者犯了同样的错误：当他们评估资金管理者时，只关心产生的回报，[②] 而关键的是同样要把风险测量作为评估程序的一部分。

考虑图 21.1 中管理者 A 和管理者 B 的账目资产净值流动。[③] 尽管管理者 A 产生了

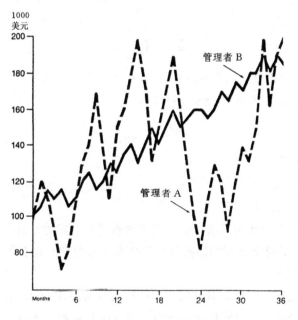

图 21.1　规范获利计算法的必要性

资料来源：J. Schwager, "Alternative to Sharpe Ratio Better Measure of Performance," Futures, p. 56, March 1985.

---

① 下面的部分改编自施威格（J. Schwager）的《用夏普率（Sharpe Ratio）更好地测量绩效的另一种方法》一文。《期货》第 56—57 页，1985 年 3 月。

② 在期货产业中，大多数资金管理者（即那些在商品期货交易委员会注册的人）被称为"商品交易顾问"（CTAs），不幸的是这个名字选择并不恰当。本章用一个更普通的术语"资金管理者"，可以作为 CTAs 的互换词。

③ 尽管本章的例子是用来评估资金管理者的绩效的，但类似的例子也同样适用于交易系统。评估资金管理者和评估系统绩效的区别将在适当的时候提到。

更大的回报,但就整个时期而言,很难把他看成是一个优秀的执行者——注意资产净值中有许多急剧的减少。

投资者如果委托管理者 A,就不得不经历许多令人不安的时期。但这还不是管理者 A 的唯一负面特征。更关键的是考虑到:如果投资者委托管理者 A 开始交易的时机不对——这并不少见——实际上会产生巨大的损失。实际上,假定一旦最初资产净值的 25%—50% 遭到损失就结束账户,那么在其绩效的下一个反弹前,委托管理者 A 的投资者就将可能被淘汰出局。

看来有理由认为,大多数投资者更愿意用管理者 B,而不用管理者 A。因为管理者 B 的回报虽然低一些,但她用明显低得多的风险做了补偿。而且,如果管理者 B 的保证金-资产净值率(margin-equity ratio)稍高一些的话,她的回报本可以超过管理者 A,而且资产净值的回撤还是小得多。(由于资金管理方面的原因,所有的管理者都会限制仓位的数量,使所有必需的保证金远远低于可供投资的资产净值;一般的保证金-资产净值率大约是 0.15—0.35。)

显然,管理者 B 的绩效记录更好。这个例子表明,任何绩效的评估方法必须包括有意义的风险测量。

夏 普 率

在评估绩效时,有必要把风险考虑在内,人们在很长时间以前已经认识到这一点。典型的回报−风险单位就是夏普率(SR),公式如下:

$$SR = \frac{E - I}{\text{sd}}$$

其中:$E=$ 预期的回报

$I=$ 无风险的利率

$\text{sd}=$ 回报的标准误差

E 一般用回报的百分比形式表示。预期的回报通常假定等于过去回报的平均值。根据这个事实,尽管 E 总是指预期的回报(即,发生在未来时期),但我们可以把它作为过去回报平均值的同义词。

夏普率中的 I 表明一个投资者可以常常赢得某种回报,而不经历风险——例如,投资 T- 债券。这样,这种超过无风险回报的回报水平比绝对回报水平更有意义。

标准误差测量的是数据中的离差程度。标准误差的公式是:

$$\text{sd} = \sqrt{\frac{\sum_{i=1}^{N}(X_i - \overline{X})^2}{N-1}}$$

其中:$\overline{X}=$ 平均数

$X_i=$ 单个数据值

$N=$ 数据值的数量

夏普率中的 N 等于时间间隔的个数。例如，如果在 3 年的调查期内用"月"作时间间隔，$N=36$。

在计算标准误差时，有必要选择一个时间间隔来把全部的资产净值数据分成小段（如每周，每月）。例如，如果某个年份的回报百分比数据被分割成每周数据，如果许多单独的周回报同该时期内的平均值高度背离，那么标准误差就会非常大。相反，如果单独的周回报同平均值相近，标准误差就小。图 21.2 显示了两套数据，它们的周平均回报相似，但标准误差却相去甚远。

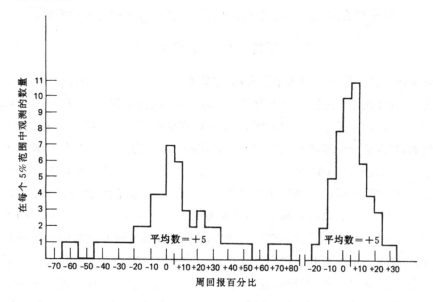

图 21.2　两个管理者的比较：平均回报相等，标准误差不同

夏普率的基本前提是，标准误差是风险的标准。即，单个回报同回报平均值的背离越大，投资的风险就越大。总的来说，标准误差测量的是回报的不确定性。显而易见，如果标准误差小，我们有理由认为实际回报同预期回报比较接近（当然，假定我们的预测本身就是符合实际的）。另一方面，如果标准误差大，就预示着很可能实际回报同预期回报的差距很大。

夏普率可以说是直接衡量资金管理者的尺度，因为我们知道资金总数，可以在此基础上衡量回报百分比。这和交易系统的情况不同。要把夏普率运用到交易系统中，我们可以选择下面的任一方法：

1. 估测系统交易需要的资金，并用这个数字计算回报百分比。
2. 删除无风险回报 I，简化夏普率。（下面会解释，如果使用这种形式的夏普率，就不必估测系统交易需要的资金。）这样，夏普率就简化成：

$$SR = \frac{E}{\text{sd}}$$

第二种方法证明是有效的，因为除了小账户，T-债券的押金就能满足所需的大部分商品保证金。这样,与购买有价证券相反,商品交易者不用牺牲无风险回报来选择投资方向。夏普率的简化形式在衡量资金管理者时理论上同样有效:如果管理者增加了她的杠杆作用(Leverage),夏普率就会增高——这是我们不愿看到的特征——简化形式不受杠杆作用变化的影响。

在 E/sd 形式中,E 无论是用美元收益还是百分比回报的形式来表示,夏普率都是一样的。因为用来测量标准误差的也是同一量度单位。这样,资金需求这个数据同时在分子和分母中出现,从而可以抵销。[①] 为了解释得更清晰,本章随后的例子采用夏普率的简化形式。这一简化对要讨论的理论或实际观点没有任何有实质意义的影响。

夏普率的三个问题

尽管夏普率是一种有用的测量手段,但它确实有一些内在的缺陷:[②]

1. 夏普率对盈利的测量。这个测量——即以月(或其他时间间隔)回报计算的年平均值,与其说估测的是整个时期内的绩效,不如说它估测了下一个时间间隔内绩效的可能表现。例如,假设资金管理者在某年有 6 个月获利 40%,有 6 个月损失 30%。用月回报推出的年平均回报率就是 60%(12×5%)。但是,大多数管理者常常根据现有的资产净值调整仓位的规模,这样该年的实际回报就是 -11%。这是因为,在开始时期资产净值的每一个美元,在本阶段结束时只剩下 0.8858 美元——$(1.40)^6 \times (0.70)^6 = 0.8858$。

这个例子表明,如果你只注意在长时期内而不是按照月或其他时间间隔来测量潜在的绩效,那么夏普率中的盈利测量会导致对实际结果的极度歪曲。不过人们常常用一个年几何平均(同数学平均数相对)回报率做夏普率的分子,这个问题就可以解决了。年几何回报完全等于平均年复合回报。后一个回报将在本章后面讨论回报回撤率的部分谈到。

2. 夏普率不区分上升和下降波动。夏普率测量的是波动性,而不是风险。两者并不一定是同义词。

在夏普率使用的风险计算——即,回报的标准误差中,上升波动和下降波动同样被认为很糟。这样,当资产净值产生零星的急剧增加时,即便资产净值的回撤很小,夏普率也会显示管理者正处于不利的地位。

图 21.3 比较了假定的管理者 C 和管理者 D 的资产净值流动。管理者 C 的资产净值有间歇的波动,没有资产净值的回撤,管理者 D 则经历了几次资产净值的回撤。尽管两个管理者在整体时期内都实现了同样的盈利,但管理者 D 经过了几次回撤,而管理者 C 没有,管理者 D 的夏普率更高(见表 21.1)。这就是夏普率认为上升波动同下降波动完全一样糟糕的直接结果。

[①] 这里暗含的假定是交易资金是一个常数(即获利被取出,损失被填补)。换句话说,没有复合运算(即,获利的再投入或损失时投资的减少)。一般来说,尽管回报用复合计算更好,但假定资金是常数有一个更重要的优势,它不必估测交易系统的资金需要。而且,在比较两个系统时,系统的回报越是未经复合法计算,它的复合回报常常越高。

[②] 这一部分改编自施威格《用夏普率更好地测量绩效的另一种方法》,《期货》,第 57—58 页,1985 年 3 月。

表 21.1　两个管理者的月回报比较

	管理者 C		管理者 D	
月	资产净值变化	累计资产净值变化	资产净值变化	累计资产净值变化
1	0	0	2 000	2 000
2	1 000	1 000	2 000	4 000
3	0	1 000	2 000	6 000
4	0	1 000	2 000	8 000
5	1 000	2 000	2 000	10 000
6	0	2 000	−2 000	8 000
7	8 000	10 000	2 000	10 000
8	0	10 000	2 000	12 000
9	0	10 000	2 000	14 000
10	0	10 000	−2 000	12 000
11	1 000	11 000	−2 000	10 000
12	1 000	12 000	−2 000	8 000
13	0	12 000	2 000	10 000
14	0	12 000	2 000	12 000
15	1 000	13 000	2 000	14 000
16	0	13 000	2 000	16 000
17	8 000	21 000	2 000	18 000
18	0	21 000	−2 000	16 000
19	1 000	22 000	−2 000	14 000
20	0	22 000	2 000	16 000
21	0	22 000	2 000	18 000
22	1 000	23 000	2 000	20 000
23	0	23 000	2 000	22 000
24	1 000	24 000	2 000	24 000
	平均月回报=1 000		平均月回报=1 000	

$$SR_C = \frac{E}{\text{sd}} = \frac{\frac{24\,000}{2}}{\sqrt{12} \times \sqrt{\frac{14(1000-0)^2 + 8(1000-1000)^2 + 2(1000-8000)^2}{23}}} = 1.57$$

$$SR_D = \frac{\frac{24\,000}{2}}{\sqrt{12} \times \sqrt{\frac{18(1000-2000)^2 + 6(1000+2000)^2}{23}}} = 1.96$$

预期回报 E，等于该时期内资产净值总获益除以年数，或者用平均月回报乘以 12，两种算法结果相等。年标准误差等于月回报的标准误差乘以 $\sqrt{12}$①

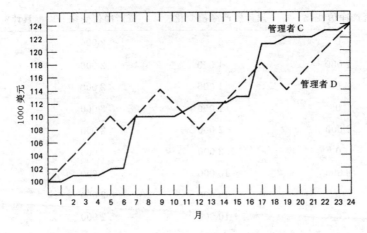

图 21.3　两个管理者的比较：一个向上大幅波动而没有回撤，一个有回撤发生

3. 夏普率不区分间歇损失和连续损失。夏普率的风险测量（标准误差）和不同数据点的顺序无关。

图 21.4 显示的是假定由管理者 E 和管理者 F 掌管的 100 000 美元账目的资产净值流动。两者都共赚 48 000 美元或每年 24 000 美元。然而，管理者 E 先是一个月获利 8 000 美元，然后一个月损失 4 000 美元，并反复交替；而管理者 F 在前 12 个月先损失了 48 000 美元，随后在剩下的阶段赚了 96 000 美元。

两个管理者有相同的夏普率。然而尽管如此，没有哪个交易者会认为这两个绩效在风险水平上是相等的。实际上所有的交易者都同意，管理者 F 的绩效显示的风险水平要高得多。

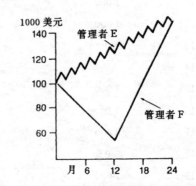

图 21.4　两个管理者的比较：回报和标准误差相等，月盈利顺序不同

资料来源：J. Schwager, "Alternative to Sharpe Ratio Better Measure of Performance," Futures, p. 56, March 1985.

回 报 回 撤 率

回报回撤率（RRR）是一种测量回报/风险的方法，它避免了上述的夏普率的缺陷，而且它确定风险水平的方式同大多数交易者实际上理解风险的方式更接近。RRR 表示的

---

① 要计算一个时间间隔内预期（平均）回报的年总量，需要把它乘以一年内时间间隔的总量（月数据就乘以12）。要计算一个时间间隔内标准误差的年总量，需要把它乘以一年内时间间隔总量的平方根（月数据就乘以$\sqrt{12}$）。这个标准误差的转变是这样得出的：如果每个时间间隔是独立的，长间隔（如年）等于短间隔（如月）的多少倍（如12），长间隔数据的回报方差就等于短间隔回报方差的多少倍。这样，长间隔的回报标准误差就等于短间隔的回报标准误差这个倍数的平方根。（因为标准误差定为方差的平方根。）

是平均年本利回报(R)除以平均最大回撤(AMR)：

$$RRR = \frac{R}{AMR}$$

资产净值初值给定，R 是按复利计算的回报，当按复利计算的期间同管理者(或系统)的资产净值流动期间相同时，将产生相同的资产净值终值。AMR 等于每一个数据点(如月)的最大回撤(MR)的平均值，在下面两种测量方法中，MR 取其中的最大值：

1. 从前一资产净值峰顶(MRPP)的最大回撤值；或
2. 回撤到随后低位的最大值(MRSL)。

MRPP 的名字显示出，它测量的是资产净值从前一资产净值高点下降的百分比。MRPP 有效地反映了在每一个数据点(如月底)的最糟糕的回撤，从理论上说，当时任何一个开设账户的投资者都可能遭受过这种极差的回撤。如果投资者在前段可能是最差的时机(即，前边资产净值的峰顶)开始交易，此后的累计损失就等于 MRPP。注意，如果在某一指定月形成一个新的资产净值峰顶，在那个点的 MRPP 就等于 0。MRPP 的一个问题是，对于早期的时间点来说，测量到的回撤值可能偏小，因为此前的数据点太少。换句话说，如果前边可供使用的数据更多的话，这些点的 MRPP 值很可能更大。

MRSL 的名字显示出，它测量的是资产净值下降到随后的最低资产净值点的百分比。MRSL 有效地测量了每一个数据点(如月底)的最糟糕的回撤，在当月开始交易的投资者在任何时候都可能经历这种回撤——即，这样的投资者在随后的资产净值最低点遭受的累计损失。注意，如果资产净值从来没有下降到低于某一指定月份的水平，那个点的 MRSL 就等于 0。MRSL 的一个问题是，对于后期数据点来说，测量到的回撤值很可能偏小。换句话说，如果可供使用的数据更多的话，MRSL 值很可能更大——即，随后的资产净值最低点可能还没出现。

MRPP 和 MRSL 互相补充。注意，当一种测量值最可能偏小时，另一种测量值却最不可能偏小。就因为这个原因，每一个点的 MR 被确定为 MRPP 和 MRSL 中的较大的值。从这个意义来说，MR 确实提供了每一个时间点(如月底)的最差行动情况。AMR 就是这些最差数值的平均数。这个方法比只使用单独一个最差数值——最大下降——的方法要有意义得多。

RRR 的数学导出公式如下：

$$RRR = \frac{R}{AMR}$$

其中：R＝平均年复利回报

$$AMR = \frac{1}{n} \sum_{i=1}^{n} MR_i$$

其中：n＝调查期内的月数

MR_i＝最大$(MRPP_i, MRSL_i)$

其中：

$$MRPP_i = \frac{PE_i - E_i}{PE_i} \qquad MRSL_i = \frac{E_i - ME_i}{E_i}$$

其中：E_i＝在 i 月底的资产净值

PE_i = 在 i 月或 i 月前的最大资产净值

ME_i = 在 i 月或 i 月后的最小资产净值

注意 $MRPP_i$ 在第一个月等于 0,$MRSL_i$ 在最后一个月等于 0。

R,平均年复利回报,得出如下:[①]

$$S(1+R)^N = E$$

其中:S=资产净值初值

E=资产净值末值

N=年数

R=年复利回报(用十进制表示法)

用年回报(R)表达这一等式为:

$$R = \sqrt[N]{\frac{E}{S}} - 1$$

为了通过这个等式简便得出 R 值,有必要用对数形式重新表达:

$$R = 反对数\left[\frac{1}{N}(\log E - \log S)\right] - 1$$

例如,如果一个 100 000 美元的账户在 4 年内增加到 285 610 美元,年复利回报就是 0.30 或者 30%:

$$R = 反对数[1/4 (\log 285\ 610 - \log 100\ 000)] - 1$$

$$R = 反对数[1/4(5.4557734 - 5)] - 1$$

$$R = 反对数[0.11394335] - 1 = 0.30$$

RRR 的计算值可以直接用来评估资金管理者的绩效,因为在每一个数据点的账户资产净值规模量是已知的。然而,仔细考虑一下就会发现,在使用交易系统的情况下,我们并不知道资产净值的规模;只知道每一段时期的资金收获/损失。如果我们不知道交易系统需要的资金量,那怎么能计算回报和回撤的百分比呢? 答案是,既然 RRR 数值同系统交易中需要的资金规模量并不相关,[②]可以假定用任何数字。虽然它不会影响计算,但作为选择可能数字的一个方法,交易者可以假定系统交易需要的资金等于最大资金损失的 4 倍。例如,如果系统的最差损失是 50 000 美元,系统交易需要的资金可以假定为 200 000 美元。

一旦选择了系统交易所需的资金数据(即假定的账户规模量),交易系统的月资产净值数据可以产生如下:

1. 用所有的月获利/损失数据除以同样的账户规模量,产生月回报百分比数。[③]

[①] 下面导出的 R=0.30 的例子取自施威格的《用夏普率更好地测量绩效的另一种方法》,《期货》,第 58 页,1985 年 3 月。

[②] 既然假定的账户规模量既作为 RRR 分子的除数(计算回报时除以资金的获利/损失),又作为 RRR 分母的除数(除以资金的回撤),数值上下抵消。例如,假定的账户规模量扩大两倍,平均年复利计算回报和平均最大回撤就都缩小两倍,而 RRR 值不变。

[③] 注意这里暗含的假定是,系统交易的结果是在固定的市场组合基础上产生的。换句话说,对系统的测试既不在系统赚钱增加交易的合约数,也不在系统损失时减少合约数。(在实际的交易中当然会做这样的调整)。因此,假定账户规模量是一个常数,用它作除数把月获利/损失数据转变为百分比回报数据是很恰当的。

2. 把假定的账户规模量和每月回报百分比数连乘,得出月资产净值水平。例如,如果假定账户规模量是 200 000 美元,头 4 个月的百分比回报是+4%、-2%、-3%,和+6%,那么相应的资产净值水平计算如下:

开始=200 000 美元

第一个月底=(200 000)(1.04)=208 000 美元

第二个月底=(200 000)(1.04)(0.98)=203 840 美元

第三个月底=(200 000)(1.04)(0.98)(0.97)=197 725 美元

第四个月底=(200 000)(1.04)(0.98)(0.97)(1.06)=209 588 美元

一旦得出了月资产净值水平,RRR 计算中 R 和 AMR 数值的导出就和资金管理导出计算的情况非常类似。

应该注意到,在实际交易中,个人要根据自己对风险的理解来调整交易使用资金。在计算系统中的 RRR 时,开始的资金假设为最大损失数字的 4 倍。实际的资金水平可以大于或小于这个 4 倍数。然而,不管系统交易中需要的账户规模量假定为何种特定数字,系统中的 RRR 数值都不受影响。

年赢损率

年赢损率(AGPR)是一个简化的回报/回撤测量手段。AGPR 表示如下:

$$AGPR = AAR \div AAMR$$

其中:AAR=年回报的数学平均

AAMR=平均最大年回撤,其中每一年的最大回撤为从前一资产净值的最高点(即便它发生在前一年)回撤到该年资产净值最低点的百分比

比起 AGPR,RRR 是更好的测量回报/回撤的手段,因为在 RRR 的风险计算中包括每一个数据点,它的测量不把数据人为地限制在某个范围(如公历年时段)内。不过,有的研究者可能更喜欢用 AGPR,因为它要求的计算机运算更少,得出的数字更直观,更容易掌握。例如,AGPR=3,意味着平均年回报是平均年最差回撤的 3 倍(从早先最高点来测量)。

最大损失——一种测量风险的手段

有一个数字特别让人感兴趣,那就是在某个系统中可能出现的最差情况。换句话说,就是交易在可能是最差的开始日期启动时,在整个调查期间遭受过的最大回撤。最大损失(ML)就是最大的 $MRSL_i$(或最大的 $MRPH_i$,两者相等),可以表示为

$$ML = 最大(MRSL_i)$$

$MRSL_i$ 的导出见"回报回撤率"部分。

我们最好不用 ML 作唯一的风险测量手段或是回报/回撤率中的风险组成,因为它只是根据单独一个事件得出的,因此很可能不具备整个系统绩效的代表性。而且,由于这个特性,ML 值可能是在偶然选择了某个调查期才得出的。考虑到这一点,使用 ML 会对具有较长追踪记录的管理者产生不利的影响和歪曲。不过 ML 确实提供了重要的信息,应该同 RRR 一起参考使用。

以交易为基础的测量绩效的手段

除了刚刚讨论过的测量绩效的那些方法,下面补充一些可能也值得引起注意的其他方法:

1. 每次交易的预期纯获利。每次交易的预期纯获利(ENPPT)可以这样表示:

$$\text{ENPPT} = (\%P)(AP) - (\%L)(AL)$$

其中:%P=所有获利交易的百分比

%L=所有结果是净损失的交易的百分比

AP=获利交易中的平均净获利

AL=损失交易中的平均净损失

这个指标的有用之处在于,一个 ENPPT 的值较低就会表明,如果遇到执行不力,委托金增加,或任何其他形式产生的交易费用增长等情况,系统易于产生获利严重降低的情况。例如,如果一个系统的 ENPPT 是 50 美元,不管其他的绩效测量结果如何好,它的有效性也非常值得怀疑,ENPPT 主要的劣势是它不包括风险测量。另外,ENPPT 有一个内在的缺陷,它可能不公正地使活跃的系统处于不利的地位。例如,某个系统的一次交易产生的净获利是 2 000 美元,同期另一个系统出现了 100 个 ENPPT 为 1 000 美元的交易(资产净值的波动相似),用 ENPPT 表示的话,前者更好。

2. 以交易为基础的利润/损失率。以交易为基础的利润/损失率(TBPLR)可以表示如下:

$$\text{TBPLR} = \frac{(\%P)(AP)}{(\%L)(AL)}$$

这个指标测量的是在所有交易中所盈利美元数对损失美元数的比率。TBPLR 的吸引力在于它测量遭受的损失,以此降低利润。TBPLA 有三个缺陷:(1)同 ENPPT 相似,它严重地歪曲了交易频率更高的系统的绩效。例如,考虑下面两个系统:

系统	平均获利 (美元)	平均损失 (美元)	获利交易 百分比	损失交易 百分比	TBPLR
A	400	200	75	25	6
B	200	100	50	50	2

从表面上看,系统 A 可能显得更好(准确地说是好 3 倍)。然而,如果你现在了解以下的附加信息:系统 B 每年进行 100 次交易,系统 A 只有 10 次,两个系统的风险水平(如 AMR)相似,并需要同等的资金来交易。在这种情况下,系统 B 的回报百分比实际上是系统 A 的 2 倍。[①] (2)TBPLR 没有考虑未平仓的损失。这样,某个交易在最后以轻微获利收盘之前遭受了巨大的损失,而另一个交易迅速获利,并以同样的轻微获利收盘。这两个交易对 TBPLR 的影响是相同的。然而,在交易者眼中却很难认为两者相同。(3)TBPLR 不区分

---

① 回报百分比=(ENPPT×N)/F,其中 N=交易数,F=交易资金(假定每年相等)。系统 A 的回报百分比=(250×10)/F,系统 B 的回报百分比=(50×100)/F。

间歇损失和连续损失——如果损失交易趋向集中时,这是一个潜在的严重缺陷。

应该采用哪种绩效测量方法?

在 RRR 中用下降距离(当时在每一个指定点的最糟糕的回撤)来测量风险,在夏普率中用的是标准误差,但标准误差不区分突然的巨大获利和突然的急剧损失——虽然在交易者(投资者)眼中这两件事完全不同。因此,RRR 的风险部分(AMR)比夏普率更接近大多数人对风险的直观感觉。RRR 还避免了夏普率不能区分间歇损失和连续损失的问题。因此,RRR 可能是一个比夏普率更优秀的回报/风险测量手段。

即便如此,我们建议用 RRR 作为补充夏普率的一种回报/风险测量手段,而不是作为它的替代品。理由是:夏普率是一种运用非常广泛的回报/风险测量手段,而在写作本书时,RRR 根本还没被使用。因此,交易者或系统设计者还需要计算夏普率来把他的结果和 CTA(商品交易顾问)的跟踪记录、工业指数、或选择性投资相比较。夏普率和 RRR 一起运用,就很好地描述了系统或交易者的相对绩效。

除了这些回报/风险测量手段,还应该计算出 ENPPT 以保证系统的有效性不会受到交易费用小幅增加或每次交易的平均获利有所降低等情况的威胁。应该检查最大损失(ML)值以保证没有灾难性的损失痕迹。最后,可以把 AGPR 的计算作为补充的测量手段,因为它产生的是具有直观意义的数据。

回报/风险率在评估资金管理者交易绩效方面的不利之处

在评估交易系统方面,所选择的回报/风险测量法的排名顺序和估计的回报百分比顺序相同。这是因为系统交易所需要的资金只能根据预测的基准风险来决定。这个结论证明如下:

$$选择的回报/风险测量方法 = \frac{G}{R}$$

$$一个系统在指定市场中的百分比回报 = \frac{G}{F}$$

其中:G = 每次交易的平均年收益

R = 所选择的风险测量方法(如,sd,AMR,ML)

F = 分配给交易的资金总额

预测 F 的唯一实用方法是把它作为风险的一个函数。F 可以非常直接地被估计为所选风险测量方法的倍数。即

$$F = kR$$

其中 k = 风险测量方法的倍数(由主观决定的)。这样,系统的预测回报百分比可以被表示为:

$$\frac{G}{F} = \frac{G}{kR} = \frac{1}{k}\left(\frac{G}{R}\right)$$

注意 G/R 是被选择的回报/风险的测量方法。结果,系统的回报百分比就是回报/风险测量值的固定倍数。尽管不同的交易者会选择不同的风险测量方法和不同的 k 值,一旦这些项目被确定后,回报/风险测量和预测的回报百分比在系统中的排名顺序相同。同

时注意,在评估系统时,风险百分比——我们将它定为风险测量值除以需要的资金——是一个常量(风险百分比$=R/F=R/kR=1/K$)。

在评估交易系统时,高回报/风险率常常预示着高回报百分比,但在评估资金管理者时情况却不一样。而且,风险百分比也不再是一个常数,而是随管理者的不同而变化。这样,一个资金管理者比另一个资金管理者的回报/风险率高,但回报百分比低或风险百分比高,都是完全可能的。(产生这种情况的原因是,在评估资金管理者时,资金需求和风险之间不再有联系——即,在任何给定的资金水平,不同资金管理者的风险水平并不相同。)结果,在选择不同的投资方面,回报/风险率就不再是一种得心应手的绩效测量手段。这里我们用夏普率来阐明这一点,但相似的结论对其他回报/风险测量手段也同样适用。(在下面的讨论中,我们假定管理费用是完全根据获利来支付的,利息收入不包括在资金管理者的回报中,而由投资者获得。这样,用夏普率的简化形式非常恰当,因为其中删除了无风险利率这一项。)

假定我们得到下面关于两个资金管理者的年统计数字:

	管理者 A	管理者 B	单位:美元
预计收益	10 000	50 000	
收益的标准误差值	20 000	80 000	
最初投资	100 000	100 000	
夏普率	0.50	0.625	

尽管管理者 B 的夏普率更高,但不是所有的交易者都喜欢管理者 B,因为他的风险测量值也更高(即更高的标准误差值)。这样,一个厌恶风险的投资者可能会喜欢管理者 A,他甘愿牺牲获得较大收益的可能,以避免遇到更大的风险。例如,如果年交易结果是正常分布,在任何一个给定年份,回报率低于预期水平,标准误差高于 1.3 的可能性有 10%。在这种情况下,管理者 B 的投资者会损失 54 000 美元即 50 000−(1.3×80 000)美元,而管理者 A 只损失 16 000 美元。对于一个厌恶风险的投资者来说,更重要的是在假定出现恶劣情况时把损失降到最小,而不是在适宜条件下最大地获利。①

接下来,考虑下面另外两个资金管理者的统计数字:

	管理者 C	管理者 D	单位:美元
预期收益	20 000	5 000	
收益的标准误差值	20 000	4 000	
最初投资	100 000	100 000	
夏普率	1.0	1.25	

---

① 本例中暗含的假设是:使用管理者 B 的投资者不能只用最初投资金的一部分。换句话说,投资的最小规模量单位就是 100 000 美元。否则,投资者总有可能设计一种策略,让具有更高夏普率的管理者管理资金从而使自己的回报更多。例如,使用管理者 B,如果投资 25 000 美元的话,同投资 100 000 美元的管理者 A 的标准误差值相同,但预期收益更大(12 500 美元)。

尽管管理者 D 的夏普率更高,但实际上管理者 C 的回报百分比更高。不特别厌恶风险的投资者可能更喜欢管理者 C,虽然他的夏普率低。原因是对大部分可能出现的结果来说,使用管理者 C 的投资者会更赚钱。特别是在这个例子中,即便回报率低于预期水平,但只要标准误差值不高于 0.93,投资者就会赚钱——这个条件在 82% 的时期内都能得到满足(假定交易结果正常分布)。①

更引人注目的是:在有些情况下,实际上所有的投资者都更喜欢用夏普率低的资金管理者。考虑下面两个资金管理者:②

	管理者 E	管理者 F	单位:美元
预期收益	10 000	5 000	
收益的标准误差值	2 000	12 500	
最初投资	100 000	100 000	
夏普率	5.0	4.0	

在本例中,实际上所有的投资者(即使是那些厌恶风险的人)都喜欢管理者 F,尽管他的夏普率较低。理由是,相对于不确定的回报(标准误差)来说,回报百分比如此之高,即便在最不利的环境下,使用管理者 F 的投资者也几乎肯定会赚钱。例如,我们再一次假设交易结果分布正常,收益率低于预测水平 3 个标准误差的概率只有 0.139%。即便出现了这种极端情况,投资者使用管理者 F 仍然会赚钱:收益 = 12 500 美元/年(12.5%),而管理者 E 只有 4 000 美元/年(4%)。这个例子以更特殊的事例表明,回报/风险率本身不能为评估资金管理者提供足够的信息。③(这个结论适用于所有的回报/风险测量方法,而不只是夏普率。)

关键问题在于,在评估资金管理者时,不是仅仅考虑比率,而是把回报百分比和风险数据分别考虑,这一点很重要。

对交易绩效的图解评估

在比较不同资金管理者的绩效时,用图解方式尤其有帮助。下面我们考虑两类图表:

1. 净资产值。净资产值(NAV)表示的是假定开始资产净值为 1 000 美元,在每一时间点(一般是月底)的资产净值。例如,2 000 的 NAV 表示最初的投资在指定的时间点已经翻了一倍。根据定义,调查期开始时的 NAV 等于 1 000。随后的数值得出如下:

---

① 本例中暗含的假设是:投资者的借款费用比通过给一个资金管理者投资而实现的利息收入回报要大得多。这个假设使投资者不可能采取另一种策略,即借出资金,然后按夏普率更高的管理者投资,投资金额是最初 100 000 美元投资的数倍。如果借款费用同利息收入是相等的(在现实世界中这个假设不大可能有效),投资者常常可能设计一种策略,让使用更高夏普率管理者的投资者更赚钱。例如这样一种策略,再借 400 000 美元,总共投资 500 000 美元给管理者 D,这时它的标准误差值同拥有 100 000 美元投资的管理者 C 的标准误差值一样,但预期的收获更高(25 000 美元)。

② 本例中使用的夏普率比在现实世界中可能发现的水平要高许多。然而,假设有如此高的夏普率,会帮助我们阐明要论述的理论点。

③ 与脚注①类似的点评这里同样适用。

月底	月美元回报除以月初的资产净值	NAV
1	r_1	$(1\,000)(1+r_1)$
2	r_2	$(1\,000)(1+r_1)(1+r_2)$
3	r_3	$(1\,000)(1+r_1)(1+r_2)(1+r_3)$
⋮	⋮	⋮
n	r_n	$(1\,000)(1+r_1)(1+r_2)(1+r_3)\cdots(1+r_n)$

例如,如果资金管理者在第一个月的回报百分比是+10%,第二个月的回报百分比是-10%,第三个月的回报百分比是+20%,那么她在第三个月末的 NAV 就是:

$$(1\,000)(1+0.1)(1-0.1)(1+0.2) = 1\,188$$

图 21.5 描述的是从 1991 年 1 月到 1995 年 2 月期间两个资金管理者的 NAV。表 21.6代表的是用对数形式表示的 NAV 数值的同样信息。表 21.6 的表达方法更好,因为它保证了资产净值中相等的百分比变化会导致量值相等的竖直移动。例如,表 21.6 中,当 NAV 值等于 2 000 时,资产净值 10% 的下降移动显示同 NAV 数值为 1 000 时的资产净值 10% 的下降移动相等。然而在图 21.5 中,前者的下降移动就是后者的两倍。不管用来描绘 NAV 曲线的换算法是哪一种,在任何情况下,应该强调的是,只有在完全相同的调查期内所做的比较才有意义。

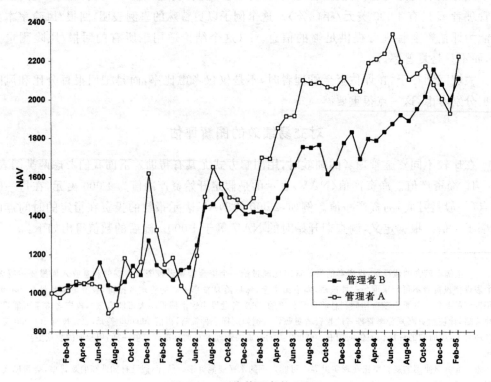

图 21.5 两个管理者的 NAV

尽管 NAV 主要是测量回报的方法，它同时也反映了风险。当其他条件都相同时，资金管理者的绩效越不稳定，NAV 就越低。例如，考察下面五个资金管理者，他们在指定的一年中经历的月盈利和损失如下：

管理者	6个月的盈利 百分比等于	6个月的损失 百分比等于	年底的 NAV
1	+11%	−1%	$(1\,000) \times (1.11)^6 (0.99)^6 = 1\,760$
2	+21%	−11%	$(1\,000) \times (1.21)^6 (0.89)^6 = 1\,560$
3	+31%	−21%	$(1\,000) \times (1.31)^6 (0.79)^6 = 1\,230$
4	+41%	−31%	$(1\,000) \times (1.41)^6 (0.69)^6 = 850$
5	+51%	−41%	$(1\,000) \times (1.51)^6 (0.59)^6 = 500$

注意，尽管各个管理者盈利月份的收益百分比和损失月份的下降百分比之间的差值相等，但最后的 NAV 值却有着巨大的差别。

对厌恶风险的投资者来说，NAV 中对风险的测量程度可能还不够。例如，尽管管理者 A 最后的 NAV 值比管理者 B 的大（见图 21.6），但许多投资者可能还是更喜欢管理者 B，因为她的绩效较少波动。显然，对风险做更加明确的描述——如下列图表描述的"水下曲线"，会是对 NAV 图表的有益补充。

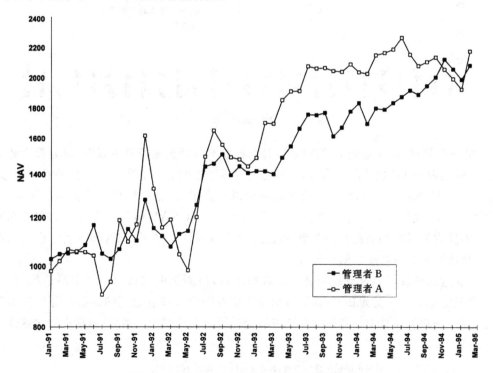

图 21.6　两个资金管理者的 NAV（对数形式）

2. 水下曲线。① 水下曲线描绘的是从前一资产净值峰顶开始到每个月最低点的下降百分比。换句话说，假定月初是交易开始的日子，假设账户是在可能是最坏的前一进入点（即前一资产净值高峰）开设的，水下曲线就反映了在每一个月底损失的最大百分比。在反映每个点最大可能的资产净值回撤方面，水下曲线的概念同前边叙述的 RRR 计算中的 MRPP 相似。图 21.7 和图 21.8 描述的是图 21.5 和图 21.6 描述过的两个资金管理者的水下曲线。（零线上方的竖直条表示了在某个月份有一个新的资产净值高峰。）这些图表清晰地展示了管理者 A 的绩效蕴涵着更大的风险程度。

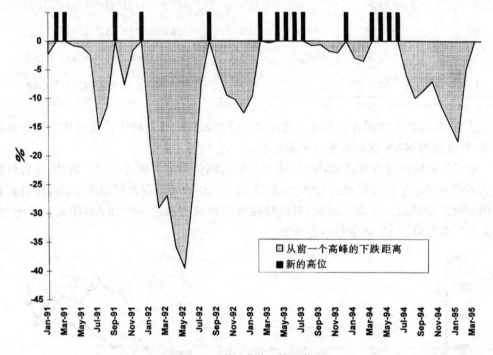

图 21.7　水下曲线：管理者 A

哪一个管理者（A 还是 B）的绩效更好？答案不可避免地带有主观性，因为管理者 A 达到了时期内 NAV 数值的最高点，但同时也显示了更剧烈的下降。② 然而，关键在于，通过运用 NAV 和水下图表，每一个投资者都可以拥有足够的信息，从而根据他的回报/风险喜好来选择他认可的资金管理者。实际上，由于得出 NAV 值和水下图表的方法相对简便，而且它们提供的信息又很全面，因此对大多数投资者来说，把这些图表综合起来考虑，是比较资金管理者绩效的理想方法。

尽管这部分叙述的对象是资金管理者的绩效，但同类图表可以用在交易系统方面。交易者只需把系统的美元获利/损失数据转换成在账户规模基础上的回报百分比数据就行了，其中账户规模是交易者认为系统进行交易所必需的规模。然后，回报百分比数连乘

---

①　"水下曲线"一词最初是由诺曼·斯特罗姆（Norman D. Strahm）创造的。
②　尽管对于给定的例子来说，这个叙述理论上是正确的，但很可能大多数投资者更倾心于管理者 B，因为管理者 A 更高回报的盈余不太可能抵上急剧增加的风险。

并乘以 1000，就可以得出为系统服务的 NAV 值。

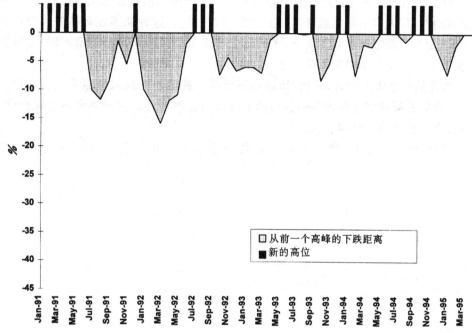

图 21.8　水下图表：管理者 B

结　论

1. 单凭每个单位时间的美元盈利这种测量手段还不足以评估交易系统或资金管理者的绩效。

2. 在评估一个系统的绩效时，回报/风险的测量方法有两个作用：

a. 其中加入了风险测量。

b. 它提供了一个代表百分比回报的测量方法。

3. 夏普率作为交易绩效的测量手段有几个内在的缺陷：

a. 不能区分上升和下降的波动；

b. 不能区分间歇的和连续的损失；

c. 在长时期内评估系统时，对收获的测量随时可能出现变形。

4. RRR 是绩效测量手段的另一种选择，它看起来比夏普率更受欢迎，因为它显得与交易者的行为方式更接近（即交易者普遍担心的是资产净值中的向下波动，而不只是资产净值的波动）。然而，也应该考虑把夏普率作为一个补充的测量方法，因为它是最常用的回报/风险测量方法。因此当我们把自己的跟踪记录或系统与业内资金管理者做比较时，夏普率就至关重要了。

5. AGPR 是测量方法的有益补充，它的解释明确直观，要求的计算机运算远远少于 RRR。

6. 应该计算出 ENPPT 来保证对交易费用的假设没有过分影响一个系统的绩效。

7. 尽管 ML 作为唯一的风险测量手段并不合适,但它提供了重要的补充信息。

8. 对交易系统来说,测量到的回报/风险与预测产生的回报百分比排位相同。因此,一个更高的回报/风险率常常意味着更高的回报百分比。这种联系在评估资金管理者时断开了,因为不管假定需要多少资金,不同资金管理者的风险水平都有所不同,而对系统而言,资金的需求量只能根据风险来确定。

9. 当评估资金管理者时,回报/风险率不再是一种适当的绩效测量手段。回报和风险倒是应该分别被评估。在这些数据基础上形成的管理者的特定排序带有主观性(即根据投资者个人的风险/回报倾向决定)。

10. 净资产值(NAV)和水下曲线这两类图表对于比较资金管理者的绩效尤其有帮助。

第五篇 实用交易方针

第二十二章 经过计划的交易方法

>如果赚钱是个慢活的话,赔钱可是一步到位。
>——伊哈拉·赛卡库(Ihara Saikaku)

如果你在期货交易中冒险投资的数目只是你净资产的很小一部分,而且在投机买卖中,你的主要动机是玩一把,那么漫不经心可能是个好方法。然而,如果你在期货交易中的主要目的是赚钱,一个精心组织的交易计划就是关键。这不是一种陈词滥调。遍查成功的期货投机者,毫无疑问你会发现,他们都运用了系统的、严格的交易方法。

下面七个步骤为建立系统的交易计划提供了一个总方针。

步骤一:确定交易哲学

你打算什么时候下定决心进入交易?如果你的答案含糊其辞,如"当我的朋友从他的经纪人那里得到了热门消息时","当我读报纸偶然产生一个交易想法时",或"盯住报价器,感受到市场氛围时",那么,你还没有准备好开始交易。一个有意义的策略应该建立在基本分析,或图表分析,或技术交易系统,或综合这些方法的基础上。同样的方法不必用在所有的市场内。例如,在有的市场,交易者可能把基本分析和图表分析综合考虑来作交易决定,而其他市场决定可能只是建立在图表分析的基础上。

交易策略越详细越好。例如,如果交易者打算在图表分析的基础上建立交易,他应该明确规定能产生交易信号的模式种类,以及其他,如确认准则等细节。当然,最详细的交易策略是在机械交易系统基础上得出的;然而,这样一个完全自动的方法可能不适合很大一部分交易者。

步骤二:选择要交易的市场

当投机者决定了他打算怎样进入交易后,他必须选择要进入的市场。对大多数投机者来说,有限的时间和可得到的资金将严重限制可监测和交易的市场数量。在选择市场时要考虑三个因素。

同交易方法相配合

交易者要根据自己计划的方法,选择那些看起来最有可能产生令人满意的表现的市场。当然,做这种决定只能是要么根据过去的交易经历,要么根据一个特定交易策略的历史测试的结果。

多样化

多样化的众多益处已经在第十七章完整地讨论过了。然而,这里的要点是,多样化是最有效的减少风险的手段之一。选择联系不紧密的市场可以提高多样化。例如,如果一个投机者知道他要做黄金交易,那么另外在白银和白金市场交易就不是一个好选择,除非他有足够的资金,允许他同时在许多其他的市场交易。

波动性

资金有限的交易者应该避免极度波动①的市场(如咖啡),因为在他的组合中包括这样的市场,会严重地限制可以交易的市场数量。除非投机者的方法更适于某个波动市场,否则他在大量较少波动性市场中交易会更赚钱(又要用上多样化的方法)。

步骤三:制订具体的风险控制计划②

严格地控制损失可能是成功交易最关键的先决条件。风险控制计划应该包括以下因素。

每次交易的最大风险

通过控制分配到任一指定交易中资金总量的百分比,投机者可以极大地增加长期成功的可能性。③ 最理想的是把任一交易中的最大风险限制在总资产净值的3%或者更少。对于小一些的账户,要想坚持这个方针,就要把交易限制在波动较少的市场,限制交易合约的数量和时间跨度。投机者如果发现他们在单个交易中的风险肯定要超过资产净值的7%,那么就应该以严肃的态度重新考虑他们的经济状况是否适宜做期货交易。

每次交易的最大风险也可以用来决定在任一给定交易内交易的合约数量。例如,如果每次交易的最大风险是资产净值的3%,投机者的账户规模是100 000美元,一个谷物交易设置的止损点是低于市场的20美分/蒲式耳,那么这些情况表明,交易仓位的最大规模是3个合约(20美分×5 000=1 000(美元);1 000美元=100 000美元的1%)。类似地,每次交易的最大风险还能决定在不破坏风险控制原则的前提下,可否追加交易单位。

止损策略

在进入之前先要知道在哪儿退出。这个原则的重要性怎么强调都不过分。没有预先设置的退出点,交易者会发现她在平掉一个损失仓位时行动非常迟缓。在错误的时间,交易策略中出现一个这样的失误,毫不夸张,投机者就会被淘汰出局。

投机者进入交易时,最好应该设置一个撤销前有效(GTC)止损指令。然而,如果交易者相当放心,觉得她可以相信自己,在进入交易时心里设置一个止损点就可以了。而实

---

① 这里波动性指的是每个合约的美元波动性。因此,波动性大表示的是相对较大的价格摆动,或是大规模的合约量,或者两者都是。

② 风险控制一般被称为"资金管理",不过我相信前一个词更能说明问题。

③ 这里暗含的假定是,交易者所预期的每项合约的净获利(ENPPT)是正值。(ENPPT的定义见第二十一章"其他补充的绩效测量手段"部分。)如果交易者的ENPPT是负值,他又交易了足够长的时间,根据概率法则,他一定会失败。这种情况与玩轮盘赌很相似。轮盘赌中玩家每一把的预期收益就是负值。

际止损指令可拖到止损点处于某天的正常变化范围内时再设置。关于设置止损指令方面更详细的策略见第九章"选择止损点"。

应该注意,系统交易者不一定非要使用止损规则来达到风险控制。例如,如果一个交易系统获得了足够的趋势反转条件,它就自动地转换了仓位。系统以自己的内在形式执行了止损规则的大部分功能——防止在单独的交易中出现灾难性的损失——虽然没有明确的规则。当然,在许多交易中仍然会产生大量累积的损失,但是如果使用了止损指令,同样的弱点仍然存在。

多样化

由于不同市场的不利移动发生的时期不同,所以在多样化的市场内交易就会减少风险。举一个非常简单的例子。假定一个有20 000美元账户的交易者使用系统进行交易,在黄金和大豆市场遇到了平均3 000美元的下降。如果她在单个市场交易两个合约,平均损失就等于30% (6 000÷20 000),但如果她在每个市场交易一个合约,她的平均损失总是会更少(如果市场间反向相关,这个损失可能甚至会比唯一市场的一个合约的损失更少)。实际上,如果事后证明两个市场的下降完全是同时发生的——尽管这是非常不可能的,那么平均损失可以只达到30% (假定在每一个市场的平均下降还是3 000美元)。当然,如果更多非相关市场被加入到组合中来,多样化减少风险的作用还会增加。同时,像在第十七章所提到的,多样化的概念不仅适用于多样化的交易市场,而且适用于每一个市场中多样化的系统(或方法)和多样化的系统变形(例如,不同参数组)——如果资产净值足够这样做的话。

尽管在这一部分,我们讨论的重点是风险控制,但应该注意,多样化还可以增加回报,它可以使交易者在每一个市场增加平均的杠杆作用,而总体风险并没有增加。在现有的市场组合中,有些市场的平均回报比其他市场低,如果通过多样化的方法所减少的风险比减少的回报大而且交易者据此调整她的杠杆作用的话,那么实际上增加低平均回报市场可以增加组合的整体回报。多样化的其他两个益处——保证能抓住主要趋势,和"为坏运气保险"——在第十七章已经讨论过。

在相关市场内减少杠杆作用

尽管在市场组合中,增加市场可以使交易者增加杠杆作用,但重要的是要调整那些高度相关的市场。例如,一个货币组合包括了六种最活跃的货币期货合约(德国马克,瑞士法郎,英镑,日元,加拿大元和美元指数),另一个组合中包括的则是高度多样化的六个市场,那么前者比后者的风险要大得多,因为前者市场中的一些有非常强的相关性。因此,这样一种全是货币的组合应该向下调整杠杆作用,让位于一个同单个市场的波动性相等的、更为多样化的六市场组合。

市场波动性调整

交易的杠杆作用——针对任一给定的资产净值规模决定每一个市场的交易合约数——应该根据各市场波动性的差别来调整。这个原则有两个方面。首先,在波动性强的市场内要减少交易合约。其次,即便对于单个市场,合约的数目也要根据波动性的起伏而变化。当然,由于不能只交易合约的一部分,账户小的交易者是不能做这种波动性调整的,这就是为什么小账户的风险更大的原因之一。(其他的原因包括:不能避免超过预定水平的每次交易的最大风险,以及不能充分地多样化。)

根据资产净值的变化来调整杠杆作用

杠杆作用也应该随着资产净值的主要波动来变化。例如,如果一个交易者初始账户是 100 000 美元,损失了 20 000 美元,其余项目相等,则杠杆率应该减少 20%。(当然,如果资产净值反而增加,杠杆率作用也应该增加。)

损失期的调整(只针对委托交易者)

如果这段时间正在遭受损失,交易者的信心有所动摇,那么暂时削减仓位规模,或者甚至使交易暂停直到恢复自信常常是个好主意。通过这个方法,交易者可以避免使一个损失阶段以不可抗拒之势发展成资产的灾难性缩减。不过,这个建议对系统交易者不适用,因为对大多数的可行系统来说,损失阶段增大了在随后时期出现优秀表现的可能性。或者换另一种说法,自信和思维框架对委托交易者的绩效来说至关重要,但对于系统的绩效来说却毫不相关。

步骤四:建立一个计划时间的规程

每天晚上留出某段时间来回顾市场,更新交易策略,这十分重要。在大多数案例中,一旦交易者建立了具体规程,每天 30—60 分钟就够了(如果只交易了几个市场,时间就更少了)。在这段时间内执行的主要任务是:

1. 更新交易系统和图表。至少其中一项有助于做交易决定。在那些使用基本分析的市场中,当重要的新消息发布之后(如政府的粮食报告),交易者同样要定期重新评估基本分析图表。

2. 计划新的交易。决定是否在第二天进行任何新交易。如果有,决定具体的进入方案(如在开盘时买进)。在有些案例中,可能只是根据对第二天市场行为的评估才偶然决定进入交易。例如,假定交易者认为谷物市场属于熊市,收盘后收到了一个显示中度牛市的粮食报告。这个交易者可能决定,如果市场在当天收盘一小时内在更低价格交易,就进入空头仓位。

3. 校正现存仓位的退出点。交易者应该回顾一下止损指令和价格目标的目前位置,看看在当前日价格行为情况下,是否需要对它们做任何修改。对止损指令而言,这种变化应该只被用来减少交易风险。

步骤五:保留一本交易记录

上一部分讨论的计划规程表示的是保存记录的某种系统形式。表 22.1 提供了一个交易记录的图表样本。前四列只是标明交易的内容。

第 5 列用来表示在进入交易时确定的计划止损点。第 6 列是对这个止损点的修正。

(有的项目,如第 6 列,需要用铅笔来填写,因为要常常修改。)之所以为最初的止损点设立一个单独的条目,是因为这个信息可能有助于交易者在随后任何时候对自己的交易进行分析。例如,她也许想检查她最初的止损指令是否太远或太近。

表 22.1 交易者手册的一页样板

交易进入日	(1)多头或空头	(2)单位	(3)市场	(4)进入价格	(5)(6) 止损指令		(7)(8) 暗藏的风险积累		(9)(10) 占资产净值的百分比		(11)(12) 目标价格		(13)退出日	(14)退出价格	(15)净获利或净损失	(16)进入交易的理由	(17)评述
					最初	目前	最初	目前	最初	目前	最初	目前					

第 7—10 列概括的是未平仓仓位中蕴涵的风险。为所有的未平仓仓位列出这几项,交易者可以评估她目前的总风险——在控制风险和决定是否建新的仓位方面是至关重要的信息。单凭经验来看,所有未平仓仓位中蕴涵的总风险不应该超过总账户资产净值的 25%—35%。(假定在任何给定仓位的最大风险限制在资产净值的 2%,那么直到至少在 13 个市场存在未平仓仓位,才会有以上的限制。)

目标的使用(第 11 列和第 12 列)是个人喜好问题。尽管在一些案例中,使用目标允许交易者以更好的价格退出,但在其他条件下,目标会导致交易的提前平仓。因此,有些交易者更喜欢放弃使用目标,平仓的时机由跟踪止损指令或判断的改变来决定。

平仓方面的信息在第 13—15 列中。之所以列出退出日期,是因为它可以用来计算交易的持续时间,这个信息对投机者分析自己的交易可能有用。第 15 列表示的是扣除委托金后交易的利润或损失。

列 16—17 是点评栏,用以评价进行交易的理由(在当时做的决定)和事后对交易的评价。这样的结论对于帮助交易者发掘她成功和失败的模式特别有帮助。当然,实际的交易记录给这些点评留的地方比图 22.1 显示的要大。而且,在交易者日记中会包括对交易的更细致的描述。交易者日记将在下一步中谈到。

初学者在投入实际交易之前先经过一段时期的纸上交易通常会大有裨益。要达到这个目的,交易记录是非常理想的训练工具,因为它不仅指明了可能的成功交易会有哪些信号,而且可以使新的交易者以一种系统的、训练有素的方式养成良好的交易习惯。这样,当交易转移到实际生活中,这种做决定的程序就变成了惯例。当然,一旦真正的资金产生危险,下决心交易的难度就急剧增加。但至少这样的新投机者会比她缺乏准备的对手具有明显的优势。

步骤六:坚持写交易者日记

交易者日记应该包括每一个交易的基本信息,具体如下:

1. 交易理由。过一段时间后,这个信息可以帮助投机者判断,她的某个交易策略是特别易于成功还是特别易于失败。

2. 交易是如何结束的。这个基本的背景信息对于评价任何交易都十分必要。(尽管这个信息的要点可以从交易者手册的"净获利—净损失"列来查询,但在交易者日记中把这个信息同讨论的每一个交易放在一起也很有帮助。)

3. 教训。交易者应该逐项记录在交易过程中所做的错误或正确的决定。仅仅保留一个在案记录就可以大大帮助交易者避免重复过去的错误——如果重复的错误用大写字母标明,后面再跟上几个惊叹号,就更是如此。要对交易者日记进行阶段性回顾,来帮助牢记这些结论。过一段时间,教训就会扎根于心中。从个人经验来讲,这个方法在根除常犯错误方面颇为奏效。

在日记中加入标出交易进入点和退出点的图表也会有很大帮助(例子见第十四章)。

步骤七:分析自己的交易

投机者不能只分析市场,也要分析他自己过去的交易,以便识别他采用的方法的长处和弱点。除了交易者日记,另外两个进行这种分析的有用工具是:分类交易分析和资产净值图表。

分类交易分析

把交易分成不同种类这个做法,是想帮助识别任何远远高于或低于平均绩效的模式。例如,将所有交易分成买进类和卖出类,交易者可能会发现,他喜欢做多头一边,但他的空头交易平均获利更高。这种观察明显地意味着纠正向多头一边的偏差是十分可取的。

另一个例子,根据市场划分交易结果之后,交易者可能发现,他在某些市场总是赔钱。这个迹象可能预示着如果他不在这些市场交易,就可以提高整体绩效。根据市场来划分交易结果是一个非常重要的方法,因为许多投机者对他们在不同市场的相对成功程度没有什么很好的直觉。但这不是说永远不在绩效差的市场内交易。投机者可以努力发现他们在这些市场内产生令人失望结果的原因,然后对他的交易方法中可能进行的调整做研究和测试。

最后一个例子。一个将当日交易和仓位交易结合起来的交易者,可能发现比较以上两种交易的净结果尤其富有指导意义。我个人怀疑,如果做以上两种交易的投机者——对他们来说,这和他们是有关系的——都进行这种分析的话,日交易的人数会在一夜之间缩减50%。

当然,还有其他用来给交易分类的标准。另外两种相关比较是:基本分析交易和技术分析交易的比较、与某个交易系统的持仓方向相同的和持仓方向相反的交易之间的比较。在每一个案例中,交易者都要寻找成功或失败的模式。如果交易者使用电子制表软件来制作"交易者记录",分析分类交易的程序会大大简化。

资产净值图表

这是一个只显示收盘类的图表,它标明的是每一天账户资产净值的数值(包括未平仓仓位的资产净值)。这种图表的主要功能是当绩效出现急剧恶化时提醒交易者警惕。例如,如果经过了一个长时间的稳定爬升后,账户资产净值突然经历一个急剧下降,交易者可能被指示要减少仓位并花时间重新估计形势。绩效出现这样一个急剧变动可能反映的是市场条件的转化,或是投机者交易方法目前的弱点,或是最近的交易决定效果不太好。判断哪一种是真正原因并不重要,因为任何这样的因素都可以被视为减低风险的强烈警告信号。一句话,资产净值图表对减轻资产净值的缩减来说是一个重要的工具。

第二十三章 八十二个交易
原则和市场结论

> 如果活得足够久，到最后你将一无是处。
> ——罗素·贝克尔（Russel Baker）

没有什么比交易建议更容易被忽略了。很多最关键的交易规则已经如此泛滥，它们已经丧失了激发新交易者任何想象的能力。这样，那些本来有效的对市场的深刻见解常常被当作陈词滥调而嗤之以鼻。

想一想"减少你的损失"这个规则——它可能是唯一最重要的交易格言。哪一个投机者没听说过这一建议？然而，忽略这一原则的投机者显然为数不少。毫不奇怪，实际上被一两个失败的交易清除掉账户的投机者也为数不少。

事实真相是，大多数投机者都会忽略这些建议，直到他们通过自己的交易经历重新体验到真理。而且，大多数的交易者在最终牢记教训前总要多次重复同一个错误。于是，我并不抱任何幻想，认为本章和下一章阐述的建议能使读者避免犯基本的交易错误。然而，我希望，多读几遍（尤其交易结果很坏时）这几章，至少能帮助一些初学者减少重复这些错误的次数——这就是个不小的成就。

本章的结论是根据个人经验得来的。因此，要从适当的角度审视下列规则：它们是经验之谈，而不是经过证明的事实。总体来说，它们会与出版的其他交易方针有许多交叉的地方。这一点也不奇怪，因为有很多规则（其中许多都是很普通的）都建立在坚实有效的原则基础上，而这些原则又几乎被所有人当作交易真理来接受。例如，我从来没遇见过一个成功投机者不相信风险控制对交易获利是至关重要的。但另一方面，下列有些规则却是主观的看法，同其他作者的规则相矛盾（例如用市价指令代替限价指令）。在最后分析中，每个投机者都必须发现自己的交易真理。我希望下列规则会帮助加速这一进度。

进 入 交 易

1. 区分主要仓位交易和短期交易。短期交易的平均风险（由仓位中的合约数和止损点来显示）应该更小。同时，投机者应该集中在主要仓位交易上，因为它们通常对交易成功至关重要。很多交易者常犯的一个错误是，他们太执着于抓住小的市场摆动（在这个过程中导致了许多委托金和理论现实差的消耗），以至于错过了主要的价格运动。

2. 如果你相信目前存在一个主要的交易机会，不要贪心地试图在更好一点的价格进入交易。错过一个价格运动而造成的潜在利润的损失可以抵消 50 个稍好一点执行价格的总和。

3. 进入任何主要仓位都应该事先计划，精心思考——永远不要凭一时的冲动。

4. 要发现一个能说明现在是正确时机的图表形态。如果没有这样的形态识别,就不要进行交易。(偶然情况下,如果许多量度移动和支持/阻力点集中在一个给定的价格区域,并且已经设置好了止损点,表明不会有很大的风险,这样我们可以在没有形态时考虑交易。)

5. 根据日常分析设置指令。如果市场没有在预期的进入水平收盘,那么记录下这个交易想法,每天对它进行检查,直到可以进入交易或是这个交易想法看起来不再有吸引力。不能坚持这一原则会错过好的交易。一种常见情况是,市场移动已经超过了预期的进入水平后才想起这个交易想法,而那时由于处在较坏的价位,很难再做同样的交易。

6. 当寻找一个趋势的主要反转时,聪明的做法是等待出现某种显示时机正确的形态,而不是预测目标和支持/阻力点以至没有利用上趋势。在趋势已经使价格长时间处于高点/低点(如高点/低点超过了前 100 天的区域)的市场内,这条原则尤为重要。记住,在大多数趋势延续的例子中,市场不会形成 V 形反转,相反,价格一般会回撤以检验高点和低点——而且这种状况常常会重复几次。这样我们等待峰顶或谷底形成后再行动,就可以避免在升高或降低的过程中跌得粉身碎骨——更不用说在时机未成熟时就选择峰顶或谷底而造成的损失。甚至即便市场确实形成了 V 形顶或 V 形底,那么随后形成的固定形态(如旗形)也可以使我们以很好的回报/风险比率进入交易。

7. 看图表时,如果马上产生一个本能的印象(尤其是如果你还没有意识到你在看哪一个市场时),跟着感觉走。

8. 如果你错过了一个新趋势的第一段主要部分,不要让这个情况阻止你在这个趋势中交易(只要你能设置一个合理的止损点)。

9. 在执行交易时,不要反向利用最近的价格失败形态(如多头或空头陷阱),即便有很多其他理由可以进入交易也不行。

10. 永远不要反向利用价格移动的第一个缺口!例如,如果你等着在一个改正量上进行交易,而随后改正量在价格缺口上形成,那么不要进行交易。

11. 在大多数案例中,使用市价指令而不是限价指令。这在平掉一个正在损失的仓位或进入一个主要的交易机会时尤为重要——在这种情况下,交易者常常会非常担心市场会与她的决定背道而驰。尽管限制指令会使大多数的交易以稍好一点的价格执行,但如果一开始没有执行限价指令,就会出现糟糕得多的执行价格,或者错过可能的获利,这种情况造成的损失常常比限价指令的微小获利大。

12. 在进入交易后,永远不要折回最初的交易进入点附近。市场完全回撤通常是交易失败的信号。即便交易仍然不错,但以这种方式折回会由于过分交易而损害了坚持能力。

退出交易和风险控制(资金管理)

13. 在进入交易时,要明确设置保护性止损点。

14. 当新出现的形态或市场运动同交易方向相反时,退出任何交易——即便止损点还没有达到。问问你自己,"如果我必须在这个市场里保持一个仓位,它应该是哪个方向?"如果答案不是你所持的仓位,马上退出!实际上,如果相反的指标足够显著的话,反向持仓。

15. 一旦最初的交易前提被破坏,马上退出交易。

16. 如果你在交易的第一天就错得一塌糊涂,马上放弃交易——尤其当市场缺口不利于你时。

17. 当主要突破同所持仓位相反时,要么马上平仓,要么设置一个非常近的止损指令。如果是突破缺口,马上平仓。

18. 如果某个市场突然在与所持仓位的相反方向上剧烈移动,远远超过它最近的波动,马上平仓。例如,如果市场一直在大约50点的日价格范围内交易,某一天却在高过这个范围100—150点开盘,如果你是空头,马上平仓。

19. 如果空头仓位(多头仓位)进入阻力(支持)区,但市场巩固而不反转,退出。

20. 针对分析者和市场建议者:如果你感觉最近的推荐、热线、广播、交易或报告都是错的,转变你的这些看法。

21. 如果在一段时期内你不能观察市场(如旅行时),要么平掉所有的仓位,要么保证在所有未平仓仓位上都有GTC止损指令。(在这种情形下,也可以用限制指令来保证进入市场,以计划的低价买进,以计划的高价卖出。)

22. 不要对一个未平仓仓位感到放心。永远要清楚你该在哪儿退出,即便目前的价格离退出点还很远。同时,如果一个与交易相反的形态正在形成,可能预示着需要比计划提前退出。

23. 不要总想匆忙地在中止交易后马上返回市场。返回交易通常会在最初的损失上再加上额外的损失。返回中止交易的唯一理由是,如果根据发展的价格形态来看时机确实合适,即,只有当这个返回满足了任何新交易必需的所有条件而且行之有效的时候。

其他风险控制(资金管理)规则

24. 当交易进行得不顺时:(a)减少交易规模(要记住,在高度相关的市场上的几个仓位与一个大的仓位一样);(b)收紧止损点;(c)暂缓进入新交易。

25. 当交易进行得不顺时,减少风险靠的是平掉损失的交易,而不是平掉获利的交易。记得埃德温.洛弗热在《一个股票经纪人的回忆》中提到过这样一个结论:"我恰恰完全做反了。棉花交易显示的是损失,而我留着它。小麦显示的是获利,而我把它卖了。在所有的投机错误中,没有什么比试图在损失的交易中找平均更大的错误了。永远要卖出损失的交易,保留获利的交易。"

26. 要极度小心,在获利后不要改变交易的模式:

a. 不要启动任何在交易程序开始的时候看起来太冒险的交易。

b. 不要在一个典型的交易内突然增加合约的数量。(不过,当资产净值增长时逐渐增加合约没关系。)

27. 对小仓位和对大仓位都要运用同样的常识。不要说,"不过是一两个合约而已"。

28. 不要根据重要报告或政府发布的主要统计数字来保持很大的仓位。

29. 在时间跨度长的交易中和极短期交易中使用同样的资金管理原则。人们很容易放松警惕,认为跨度交易的移动是渐进的,不必费心设置止损保护。

30. 没有经过计划,不要在交易马上要平仓的价格买进期权。

保持和退出获利交易

31. 在主要仓位交易中不要取出小而快的利润。尤其是在绝对正确的交易中,永远不要在第一天平仓获利。

32. 在你的方向上有缺口时不要太草率地退出交易。用缺口作为最初的止损点;然后设置跟踪止损指令。

33. 作为退出获利交易的手段,要尽量使用跟踪止损指令并以市场运动的发展不断补充,而不是用目标。使用目标常常不能充分认识到主要趋势的潜力。记住,你需要偶尔的大幅盈利来抵消失败的交易。

34. 尽管有前边的规则,但在交易进入的时候设置一个最初目标还是有用的,可以运用下列原则:如果一个目标的大部分很快被实现(如在一个星期中实现 50%—60%,在两三个星期中实现 75%—80%),就平仓获利一部分,同时考虑在回调时恢复平仓的合约。取出快的、可观的利润这个主意不错。虽然这个原则可能常常会导致错过平仓的那部分仓位以后的移动,但在这样的情况下保持整个仓位,常常会导致在第一个急剧的回撤时就因为过分紧张而平仓。

35. 如果达到了一个目标,但你仍然喜欢这一交易,设置一个跟踪止损指令来保持交易。这个规则对跟上主要趋势十分重要。记住,耐心不仅对等待正确的交易重要,而且对保持仍然有效的交易也很重要。不能恰当地从正确的交易中获利是获利有限的关键因素。

36. 前一规则有个例外,如果你所持的仓很重,资产净值又汹涌上升,那么考虑逐渐增加平仓获利的比例。规则推论:当事情变得太好,简直不像真时,要小心!如果每件事的发展都正确,那这可能是个好时机,可以按比例增加(按比例降低)平仓获利,同时在你的部分仓位上使用设置很近的跟踪止损指令。

37. 如果你仍然相信一个交易会有长期的发展潜力(但假定短期不会调整),获利退出后,要计划恢复仓位。如果市场没有足够回撤,不能重新进入,要注意识别那些可能表明重新进入时机的形态。不要觉得重新进入点比退出点更差,就不再次回到交易,因为这个交易的长期趋势和目前时机都显示你应该重新进入。不能在更糟的价格进行交易常常会导致错失大趋势的主要部分。

38. 如果交易了多个合约,要避免总想百分之百正确这个感情陷阱。换句话说,只需要获取一部分利润。在移动时期内尽量保持至少一部分的仓位——直到市场形成的反转形态确实可信,或达到了一个有指示意义的止损点。

其他各方面的原则和规定

39. 较之目标和支持/阻力区,永远更多留意市场运动和发展的形态。前者常常会使你过早地把一个正确市场向错误方向反转。

40. 当你觉得应该采取行动进入或退出仓位时——马上行动,不要拖延。

41. 如果你对市场的长期趋势有自己的看法,永远不要与这个看法背道而驰。换句话说,不要试图做墙头草左右摇摆。

42．获利的交易一开始就显出正确的趋势。

43．调整进入和退出的时机(如,根据一个可靠的形态确定进入时机,在交易失败的第一个信号出现时马上退出),即便交易出现致命错误时,也能把损失减小。

44．日内就做决定基本上总是失败的。在日内不立即做决定。

45．星期五收盘前一定要检查市场。局势常常在周末变得更明朗。出现这种情况时,在星期五收盘附近的进入或退出常常比在下星期一开盘时的价位好。如果你正持有一个重要的仓位,这个规则尤其重要。

46．如果做了关于市场的梦(可以被清楚地回忆起来),依梦行事。这样的梦常常是正确的,因为它们反映了你潜意识中的市场知识正试图突破有意识思维设置的障碍(如,我本来能在上星期以比现在低 2 000 美元的价格做多头,我怎么能现在才买进?)

47．你永远逃避不了不好的交易习惯——你能做的最好行动就是使它们隐藏起来。一旦你变懒了或者马虎了,它们就会卷土重来。

市场形态

48．如果市场出现了新的历史高点和持有量,那么这个不寻常的现象强烈预示着还会有远远超过过去高点的移动。就在新的历史高点卖出可能是业余交易者所犯的最糟糕的错误。

49．在盘整区的高端附近出现窄幅市场巩固是多头形态。与之相似,在盘整区的低端附近出现的窄幅巩固是空头形态。

50．一个延续的窄幅盘整区出现突破时进入,同时在盘整区的远边设置止损指令。

51．持续了 1—2 个星期或更长时间的盘整区出现突破,是表示趋势即将出现的最可靠的技术指标之一。

52．上述规则的一种常见并尤其有用的表现形式是:如果就在前一个长时间的宽幅盘整区之上或之下形成旗形或尖旗形,那就是相当可靠的巩固形态。

53．在与较大缺口同一方向上交易。

54．整理区之外的缺口,特别是 1—2 个月的盘整区后出现的缺口,常常是优秀的信号。(这个形态在熊市中尤其奏效。)

55．如果突破缺口没有在第一个星期回补,就应该看作特别可靠的信号。

56．突破形成了新的高点或低点,随后一两个星期内又形成一个缺口回到盘整区内(尤其是大缺口),这是多头陷阱或空头陷阱特别可信的形式。

57．如果市场突破形成一个新的高点或低点,然后回撤到突破前的盘整区内,形成旗形或尖旗形,我们认为一个顶或底已经形成。可以建立一个仓位,并在旗形或者尖旗形巩固外设置保护性止损指令。

58．从一个盘整区突破,然后深深回撤到区域内(如在区域内回撤了四分之三或者更多),这是又一个多头或空头陷阱的主要形式。

59．如果出现一个明显的 V 形底,随后在附近形成一个整理形态,这可能是一个底部形态。然而,如果这个巩固随后下方遭到破坏,达到 V 形底,这个市场运动可以被看作即将下移形成新低的信号。如果情况如后者,那么可以建立空头仓位同时在巩固顶部附近设置保护性止损指令。类似的建议也适用于V形顶附近出现固定形态时。

60. V形顶和V形底形成后,在反转点附近出现持续几个月的固定,这表明可能会出现主要顶部或底部形态。

61. 短的旗形和尖旗形巩固都是可靠的巩固形态,我们可以赶上现有的趋势进入交易,同时设置一个相对靠近但有意义的止损点。

62. 如果一个短的旗形或尖旗形巩固导致了在错误方向上的突破(即出现反转而不是巩固),预计价格会继续在突破方向上移动。

63. 弯曲巩固可能预示着一个向弯曲方向的加速移动。

64. 短期弯曲巩固发生破坏,并与弯曲的方向相反,这可能是趋势反转的好信号。

65. 一个具有与主要趋势相反的收盘的宽幅振荡日(即这些日子的价格范围远远超过了最近的平均价格范围),常常是趋势变化可靠的早期信号——尤其当它同时引发了一个反转信号时(如逃避缺口的回补,前一个巩固的完全突破)。

66. 如果在2—4天的时期内出现近乎垂直的,大的价格移动(实现了一个相对高点或低点),可能在随后的几个星期移动会继续。

67. 矛尖形是表示短期反转的好信号。矛尖形的顶端可以用作止损点。

68. 如果出现矛尖形,用两种方法看图表——有矛尖形的方法和假设没有矛尖形的方法。例如,如果假设去掉矛尖形是十分明显的旗形,那么旗形的突破就是个有意义的信号。

69. 逃避缺口的填补可以被看作是可能出现趋势反转的证据。

70. 岛形反转出现后不久,价格回撤,进入到最近的盘整区或巩固形态,这是可能形成主要顶(底)部的信号。

71. 当其他相关市场正在承受重要的压力时,一个市场保持相对坚挺的能力可以被视为其内在力量的信号。与之相似,当其他相关市场坚挺时,一个市场表现软弱可以被视为熊市信号。

72. 如果一个市场在大多数的日交易部分价格持续较高,预期将在同方向收盘。

73. 两个旗形连续出现,中间没有分开,可以看作是可能的巩固形态。

74. 弯曲底部形成后,在这个形态的顶部附近出现浅一些的,同方向的弯曲巩固,可以把这看作是多头形态(杯和把)。一个相似形态也可适用于市场顶部。

75. 在趋势显著的市场内出现的中度态势表示可能出现了交易移动的巩固模式,高/低的态势表示出现的是反转趋势。但前者的指示更可靠。换句话说,在没有主要峰顶和谷底的情况下,极端态势也常常会出现,但如果没有极端态势(目前的和最近的),主要峰顶和谷底却很少出现。

76. 一个失败信号比初始信号更可靠。转换方向,用失败信号前的高点(低点)作止损点。这种失败形态的例子见规则56,57,58,62,64和69。

77. 如果一个市场不能跟随重要的利多或利空消息(如主要的USDA报告)发展,这常常是马上出现趋势反转的先兆。如果你正持有一个仓位,对这个发展要特别留意。

分 析 与 评 论

78. 每天检查图表——尤其是你非常忙的时候。

79. 阶段性地检查长期图表(如每 2—4 星期一次)。

80. 虔诚地记录交易者日记,日记中包括你做的每一个交易的图表,并做如下记录:交易理由;计划的止损点和目标(如果有的话);后面的显示交易如何变化的点;观察结论和教训(错误,做对了的事,或值得注意的模式);净获利/损失。进入交易时要填写交易记录单,这很重要,因为记录交易理由准确地反映了你当时实际的想法,而不是根据事后发展调整后的想法。

81. 常备一个形态图表簿,当你注意到了一个有趣的市场形态,你要记下你认为它会如何发展,或者记下你认为这个形态最后怎样被破坏(在你对正确的解释不会有偏见的情况下)。要保证一直追踪每一个图表,看一看它实际的演变结果。过一段时期,通过这个步骤,我们可以预测不同图表形态(在现实生活中被识别出的)的可靠性,并从中得出一些统计数字,从而提高图表解读的技巧。

82. 系统规则、交易者日记和形态图表簿每隔一定时间就要重新回顾和更新(如每三个月对这三项检查一次)。当然,当你认为有用的时候,你可以更多地检查回顾这些项目中的任一项。

第二十四章 市场高手

> 要想一直正确或者说征服市场是不可能的。如果你赚钱,那是因为你理解了市场自身的运作。如果你赔钱,那只是因为你自己弄错了。看这个问题别无他法。
>
> ——穆萨瓦·曼苏尔·伊牙兹(Musawer Mansoor Ijaz)

前一章详细说明了交易规则和市场结论。本章改编自《新市场高手》[①]一书,考察的是普遍原则和心理因素,这些对交易成功都至关重要。

不同的超凡交易者使用的方法千差万别。有些人使用的是纯粹的基本分析法;有些人只使用技术分析;还有些人综合了这两种方法。有的交易者认为两天就可以算长期,而有的认为两个月是短期。然而,尽管风格有多方面的不同,我发现某些原则对很大一部分的成功交易者来说是颠扑不破的真理。多年来我进行市场分析和入市交易,并且采访过伟大的交易者,为此还出了两本书,根据这些经验,我总结出成功交易的下列42条结论:

1. **首要之事。**首先,要肯定你确实想做交易。常常有这种情况,以为想做交易的人发现实际上他们根本不想交易。

2. **检查你的动机。**考虑你为什么真的想做交易。如果你做交易是想要刺激,那你最好还是去坐过山车或者玩乘风翱翔。就我自己来说,我发现交易的内在动机是平静或平和的思想——很少是典型交易的情绪化状态。另一个个人交易动机是,我喜爱破解难题——市场提供了无尽的谜。然而,当我在市场分析中享受思考的乐趣时,我却不特别喜欢交易本身运作方面的事。我的动机和行动相反,形成非常明显的矛盾。遇到这种矛盾时,你必须非常仔细地研究自己的动机。市场是一位严厉的大师。要想赢的话你必须要把几乎每一件事做好。如果你自己的一部分向相反方向用力,你还没开始游戏,就已经输了。

我怎么解决自己的矛盾呢?我决定完全集中在机械交易方法上,这样可以消除交易中的情绪化问题。同样重要的是,集中于设计机械系统将我的精力导向了我确实喜欢的交易部分——解决难题方面。尽管由于这些原因,我才在几年中对机械系统投入了一些精力,但我最终意识到,我确实想专门向这个方向发展。(这不是鼓吹机械系统好于以人的决定为导向的方法。我只是在提供一个私人案例。另一个交易者可以有完全不同的适于自己的答案。)

3. **让交易方法符合你的个性。**关键的是要选择一个能同你自己的个性相一致,并能

[①] 《新市场高手》,第461—478页,杰克·施威格,哈勃商业出版社,纽约,1989年,版权©1989,哈勃柯林斯出版社;已获授权。

使你感觉舒服的方法。如果你不能忍受返还重大获利,那么长期的趋势跟踪方法——即便是非常好的——也会导致灾难,因为你永远不能跟踪它。如果你不想整天地看着报价屏(或不能),那么不要试用当天交易法。如果你不能忍受作交易决定时的情绪紧张,那么试着开发一个机械系统在市场中交易。你使用的方法必须适合你:你使用它的时候一定要感觉舒适。这个观念的重要性不能被忽略。兰迪·马凯(Randy Mckay)是在交易厅内外都获得了成功的交易者,他声称:"实际上,我认识的每一个成功交易者最终都运用了适合他个性的交易方式。"

顺便提一句,为什么买回来的交易系统很少让购买者获利,即便那是一个好系统?交易风格和个性的不协调是关键所在。获得一个获利系统的概率本来就小——肯定少于50%——获得一个符合你个性的系统的概率就更小了。你自己可以想想,买进一个获利的,风险相对小的,使用又很有效的系统的概率究竟是多少。

4. 保持限度绝对重要。即便拥有世界上最好的方法和资金管理技巧,你也不能一路赢下去。如果可以的话,那你也可以使用完美的手段和风险控制玩轮盘赌赢钱(长期内)。当然,根据概率法则,这是绝对不可能的。如果你自己不设置界限,资金管理和市场原则所能帮你的就是保证让你慢慢流血直至死亡。顺便说一下,如果你不知道你的界限在哪儿,就等于没有。

5. 采用一种方法。要确定界限,你必须先得采用一种方法。至于是什么样的方法并没有关系。有些超级交易者彻头彻尾地相信基本分析法;有些是纯粹的技术家;有些把两种方法杂糅在一起。即便相信的是同一种方法,其间也存在着巨大的差异。例如,在技术家中,有的交易者听磁带(在现代就是观看屏幕),有的看图表,或靠机械系统,或分析艾略特波浪(Elliot Wave),或分析江恩理论,等等。方法的种类并不重要,但必须要有一个——当然,这个方法必须带有限制条件。

6. 开发一种方法是艰难的工作。走捷径很少能达到交易成功。开发你自己的方法需要调查、观察和思考。心里要有所准备,这个程序要花费很多时间,并很艰难。在你找到一个成功并适合你的交易方法之前,要经过多次碰壁和失败。记住,你是在和成千上万的职业专家对阵。凭什么你就会更好?如果真是那么简单的话,成为百万富翁的交易者就会比现在多得多。

7. 技巧加苦干。交易成功靠的是天生的技能,还是勤奋的工作?我从没怀疑过,许多超级交易者有特殊的交易天分。这和马拉松赛跑很相似。如果有足够的热诚和努力,实际上任何人都可以跑马拉松。但是,尽管有努力和愿望,却只有一小部分人可以在2小时12分内跑完马拉松(女子是2小时25分)。同样,任何人都能学习演奏一种乐器。但是,不管怎样练习,怎样投入,只有很少的几个人拥有天分,成为音乐会上的独奏者。一般原则是,要有超凡的表现,既要有天分,又要有苦干将潜力变为现实。如果缺乏天赋技巧,苦干可能导致熟能生巧,但却达不到优秀。

在我看来,同样的原则也适于做交易。实际上任何人都可以成为净获利的交易者,但只有极少数有天分的可以成为超级交易者。就是由于这个原因,别人可能教给你交易怎样成功,但有一定限度。你的目标要实际些。

8. 好的交易应该全不费工夫。等一下!难道我刚才不是把苦干作为交易成功的一个因素吗？好的交易怎么能既要求苦干,而又不费工夫呢？

这其中并没有矛盾。艰苦的工作指的是准备阶段——研究和观察是成为好的交易者所必需的——但却不是交易本身。在这方面,艰苦的工作是同远见,创造性,持久性,精力,愿望和热诚相联系的。艰苦的工作当然不是意味着交易程序本身应该充满艰辛,当然不是表示要与市场作角逐和斗争。相反,交易的程序越是不费力气,越是自然,成功的机会就越大。一个交易者引用《禅和箭术》一书比喻如下:"交易就像射箭一样,只要存在努力,强迫,紧张,抗争或尝试,就错了。你没能与市场同步,你没能与市场和谐。完美的交易是不需要努力的。"

看一下世界一流的长跑运动员,以5分钟一英里的速度不停地奔跑着。再看一下一个胖得走了形的250英镑重的"圆土豆"试图在10分钟内跑完一英里。尽管距离长,速度快,职业运动员们却以几乎不费力气的优雅步伐奔跑。而那个走了形的跑步者在拼命,在呼哧作喘,活像一个多得了一分的YUGO。谁花费了更多的气力和努力？谁更成功？当然,世界一流的运动员把苦干花在了训练上,这种事前的努力和热诚是他成功的根本保障。

9. 资金管理和风险控制。我采访过的几乎所有伟大交易者都觉得,资金管理甚至比交易方法更重要。很多有成功潜力的系统或者交易方法都导致了灾难,因为利用这方法的交易者缺乏控制风险的方法。要实行风险控制,你不必是一个数学家或理解组合理论。风险控制可以用以下的三步法轻松完成：

(1) 在任何交易中的风险不要超过你资金的1%—2%。（视你的方法而定,大一些的数字可能仍然合理。然而,我强烈反对任何风险超过5%。）

(2) 在进行交易前先决定退出点。我采访的许多交易者都一字不差地复述了这一原则。

(3) 预先设置某一数量（如10%—20%）,如果你初始资金的损失达到了这一数量,先作一个深呼吸,分析一下什么做错了,然后等待,直到你充满自信,并有一个很可能成功的想法之后,再重新开始交易。对于那些账户大的交易者,与其在交易间歇完全撒手,不如做一些很小的交易。在损失期间将交易的规模急剧减少,这个策略我采访过的很多交易者都谈到过。

10. 交易计划。要在市场中获胜而没有交易计划,就好像盖房子没有图纸一样——代价惨重的（也是可避免的）错误在所难免。交易计划很简单,就是把个人的交易方法,详细的资金管理和交易进入原则综合起来。罗伯特·克劳兹(Robert Krausz)——一个专门同交易者一起工作的催眠者,认为缺乏交易计划是交易者在市场中遇到的所有原则性困难的根源。理查德·德莱豪斯(Richard Driehaus)——我采访的一个非常成功的共同基金管理者——强调说,一个交易计划应该反映个人内心的哲学思想。他解释说,没有一个哲学思想核心,你就不能持有你的仓位,或者不能在非常艰难的时期坚持你的交易计划。

11. 严守规则。严守规则可能是我采访的那些超凡交易者们用得最频繁的词。他们常常几乎用辩护的语气提到这个词："我知道你以前听过无数次了,但相信我,它真的很重要。"

为什么严守规则很关键？有两个基本的原因。首先，它是保持有效风险控制的先决条件。其次，你需要严守规则才能实施你的方法，而没有第二次猜疑或选择要采取哪一个交易。要是选择的话，我保证你差不多总是选择错的。为什么？因为你总是要选择舒服的交易，像比尔·埃克哈特（Bill Eckhardt）——一个数学家出身的成功商品交易顾问（CTA）解释的，"感觉很好的，常常是错的"。

关于这个问题，最后说一句，记住，你永远避免不了不好的交易习惯——你能做的最好努力是让它们潜伏起来。只要你一变懒或马虎，它们会卷土重来。

12. 要理解你是有责任的。不管你是输是赢，你对自己的结果要负责任。即便你是因为听了经纪人的小道消息，一个咨询服务的建议，或者一个你购买的系统的糟糕信号才输的，那你也是有责任的，因为是你决定听从建议，采取行动。我从来没遇到过因为自己损失而责备别人的成功交易者。

13. 需要独立精神。你需要做自己的思考。不要陷入大众的疯狂中。埃德·西科塔在18年内将自己账户上的资产净值翻了1 000倍，这个期货交易者指出，当一个故事上了全国杂志的封面，趋势可能就走到头了。

独立同时意味着自己做交易决定。不要听从别人的意见。即便这偶尔会对一两个交易有帮助，但听别人的意见似乎不可避免地以损失资金而结束——更别说它会使你自己的市场观点混乱。像迈克尔·马库思（Michael Marcus），一个非常成功的期货交易者，在《市场高手》中讲述的，"你需要坚持自己的观点。如果你把两个交易者的意见综合来看，你会从每一个意见中吸取最坏的因素。"

另外有一个相关的个人轶事，这涉及我在《市场高手》中采访的另一个人。即使被蒙上眼睛，放在池子底下的箱子里，他也比我交易得好。尽管如此，他还是对我的市场观点感兴趣。一天他给我打电话问："你认为日元怎么样？"

日元市场是当时给我留下深刻印象的少数几个市场之一。它已经形成了一个特殊的图表形态，我非常看好熊市。我回答："我认为日元会一路下降，我做空头。"

他滔滔不绝地给了我51个理由，说明为什么日元是处于超卖水平，应该会止跌回升。他挂了电话后，我想："明天我就要出差了。我的交易在过去几个星期进展得一直不是很好。空头日元交易是我账户上的最后几个交易之一。我难道就为了这些考虑，而忽略世界上最好的交易者之一给我的劝告吗？"我决定交易平仓。

几天以后我旅行回来，日元已经跌了150个点。无巧不成书，那个下午同一个交易者给我打了电话。当交谈涉及日元时，我忍不住问："顺便问一句，你在日元上还是多头吗？"

他回答："哦，不，我是空头。"

关键在于这个交易者不是要误导我。相反，他坚定地相信交谈时他对每一个市场的观点。然而，他选择的时机非常好，这样他很可能在交易的两边都赚了钱。相反，最后我一无所有，虽然我最初的行动是完全正确的。教训是：即便是一个好得多的交易者的建议，也可以导致有害的结果。

14. 自信。坚信自己有能力继续在市场获胜，这几乎是我采访的交易者的普遍特征。范·赛普（Van Tharp）博士——一个对交易者作了大量调查的心理学家，接受了《市场高手》的采访，宣称获胜交易者的一个基本优点是，他们相信，"他们在开始前就赢得了比赛"。

有信心的交易者有勇气做正确的判断,坚忍不拔,毫不惊慌。马克·吐温的《密西西比河上的生活》一书中有一段话我发现很类似,尽管那与交易没有关系。故事的主人公——汽船上的见习引水员——被他的师傅和水手哄骗,在他本知道是整个航线中最简单的水域产生了恐慌。下面的对话发生在他和他的师傅之间:

"难道你不知道在那个交叉口并没有河底吗?"

"我知道,先生。"

"那好,你不应该让我或任何什么人在这方面的知识上动摇你的信心。要记住这点。另一件事,当你遇到了危险的地方,不要变成懦夫。这无济于事。"

15. 损失是这个游戏的一部分。伟大的交易者完全认识到,损失是交易游戏中的内在组成部分。这个态度似乎与信心相连。超凡的交易者自信他们会在长期获胜,因此单个的损失交易看起来不再可怕;好像交易损失是不可避免的——而且确实是。像琳达·莱斯基(Linda Raschke)——一个获胜交易率远远高过失败交易的期货交易者,解释的,"损失从来不让我烦恼,因为我总是知道我能赢回来"。

没有什么比害怕失败更能招致失败的。如果你不能承受失败,你要么结束大的损失,要么错过极佳的交易机会——哪一个缺陷都足以葬送任何成功的机会。

16. 缺乏信心和暂停。只有当你感觉自信和乐观时才交易。我常常听见交易者说:"看起来我做的任何事都不对",或者,"我打赌我又得在最低价附近止损退出了"。如果你发现你自己正有这样消极的想法,这肯定是个应该暂停交易的信号。慢慢地返回交易。想象交易是冰冷的海洋。在一跃而入前先试试水。

17. 迫切寻找忠告。迫切寻找忠告暴露了信心的缺乏。如琳达·莱斯基说的,"如果你曾经发现你强烈地希望寻找别人对一个交易的意见,这常常是一个肯定的信号,表明你应该退出仓位了"。

18. 耐心的益处。等待正确的机会可以增加成功的可能性。你不用常常处于市场中。像埃德温·洛弗热在他的经典著作《一个股票经纪人的回忆》中说的,"在任何地方、任何时间都做错事的是纯粹的傻瓜,而华尔街的傻瓜认为他必须在所有时间都交易"。

著名投资者吉姆·罗杰斯(Jim Rogers)在《市场高手》中对做交易时的耐心做了更生动的描述:"我只管等,直到有钱躺在墙角,我所要做的全部就是走过去把它捡起来。"换句话说,除非他确定,交易看起来简单地就像捡起地上的钱一样,否则就什么也别做。

迈克·温斯坦(Mark Weinstein),一位异常稳健的期货和股票交易者(也被《市场高手》采访过),做了下面一个中肯的比喻:"虽然猎豹是世界上最快的动物,可以在平原上抓住任何动物,但它也会等待,直到绝对肯定它可以抓住猎物。它可能在灌木丛中隐藏一个星期,就为了等待恰当的时机。它会等待一只幼羚羊,不是任何一只幼羚羊,而且最好是一只体弱或是病残的。只有在那时,在几乎不可能错失猎物时,它才攻击。这,对我来说,是职业交易的缩影。"

19. 坐等的重要性。耐心不仅在等待正确交易时很重要,而且在保持正在运作的交易时也非常重要。不能适时地从正确交易中获利是获利受局限的关键因素。我再一次引用洛弗热在《一个股票经纪人的回忆》中的话:"从来不是我的思考替我赚大钱,而是我的

'坐功'。明白了吗？我一动不动地坐着！"比尔·埃克哈特在这方面的评论尤其使人难忘："一条常见……但却是完全给人误导的格言是，获利不会让你破产。这恰恰说明了许多交易者是怎样破产的。业余交易者破产是因为遭遇到大的损失，职业交易者破产是因为只获得小的利润。"

20. 发掘低风险思路。范·赛普博士在他的讲座中使用的练习之一，是给参加者时间，让他们写下关于低风险交易的想法。低风险思路的价值在于它综合了两个因素：耐心（因为只有一小部分想法合用）和风险控制（定义本身就有的）。花些时间仔细考虑低风险的策略对所有交易者都是有用的练习。每个交易者都有独特的想法，视交易市场和方法的不同而定。在我参加的讲座中，与会者描述了一长串关于低风险的想法。其中一个是：低风险交易是市场移动很小的交易，因为市场移动可以提供表明你是错误的令人信服的证据。我个人喜欢的对低风险的描述——虽然与交易没有丝毫关系——是这样的："在警察局的旁边开一家油炸圈饼店。"

21. 不同赌注规模的重要性。所有长期一直获胜的交易者都设置一个界限。然而，每个交易的界限都可以有本质的不同。我们可以用数学方法说明这一点：在任何结果不同的赌博游戏中，赢家总是根据对成功几率的判断来调整赌注大小，以获得最大的胜利。"二十一点"的下赌注策略是对这个概念的完美阐述。

如果交易者对哪个交易具有更大边界存在某种判断——比如说，根据更高的信心水平（假定这是一个可靠的指标）——然后在这些情况下更加敢做敢为就很有道理。像斯坦利·德拉肯米勒(Stanley Druckenmiller)，一位巨幅获利的套期保值资金管理者描述的，"建立(好的)长期回报的办法是通过资金的妥善保管和一击制胜……当你对一个交易充满信心，你必须得击中要害，一招而胜。要成为大人物需要勇气"。有这样一些市场高手，他们能敏锐地调整在什么时候真的应该加速，并有勇气去这样做。这已经成为他们获得超凡回报的工具。

一些我采访过的交易者提道，他们随着交易的进展程度而变化交易规模。例如，马凯表示，对他来说，常常变化的仓位规模达到100：1也不稀罕。他发现这个方法帮助他在失败时期减少风险，而在盈利时期增加获利。

22. 分阶段进出交易。你不必一次全部进入或退出一个仓位。部分地进出仓位可以增加微调交易的灵活性，扩大可选择的范围。大多数交易者都不假思索地放弃了这个灵活性，因为人类的天生欲望就是要完全正确。（根据定义，分阶段的方法意味着交易中的一部分会在比其他仓位差的价格上进入或退出。）有的交易者同样注意到，分阶段方法使他们至少在长期获利交易的一部分时间中停留，而这比不这样做的停留时间要长得多。

23. 保持正确比做天才更重要。为什么这么多人试图精心选择顶或底？我想其中一个原因是，他们想向世界证明他们有多聪明。还是好好想想获利吧，不要总想当英雄。如果你试图显示你选择的主要顶和底与现实有多接近，以此来判断交易的成功，那么忘掉这个方法吧。关键的是你挑选具有优秀回报/风险特征的单个交易的能力有多强。要努力做好每个交易，稳定发挥，别去寻找什么完美的交易。

24. 不要担心自己看起来很傻。上星期你告诉办公室的每个人，"刚刚通过分析，我得到一个很棒的S&P买进信号。市场要升到一个新的高点"。现在，你检查了从那以后的市场行为,觉得似乎出错了。市场没有止跌回升,倒是暴跌了。你在内心告诉自己,市场太脆弱。不管你是否意识到了,你的告白总会掩盖你的客观性。为什么?因为在告诉全世界市场要到一个新的高点后,你不想让自己看起来傻气。结果,你可能会注意到市场行为可能出现的最好希望。"市场不是在暴跌,不过是暂时回撤来打掉软弱的多头仓位。"作为这种强词夺理的结果,你把一个损失仓位保持了太长的时间。其实这个问题有个简单的解决方法:不要谈你的持仓方向。

如果你的工作就是谈论你的市场意见(如我的工作)呢?原则是这样的:当你开始担心同自己前边的观点相冲突时,把这种担心当作改变你市场见解的强化理由。举我个人的例子,在1991年初期,我总结说美元已经形成了主要的底部。我特别记得在一次谈话中,一个观众问我对通货的见解。我大胆预测说美元会在几年内一直上升。1991年8月苏联发生了政变,在政变失败的消息被确认之前,美元实现了大幅获利。但几个月后,美元的全部收获都遭到损失。我感觉到错了。我想起我的许多预言,在前几个月我声称美元会上升几年。我对自己以前的这些预测感到懊恼和困窘,但这些感觉告诉我,该是改变我观点的时候了。

在我从业早期,在这种情况下,我每次都试图为自己最初的市场见解找个借口。经过了那么多的摔打,我最终吸取了教训。在上面的例子中,很幸运我放弃了最初的估计,因为美元在随后几个月中崩盘。

25. 有时行动比谨慎更重要。等待价格调整再进入市场,这听起来可能表示态度谨慎,但那常常是错误的做法。当你的分析,方法,或内心告诉你,应该在市场中进行交易,而不是等待修正时——就去做吧。当你知道你本可以在最近的部分以更好的价格进入交易,尤其当市场经历了突然的大幅度波动时(常常是由于一个令人惊奇的重大新闻),这种情况下不需要谨慎。如果你感觉不到市场打算修正,上述考虑就没有必要了。这类交易常常奏效,因为市场很难修正。

26. 捕捉到部分的移动就好。如果只是错过了新趋势的第一个主要部分,不要让这件事阻止你在这个趋势中交易(只要你能确定一个合理的止损点)。马凯评论道,趋势最简单的部分是中间部分,而这意味着我们常常在进入之前错过了部分趋势。

27. 将收益尽量扩大,而不是将获胜次数尽量扩大。埃克哈特解释说,人的本性不是努力去扩大收益,而是努力去扩大获得收益的机会。这表明,我们不能集中致力于最大限度的收益(和损失)——这个缺点导致了不能优化绩效的结果。埃克哈特坦率总结道:"交易的成功率在统计绩效时是最不重要的,甚至可能是和绩效成反比的。"杰夫·亚思(Jeff Yass),一个非常成功的期权交易者,论述了同样的命题:"有一个基本观念对玩扑克和期权交易都适用,我们的主要目的不是要赢多少手,而是把获利尽量扩大。"

28. 学会不忠诚。忠诚于家庭、朋友和宠物是一种美德,但对交易者来说却是致命的缺陷。对一个仓位永远不要忠诚。交易初学者会对他的最初仓位有无尽的忠诚。他会忽略显示他处于市场不利一边的信号,一直保持交易直至遭受很大损失,同时还在希望得到最好的。更有经验的交易者已经懂得了资金管理的重要性,他一看明显做了个差交易,就会迅速地退出。然而,一个真正的技术娴熟的交易者会来个180度大转弯,如果市场表现适当,就在损失的时候反向持仓。德拉肯米勒犯了个可怕的错误,他恰好在1987年10月

19日崩盘的前一天掉转股票仓位,从空头转向多头。他马上认识到了自己的错误,而且更重要的,在认识之后毫不犹豫地行动,以遭受巨大损失的代价转回空头,这种相机而动的能力使他在本来的灾难月大获全胜。

29. 取出部分利润。从市场中取出部分利润,这样既可以坚守规则,又不会使人满足现状。为自己的过分交易和不能及时在损失交易中平仓找借口,轻松地说一声"只是获益而已"可并不解决问题。只有从账户中提出的盈利才更可能被当作真正的钱。

30. "希望"会把机会放走。"希望"对于交易者来说,是一个吃力不讨好的词。希望市场会回头,导致了不能及时平掉损失的仓位;希望出现回落,以便以更好地价格进入曾经错过的交易,但如果这是个好交易,我们希望的回落迟迟不出现,就会白白浪费机会。通常进入这种交易的唯一方法是,一旦达到合适的止损点时就马上行动。

31. 不要做舒服的事。埃克哈特的提法很有说服力:人趋向于选择舒服的事情,而这会导致大多数人的经历比不加选择而随意产生的结果更糟。实际上,他说自然人的特点导致了如此糟糕的交易决定,甚至还不及大多数人扔硬币或扔飞镖的结果来得好。埃克哈特举了一些例子,说明人们倾向于做出与合理的交易原则背道而驰的舒服选择。其中包括:损失时还要赌一赌运气,在肯定获胜时止步不前,在强势时卖出,在弱势时买进,设计(买进)那些不符合过去价格运动的交易系统。对交易者的暗示是:要做的是正确的事,而不是感觉舒服的事。

32. 如果你认为必须得赢,你就没法赢。有一条华尔街的老格言:"担惊受怕不会赢。"理由很简单:如果你是拿你不能输掉的钱来冒险,那么交易中的所有感情缺陷都被扩大。德拉肯米勒的从业早期,有一个关键的经济支持者破产了,这威胁到他刚刚起步的投资公司的生存,于是他在交易中倾其所有,作为挽救他公司的最后努力。尽管他在一周内就等到了T-债券市场的绝对谷底,他还是赔光了所有的钱。对获胜的需要增加了交易者的错误(如过度的杠杆原则和上述例子中的缺乏计划)。市场很少宽容由于绝望而产生疏忽的交易者。

33. 当市场让你轻松脱钩时,要三思而行。如果市场使你在比预期好得多的价格上退出你一直担忧的仓位时,不要太匆忙地退出。如果前次收盘时的一个新闻事件或技术价格失败使你一直担忧前日(或上周末)不利的价格移动,那很可能其他许多交易者也有同样的担忧。市场并没有让人一直担忧下去,这个现象强烈预示着一定有某种非常有力的潜在因素,对最初仓位的方向有利。这个观念最先由《市场高手》中的马蒂·史沃兹提出来,他曾经编制了一个令人吃惊的股票指数期货跟踪交易记录。利普舒兹(Lipschutz),一个大批量通货交易者,以自己的经历说明了这个观点,他曾经退出一个他承认使他惊慌的交易。当时,在星期五下午,通货市场特别呆滞(在欧洲市场收盘后),利普舒兹发现自己在一个强烈的止跌回升市场里竟保持美元的巨幅空头仓位。他不得不等了一个周末,看东京市场在星期六晚上的开盘,他要寻找足够的流动性来退出仓位。当东京美元的开盘比预期弱时,他没有只是松了口气,倾出全部仓位;相反,他的交易本能告诉他要推迟平仓——这个决定使他以好得多的价格退出交易。

34. 故步自封是件可怕的事。虚怀若谷似乎是那些优秀交易者的普遍优点。例如,吉尔·布莱克(Gil Blake)是一个共同基金管理者,令人不可思议地在长时间内获利,实际上他是偶然步入交易生涯的。有一次他试图向他的一个朋友说明价格波动是随意的。当他意识到自己错了时,他变成了一个交易者。用德莱豪斯的话说,"思想就像一个降落伞——只在打开时才有用"。

35. 要寻求刺激,市场是代价高昂的地方。交易给人的感觉是其中有很多刺激,但那同成功的交易没任何关系(有相反感觉时除外)。在《市场高手》中,拉里·海特(Larry Hite),货币管理的奠基人,CTA组织中最大的一个,讲述了他与一个朋友的谈话。他的朋友不能理解他对计算机交易系统的始终不渝。他的朋友问:"拉里,你怎么能用那种方法交易?不烦吗?"拉里回答道,"我不是为了刺激而交易,我是为了获胜"。

36. 交易者的平静状态。如果确实存在一种与成功交易相连的情绪,那它一定同兴奋状态相反。查尔斯·福克纳(Charles Faulkner)是NLP的开业者,与交易者一同工作。他根据观察,宣称不管市场如何变化,超凡的交易者都有能力保持冷静。作为这种思想状态的典型,他讲了彼得·斯坦德梅杰(Peter Steinlmayer)(一个成功的期货交易者,以"市场横断面"交易技术的发明者而闻名)的一件事。当一个仓位向不利于他的方向发展时,他的反应是:"唔,看看吧。"

37. 识别和消除压力。交易中的压力是要做错事的信号。如果你感觉到了压力,想一想根源,然后行动起来消除这个问题。例如说,你觉得最大的压力是你对退出一个损失仓位犹豫不决。解决这个问题的方法就是每次你建立仓位时都设置一个保护性止损指令。

我举一个个人的例子。我工作的一个方面是对我公司的经纪人提供交易建议。这个任务同交易非常相像,这两件事我都做了,我相信提建议实际上比交易更难。有一次,经过了多年的净获利时期,我撞到了一个不好的阶段。我做的任何事都不对。当我对市场方向判断正确时,我的买进建议就刚刚低了一点(或者我的卖出价格太高)。当我进入交易,方向又正确时,却又不得不中途退出——常常只在极度回落的几个最小价位内。

我对此的反应是,开发一个计算机的交易程序和技术指数序列,从而使我提供给公司的交易建议更加多样。我仍然在市场日复一日地个人叫价,但每件事都不再依靠这些建议的准确性。通过把与交易相关的建议和信息广泛多样化,并把很多负担转移到机械方法中去,我能大大减少个人压力的根源——并提高在此过程中调查结果的质量。

38. 对直觉加以注意。在我看来,直觉只是一种经验,它停留在头脑的潜意识中。在有意识状态下做出的市场分析会受到各种各样外界考虑(如目前的市场仓位阻碍了我们改变以前的预测)的影响,减弱了分析的客观性。然而,潜意识却不受这些强制的约束。不幸的是,我们不能发掘我们潜意识中的思想。但是,当它们作为直觉喷涌出来时,交易者需要加以注意。像前边提到的那个引用"禅宗"思想的交易者所说,"诀窍在于,要分清你想要发生的事和你知道会发生的事"。

39. 生存的使命和对奋斗的热爱。在与《市场高手》被采访者的谈话中,我分明感觉到,许多人认为他们是真心要做交易——从本质上说,是他们生存的使命。在这个前提下,查尔斯·福克纳引用NLP的联合奠基人约翰·格林德(John Grinder)对使命的描述:"什么是你深深热爱,即便你自己掏钱也愿意做的?"在整个采访过程中,我为这些市场高手们对交易的满怀激情所折服。很多人用游戏做比来描述交易。这种对奋斗的热爱可能正是成功的基本要素。

40. 成功的因素。盖里·法理斯(Gary Faris)对运动员的成功康复做过研究,其成果似乎同样很适于达到交易成功的目标。在此基础上,福克纳总结出一个关键六步法。这些策略包括：

(1) 既"倾向"又"背离"的动机；

(2) 有一个需要全力以赴才能达到的目标,再加上几个不那么难以达到的目标；

(3) 把可能实现的雄伟目标分成几段,每完成一个单独步骤都会有满足感；

(4) 集中全部精力注意目前时刻——即,手边的一个任务,而不是长期目标；

(5) 在达到目的时要自己投身进去(而不是依靠别人)；

(6) 与自己比较,衡量进步的幅度。

41. 价格不是不可捉摸的——市场可以被打败。提到那些相信市场价格是随意变化的学者,蒙罗·特劳特(Monroe Trout),行业内保持最好风险/回报纪录的CTA之一,说,"那可能说明了为什么他们是教授,而我用我的方式赚钱"。关于价格是否是随意变化的争辩还没有定论。然而,我采访数十位伟大交易者的经验使我没有丝毫怀疑,随机走动理论是错的。不是《市场高手》所记录的大量成功,而是有些时候这些获胜的一致性坚定了我的信仰。这方面尤其引人注目的例子是,想一想布莱克获胜月份和失败月份的比率是25∶1,他的平均年回报是45%,而最糟的资本回撤只有5%。很难设想如此悬殊的结果可能只是由于偶然才出现的——可能即便整个世界都是交易者,也不会有更大的数字。当然,在市场中获胜不是简单的事——实际上,它变得越来越难,因为职业交易者在这项活动中的比例正在持续增长——但它是可以实现的!

42. 交易长宜放眼量。生活中不止是交易。